Islamische und westliche Jurisprudenz
des Mittelalters im Vergleich

Islamische und westliche Jurisprudenz des Mittelalters im Vergleich

Herausgegeben von

Christian R. Lange, Wolfgang P. Müller
und Christoph K. Neumann

Mohr Siebeck

Christian R. Lange ist Professor für arabische und islamische Studien an der Universität Utrecht, Niederlande.

Wolfgang P. Müller ist Professor für Europäische Geschichte des Mittelalters am Department of History der Fordham University in New York.
orcid.org/0000-0001-8036-3853

Christoph K. Neumann ist Professor für Türkische Studien am Institut für den Nahen und Mittleren Osten der Ludwig-Maximilians-Universität München.
orcid.org/0000-0003-2843-6669

Gedruckt mit Unterstützung der Fritz Thyssen Stiftung für Wissenschaftsförderung.

ISBN 978-3-16-155659-3 / eISBN 978-3-16-156201-3
DOI 10.1628/978-3-16-156201-3

Die Deutsche Nationalbibliothek verzeichnet diese Publikation in der Deutschen Nationalbibliographie; detaillierte bibliographische Daten sind im Internet über *http://dnb.dnb.de* abrufbar.

Das Buch wurde von epline in Böblingen aus der Minion gesetzt und von Gulde Druck in Tübingen auf alterungsbeständiges Werkdruckpapier gedruckt und gebunden.

Printed in Germany.

Für Andreas

Vorwort

Der vorliegende Band geht auf ein Werkstattgespräch zurück, das im April 2015 in der Münchner Carl Friedrich von Siemens Stiftung stattfand. Ziel der Veranstaltung war es, nach gemeinsamen Bezugspunkten zu suchen, die dem interdisziplinären Austausch über islamische und westliche Rechtswissenschaft des Mittelalters förderlich sein könnten. Dazu trafen sich Experten aus den beiden Fachbereichen, deren mündliche Beiträge zum Thema teilweise Eingang in den vorliegenden Band gefunden haben. Nicht zuletzt wurde der Frage nachgegangen, ob anstelle älterer Forschungsansätze, denen zufolge die islamische Scharia vor allem als unterentwickeltes Gegenstück zur westlichen Jurisprudenz aufzufassen war, nicht eher von auffälligen Ähnlichkeiten die Rede sein sollte, die deren jeweilige Geschichte im Verlauf des Mittelalters geprägt haben. Für die Beteiligten bedeutete die Untersuchung dieses Blickwinkels völliges Neuland, weshalb sich die Herausgeber an dieser Stelle nochmals bei allen für ihre Bereitschaft zur offenen and konstruktiven wissenschaftlichen Auseinandersetzung bedanken möchten.

Ebenso sei der Carl Friedrich von Siemens Stiftung in München für die freundliche Ausrichtung des Werkstattgesprächs sowie der Fritz Thyssen Stiftung in Köln für die grosszügige finanzielle Förderung der Veranstaltung und die Übernahme der Druckkosten ausdrücklich gedankt.

Der Band ist dem Andenken an Andreas Meyer gewidmet, der am 6. Februar 2017 plötzlich verstorben ist und die Veröffentlichung seines Beitrages an dieser Stelle nicht mehr erleben kann. Mit ihm verlieren wir einen unserer Tagungsteilnehmer, kenntnisreichen Mitautoren und langjährigen akademischen Wegbegleiter in freundschaftlicher Verbundenheit.

Utrecht, New York und München

Christian R. Lange,
Wolfgang P. Müller und
Christoph K. Neumann

Inhalt

Abkürzungen XI

Wolfgang P. Müller
Einleitung 1

Benjamin Jokisch
Scharia und *Ius commune*. Strukturelle Konvergenzen 21

Cristof Rolker
Eine Kultur der Ambiguität im Kirchenrecht?
Kanonessammlungen des 10. bis 12. Jahrhunderts 39

Christian Müller
Islamische Jurisprudenz als Gottesrecht.
Die schariatische Wende des 12. Jahrhunderts 57

Thomas Wetzstein
Vom Recht der Kirche zum Recht des Papstes. Beobachtungen
zum Strukturwandel des kanonischen Rechts im Mittelalter 85

Christian R. Lange
Islamisches Recht und öffentliche Ordnung in der Spätzeit des Kalifats
(5.–7./11.–13. Jhd.) 105

Peter Oestmann
Die Frührezeption des gelehrten Rechts in der sogenannten populären
Literatur und der Gerichtspraxis 123

Norbert Oberauer
Die Tiefenstruktur des Rechts. Zu Wesen und Funktion juristischer
„Maximen" (*qawāʿid*) im klassischen Islam 147

Andreas Meyer
Das spätmittelalterliche Kirchenrecht 169

Rüdiger Lohlker
Rechtsgewohnheit als Mechanismus der Innovation im arabischen Recht.
Beispiele aus der malikitischen Richtung in Nordwestafrika 183

Thomas Woelki
Juristische Consilia im Spätmittelalter zwischen Kommerzialisierung und Rechtsfortbildung 199

Christoph K. Neumann
Hanafitische Jurisprudenz in imperialem Rahmen.
Die staatliche Indienststellung nicht-staatlichen Rechts und seiner Experten im Osmanischen Reich 215

Glossar 231

Autorenverzeichnis 233

Register 235

Abkürzungsverzeichnis

Abs.	Absatz
Abt.	Abteilung
Anm.	Anmerkung
Aufl.	Auflage
Bd., Bde.	Band, Bände
bes.	besonders
bzw.	beziehungsweise
ca.	circa
c.	capitulum
C.	*Causa* (im *Decretum Gratiani*, 2. Teil)
COD I/II	*Conciliorum Oecomenicorum Decreta*, Bd. 1/Bd. 2
Cod.	*Codex Iustinianus*
cons.	*consilium*
D.	*Distinctio* (im *Decretum Gratiani*, 1. Teil)
ders., dems., dens., dies.	derselbe(n), demselben, denselben, dieselbe(n)
Dig.	*Digesta Iustiniani*
Diss.	Dissertation
ebd.	ebenda
et al.	*et alii*
f., ff.	folgende
Fn.	Fussnote
fol.	*folium*
GW	Gesamtkatalog der Wiegendrucke
Hg.	Herausgeber
hg. v.	herausgegeben von
HRG	Handwörterbuch zur Deutschen Rechtsgeschichte
insbs.	insbesondere
Inst.	*Institutiones Iustiniani*
Jg.	Jahrgang
Kap.	Kapitel
K.	*Kitāb* (Buch)
MGH	*Monumenta Germaniae Historica*
ND	Neudruck, Nachdruck
Nr.	Nummer
Nov.	*Novellae Iustiniani*
Pl.	Plural
PL	J. P. Migne (Hg.), Patrologia Latina (Paris, 1844–1865)
q.	*quaestio* (*Decretum Gratiani*, Teil 2)
qu.	quaestio(nes)
r (a)/(b)	*recto* (linke Spalte)/(rechte Spalte)
Rn.	Randnote(n)
S.	Seite
sc.	scilicet

Sg.	Singular
s. l.	*sine loco*
Ssp.-LR	Sachsenspiegel-Landrecht
Sp.	Spalte
s. v.	*sub verbo*
v (a)/(b)	*verso* (linke Spalte)/(rechte Spalte)
v. a.	vor allem
VI	*Liber Sextus* (*Corpus iuris canonici*)
X	*Liber Extra* (*Corpus iuris canonici*)
z. B.	zum Beispiel
ZRG Germ. Abt.	Zeitschrift für Rechtsgeschichte, Germanistische Abteilung
ZRG Kan. Abt.	Zeitschrift für Rechtsgeschichte, Kanonistische Abteilung
ZRG Rom. Abt.	Zeitschrift für Rechtsgeschichte, Romanistische Abteilung

Die Abkürzungen der biblischen Bücher orientieren sich an den Loccumer Richtlinien, wie sie sich etwa in der Lutherbibel 1984 und der Einheitsübersetzung finden.

Einleitung

Wolfgang P. Müller

I. Islamische Rechtswissenschaft (Scharia) 3
II. Westliche Rechtswissenschaft (*Ius commune*) 7
III. Getrennte und geteilte Forschungswege 12
IV. Geschichtliche Vergleichsmöglichkeiten 17
Tabelle 1: Rechtswissenschaft und nichtwissenschaftliches mittelalterliches Recht 20
Tabelle 2: Rechtswissenschaft: Mittelalterlich und modern 20

Wer sich mit moderner Geschichtsschreibung zu den beiden Themenbereichen westlicher und islamischer Jurisprudenz des Mittelalters (vor 1500) beschäftigt, trifft rasch auf eine Fülle von zum Vergleich einladenden Motiven. An erster Stelle steht dabei sicherlich das Phänomen der Jurisprudenz selbst, die in beiden Kulturen nicht nur ihre Anfänge in jener Epoche hatte, sondern auch zu ausserordentlicher Blüte gelangte und immer weitere Kreise des gesellschaftlichen Lebens an sich zog. Die Fülle des einschlägigen Quellenmaterials ist gross, so dass eine erste Beschränkung von vorneherein notwendig erscheint. Entsprechend soll im vorliegenden Band allein von den Rechtswissenschaften der sunnitischen Scharia und des lateinischen *Ius commune* die Rede sein. Zeitgenössische und nicht minder juristisch geprägte Rechtsordnungen wie die der Schia oder des englischen *Common law* sollen dagegen unberücksichtigt bleiben.

Der hier zugrundegelegte Begriff der Jurisprudenz deckt sich ganz mit dem heute landläufigen Verständnis von „Rechtswissenschaft". Er erfasst im wesentlichen denjenigen Zweig des höheren Schul- und Unterrichtswesens, der der Ausbildung eines professionellen Juristenstandes gewidmet ist und seinen Absolventen Zugang zu speziell auf juristische Fertigkeiten abgestellte Tätigkeitsfelder eröffnet. Jurisprudenz steckt daher ein engeres Bedeutungsfeld ab als das erheblich weiter gefasste Wort „Recht" und erweist sich zugleich als eindeutig verschieden von sogenannter „Gesetzgebung", die in der Gegenwart eine der wichtigsten Ausdrucksformen von Staatlichkeit bildet. Aus Gesetzgebung gehen Bestimmungen hervor, die nicht lediglich Normen sind und deren korrekte Auslegung allein den Vertretern der Jurisprudenz obliegt. Ein derartiger Anspruch auf exklusive Fachkompetenz geht im Islam und im lateinischen Christentum bis auf das Mittelalter zurück und begegnete schon in jener Zeit mannigfaltiger praktischer Umsetzung.

Es mag allseits geteilten Vorstellungen von Recht in der westlichen Moderne zu verdanken sein, dass sich die historische Forschung zur mittelalterlichen Jurisprudenz immer wieder auf stillschweigende und doch übereinstimmende Grundannahmen gestützt hat. Das geschichtliche Verständnis beider Wissenschaften geht beispielsweise von drei aufeinanderfolgenden Entwicklungsphasen aus, die als „formativ", dann als „klassisch" und schliesslich als „nachklassisch" bezeichnet werden. Bei genauerer Betrachtung wird erkennbar, dass die Unterscheidung nicht zuletzt die Fähigkeit einer jeden Epoche bezeichnet, die eigene normative Basis fortlaufend auszubauen. Die formative Phase ging demnach mit der stetigen Sammlung zusätzlicher Normen einher. Die Klassik bezeichnet die erstmalige Durchdringung des nun vollständigen Normenschatzes, und die Nachrangigkeit oder gar „Stagnation" des Spätmittelalters ist nach lange üblicher Einschätzung einer Gelehrsamkeit geschuldet, die ohne neue Gesetze keine gedankliche Anregung mehr zu finden wusste[1].

Als ähnlich wirksam hat sich in der Forschung die enge Verknüpfung von Normengebung und politischer Autorität erwiesen. Viele Experten haben Vorstellungen von moderner westlicher Staatlichkeit wie selbstverständlich auf ihren mittelalterlichen Gegenstand übertragen, indem sie den Entwicklungsgang vormoderner Jurisprudenz in grösstmögliche Nähe zu bedeutenden Herrschergestalten rückten. Juristen wurden als weisungsbedürftig oder gar als eine Art von Staatsdienern betrachtet, eine Rolle, die sie nach jüngerer historiographischer Ansicht erst in der frühen Neuzeit (ab 1500) übernehmen sollten[2]. Allen voran das Papsttum, aber auch der oft beschworene Gegensatz zwischen „Kirche und Kaisertum", beziehungsweise auf islamischer Seite die ersten vier Kalifen (bis 661), die besonders erfolgreiche neue Dynastie der Abbasiden um Hārūn ar-Rašīd (786–809), oder die Seldschuken des 11. Jahrhunderts wurden als entscheidende Antriebskräfte angesehen[3]. Dies geschah unter der Annahme, dass sich einstige Rechtswissenschaft ohne herrscherliches Zutun nur schwerlich hätte entfalten können.

Öffentliche Normensetzung und in ihrem Gefolge deren Ausgestaltung durch juristische Gelehrsamkeit: diese Idee von Arbeitsteilung kennzeichnet vor allem Darstellungen, die dogmen- oder geistesgeschichtlich geprägt sind. Ihr vorwiegend auf intellektuelle Originalität gerichtetes Interesse hat Jurisprudenz als engstens an höhere (und besonders staatliche) Autorität angelehnt aufgefasst. Der Grundannahme einer Verbreitung von oben nach unten sind jedoch gerade in jüngerer Zeit zahlreiche Arbeiten entgegengetreten, die einen auf zeitgenössische Wirkung bedachten literatur- oder sozialhistorischen Ansatz verfolgen und vormoderne Rechtswissenschaft eher in vor- oder bestenfalls frühstaatlichen Gesellschaftsverhältnissen verankert sehen. Wie, so lautet die massgebliche Fragestellung, konnte Nachfrage nach juristischem Exper-

---

[1] Für einen ersten Überblick siehe *M. Katz*, The Age of Development and Continuity, 12th–15th Centuries C. E., in: The Oxford Handbook of Islamic Law, hg. v. A. Emon und R. Ahmed (im Erscheinen). Zum kirchenrechtlichen Bereich des *Ius commune* vgl. den Aufsatzband: Stagnation oder Fortbildung? Aspekte des allgemeinen Kirchenrechts im 14. und 15. Jahrhundert, hg. v. M. Bertram (2005), bes. 1–14; ausserdem unten, Fn. 5.

[2] Im arabischen Raum wird die allmähliche Verstaatlichung der Rechtsschulen mit dem Beginn der osmanischen Herrschaft (ab 1517) gleichgesetzt; siehe den Beitrag von *Christoph K. Neumann* unten, 215–229; zeitgleich auch für den Westen, vgl. *A. Padoa Schioppa*, Conclusions: Models, Principles, Instruments, in: The Origins of the Modern State in Europe, Thirteenth to Eighteenth Centuries 4: Legislation and Justice, hg. v. dems. (1997), 335–369. Die Errichtung staatlicher Rechtsmonopole verknüpfen beide Historiographien mit der Kodifikationsbewegung des 19. Jahrhunderts.

[3] Wichtige Beispiele sind *P. Crone*, Roman, Provincial, and Islamic Law. The Origins of the Islamic Patronate ([1]1987), 15–16; *F. Calasso*, Medioevo del diritto 1. Le fonti (1954), 353–364; *H. Berman*, Law and Revolution: The Formation of the Western Legal Tradition, Bd. 1 (1983); zusätzlich unten, Fn. 12, Fn. 26, Fn. 45.

tentum gewissermassen aus sich selbst heraus entstehen, lange bevor es zur Verstaatlichung des *Ius commune* oder der Scharia ab dem 16. Jahrhundert kam[4]? In der Tat weisen viele Merkmale der mittelalterlichen Entwicklung auf ein dergestalt spontanes und nur geringfügig von der Obrigkeit gesteuertes Wachstum hin.

Im Unterschied zur Moderne war die mittelalterliche Form der Jurisprudenz in beiden Kulturen durch eine einmalige und relative kurze Periode gekennzeichnet, in der es zur Schaffung der normativen Grundlagen kam. Sie dauerte bei den Sunniten in der Hauptsache von etwa 750 bis 1050 und nahm für das *Ius commune* die Zeit zwischen 1075 und 1300 ein. Dieselbe formative Phase diente auch dem Ausbau der juristischen Methodenlehre und mündete gegen Ende in grossangelegte Gesamtdarstellungen. Der Übergang in die klassische Zeit brachte schliesslich die volle Institutionalisierung von Rechtswissenschaft in den vier Schulen (*maḏhabs*) der Hanbaliten, Malikiten, Schafiiten und Hanafiten sowie der Romanistik und Kanonistik im Westen mit sich. Ihre intellektuelle Schaffenskraft schlug sich unabhängig voneinander in ganz ähnlichen scholastischen Denk- und Literaturformen nieder. Die Beziehung zu den politischen Machthabern lässt sich am ehesten als „symbiotisch" auffassen, insofern als die Rechtswissenschaft den Herrscher mit zusätzlicher Legitimation in seiner Funktion als Wächter der göttlichen Gerechtigkeit versah und ihre Vertreter im Gegenzug in den Genuss von Ämtern und zur gelegentlichen Ausübung von Zwangsgewalt kamen[5]. Die endgültige Vereinnahmung durch die Obrigkeit blieb aus. Während des gesamten Mittelalters wahrte der Juristenstand seine Unabhängigkeit nach Art eines Privatunternehmens, das sich in heute schwer zu vermittelnder Weise auf die „epistemische Autorität" seiner einzigen Ware verlassen konnte: Wissenschaftliches Recht, das Streitfälle anhand von transparenten, allgemeingültigen und logisch nachvollziehbaren Regeln beurteilte[6].

I. Islamische Rechtswissenschaft (Scharia[7])

Im sunnitischen Islam des Mittelalters war neben dem Koran die in den sogenannten Hadithen erfasste prophetische Tradition (*sunna*) der wissenschaftlichen Rechtsauslegung (*fiqh*) als zweite normative Quelle vorgegeben. Die ältesten Hadith-Sammlungen, in denen rechtliche Regeln ebenso wie ethische und rituelle Vorschriften anzu-

[4] Die einführenden Darstellungen von *P. Oestmann*, Wege zur Rechtsgeschichte: Gerichtsbarkeit und Verfahren (2015), bes. 29–152; und *W. Hallaq*, An Introduction to Islamic Law (2009), 5–82, gehen von diesem Grundproblem aus.

[5] Zusammenfassungen des literaturgeschichtlichen Forschungsstandes bieten *Katz*, The Age of Development (Fn. 1); und The Ashgate Research Companion to Islamic Law, hg. v. R. Peters and P. Bearman (2014), 1–107. Für das *Ius commune* vgl. *H. Lange* und *M. Kriechbaum*, Römisches Recht im Mittelalter, 2 Bde. (1997–2007); sowie The History of Medieval Canon Law in the Classical Period 1140–1234, hg. v. W. Hartmann und K. Pennington (2008).

[6] Der Schlüsselbegriff der „epistemischen Autorität" geht wohl auf *Wael Hallaq* zurück; siehe *dens.*, An Introduction (Fn. 4), 35: „Epistemic authority is the definining feature of Islamic law"; im gleichen Wortlaut *ders.*, The Origins and Evolution of Islamic Jurisprudence (2005), 165.

[7] Zur geschichtlichen Entwicklung der Begriffe „Scharia" und „schariatisch" vgl. jetzt den Beitrag von *Christian Müller*, unten, 57–83.

treffen sind, gehen anscheinend bis auf die Zeit um 750 zurück. Mit Mālik's *Muwaṭṭa'* (von 788) begegnete zudem nicht lange danach das erste monographische Werk, in dem eine systematische Behandlung von juristischen Argumenten und deren bewusste Abgrenzung von theologischen Belangen vorgenommen wurde. Der mutmassliche Gründer der späteren malikitischen Rechtsschule verliess sich dabei auf einen Normenschatz, den er im heimischen Medina vorgeformt fand und nicht weiter in Frage stellte. Darin unterschied sich sein Ansatz entscheidend von demjenigen Šāfiʿīs (gestorben 820), dessen in Ägypten verfasstes Spätwerk unter den Sunniten letztendlich in den Stand einer grundlegenden juristischen Methodenlehre erhoben wurde. Insbesondere geht auf ihn die Bereitstellung von wissenschaftlichen Kriterien zurück, um alle im Umlauf befindlichen Hadithe auf ihre Authentizität hin zu überprüfen. Nur die nachweislich auf den Propheten zurückgehenden Texte der *sunna* sollten für die gelehrte Interpretation massgeblich bleiben[8]. Gestützt auf Šāfiʿīs Indizienkatalog wurden bald umfangreiche Bestandsaufnahmen von mehr oder weniger als echt einzustufenden Hadithen angefertigt, unter denen das von Buḫārī und Muslim gegen 875 abgeschlossene Grossvorhaben seit Mitte des 11. Jahrhunderts in jeder der vier klassischen *maḏhab*s kanonische Geltung für sich beanspruchen konnte[9].

Die literarischen Errungenschaften einer eigenen juristischen Sprache, bestimmter Schriftgattungen, fester Regeln zum Zweck der Auslegung und einer allseits geteilten autoritativen Textgrundlage waren ausserdem von der allmählichen Verfestigung des Lehrbetriebs begleitet. Bereits die ältesten Hadithe aus den ersten Jahrzehnten nach 700 bezeugen die langsame Verschriftlichung der Unterrichtsinhalte, die zunächst wohl noch durch einzelne Lehrer an ihre unmittelbare studentische Gefolgschaft weitergereicht wurden. Rechtsschulen im institutionellen Sinn, wie sie gegen 900 erstmals mitsamt Professorenhierarchie, festen Lehrplänen und professioneller Lizenzvergabe nachweisbar sind, bewahrten die Erinnerung an solche auf persönliches Charisma gründenden Anfänge, indem sie sich jeweils auf eine Gründergestalt zurückführten. So verwiesen die späteren „grossen" *maḏhab*s mit Aḥmad b. al-Ḥanbal, Mālik, Šāfiʿī und Abū Ḥanīfa auf vier Juristen der Frühzeit, die alle zwischen 780 und 820 tätig gewesen waren. Die ihre Namen tragenden Zweige der hanbalitischen, malikitischen, schafiitischen und hanafitischen Jurisprudenz bezeichneten ab 1050 den Endpunkt der schulischen Konsolidierung, nachdem sie lange mit einer Vielzahl von sonstigen Anbietern im Wettstreit gelegen hatten[10]. Zu ihrer definitiven Absicherung trug weiter der Umstand bei, dass juristische *maḏhab*s einen wichtigen Teil ihrer Einkünfte aus Vermögen bezogen, das ihnen fortan dauerhaft in Form frommer

---

[8] Einzelheiten bei *A. El-Shamsy*, The Canonization of Islamic Jurisprudence. A Social and Intellectual History (2011), 17–87.

[9] *J. Brown*, The Canonization of al-Bukhari and Muslim. The Formation and Function of the Sunni Hadith Canon (2007).

[10] Bei *J. Schacht*, An Introduction to Islamic Law (1964), 23–68; *dems.*, The Origins of Mohammadan Jurisprudence (1967), 190–213, ist stattdessen von älterer regionaler Verwaltungsspraxis und späteren persönlichen Rechtsschulen die Rede; dazu auch *B. Jokisch*, Origins of and Influences on Islamic Law, in: The Oxford Handbook (Fn. 1).

Stiftungen (*waqfs*) zustand. Auf diese Weise konnten Rechtsschulen buchstäblich Gestalt annehmen und im Gebäude einer *madrasa* Unterkunft finden[11].

Da alles verfügbare juristische Schrifttum frühestens in der zweiten Hälfte des neunten Jahrhunderts entstanden zu sein scheint, beruht das heutige Wissen von älteren Werken und der Frühentwicklung ausnahmslos auf indirekten Quellenzeugnissen, deren historische Einordnung nicht wenig von den Grundannahmen des Betrachters abhängt. Experten haben den Einfluss politischer Eliten auf die Entstehung der sunnitischen Jurisprudenz ganz und gar verschieden beurteilt. Eine Maximalposition nimmt dabei die Ansicht von *Benjamin Jokisch* ein, das islamische Recht sei um 800 mit einem Schlag nach dem Vorbild des justinianischen *Corpus iuris civilis* in Bagdad geschaffen worden. Eine von aš-Šaybānī (nach Art eines arabischen Tribonian) geleitete und mit muslimischen, byzantinischen und jüdischen Rechtskundigen besetzte Kommision habe dessen Grundlagen auf Befehl des abassidischen Kalifen Hārūn ar-Rašīd kurzerhand kodifiziert. Aš-Šaybānīs Gesamtwerk, so *Jokisch*, zeuge noch immer von diesem gesetzgeberischen Unternehmen[12]. Vollständig entgegengesetzt fällt die von *Wael Hallaq* vorgenommene Rekonstruktion der Ereignisse aus. Nach seiner Einschätzung kam der Zentralgewalt des Kalifats nur geringe Bedeutung bei der Entstehung des *fiqh* zu. Für *Hallaq* war die juristische Lehre von jeher vor allem arabisch, islamisch und städtisch geprägt. Sie wurde zunächst von Einzelpersonen mit Sonderwissen getragen, ehe es zur Verschriftlichung des Normenschatzes und seiner Auslegung kam und Schulen sich in einen festeren Rahmen zu fügen begannen. Das spontane Wachstum habe seine Stärke keineswegs aus byzantinischen Vorbildern oder dem Fortleben vor-islamischer Gewohnheitsrechte bezogen[13].

Weitreichende Meinungsverschiedenheiten sind erneut bei der historischen Bewertung der Hadithe aufgetreten. Eine seit langem bestehende und philologisch geprägte Forschungsrichtung, deren Suche vornehmlich auf die Übermittlung von Ideen und Texten gerichtet ist, hat das in den einzelnen Hadithen anzutreffende Gedankengut vielfach auf älteres Schrifttum zurückgeführt und dabei eine besondere Abhängigkeit entweder von provinzialrömischen, persischen, byzantinischen oder rabbinischen Modellen festgestellt. Zugleich wollten viele Forscher den Kreis der authentischen Belege, die nachweislich auf Aussprüchen des 632 verstorbenen Propheten Mohammed beruhen, extrem verengen. Sie erblickten deren Ursprung zum grössten Teil in Lehrmeinungen aus der Anfangszeit der islamischen Rechtsschulen, die bekanntlich erst in die Jahre um 800 fiel. Insgesamt schlägt sich in geschichtlichen Arbeiten dieser Art wohl die Vorstellung nieder, im Regelbestand der jungen Religion habe sich ein hohes Mass an Kontinuität gegenüber den unmittelbaren Vorläufern vor Ort ausgedrückt[14]. Aus einem eher sozial- als überlieferungsgeschichtlichen Blick-

---

[11] *P. R. Powers*, The Schools of Law, in: The Ashgate Research Companion (Fn. 1), 41–55; sowie die einschlägige Literatur unten, Fn. 55.

[12] *B. Jokisch*, Islamic Imperial Law. Harun al Rashid's Codification Project (2007), bes. 261–264.

[13] *Hallaq*, The Origins (Fn. 6), 29–56; *ders.*, An Introduction (Fn. 4), 31–56.

[14] Grundlegend *Schacht* (Fn. 9); im wesentlichen unverändert auch *Crone*, Roman, Provincial, and Islamic Law (Fn. 3). Allerdings stellt sich die Frage, inwieweit nur Wissenschaft die Mittel zu einer grossflächigeren Rechtsvereinheitlichung bereitstellen konnte und kann.

winkel heraus bleibt jedoch festzuhalten, dass es gerade die Berufung auf den Islam war, die der beginnenden Jurisprudenz des *fiqh* eine im gesamten Kulturkreis einzigartige Anziehungskraft verlieh. Wie von *Wael Hallaq* betont, sicherten sich arabische Gelehrte dadurch, dass ihre epistemische Autorität muslimisch verankert war, einen gewaltigen Zulauf. Folgerichtig gingen sie bereits früh daran, sich der Echtheit ihrer normativen Basis zu vergewissern, die nur durch prophetische Verwurzelung gewährleistet werden konnte. Zu deren Beweis diente unter anderem die ständige Fortschreibung von beigefügten Namensketten (*isnāds*), die über die Jahrhunderte hinweg die lückenlose Bezeugung eines jeden Hadith durch rechtgläubige Gewährsleute bestätigen sollte[15].

Die Abwesenheit von Zeugnissen aus erster Hand für die gesamte Periode vor 850 spart nach gegenwärtigem Wissenstand auch die ältesten juristischen Schriften wie Māliks *Muwaṭṭaʾ* oder das Werk von Šāfiʿī nicht aus. *Norman Calder* hat daraus die Behauptung abgeleitet, die frühe rechtswissenschaftliche Literatur sei einer rückwärtigen Projektion durch Autoren späterer Zeiten zu verdanken[16]. In seinem Gefolge hat sich die Forschung verstärkt der systematischen Ergründung von Datierungsfragen zugewendet. Entgegen Calder hat die Beschäftigung mit indirekten Verweisen auf Texte der ersten Juristengenerationen rasch zu der Einsicht geführt, dass die vorgefundene grosse Einheitlichkeit bei der Vernetzung von Querverweisen schwerlich im Nachhinein an Werke unterschiedlichster Herkunft hätte herangetragen werden können. Der Befund spricht stattdessen für ein allmähliches Wachstum des gelehrten Schrifttums vor und nach Einsetzen der direkten Überlieferung, eine Schlussfolgerung, die insbesondere durch *Harald Motzki* und dessen Arbeiten zu den Anfängen der gelehrten Tradition in Mekka nahegelegt worden ist. *Motzki* nahm ʿAbd ar-Razzāq aṣ-Ṣanʿānīs *Muṣannaf* von 829 und Ibn Jurayjs darin enthaltene Komposition gleichen Namens von 767 als Ausgangspunkt, verfolgte deren Gelehrtenzitate bis auf eine kurz nach 700 datierbare Schicht zurück und untersuchte den Umgang beider Verfasser mit autoritativen Quellen. Im Ergebnis bekräftigte *Motzkis* Vorgehen Hallaqs Vermutung einer schon in den Beginn des 8. Jahrhunderts reichenden Berufung auf vornehmlich islamische Normen. Im Verhältnis zu Verlautbarungen, die Mohammeds Begleitern zugeschrieben wurden, gründete aber nur ein kleinerer Teil auf den Koran oder beanspruchte in Form von Hadithen prophetischen Ursprung für sich. Zudem waren es anfangs nur die Äusserungen der Gefährten des Propheten und nicht die Hadithe selbst, die ab etwa 750 mit einem *isnād* zum Nachweis ihrer Authentizität ausgestattet wurden[17].

Abgesehen von Šāfiʿīs ausserordentlich früh (um 800) zu datierender Methodenlehre setzte die Epoche der klassischen Rechtswissenschaft im 11. Jahrhundert ein.

---

15 *Hallaq*, The Origins (Fn. 6), 57–78; bestätigt vor allem durch die Quellenforschungen von *Harald Motzki*, unten, Fn. 17.

16 *N. Calder*, Studies in Early Muslim Jurisprudence (1993).

17 *H. Motzki*, Die Anfänge der islamischen Jurisprudenz. Ihre Entwicklung in Mekka bis zur Mitte des 2./8. Jahrhunderts (1991); neu bearbeitete englische Fassung in: The Origins of Islamic Jurisprudence. Meccan Fiqh before the Classical Schools, übersetzt von M. Katz (2002); und *H. Motzki*, Analysing Muslim Traditions. Studies in Legal, Exegetical, and Maghazi Hadith (2010).

Schon bald brachte sie ein vielgestaltiges Schrifttum hervor, das als Glosse, Kommentar oder Traktat die unmittelbaren Bedürfnisse des Unterrichtsbetriebs widerspiegelte. Die praktische Umsetzung der akademischen Tätigkeit deutete sich zugleich in der Verbreitung von Handbüchern an, die Gerichtsschreiber und Notare mit juristisch aufbereiteten Formularen versahen oder Richtern (*qāḏīs*) als Leitfaden bei der Prozessführung dienten[18]. In der Urteilsfindung wurde der Kadi darüber hinaus durch einen besonderen Rechtsexperten (*muftī*) unterstützt, dessen unverbindlicher Ratschlag (*fatwā*) zusehends in grosse Sammlungen, allen voran diejenige des maghrebinischen Gelehrten Wansharīsī (gestorben 1508) einging. Gerade der Inhalt von Fatwas macht deutlich, wie sehr die mittelalterliche Jurisprudenz im Wechselspiel mit örtlichen Gewohnheitsrechten Gestalt annahm[19]. In den Städten befanden sich die Kadis wiederum im freien Nebeneinander mit anderen, durch die politische Führung bestellten Gerichtsgewalten, wie zum Beispiel dem Marktaufseher (*muḥtasib*) oder einer als *maẓālim* und *siyāsa* bezeichneten Jurisdiktion, die Herrscher im eigenen Namen auszuüben pflegten[20]. Zur nachhaltigen Zentralisierung dieser Tribunale oder deren Einreihung in einen festen Instanzenzug kam es vor 1500 jedoch nie, so dass die praktische Reichweite der Scharia im wesentlichen von ihrer Fähigkeit abhing, Streitfälle an sich zu ziehen.

Eine juristische Ausbildung versprach Zugang zu hohen Verwaltungsposten. Ihre eigentliche Leistung aber bestand darin, dass sie eine Form von Gerechtigkeit entwickelte, die im sunnitischen Islam aufgrund ihrer Wissenschaftlichkeit und dem ihr innewohnenden Zwang zur Verschriftlichung aller Rechtsgeschäfte ganz und gar einzigartig dastand. Nur sie bot ein widerspruchsfreies System von Normen, das von Logik und Transparenz durchdrungen war und auf diese Weise universelle Geltung und ein unvergleichliches Mass an Vorhersagbarkeit in Aussicht stellte[21].

II. Westliche Rechtwissenschaft (*Ius commune*)

Die der lateinischen Rechtswissenschaft des Mittelalters zugrundeliegenden normativen Quellen verdanken ihre Entstehung historischen Vorgängen, die am meisten dem von Wael Hallaq für die Scharia entworfenen Erklärungsmodell zu entsprechen scheinen. Am Anfang stand in beiden Kulturen das Zusammentragen von autoritativem Material, dem man wegen seines prophetischen, kirchlichen, oder kaiserlich-

[18] *É. Tyan*, Histoire de l'organisation judiciaire en pays d'Islam (²1960); *I. Schneider*, Das Bild des Richters in der adab al-qadi Literatur (1990).

[19] Siehe den Beitrag von *Rüdiger Lohlker* unten, 183–198. Zu Wansharīsī auch *D. Powers*, Law, Society, and Culture in the Maghrib, 1300–1500 (2002).

[20] Den *muḥtasib* behandelt *K. Stilt*, Islamic Law in Action. Authority, Discretion, and Everyday Experiences in Mamluk Egypt (2011); prinzliche *siyāsa* Rechtssprechung untersucht *Y. Rapoport*, Royal Justice and Religious Law. Siyasah and Shari'ah under the Mamluks, Mamluk Studies Review 16 (2012), 71–102; siehe ausserdem *M. Tillier*, The Mazalim in Historiography, in: The Oxford Handbook (Fn. 1).

[21] Entsprechend die Betonung bei *C. Müller*, Der Kadi und seine Zeugen. Studie der mamlukischen Haram-Dokumente aus Jerusalem (2013), 502–508, 529–530.

römischen Ursprungs universelle Geltung zuschrieb. Die bis zum Ende der formativen Phase geschaffenen Textbücher, die vornehmlich als Eigenprodukt des juristischen Schulbetriebs anzusehen sind, wurden fortan der Gesamheit der sogenannten Rechtsgewohnheiten und Statuten mit lediglich lokaler Anwendung gegenübergestellt. Im Unterschied zur frühmodernen Zeit ab dem 16. Jahrhundert aber blieb solchen Partikularrechten die Übernahme in den eigentlichen Normenschatz der Jurisprudenz verwehrt.

Im Bereich des *Ius commune* wurden die für die Lehre massgeblichen gesetzesartigen Grundlagen nicht anders als die Rechtsschulen selbst im wesentlichen zwischen 1100 und 1300 geschaffen. Dabei berief sich das wissenschaftliche Laienrecht (ausserhalb Englands) vor allem auf das unter dem spätantiken Kaiser Justinian I. (527–565) zusammengetragene römische *Corpus iuris civilis*, dessen stufenweise Wiederentdeckung und Anpassung an die Bedürfnisse eines auf Latein gehaltenen Unterrichts gegen 1200 abgeschlossen war. Darauf aufbauend gelangte die scholastische Auslegung, deren Vertreter in Anlehnung an die justinianischen Normen (*leges*) oft als Legisten bezeichnet wurden, allmählich zur Herstellung eines Standardkommentars, der als *Glossa ordinaria* des Bologneser Rechtslehrers Accursius (gestorben 1268) seine endgültige Form annahm und den Text des *Corpus* in fast allen erhaltenen Handschriften und Drucken bis in das 17. Jahrhundert hinein begleitete[22].

Im Unterschied dazu beruhte die Sichtung der kirchlichen Normen (oder Kanones) zwecks wissenschaftlicher Aufbereitung auf einer grossen Zahl von Kompilationen aus mehr als einem halben Jahrtausend. Sie schlug sich um 1140 im *Decretum* Gratians nieder, das der Verfasser über seine Tätigkeit als Kompilator hinaus mit eigenen, der Harmonisierung widersprüchlicher Kanones dienenden Bemerkungen versah. Auf sein Werk gründete die kanonistische Glossierung der Dekretisten, die sich ab 1170 verstärkt neueren päpstlichen Rechtsauskünften (Dekretalen) in der Absicht zuwandte, die normative Grundlage noch einmal zu erweitern. Eine Serie von durch die Schulen veranstalteten Dekretalensammlungen bezeichnete bald darauf den Höhepunkt des dekretalistischen Interesses an Rechtsfortbildung unter direkter Berufung auf das Papsttum, die in den oft als *Liber Extra* bezeichneten *Decretales* Papst Gregors IX. von 1234 ihren vollständigsten Ausdruck fand und zur Zeit des 1298 von Papst Bonifaz VIII. veröffentlichten *Liber Sextus* bereits wieder im Abnehmen begriffen war. Nach 1322 fand sie überhaupt keinen mittelalterlichen Versuch der Fortsetzung mehr. Innerhalb kürzester Zeit wurden die drei genannten Textbücher der Kanonistik zudem mit Standardglossen versehen, unter denen die dekretistische *Glossa ordinaria* von Johannes Teutonicus (1215) und Bartholomaeus von Brescia (1236) stammte. Ihr jeweiliges Gegenstück zum *Liber Extra* und zum *Liber Sextus* erstellten Bernhard von Parma (bis 1263) und Johannes Andreae (um 1300)[23].

---

[22] *Lange* und *Kriechbaum*, Römisches Recht (Fn. 5), Bd. 1, 28–86, 335–385; *M. Bellomo*, Europäische Rechtseinheit. Grundlagen und System des Ius commune (2005), 57–86; *M. Ascheri*, The Laws of Late Medieval Italy (1000–1500). Foundations for a European Legal System (2013), 7–28, 105–134.

[23] Hartmann und Pennington (Hg.), The History (Fn. 5); zusätzlich unten, Fn. 25; und The Cambridge Companion to Medieval Canon Law, hg. v. A. Winroth (im Erscheinen).

Aus dem Blickwinkel des modernen Betrachters wirkt nicht nur der nach heutigen Begriffen „private“ und von politischer Obrigkeit weitgehend unabhängige Anstoss zur Herstellung verlässlicher normativer Grundlagen unerwartet; auch deren endgültige Verfestigung am Ende der formativen Anfangsphase bildete eine ausgesprochen mittelalterliche Eigenheit der Scharia und des *Ius commune*, die mit der gegenwärtigen Abhängigkeit westlich geprägter Jurisprudenz von ständig neuer staatlicher Gesetzgebung nur wenig gemein hat. Wie erwähnt hat die Historiographie in beiden Fällen lange von Stagnation oder gar vom Niedergang der nachklassischen Lehre gesprochen, die ohne Anpassung an sich wandelnde Verhältnisse mittels tatkräftiger Legislative unweigerlich in Erstarrung verfallen musste. Zukunftsfähige Wissenschaft, die ihre Prämissen, Methoden, logische Einordnung und Begrifflichkeit gewissermassen aus sich selbst heraus auf beliebige Umstände hätte anwenden können, galt gerade dort als schwer vorstellbar, wo wie im sunnitischen Islam und im kanonischen Recht bestimmten religiös verankerten Grundnormen der Rang unveränderlicher göttlicher Offenbarung zukommen sollte. Erst die genauere Erforschung der Lehrentwicklung hat dagegen die klare Einsicht erbracht, dass juristische Auslegung ebensogut durch Rückgriff auf berufsübliche analytische Werkzeuge vorangetrieben wurde. Diesem Zweck diente inbesondere die Verwendung von Analogieschlüssen sowie die Berufung auf den Schulkonsens (*iǧmāʿ* bzw. *communis opinio*) und Rechtsmaximen[24].

Die Vorstellung eines improvisierten, durch politische Hierarchien nicht sonderlich gesteuerten Wachstums mittelalterlicher Jurisprudenz wird vor allem durch die von der zeitgenössischen Kanonistik eigens unterstrichene Bedeutung des römischen Papsttums in Frage gestellt. Tatsächlich verlief die Ausgestaltung des klassischen kanonischen Rechts in engster Anlehnung an die Zentralgewalt des Apostolischen Stuhls, die in Gestalt der grossen Päpste des 13. Jahrhunderts – von Innozenz III. über Gregor IX. und Innozenz IV. bis hin zu Bonifaz VIII. – die Schulen des Kirchenrechts immer wieder mit neuen Rechtssammlungen zur weiteren Kommentierung versah. Die so eingeführten Textbücher bestanden vorwiegend aus Dekretalen, in denen päpstliche Antworten auf unzählige aus dem gesamten lateinischen Westen eintreffende Rechtsfragen gegeben wurden. Ihre Glossierung wurde bezeichnenderweise von Rechtslehrern vorgenommen, die gemeinhin als „Dekretalisten“ bekannt waren[25]. Folglich hat die rechtsgeschichtliche Forschung von jeher einer Art Maximalposition zugeneigt und die Meinung vertreten, die kanonistische Lehre sei in Vorwegnahme des modernen monarchischen Papats massgeblich auf dessen Weisung hin entstanden. Ausserdem habe das Gewicht der Dekretalen gerade auf der ihnen innewohnenden institutionellen Autorität beruht[26].

---

24 Vgl. *I. A. Rabb*, Doubt in Islamic Law. A History of Legal Maxims, Interpretation, and Islamic Criminal Law (2015); sowie den Beitrag von *Norbert Oberauer* unten, 147–168. Die Mittel der Rechtsanpassung in der westlichen Jurisprudenz beleuchtet *S. Lepsius*, Auflösung und Neubildung von Doktrinen nach der Glosse: Die Dogmatik des Mittelalters, in: Dogmatisierungsprozesse in Recht und Religion, hg. v. G. Essen und N. Jansen (2011), 55–94.

25 Die Erforschung dieser Literatur ist vor allem mit dem Namen von *Martin Bertram* verbunden; siehe seine Aufsatzsammlung, Die Kanonisten und ihre Texte (1234 bis Mitte 14. Jh.: 18 Aufsätze und 14 Exkurse (2013).

26 Die Rolle des Papstes steht im Mittelpunkt der Arbeit von *Thomas Wetzstein*, unten, 85–103. Die

Gegen diese äusserst verbreitete Ansicht erhebt der Quellenbefund allerdings gewichtige Einwände. Es kann zunächst als keineswegs ausgemacht gelten, dass die grossen päpstlichen Gesetzgeber der Rechtsentwicklung eigenhändig ihren Stempel aufgedrückt hätten. Vielmehr spricht nicht wenig für eine Minimalbewertung, die besagt, die Päpste seien von der Rechtslehre lediglich vorübergehend in den Dienst genommen worden; ihren Nachruhm schuldeten sie vor allem der Einvernahme durch die klassische Kanonistik. Fest steht zum Beispiel, dass der *Liber Extra* Gregors IX. von 1234 vorwiegend schulinterne Sammlertätigkeit widerspiegelte und in den Jahren darauf das Interesse an neuen Dekretalen ständig sank. So versah der *Liber Sextus* von 1298 den Unterricht mit einem Textbuch, dessen Umfang lediglich einen Bruchteil des Vorgängerbandes einnahm. Zwei durch Kanonisten angebahnte Vorhaben, eine Handvoll von durch Papst Clemens VI. verfügten Entscheidungen als Klementinische Konstitutionen (1317) und Extravagenten von Johannes XXII. (1322) mitsamt Standardglossen dem juristischen Unterricht einzuverleiben, fanden noch einmal Abnehmer[27]. Anschliessend aber wandte sich der Fachdiskurs vollends interpretativen Techniken sowie einem bunten Gemisch aus je nach persönlicher Vorliebe beigebrachten jüngeren Rechtsquellen zu, unter denen die Anordnungen von Päpsten gleichberechtigt neben Gerichtsentscheidungen oder den Gutachten und Glossen besonders geschätzter Juristen standen[28]. In den normativen Grundbestand des *Ius commune* mit dem justinianischen *Corpus iuris civilis*, Gratians *Decretum* und den fünf dekretalistischen Kompilationen aus der Zeit zwischen 1234 und 1322 wurden sie jedoch nicht mehr aufgenommen.

Die Abkehr des kirchenrechtlichen Vorlesungsbetriebs vom jüngsten Stand päpstlicher Verfügungen im 14. und 15. Jahrhundert bezeichnete einen Vorgang, der zeitgenössischen Entwicklungen innerhalb der Scharia und nicht zuletzt denen im anderen Zweig des *Ius commune*, dem laienrechtlichen Studium des *Corpus iuris civilis*, weitaus stärker entsprach als eindeutig späteren Vorstellungen von einer hierarchischen Unterordnung des gelehrten Rechts unter die Staatsgewalt. Bis 1220 war die Erweiterung des Normenschatzes in der Legistik im wesentlichen abgeschlossen. Wohlgemerkt gingen ältere historische Arbeiten auch hier von der Annahme aus, das Studium des römischen Rechts habe zunächst dem mittelalterlichen Kaisertum der Hohenstaufen als herrschaftliches Instrument gedient. Nicht umsonst fügte die Bologneser Schule dem antiken *Corpus* Justinians noch drei Kaisergesetze (Authentiken) der eigenen Zeit hinzu, von denen eines ein akutes Rechtsproblem zu lösen half. Die beiden anderen aber behandelten Professoren und Studenten als Empfänger von ausserordentlichen (kirchlichen) Standesprivilegien und erwecken einmal mehr den Eindruck, die Berufung auf kaiserliche Macht habe zuallererst schulinterne Zwecke befördert[29].

Ausgestaltung der päpstlichen Monarchie durch die zeitgenössische kanonistische Theorie bespricht zusammenfassend *A. A. Larson*, Popes and Canon Law, in: A Companion to the Medieval Papacy. Growth of an Ideology and Institution, hg. v. K. Sisson und A. A. Larson (2016), 135–157.

[27] Näheres im Aufsatz von *Andreas Meyer*, unten, 169–181.

[28] So auch *Thomas Woelki* in seinem Beitrag zu diesem Band, unten, 199–214.

[29] „The most powerful carrier of legal culture in Western Europe during this period was the professional lawyer, not the new collections of law themselves", *E. Conte* und *M. Ryan*, Codification in

Der weitere Geschichtsverlauf bestätigt diesen Befund. Die juristische Annahme einer über dem Gesetz stehenden politischen Führungsfigur in Gestalt des *princeps* konnten bald sämtliche Träger unabhängiger Gerichtsgewalt für sich in Anspruch nehmen. Abseits jeglicher Parteinahme stand somit (wie in der Person des schariatischen *imām*) der theoretische Rahmen für ein symbiotisches Verhältnis zwischen Rechtswissenschaft und tatsächlicher Herrschaftsausübung bereit[30].

Ungeachtet von Dynastiewechseln und dem Auf und Ab des politischen Lebens war der Werdegang der Scharia und des *Ius commune* von anfänglich explosionsartiger Verbreitung und anschliessend stetigem Wachstum geprägt. Nach der bekannten Formulierung *Wael Hallaqs* gründete die offensichtlich unaufhaltsame Entwicklung des Juristenstandes in entscheidendem Mass auf dessen anderweitig unerreichter epistemischer Autorität. Im sunnitischen und kontinentaleuropäischen Raum übten seine Vertreter ein absolutes intellektuelles Monopol aus. Es bestand im Angebot eines wissenschaftlichen Rechts, das logisch und widerspruchsfrei aus einem eindeutig bestimmten Grundbestand an verschriftlichten Normen gearbeitet war und auf die friedliche Beilegung von Streitigkeiten mit Hilfe vorhersagbarer Verfahrensregeln zielte[31]. Besonders in Städten und Gegenden, in denen durch die hohe Mobilität der Bewohner die althergebrachte Berufung auf nachbarliche Solidarität (wie etwa in Reinigungs- und Überführungseiden) bei der Durchsetzung von Rechtspositionen an Überzeugungskraft verlor, war ein solcher universaler Mechanismus zur Ermittlung überörtlich nachvollziehbarer, „materieller" Tatbestände unabdingbare Voraussetzung für die Sicherung und Steigerung von Handel und Wandel. Entsprechend fühlten sich islamische wie westliche Juristen im urbanen Umfeld besonders zu Hause.

Die beharrliche Ausbreitung der wissenschaftlichen Lehre war von einer stetig voranschreitenden Aufgliederung der Literaturformen begleitet, die sich in Bezug auf methodische Vorgaben im Westen wie im Islam vielfach überlappten. Glossen, grossangelegte Summen und Kommentare spiegelten vorwiegend das Unterrichtsgeschehen und seine Absichten wider. Handbücher für Notare und für Richter entstanden an der Schnittstelle zwischen Theorie und Praxis, während Gutachten in beiderlei Sphären ihren Ursprung hatten. Die gesonderte Abhandlung einzelner Rechtsfragen und Themenbereiche wurde ebenfalls immer feinmaschiger und öffnete sich zusehends einer flächendeckenden Behandlung aller rechtlichen Materien im heutigen Sinne[32]. Als religiös verankerten Normensystemen beschäftigte sowohl die Kanonistik als

---

the Western Middle Ages, in: Diverging Paths? The Shapes of Power and Institutions in Medieval Christianity and Islam, hg. v. J. Hudson und A. Rodriguez (2014), 75–97, hier 97. Über die drei Authentiken eingehend *Lange* und *Kriechbaum*, Römisches Recht (Fn. 5), Bd. 1, 77–79; sonstige Texte mit autoritativem Anspruch in den Schulen des Römischen Rechts gingen eindeutig auf private Sammlertätigkeit zurück, ebd., Bd. 1, 86–93.

[30] *K. Pennington*, The Prince and the Law, 1200–1600. Sovereignty and Rights in the Western Legal Tradition (1993).

[31] The History of the Courts and Procedures in Medieval Canon Law, hg. v. W. Hartmann und K. Pennington (2016); und oben, Fn. 6, Fn. 18.

[32] Dazu in diesem Band besonders *Benjamin Jokisch*, unten, 21–38. Allgemein *B. Johansen*, Contingency in a Sacred Law. Legal and Ethical Norms in the Muslim fiqh (1999), 1–72. *R. H. Helmholz*,

auch die Scharia die genaue Abgrenzung zwischen richterlicher Verfolgung einerseits und reinen Gewissenverfehlungen vor Gott andererseits. Die Trennlinie scheint dabei an jener Stelle verlaufen zu sein, wo hinreichende forensische Beweise in Form von zuverlässigen Zeugen- oder Dokumentenaussagen entweder fehlten oder im Gegenteil vorhanden waren[33].

In einem Zeitalter fernab von jeglichem Justizmonopol gelang es der mittelalterlichen Jurisprudenz, sich einen wachsenden Anteil am Gesamtmarkt der auf friedliche Streitbeilegung bedachten Maklertätigkeiten zu sichern. Das *Ius commune* und die *Scharia* standen infolgedessen besonders auf dem Land in Konkurrenz zu einer grossen Vielfalt gewohnheitsmässiger Rechtsregeln. Im städtischen Bereich sahen die Juristen ihr praktisches Betätigungsfeld nicht selten durch die auf selbstverfügten Statuten und Herkommen beruhende Gerichtsbarkeit der islamischen Obrigkeit (*maẓālim* und *siyāsa*) oder der eines örtlichen Marktaufsehers (*muḥtasib*) eingeengt, oder sie hatten wie in den oberitalienischen Kommunen mit dem Eigenrecht (*Ius proprium*) der Bürgerschaften zu rechnen[34]. Die Rechtswissenschaft übte jedoch auf alle im Bereich der Konfliktbewältigung angesiedelte und dessen Einnahmen abschöpfende Einrichtungen einen letztlich unwiderstehlichen Verschriftlichungsdruck aus. Auf längere Sicht gesellte sich dazu für alle Formen der Rechtssprechung die Notwendigkeit, ihre Normen auf innere Widerspruchslosigkeit hin umzugestalten sowie Richterstühle und Geschworenenbänke verstärkt mit juristisch vorgebildetem Personal zu besetzen[35].

III. Getrennte und geteilte Forschungswege

Die moderne Beschäftigung mit dem *Ius commune* ist von jeher durch philologische und literaturgeschichtliche Herangehensweisen bestimmt worden. Wer eine Gesamtdarstellung zur römischen oder kanonischen Jurisprudenz des Mittelalters zur Hand nimmt, wird darin vor allem Auskunft zur Überlieferung der Rechtsquellen sowie einzelner juristischer Schriftgattungen und Autoren erhalten, die bevorzugt in chronologischer Ordnung vorgeführt werden[36]. Derartige Überblickswerke beruhen

---

The Spirit of Classical Canon Law (1996); *J. Brundage*, The Medieval Origins of the Legal Profession: Canonists, Civilians, and Courts (2008).

[33] *B. Johansen*, Le jugement comme preuve. Preuve juridique et vérité religieuse dans le Droit Islamique hanéfite, Studia islamica 72 (1990), 5–17; Wiederabdruck in: Contingency (Fn. 32), 434–445; *W. P. Müller*, The Internal Forum of the Middle Ages. A Modern Myth?, Law and History 33 (2015), 887–913.

[34] Siehe *Christian Lange* in seinem Aufsatz unten, 105–121; *Lange* und *Kriechbaum*, Römisches Recht (Fn. 5), Bd. 2, 224–263; und oben, Fn. 20.

[35] Der Vorgang tritt vielleicht nirgends klarer aus den Quellen hervor als anhand der spätmittelalterlichen Rezeption des wissenschaftlichen Rechts im deutschsprachigen Raum; vgl. *Oestmann*, Wege zur Rechtsgeschichte (Fn. 4), 125–152, 318–321; und seinen Beitrag unten, 123–145.

[36] *Lange* und *Kriechbaum*, Römisches Recht (Fn. 5), widmen fast 1100 von rund 1350 Druckseiten dieser Darstellungsform; für die Kanonistik ganz ähnlich Hartmann und Pennington (Hg.), The History (Fn. 5).

wiederum auf dem Studium noch vorhandener Originaltexte, das über viele Generationen hinweg vorangetrieben worden ist. Fragen zu Datierung, Inhalt, innerer Zusammenstellung und Abhängigkeit untereinander werden darin beständig verfolgt, und die Ergebnisse sind verschiedentlich in umfassende Repertorien eingeflossen[37]. Selbst thematische Untersuchungen zur Lehrentwicklung in einzelnen Rechtsbereichen ziehen mit grosser Regelmässigkeit ungedrucktes Material heran, dessen Entstehung nicht selten bis auf wenige Jahre oder Jahrzehnte an die eigentliche Abfassungszeit heranreicht. Grosse Nähe zum Ursprung kennzeichnet auch viele Textzeugen der vor Beginn der Scholastik im 12. Jahrhundert angelegten normativen Sammlungen. So reicht die verfügbare Überlieferung zum *Corpus iuris civilis* in grossen Teilen bis in die Epoche Kaiser Justinians (gestorben 565) zurück, und diejenige der Kanonessammlungen setzt ebenfalls nicht lange nach 500 ein[38]. Lediglich die forschungsübliche Verengung des Blickfelds auf Normen und wissenschaftliche Kommentare aus der formativen Phase zwischen 1100 und 1300 hat der Erschliessung ähnlich zeitiger Abschriften entgegengewirkt.

Der geschichtswissenschaftliche Umgang mit der mittelalterlichen Scharia hätte nicht unterschiedlicher ausfallen können. Allgemeine Einführungen in das Thema sowie Spezialuntersuchungen zu bestimmten Gesichtspunkten der Lehre haben juristische Texte der formative Phase zwischen 750 und 1050 fast aussnahmslos auf der Grundlage von im Druck verbreiteten Editionen der jüngeren Zeit zu Rate gezogen. Darüber hinaus kommen die meisten Arbeiten, die sich speziell mit Fragen der Überlieferung beschäftigen, ganz ohne Rückgriff auf die ältesten Handschriften aus. Die Abwesenheit von spezialisierten Repertorien zum Zweck der systematischen Erkundung des noch vorhandenen Materials hat folgerichtig breiten Raum gelassen für *Norman Calders* Behauptung, die islamische Jurisprudenz habe vor der zweiten Hälfte des 9. Jahrhunderts gar nicht existiert und alle vorherige Literatur sei der rückwärtigen Projektion späterer Juristen zu verdanken gewesen[39]. Ausserdem verwies *Jonathan Brown* im Zusammenhang mit der normativen Basis des sunnitischen Islam auf die schleppende Kanonisierung der um 875 vollendeten Hadith-Sammlungen von al-Buḫārī und Muslim, die sich nach seinem Dafürhalten nicht vor Mitte des 11. Jahrhunderts vollzog. Eher beiläufig verknüpfte er damit die Feststellung, handschriftliche Zeugen beider Werke gehörten ebenso erst in jene Epoche[40]. Insgesamt wirft der grosse zeitliche Abstand zwischen ursprünglicher Abfassung und tatsächlich verfügbaren

---

37 Klassiker sind die Werke von *J. F. von Schulte*, Die Geschichte der Quellen und Literatur des canonischen Rechts von Gratian bis auf die Gegenwart, 3 Bde. (1875–1880); *S. Kuttner*, Repertorium der Kanonistik (1140–1234) (1937); und *G. Dolezalek*, Verzeichnis der Handschriften zum römischen Recht bis 1600, 5 Bde. (1972).

38 *L. Kéry*, Canonical Collections of the Early Middle Ages (ca. 400–1140): A Bibliographical Guide to the Manuscripts and Literature (1999); *Lange* und *Kriechbaum*, Römisches Recht (Fn. 5), Bd. 1, 60–86.

39 Passend dazu ist laut *Calder*, Studies (Fn. 16), 38, die früheste vollständige Handschrift von Māliks *Muwaṭṭa'* (von 788) auf 890 datiert.

40 *Brown*, The Canonization (Fn. 9), 383–386, widerspricht allerdings Vorstellungen, wonach die Werke nicht zu Lebzeiten der Verfasser (also bis 875) abgeschlossen worden seien.

Zeugnissen vielfältige historische Fragen auf, zu deren Beantwortung es einstweilen an einer umfassenderen Erhebung der Textbestände mangelt[41].

Bei der Erforschung der mittelalterlichen Scharia begegnet als Leitmotiv immer wieder dessen vermeintliche Andersartigkeit gegenüber der westlichen Entwicklung des *Ius commune*. Anhaltende Vorstellungen von einer willkürlichen „Kadijustiz" und einem zur Anpassung an das Neue unfähigen religiösen Dogmatismus sind – möglicherweise zu Unrecht – vor allem mit dem Namen des Soziologen Max Weber (1864–1920) verbunden worden[42]. Zu ihnen hat sich bereits früh der Vorwurf gesellt, islamische Juristen hätten es versäumt, Prinzipien der Rechtsstaatlichkeit herauszuarbeiten und die Ausbildung moderner verfassungsmässiger Mechanismen voranzutreiben. Erst jüngere Studien haben die seit Weber in den Raum gestellten Annahmen unter Verweis auf unzählige Handbücher mit strikten und gleichförmigen Anweisungen zur richterlichen Amtsführung und die Festellung entkräftet, dass schariatische Interpretation sehr wohl unterschiedliche Lehrmeinungen und deren Weiterentwicklung zuliess[43]. Ausserdem haben sie auf gewisse konstitutionelle Elemente im juristischen Denken aufmerksam gemacht, wonach Streitparteien mit weitreichenden prozessrechtlichen Garantien rechnen konnten und politische Eliten angemahnt wurden, stets Gottes Gerechtigkeit auszuüben und auf diese Weise letztlich den Massgaben der Jurisprudenz Folge zu leisten. Wie im lateinischen Mittelalter war die Bindung an abstrakte und allgemeingültige Regeln demnach das mittelbare und doch unausweichliche Ergebnis rechtswissenschaftlichen Arbeitens[44].

Im Gegensatz dazu lag bei der Erforschung des *Ius commune* die Betonung vorrangig auf dessen verhältnismässiger Modernität. Sie ist besonders durch Vertreter der in den rechtswissenschaftlichen Fakultäten beheimateten Dogmengeschichte herausgestellt worden, die ihr Hauptaugenmerk auf die Entstehung heutiger Lehranschauungen gelenkt hat. Nicht selten wurden dabei Gewissheiten aus dem gegenwärtigen Rechtsleben ohne genauere Überprüfung an geschichtliche Vorgänge herangetragen, so dass zum Beispiel die vor- und frühstaatlichen Lebensumstände mittelalterlicher Juristen kaum einmal Berücksichtigung fanden. In dieser Hinsicht könnten Studi-

---

[41] Ein Anfang wird derzeit in Form des sogenannten *Corpus Coranicum* gemacht. Das von Angelika Neuwirth an der Freien Universität Berlin geleitete Projekt strebt die systematische Erschliessung aller Koranhandschriften an, um so die geschichtliche Entwicklung des Textes genauer nachzuvollziehen. Für die sonstige normative und rechtswissenschaftliche Überlieferung, vgl. *F. Sezgin*, Geschichte des arabischen Schrifttums, Bd. 1 (1967).

[42] Abwägend *I. Schneider*, Die Merkmale der idealtypischen qadi-Justiz. Kritische Anmerkungen zu Max Webers Kategorisierung der islamischen Rechtsprechung, Der Islam 70 (1993), 145–159. Webers Überlegungen zum islamischen Recht sind lediglich Bestandteil von unfertigen und posthum unter dem Titel „Wirtschaft und Gesellschaft" veröffentlichten Notizen, in: *Max Weber Studienausgabe* 1/22–3, hg. v. W. Gephart und S. Hermes (2014), 22–166; siehe besonders „Die Entwicklungsbedingungen des Rechts", ebd., 122–126 (zum islamischen Recht); ebd., 129–131 (zum westlichen Kirchenrecht); ferner das „Nachwort" der Herausgeber, ebd., 225–226; und unten, Fn. 55.

[43] *T. Bauer*, Die Kultur der Ambiguität. Eine andere Geschichte des Islams (2011), bes. 157–191, hat das islamische Rechtsdenken des Mittelalters deshalb mit dem Begriff der „Ambiguität" verknüpft.

[44] Vgl. oben, Fn. 21, Fn. 24, Fn. 31; *S. Jackson*, Islamic Law and the State. The Constitutional Jurisprudence of Shihab al-Din al Qarafi (1996). Für den Westen, *B. Tierney*, Religion, Law and the Growth of Constitutional Thought, 1150–1650 (1980).

en zur westlichen Jurisprudenz des Mittelalters wichtige Denkanstösse aus Arbeiten zum frühen islamischen Recht beziehen, in denen die Möglichkeit einer erfolgreichen rechtswissenschaftlichen Kultur fernab von politischer Kontrolle oder Vereinnahmung mit Selbstverständlichkeit in Rechnung gestellt wird[45]. Umgekehrt zeigt der westliche Geschichtsablauf sehr viel deutlicher, dass zwischen religiöser Offenbarung und einer auf ihr gründenden Rechtswissenschaft kein enges zeitliches Verhältnis bestehen muss. Zwar ging die Verbreitung des Evangeliums unmittelbar mit derjenigen von christlichen Geboten und Verboten einher; die endgültige Verbindung von lateinischer Christenheit und professionellem Juristentum aber erforderte darüber hinaus das explosionsartige Wachstum einer entscheidend auf Mobilität angewiesenen Gesellschaftsgruppe, wie sie im Westen nicht vor dem langen 12. Jahrhundert in Erscheinung trat[46].

Seit einigen Jahrzehnten mehren sich jedoch die Anzeichen für eine zunehmende methodische Annäherung. Anstatt das Augenmerk auf die Vorwegnahme oder vermeintliche Unvereinbarkeit mit der westlichen Moderne zu richten, wird zusehends die Historisierung der mittelalterlichen Erfahrung und die Erfassung dessen angestrebt, was juristische Aktivität in den Augen von Zeitgenossen bewirkte. Im Zuge solcher Bemühungen ist insbesondere dass Prozessrecht der beiden Jurisprudenzen in das Blickfeld gerückt, das hier wie dort eine Art Alleinstellungsmerkmal gegenüber sämtlichen nichtjuristischen Rechtsformen bereitstellte. Die Scharia und das *Ius commune* stützten ihre epistemische Anziehungskraft auf das grundsätzliche Versprechen von Schriftlichkeit und widerspruchsfreier Systematik. Sie bestanden im Unterschied zu den auf persönlichen Loyalitätsbezeigungen fußenden Gewohnheitsrechten auf der forensischen Erkundung des wirklichen Tathergangs und verbanden letztere mit hohen Beweiserfordernissen in Form von Geständnissen und zuverlässigen Zeugen. Im gleichen Sinne trennten sie auch sorgfältig zwischen den Bereichen der Justiz und des Gewissens[47]. Zwar wurden die sunnitischen, kanonistischen und römischrechtlichen Schulen des Mittelalters lediglich als Teilunternehmungen im Rahmen von weitaus vielgestaltigeren Rechtslandschaften wirksam; ihr grosses Beharrungsvermögen aber fusste auf ihrer konkurrenzlosen „Rationalität", mochte diese nun im Sinne Max Webers eher „materialer" oder „formaler" Natur sein[48].

---

[45] Die Entwicklung der sunnitischen Rechtsschulen wird allenfalls für begrenzte Zeiträume als das Ergebnis von politischem Despotismus, Herrscherwillen, oder Anarchie betrachtet, z.B. bei *El Shamsy*, The Canonization (Fn. 8), 91–144; *C. Melchert*, The Formation of the Sunni Schools of Law, 9th–10th Centuries (1997); sowie die Verweise oben, Fn. 3. Kritik an der westlichen Dogmengeschichte übt *P. Oestmann*, Normengeschichte, Wissenschaftsgeschichte und Praxisgeschichte. Drei Blickwinkel auf das Recht der Vergangenheit, in: Max-Planck Institute for European Legal History Research Paper Series 2014–06; Entgegnungen darauf in der Zeitschrift Rechtsgeschichte 23 (2015), 257–283.

[46] Zu vorwissenschaftlichen Formen kirchenrechtlicher Interpretation siehe den Beitrag von *Cristof Rolker*, unten, 39–55.

[47] Oben, Fn. 33; *Rabb*, Doubt in Islamic Law (Fn. 24); *Oestmann*, Wege zur Rechtsgeschichte (Fn. 4), 115–124, 315–318; *W. Litewski*, Der römisch-kanonische Zivilprozess nach den älteren ordines iudiciarii, 2 Bde. (1999).

[48] Näheres zur Weberschen Definition dieser Begriffe unten, mit Fn. 53; vgl. auch oben, Fn. 42.

Nicht weniger zukunftsweisend im Sinne einer historisierenden Betrachtung ist schließlich die Beschäftigung mit den Dokumenten der Rechtsprechung, die in der Forschung erst in den letzten Jahrzehnten grössere Regelmässigkeit erlangt hat. Zweifellos und ungeachtet ihrer akademischen Ausdrucksform waren das *Ius commune* und die Scharia von Beginn an auf praktische Anwendung bedacht. In westlichen Staats- und Kirchenarchiven zeugt eine Unmenge an erhaltenen Gerichtsakten noch heute von dieser Tatsache, während das Wirken der islamischen Jurisprudenz weitaus geringere Spuren hinterlassen haben soll. Streumaterial aus Jerusalem, Urkunden aus dem Sankt Katharinenkloster auf dem Sinai, innerhalb der Geniza-Überlieferung Kairos und unter den christlichen Archivalien des spanischen Granada: Experten haben wiederholt den Eindruck vermittelt, als seien die gerichtlichen Quellen des Mittelalters fast völlig verlorengegangen[49]. Das Klima, die fehlende Notwendigkeit, derartige Texte über Jahrhunderte hinweg zu erhalten, Dynastiewechsel und die Abwesenheit bleibender institutioneller Aufbewahrungsorte wurden immer wieder als Gründe für die Dürftigkeit von Belegen aus dem Bereich der pragmatischen Schriftlichkeit ins Feld geführt, obwohl sich derartige Rahmenbedingungen auch für den Westen feststellen lassen.

Unterdessen zeigt der Blick auf das *Ius commune*, dass die Auswertung der Gerichtsakten fast überall in den Anfängen steckt und vorerst kein Grund besteht, den Kenntnisstand der Gegenwart mit weitreichender Gewissheit gleichzusetzen. Charles Donahue Jr. gab zwischen 1989 und 1994 eine richtungsweisende Übersicht zu den Zeugnissen kirchlicher Rechtssprechung im Spätmittelalter heraus. Sie erschien in zwei Bänden, von denen der eine allein England, der Rest dem übrigen Westeuropa gewidmet ist[50]. Zwar hat sich die Gesamtzahl der bekannten Originaltexte inzwischen deutlich vermehrt, doch gilt gerade für den westlichen Mittelmeerraum, dass dort die zögerliche Professionalisierung des Archivwesens im umgekehrten Verhältnis zum wirklich vorhandenen Quellenreichtum steht. Besonders in Spanien und Italien verhindern knapp bemessene Öffnungszeiten, das Fehlen von Katalogen und von betreuendem Personal die massenhafte Wiederentdeckung von Archivalien[51]. Daraus ergibt sich möglicherweise auch für den arabischen Raum, dass die augenblickliche Begrenztheit von Material aus der schariatischen Rechtspraxis mehr auf erschwerter Zugänglichkeit denn auf Fragen des tatsächlichen Überlebens fußt. Dieselbe Vermutung wird weiter dadurch bestärkt, dass die bereits vertraute Dokumentation aus jü-

---

[49] Für Granada, siehe *M. Shatzmiller*, Her Day in Court. Women's Property Rights and Islamic Law in Fifteenth-Century Granada (2007); für die Kairo Geniza, *M. Rustow*, A Petition to a Woman at the Fatimid Court (413–414 a. h./1022–23 c. e.), Bulletin of the School of Oriental and African Studies 73 (2010), 1–27; für St. Katharina, *T. El-Leithy*, Living Documents, Dying Archives: Towards a Historical Anthropology of Medieval Arabic Archives, Al-Qantara 32 (2011), 389–434; und für Jerusalem oben, Fn. 21.

[50] C. Donahue Jr. (Hg.), The Records of the Medieval Ecclesiastical Courts, 2 Bde. (1989–1994).

[51] *M. Charageat*, La délinquance matrimoniale: couples en conflit et justice en Aragon au Moyen Âge (XVe–XVIe siècle) (2011), 10–11; *C. Cristellon*, La carità e l'eros. Il matrimonio, la Chiesa, i suoi giudici nella Venezia del Rinascimento (1420–1545) (2010), 23.

dischen, israelischen und christlichen Überlieferungszusammenhängen stammt, die westlichen Historikern noch am ehesten offenstehen[52].

IV. Geschichtliche Vergleichsmöglichkeiten

Die im vorliegenden Band vereinigten Aufsätze gehen auf eine Reihe von mündlichen Beiträgen zurück, die anlässlich eines im April 2015 an der Münchener Carl Friedrich von Siemens Stiftung veranstalteten zweitägigen Werkstattgesprächs gehalten wurden. Die durch die Fritz Thyssen Stiftung geförderte Veranstaltung unter dem Titel „Westliche und islamische Jurisprudenz des Mittelalters: Getrennte Entwicklung – ein Entwicklungsmuster?" beschäftigte sich vornehmlich mit der Frage, was für Formen des Vergleichs zwischen den beiden rechtswissenschaftlichen Kulturen für die historische Forschung besonders ertragreich sein könnten. Dabei wurde zunächst der traditionelle Ansatz *Max Webers* in Erinnerung gerufen, der zu Anfang des zwanzigsten Jahrhunderts geschichtliche Beispiele von Jurisprudenz idealtypisch in zweierlei Typen von „Rationalität" unterschieden hatte. Obwohl Webers analytisches Modell grössten Einfluss auf die islamische Rechtsgeschichte ausgeübt hat, ist es für das westliche Gegenstück kaum einmal in Betracht gezogen worden, wohl deshalb, weil letzteres immer wieder als das Normalmass aller geschichtlichen Entwicklung angesehen wurde, die Scharia hingegen als notwendig unmodern und unfähig zur Anpassung an epochalen Wandel. *Weber* schätzte die schariatische Lehre zwar als hochgradig systematisiert und „rational" ein, befand sie aber gleichzeitig als „material" auf die prophetische Offenbarung festgelegt und gänzlich unfähig, sich davon zu lösen. Laut *Weber* blieb ihr (mehr als dem kanonischen Recht) die Überwindung eigener religiöser Vorgaben auf Dauer versagt. Sie sollte nur solchen Normensystemen (wie dem römischen der Antike) gelingen, die in der Theorie rein „formalen" Massgaben verpflichtetet waren und aufgrund willkürlicher, menschlicher Setzung der ständigen Modernisierung Vorschub leisteten[53].

Da aber das Hauptaugenmerk dieses Bandes der spezifisch mittelalterlichen Eigenart des *Ius commune* und der Scharia gilt, geben Webers Bemühungen, verschiedene Grade der Modernität voneinander zu scheiden, einen eher ungeeigneten Masstab ab. Ausserdem beinhaltet der hier verfolgte historisierende Ansatz ein beständig auf vergangene Zustände gerichtetes Erkenntnisinteresse und ist entgegen Weber nicht auf die Erklärung heutiger Zustände oder die Fähigkeit zu grundsätzlicher rechtswissenschaftlicher Erneuerung gerichtet. Ertragreicher erscheinen deshalb verglei-

[52] Gründe für den mutmasslichen Mangel an Archiven aus dem islamischen Mittelalter bei *Jürgen Paul*, Archival Practices in the Muslim World prior to 1500, in: Manuscripts and Archives. Comparative Views on Record-Keeping, hg. v. Alessandro Bausi *et al.* (2018), 339–360; *K. Hirschler*, From Archive to Archival Practice. Rethinking the Preservation of Mamlūk Administrative Documents, Journal of the American Oriental Society 136 (2016), 1–28. Vgl. jedoch auch *C. Barceló* und A. *Labarta*, Archivos moriscos. Textos árabes de la minoría islámica valenciana, 1401–1608 (2009).

[53] Anders als in der Historiographie zum islamischen Recht (oben, Fn. 42) bildet *D. D'Avray*, Medieval Religious Rationalities. A Weberian Analysis (2005), eine Ausnahme mit dem Versuch, Webers Modell auf die Jurisprudenz des westlichen Mittelalters anzuwenden.

chende Arbeiten, die gerade in jüngerer Zeit bestimmte Rechtsinstitute der beiden Jurisprudenzen ausgewählt und Seite an Seite der geschichtlichen Betrachtung unterzogen haben. Fachübergreifend ist dabei vor allem auf die Hervorbringung von Rechtsgutachten verwiesen worden, die arabisch als Fatwas und lateinisch als Consilia in Umlauf kamen und zwischen Lehrbetrieb, gerichtlicher Beratertätigkeit und Präzedenzfall eine ganz ähnliche literarische Verarbeitung erfuhren[54]. Auch das fromme Stiftungswesen, das schariatisch als *waqf* und kanonistisch als *pia donatio* bekannt war, ist in gemeinsame und grössere Forschungszusammenhänge eingebracht worden[55]. Hinzu kommen Einzeluntersuchungen, die zum Beispiel auf das gleichzeitige Auftauchen der Folter in beiden Rechtswissenschaften aufmerksam gemacht oder auf die Möglichkeit einseitiger Einflussnahme verwiesen haben[56].

Der wichtigste Einwand gegen eine derartige Form der historischen Rechtsvergleichung besteht in der Feststellung, dass das Auffinden von Ähnlichkeit ihren gewöhnlichen Ausgangspunkt bildet und somit das Element der Verschiedenheit in seiner vollen geschichtlichen Tragweite nicht angemessen zur Geltung kommt. Die dritte im Rahmen des Werkstattgesprächs vorgestellte Art der Gegenüberstellung verspricht insofern Abhilfe, als sie Webers idealtypische Betrachtung aufgreift und Experten eines jeden Forschungsgebietes unabhängig voneinander dazu anregt, punktartig aufgeführte Wesensmerkmale mittelalterlicher Rechtwissenschaftlichkeit auf ihre Vereinbarkeit mit eigenen Fachkenntnissen hin zu überprüfen. Die fraglichen Kriterien sind dieser Einleitung bereits zugrundegelegt. Sie teilen mit Webers Idealtypik den Vorzug, die Verständigung jenseits aller akademischen Feldergrenzen durch Bereitstellung eines unmittelbar nachvollziehbaren Masstabs für Gleich- und Andersartigkeit zu befördern, ungeachtet ob sich dessen Vorgaben anhand des tatsächlichen Befundes als unzutreffend erweisen sollten oder nicht. Der komparatistische Nutzen gründet mit anderen Worten (wie schon bei Weber) nicht auf der sachlichen Richtigkeit der erstellten Typologie; vielmehr kann sie ihren interdisziplinären Erkenntniswert auch bei inhaltlicher Ablehnung behaupten.

Zum Ausklang seien die im Verlauf des Werkstattgesprächs aufgeworfenen idealtypischen Vergleichspunkte noch einmal kurz vorgeführt. Sie sind das Ergebnis eingehender Forschungen zur Jurisprudenz des mittelalterlichen *Ius commune* und dürften auch für die vormoderne Scharia nicht ganz ohne Aussagekraft sein. Zunächst bestehen sie aus der Feststellung von fünf fundamentalen Eigenschaften (unten, Tabelle 1), die die Rechtswissenschaft der Zeit zwar nicht von heute im Westen anzutreffenden Grundauffassungen unterscheidet, sie aber eindeutig in Widerspruch zu überkomme-

---

[54] Oben, Fn. 19. Ausserdem Legal Consulting in the Civil Law Tradition, hg. v. M Ascheri *et al.* (1999); und der Aufsatz von *Thomas Woelki*, unten, 199–214.

[55] Enzyklopädie des Stiftungswesens in mittelalterlichen Gesellschaften 1: Grundlagen, hg. v. M. Borgolte (2014).

[56] *G. Makdisi*, Baghdad, Bologna and Scholasticism, in: Centres of Learning. Learning and Location in Pre-Modern Europe and the Near East, hg. v. J. Drijvers und A. MacDonald (1995), 141–159; *B. Johansen*, Vom Wort- zum Indizienbeweis: die Anerkennung der richterlichen Folter in islamischen Rechtsdoktrinen des 13. und 14. Jahrhunderts, Ius commune 28 (2001), 2–46; sowie in: Diverging Paths? (Fn. 19), 75–119, die Beiträge zum Verhältnis beider Rechtswissenschaften zu mittelalterlichen „Kodifikationen“.

nen Laienbegriffen von Recht und Unrecht setzte. Das erste Alleinstellungsmerkmal für die juristische Lehre war dadurch gegeben, dass sie die herkömmliche Rolle des Richters aus der eines gleichwertigen Vermittlers in Streitfällen in die einer übergeordneten Figur mit Entscheidungsgewalt überführte. Zweitens wies sie der Ergründung des Tatherganges den absoluten Vorrang gegenüber Beweisen zu, die (wie etwa der Rückgriff auf Eideshelfer) vornehmlich das solidarische Einvernehmen zwischen Beschuldigten und deren sozialem Umfeld zu messen halfen. Drittens ersetzte sie die ungeordnete Überlieferung von Regeln durch ein widerspruchsfreies und auf fester Basis gründendes Normensystem. Viertens wurde das ältere Prinzip der Gruppenhaftung zurückgedrängt, und fünftens zielte die neue juristische Ordnung auf allgemeine, ortsübergreifende Gültigkeit, die nachbarschaftliche Einbindung nicht länger zugunsten von Beklagten in Anschlag brachte[57].

Die angeführten fünf Grundforderungen mittelalterlicher Jurisprudenz, die im Widerspruch zu sonst verfügbaren Formen zeitgenössischer Konfliktregelung erwuchsen und Juristen mit richtungsweisenden Idealvorstellungen versahen, konnten ihre Wirkung nur dort ausüben, wo ein Mindestmass an gesellschaftlicher Mobilität vorhanden war. So entfaltete sich mittelalterliche Rechtswissenschaft räumlich begrenzt zunächst in städtischer Umgebung und entlang von Handelswegen, ein erster von insgesamt zehn Unterschieden zu ihrem modernen westlichen Gegenstück (siehe unten, Tabelle 2). Das juristische Angebot zur friedlichen Beilegung von Streitigkeiten entwickelte überdies auch ohne obrigkeitliche Durchsetzung große Zugkraft, da man sich hinreichend auf privaten Bedarf an überörtlichen und einheitlichen Verfahrensregeln stützen konnte, die einen unvergleichlichen Grad an Vorhersagbarkeit in Aussicht stellten. Die von islamischen Rechtshistorikern hervorgehobene epistemische Autorität des wissenschaftlichen Ansatzes bedurfte keiner staatlichen Vereinnahmung und breitete sich während des Mittelalters inmitten verschiedenster normativer Konkurrenz vor allem nachfrageorientiert und aufgrund von Marktgegebenheiten aus. Es lohnt sich deshalb, ihre Vertreter geradezu als Vertreiber eines handwerklichen Produkts namens *Ius commune* oder Scharia zu betrachten, die sich gildeähnlich und nach Kaufmannsart in Schulen zusammenschlossen[58]. Deren fortschreitende Verstaatlichung blieb in beiden Kulturen der Moderne vorbehalten. Jedenfalls erklärt sie die sozialgeschichtliche Entstehung von Berufsjuristen hier wie dort nicht. Ohne gesetzgeberischen Anstoss, ohne Befehlsgewalt und ohne Justizmonopol gelang es ihnen, einen Festbestand an bindenden Normen und Abläufen bereitzustellen, der auf reine Rechtsprechung spezialisiert war und juristisches Denken aus der Theorie in die Praxis überführte.

---

[57] Ein frühes Vorbild für diese Betrachtungsweise von Jurisprudenz ist *P. Brown*, Society and the Supernatural: A Medieval Change, Daedalus 104 (1975), 133–151; revised in Society and the Holy in Late Antiquity, hg. v. dems. (1982), 302–332.

[58] Bereits aufgezeigt von *G. Makdisi*, The Rise of Colleges. Institutions of Learning in Islam and in the West (1981).

Tabelle 1: Rechtswissenschaft und nichtwissenschaftliches mittelalterliches Recht

Der Steigerung von Mobilität förderliche Rechtswissenschaft unterscheidet sich in den folgenden fünf Grundeigenschaften grundsätzlich vom nichtwisssenschaftlichen (und vornehmlich nachbarschaftlichen) Laienrecht des Mittelalters:

Rechtswissenschaft	*Nichtwissenschaftliches Recht*
1. Der Richter steht über den Parteien	1. Der Richter ist Vermittler zwischen den Parteien
2. Materielle Wahrheitsfindung; Tatbestandsfeststellung	2. Wahrheitsfindung durch Solidaritätstests
3. Intoleranz gegenüber widersprüchlichen Normen; Wissenschaftlichkeit durch Systematisierung	3. Ungeordneter Regelbestand
4. Individuelle Haftung	4. Gruppenhaftung
5. Verfahrensgang gründet auf überpersönlichen Prinzipen zur flächendeckenden Anwendung	5. Verfahrensgang gründet auf persönlicher Ehrbarkeit und nachbarschaftlichem Ansehen

Tabelle 2: Rechtswissenschaft: Mittelalterlich und modern

Zu den fünf gemeinsamen Grundeigenschaften (oben, Tabelle 1) kommen zehn weitere Merkmale, in denen sich massgebliche Unterschiede zwischen den Rechtswissenschaften des Mittelalters und der westlichen Gegenwart widerspiegeln.

Rechtswissenschaft des Mittelalters	*Rechtswissenschaft der westlichen Moderne*
1. Einmalige Bereitstellung der normativen Basis (formative Phase)	1. Ständige Erneuerung der normativen Basis
2. Rechtsquellen als Argumentenarsenal	2. Rechtsquellen bindend im Wortlaut (Bestimmtheitsgrundsatz)
3. Rechtsfortbildung durch Analogie	3. Weitgehendes Analogieverbot bei der Rechtsauslegung
4. Rechtsveränderung auch ohne neue Gesetzgebung	4. Rechtsveränderung mit Hilfe von neuer Gesetzgebung
5. Im symbiotischen Austausch mit den politischen Eliten: Einfluss gegen Legitimität	5. Rechtlich geregelte Einbindung in die politische Elite
6. Getragen durch die Privatinitiative von Rechtslehrern	6. Getragen von staatlich geprüften Rechtslehrern
7. Institutionalisiert in privaten Rechtsschulen	7. Institutionalisiert in staatlich überwachten Schulen
8. Nicht monopolistisch; wettbewerbsorientiert	8. Monopolistisch; Teil der Staatsgewalt
9. Anwendung weitgehend bedarfsgesteuert	9. Anwendung auf alle (Territorialprinzip)
10. Klientel vor allem im städtischen Bereich	10. Staatsweite Klientel

Scharia und *Ius commune*

Strukturelle Konvergenzen

Benjamin Jokisch

I. Einleitung ... 21
II. Vergleichsanalyse ... 23
1. Recht und Staat ... 23
2. Religion und Recht ... 25
3. Rechtsausübung ... 27
4. Struktur der Rechtsnormen ... 28
5. Methodik ... 29
6. Rechtsliteratur ... 30
III. Konvergenz oder Interaktion? ... 35

I. Einleitung

Das islamische Recht, die Scharia, und das *Ius commune* prägten als zentrale Kulturphänomene über Jahrhunderte hinweg das gesellschaftliche Leben jeweils in der islamischen und christlichen Welt, und tun dies, so zumindest die Scharia, teilweise noch bis in die Gegenwart. Die Zentralität der beiden Rechtssysteme, unter anderem bezeugt durch eine enorme Masse rechtsliterarischer Produktion, fand ihren Niederschlag in der Herausbildung eigenständiger, vornehmlich historisch ausgerichteter Forschungsfelder, der Scharia-Forschung einerseits und der romanistischen Forschung andererseits. Angesichts der geographischen Nähe und der zeitlichen Parallelität der Entwicklungen der beiden Systeme seit dem 11. Jahrhundert erscheint eine engere Zusammenführung der Forschungsfelder auf dem Wege der historischen Rechtsvergleichung durchaus sinnvoll, zumal nach einer größeren Anzahl komparatistischer Studien, die das Verhältnis vom islamischen zum jüdischen, römischen, byzantinischen, kanonischen und sogar zoroastrischen Recht beleuchten[1], immer noch keine Untersuchungen zum Verhältnis von Scharia und *Ius commune* vorliegen. Dies mag daran liegen, dass nach gängiger Auffassung beide Systeme als grundverschieden, sozusagen unvergleichbar, gelten und auch historisch in keinerlei Zusammenhang stehen. Besonders deutlich wird dies in den Standardwerken der Rechtsvergleichung[2], in denen das römisch-germanische und das islamische Recht

[1] Für zahlreiche Verweise zu derartigen Studien siehe *U. Mitter*, Das frühislamische Patronat. Eine Untersuchung zu fremden Elementen bei der Entwicklung des islamischen Rechts (1999), 19–84; zu einer kritischen Betrachtung dieser Vergleichsstudien siehe ebd., 85–91.

[2] *U. Kischel*, Rechtsvergleichung (2015), 856–928; *M. Rheinstein* und *R. v. Borries*, Einführung in

regelmäßig jeweils unterschiedlichen Rechtskreisen bzw. Kontexten zugeordnet werden. Danach ist das in Wirklichkeit äußerst heterogene, je nach Raum und Zeit stark variierende islamische Recht vom Anspruch her göttlich inspiriert, religiös, wesentlich geprägt durch Offenbarung und Tradition, grundsätzlich unwandelbar, streng einzelfallorientiert, unsystematisch und in seiner Entwicklung erstarrt[3]. Es erfüllt damit Eigenschaften, die denjenigen des *Ius commune* diametral entgegenstehen. Vor dem Hintergrund der so wahrgenommenen äußerlichen Diskrepanz, so ist zu vermuten, sind tiefergehende, am Sachproblem orientierte, funktionale Vergleichsuntersuchungen gar nicht erst in Angriff genommen worden. Dies kann und soll an dieser Stelle ebenfalls nicht geschehen. Wohl aber wird es in einem ersten Versuch darum gehen, strukturelle Gemeinsamkeiten und Unterschiede auf der Grundlage neuester Erkenntnisse in der Scharia-Forschung und auch der romanistischen Forschung herauszustellen und zu prüfen, ob die beiden Rechtssysteme tatsächlich so verschieden sind und es sich möglicherweise lohnt, weitergehende Studien durchzuführen. Da Methoden und Ziele der noch recht jungen Rechtsvergleichung, und insbesondere der historischen Rechtsvergleichung, im Einzelnen nach wie vor umstritten sind, können der hier vorgeschlagene theoretische Rahmen und insbesondere die zugrunde gelegten Vergleichskategorien lediglich provisorischen Charakter haben und keinesfalls Anspruch auf Vollständigkeit erheben. Immerhin aber dürften die hier gewählten, teilweise schon anderweitig angeführten Kriterien genügen, um einen ersten Überblick über das Profil der beiden Rechtsysteme zu verschaffen. So erscheinen die Kriterien Verhältnis von Staat und Recht bzw. Religion und Recht, Methodik, Rechtsausbildung, Rechtsliteratur sowie Struktur der Rechtsnormen vorerst als operabler Vergleichsmassstab[4], wobei der Untersuchungszeitraum auf das 11.–13. Jahrhundert, die Frühphase des *Ius commune*, eingegrenzt werden soll. In dieser Zeit, so die Hypothese, sind die beiden Rechtssysteme aufgrund paralleler Entwicklungen vor allem auf inhaltlicher, institutioneller und soziologischer Ebene eher vergleichbar. Ziel dieser historisch-rechtsvergleichenden Analyse ist also, zunächst zwei Rechtssysteme in Bezug auf ihre Strukturmerkmale in einem bestimmten Zeitraum einander gegenüberzustellen, und weiterhin – soweit sich dies aus dem Vergleich ergibt – eventuelle Berührungspunkte und damit mehr als nur zufällige Konvergenzen in den Entwicklungslinien ansatzweise herauszustellen. Rechtsvergleichung gestaltet sich hier, abweichend von der üblichen Zielsetzung, als bedeutsames Mittel zur Rekonstruktion von Rechtsgeschichte, die eben nicht linear, sondern als Teil eines Beziehungsgeflechts von parallel verlaufenden Prozessen zu verstehen ist. Davon

---

die Rechtsvergleichung (1987), 81; *K. H. Ebert*, Rechtsvergleichung. Einführung in die Grundlagen (1978), 119–124; *K. Zweigert* und *H. Kötz*, Einführung in die Rechtsvergleichung (3. Aufl., 1996), 296–305; *R. David* und *G. Grasmann*, Einführung in die großen Rechtssysteme der Gegenwart (1988), 601–622.

[3] Zu einer kritischen Beurteilung dieser Einteilungspraxis siehe *M. Popal*, Die Scharia, das religiöse Recht – ein Konstrukt? Überlegungen zur Analyse des islamischen Rechts anhand rechtsvergleichender Methoden und aus Sicht post-kolonialer Kritik (2006), 24–25.

[4] Diesen genannten Kriterien könnten natürlich weitere (Rechtsinstitutionen, Rechtsterminologie, besondere Rechtsinstitute, Verhältnis von Theorie und Praxis etc.) hinzugefügt werden. Darauf muss hier aufgrund der Komplexität der Bereiche vorerst verzichtet werden.

ausgehend wird eine gleichermaßen horizontale Betrachtungsweise erforderlich, die ihr Augenmerk auf gleichzeitig stattfindende Entwicklungen und ihre gegenseitige Einflussnahme richtet[5].

II. Vergleichsanalyse

1. Staat und Recht

Das stets komplexe Verhältnis von Staat[6] und Recht bemisst sich unter anderem danach, inwieweit das Recht von einer staatlichen oder quasi-staatlichen Machtinstanz hervorgebracht, kontrolliert und verändert wird oder aber von dieser unabhängig ist. Während etwa das Gesetzesrecht alles vom Staat geschaffene Recht umfasst, entsteht das Gewohnheitsrecht unabhängig von staatlicher Einwirkung, auch wenn es, wie oftmals geschehen, in Form von Gesetzen staatlich sanktioniert werden kann. Eine weitere, spezifische Form staatlich unabhängigen Rechts kommt im moderneren Begriff des Juristen- oder Gelehrtenrechts zum Ausdruck, das üblicherweise zur Charakterisierung sowohl des islamischen Rechts[7] als auch des *Ius commune*[8] herangezogen wird. Juristenrecht im Sinne eines von mehr oder weniger unabhängigen, privaten Juristen gesammelten, verarbeiteten, fortentwickelten und angewandten Rechts bildet in der Vormoderne der hier untersuchten Gebiete zwar keine Einzelerscheinung, ist aber auch nicht zwingendes Merkmal aller antiken und mittelalterlichen Rechtssysteme. So erscheint es im römischen, sasanidischen und jüdischen Recht, nicht aber im griechischen und byzantinischen Recht, und bis zum 11. Jahrhundert auch nicht in den Rechtsordnungen des gesamten lateinischen Westens. Besonders charakteristisch für Scharia und *Ius commune* ist der Umstand, dass sie als Juristenrechte über politische, kulturelle, ethnische und sprachliche Grenzen hinweg in einem jeweils weit gespannten geographischen Raum Wirkung entfalteten. Die Scharia, basierend auf dem Arabischen als einheitlicher Rechtssprache, galt trotz der politischen Zersplitterung (Abbasiden, Fatimiden, Seldschuken, Almoraviden, Almohaden etc.) und kulturellen Vielfalt der Region im gesamten islamischen Raum. Gleichermaßen erstreckte sich das *Ius commune* mit dem Lateinischen als primärer Rechtssprache auf das gesamte lateinische Christentum in Kontinental-Europa. Voraussetzung für die universale Reichweite der Juristenrechte war die Herausbildung einer international vernetzten, gesellschaftlich hoch anerkannten Juristenklasse, die zwar auf vielerlei Weise und insbesondere auf der jurisdiktionellen Ebene mit dem Staat interagierte[9], sich aber den-

---

[5] So ausdrücklich *M. Immenhauser*, Das Dogma von Vertrag und Delikt. Zur Entstehungs- und Wirkungsgeschichte der zweigeteilten Haftungsordnung (2006), 434.

[6] Der Begriff „Staat" wird hier nicht im modernen Sinne, sondern allgemein als territorial begrenztes Herrschaftssystem mit einem Volk verstanden, in dem das politische Machtzentrum oder untergeordnete Zentren formal oder faktisch gesetzgeberisch tätig werden können.

[7] *J. Schacht*, An Introduction to Islamic Law (1964, 2. Aufl. 1982), 209.

[8] *P. Koschaker*, Europa und das römische Recht (3. Aufl., 1958), 164 ff.

[9] *C. Donahue*, Private Law without the State and during Its Formation, American Journal of Comparative Law 56 (2008), 554 (für den privatrechtlichen Teil des *Ius commune*).

noch weitgehend unabhängig von staatlicher Kontrolle etablieren und das Recht als eigenständige, zentrale Disziplin entwickeln konnte. Faktisch bildete das von den Juristen ausgearbeitete und fortgebildete Recht eine eigenständige Rechtsquelle[10], auch wenn es formal keine juristische Kategorie darstellte und lediglich als Konkretisierung staatlichen oder göttlichen Willens betrachtet wurde[11].

Den frühen Legisten zufolge, einschließlich Irnerius, ist allein das Reich zur Gesetzgebung befugt, so dass nichtstaatliches Recht gegenüber staatlichem Gesetz als nachrangig zu gelten hat und prinzipiell der Bestätigung durch das Reich bedarf[12]. Sogar das rezipierte römische Recht, die *libri legales*, wurden im Zuge der lotharischen Legende – eine spätere Projektion – zu einem kaiserlichen Gesetz stilisiert. Allerdings ist seit der dritten Generation der *legis doctores* in Bologna die Tendenz zu erkennen, der *lex* des Kaisers die rechtsetzende Kraft der *consuetudo*, unter anderem repräsentiert durch die Statuten der nach Autonomie strebenden Kommunen, gegenüberzustellen[13]. Angesichts der Pluralität der Rechtsquellen im Europa jener Zeit bildete das *Ius commune* als Juristenrecht eine eigenständige, universale, vermittelnde, höchst einflussreiche normative Kraft, die eben nicht von der Obrigkeit ausging, aber von dieser akzeptiert wurde.

Die Eigenständigkeit des islamischen Juristenrechts, das sich nach zunächst zentralistischen, autokratischen Tendenzen im Kalifat endgültig im 9./10. Jahrhundert etablierte[14], wird schon dadurch deutlich, dass es trotz wechselnder Fremdherrschaftssysteme (Buyiden, Seldschuken, Ayyubiden, später die Osmanen etc.) kontinuierlich fortbestand. Es war stets die gesellschaftlich bedeutsame, aber durchaus nicht homogene Juristenklasse und das durch sie repräsentierte Recht, mit dem sich die Fremdherrscher arrangieren mussten. Ebenso wie die Legisten und Kanonisten in Europa betrieben die islamischen Juristen an zahlreichen Universitäten die Rechtswissenschaft (*ʿilm al-fiqh*) als zentrale Disziplin des Fächerkanons und sorgten für die Reproduktion der nächsten Juristengeneration, während sie zugleich als Richter, Gutachter und Berater den Kontakt zur Praxis hielten. Obwohl das von diesen Juristen verwaltete Recht letztlich als allumfassend und göttlich inspiriert aufgefasst wurde, konkurrierte es mit anderen Formen der Normativität; insbesondere der *siyāsa* (Staatsführung) der politischen Machthaber. Straf-, Steuer- und Verwaltungsrecht gehörten von Anfang an eher zur Domäne der Herrscher und entzogen sich weitgehend

10 So umfasst die Kommentierung der Postglossatoren gleichermaßen eine kreative Rechtsfortbildung, siehe *D. Kästle-Lamparter*, Welt der Kommentare: Struktur, Funktion und Stellenwert juristischer Kommentare in Geschichte und Gegenwart (2016), 34. Dasselbe gilt für die seit dem 10./11. Jahrhundert im islamischen Recht weit verbreitete Kommentarliteratur.

11 Erst im 19. Jahrhundert wird das Juristenrecht und seine Qualität als eigenständige Rechtsquelle diskutiert, dazu *G. Beseler*, Volksrecht und Juristenrecht (1843), 58–90, und die kritische Replik von *H. Thöl*, Volksrecht, Juristenrecht, Genossenschaften, Stände, Gemeinrecht, (1846), 109 ff.

12 *S. Meder*, Ius non scriptum – Traditionen privater Rechtsetzung (2. Aufl., 2009), 59.

13 *H. G. Walther*, Lex und consuetudo. Zum politischen Hintergrund ihres Verhältnisses in den Lehren der Bologneser Legisten des 12. bis 14. Jahrhunderts, in: A. Speer und G. Guldentops (Hg.), Das Gesetz – The Law – La Loi (2014), 115–116.

14 *B. Jokisch*, Šarīʿa: Determinanten des islamischen Gesetzesbegriffes im Spiegel der Spätantike, in: Speer und Guldentops (Hg.), Das Gesetz (Fn. 13), 206–207.

dem Zugriff der Juristen. Das im staatstheoretischen Kontext diskutierte Verhältnis von *siyāsa* und Scharia wurde aber zunehmend in der Weise harmonisiert, dass die politische Staatsführung schariagemäß erfolgen müsse (*siyāsa šarʿiyya*), wobei dem Herrscher, so die Juristen Ibn ʿAqīl (gestorben 1119) und Ibn Taymiyya (gestorben 1328), ein beträchtliches Maß an Ermessen (*iğtihād*) zustand[15]. Faktisch wurde dem politischen Oberhaupt eine Art Gesetzgebungskompetenz im weltlichen Bereich eingeräumt, auch wenn diese Funktion im islamischen Kontext, anders als im christlichen Europa, niemals explizit ausgearbeitet wurde.

Scharia und *Ius commune*, so läßt sich schließen, verkörpern im späten Mittelalter die einzigen Rechtssysteme der damals bekannten Welt, die als universale Juristenrechte von einem gesellschaftlich einflussreichen Juristenstand getragen, geformt und effektiv zur Anwendung gebracht wurden, wobei das Verhältnis zum Staat als ebenso bipolar wie symbiotisch charakterisiert werden kann.

2. Religion und Recht

Rechtssysteme des Mittelalters mit den Parametern „religiös - säkular" zu umschreiben, ist problematisch, wiewohl die Scharia[16] - anders als das *Ius commune*[17] - regelmäßig und in erster Linie als „religiöses Recht" dargestellt wird. Zweifellos sind beide Systeme in einem religiösen Kontext, dass heisst in politischen Systemen unter jeweils christlichen und islamischen Vorzeichen, entstanden und fortentwickelt worden. Was aber macht den besonderen religiösen Charakter des „islamischen Rechts" aus - ein Kunstbegriff westlicher Islamwissenschaftler, für den genauso gut „Allgemeines Recht" (in Nordafrika, Vorder- und Zentralasien) stehen könnte?

Folgt man der Rechtsquellenlehre der muslimischen Juristen, so entspringt das gesamte Recht dem göttlichen Willen, der sich im Offenbarungstext manifestiert und durch die Prophetentradition und verschiedene Formen der Ableitung lediglich konkretisiert wird. In der Außenbetrachtung wird dieser formale Anspruch, der ohne Frage auf die religiöse Grundlage des Rechts verweist, durch eine Vielzahl „säkularer" Elemente relativiert; das heisst islamisches Recht, wiewohl religiös konzipiert, funktioniert im Grunde nicht anders als das *Ius commune* in Europa, das einen explizit religiösen Anspruch nicht erhebt - wohl aber, so die frühen Glossatoren, ebenfalls von einer unbegrenzten Regelungskapazität und Unveränderlichkeit der römischen Quellentexte ausgeht und diese wie geltendes Recht oder gar eine Art „Rechtsoffenbarung" behandelt[18]. Die Diskrepanz zwischen Anspruch und Wirklichkeit ergibt sich im islamischen Recht schon allein daraus, dass die große Masse an Fallregelungen in den Rechtswerken gar nicht durch die höchst begrenzte Anzahl expliziter (und zumeist

---

[15] *M. Khalid Masud*, The Doctrine of siyāsa in Islamic Law, Recht van de Islam 18 (2001), 11.

[16] *Schacht*, An Introduction (Fn. 7), 202.

[17] *T. Repgen*, „Ius Commune", in: H.-P. Haferkamp und T. Repgen (Hg.), Usus modernus pandectarum. Römisches Recht, Deutsches Recht und Naturrecht in der frühen Neuzeit (2007), 158.

[18] *H. Lange*, Römisches Recht im Mittelalter, Bd. 1: Glossatoren (1997), 33, 449, 463; *M. Bellomo*, Europäische Rechtseinheit: Grundlagen und System des Ius Commune (2005), 179, 188.

spezieller) Regelungen in Koran und Sunna abgedeckt sein kann. Hinzu kommt, dass die muslimischen Juristen bei der Rechtsfortbildung und -anwendung spätestens seit dem 10./11. Jahrhundert in der Regel nicht mehr unmittelbar auf die offenbarten Texte (*nuṣūṣ*, Sg. *naṣṣ*) zurückgriffen, sondern vielmehr die Kasuistik autoritativer Juristen (*muǧtahidūn*), das heisst die erheblich weiterentwickelten Standardtexte ihrer jeweiligen Rechtsschule zugrunde legten[19] – Werke, die sich in Inhalt und Struktur nicht wesentlich anders lesen als die eines Azo oder Accursius[20]. Die formale Rückführung auf den Offenbarungstext bedeutete auch nicht, wie generell angenommen, dass islamisches Recht – sozusagen als Idealrecht – vom Wandel der Zeiten gänzlich unberührt blieb und sich von der Praxis immer weiter entfernte. Weder in der Entstehungsphase noch in späterer Zeit hat es einen wirklichen Stillstand in der Entwicklung gegeben, wie sich unter anderem in der regen Gutachtertätigkeit der Juristen zeigt[21].

Ein durchaus religiöser Charakter scheint dem islamischen Recht durch die sogenannten Handlungskategorien zuzukommen, die dem menschlichen Handeln mit den Einteilungen verpflichtend, verboten, empfohlen, verwerflich und indifferent eine nach modernen westlichen Maßstäben nicht nur rein rechtliche, sondern auch eine moralische Wertung zuweisen. Hier ist allerdings zu berücksichtigen, dass sich auch im islamischen Recht eine faktische Dichotomie zwischen weltlichem Recht (das heisst den Beziehungen der Menschen untereinander: *muʿāmalāt*) und einem im engeren Sinne religiösen Recht (das heisst der Beziehung zwischen Gott und den Menschen: *ʿibādāt*) herausgebildet hat. Ersteres deckt sich im Wesentlichen mit dem, was im *Ius commune* als Privatrecht bezeichnet wird und beschränkt sich in der Regel auf die Wertungen erlaubt oder verboten bzw. zulässig oder unzulässig, während letzteres als eigentliche Pflichtenlehre die Regelungen zum Kultus (Gebet, Almosensteuer, Fasten etc.) umfasst und Ermessensentscheidungen (*iǧtihād*) verbietet. In den Rechtswerken werden die Kultusregelungen stets am Anfang behandelt, gefolgt von den nicht verpflichtenden Regelungen zum Privatrecht. Zu einer vollständigen Trennung der Rechtsbereiche und insbesondere einer „Privatisierung" des Kultus ist es nicht gekommen. Gleichwohl zeigen sich klare Tendenzen, wie insbesondere bei dem malikitschen Juristen al-Qarāfī (gestorben 1285) auf einer theoretisch-reflexiven Ebene erkennbar wird, den beiden Rechtsbereichen eine unterschiedliche Qualität zuzuschreiben[22], das heisst der religiöse Charakter des Privatrechtsbereiches tritt deutlich in den Hintergrund[23].

Im *Ius commune* erscheint das Verhältnis von Religion und Recht nicht minder komplex. Grundsätzlich wird das *Ius commune*, ebenso wie die Scharia, als Einheit gesehen, in der das weltliche, römische Recht (*ius civile*) einerseits und das religiöse,

---

[19] So explizit der syrische Jurist *Ṭūfī* (gestorben 1316), Šarḥ Muḫtaṣar ar-Rawḍa (3 Bde., 1987–1989), Bd. 3, 625–626.

[20] Siehe dazu weiter unten.

[21] *B. Jokisch*, Islamisches Recht in Theorie und Praxis. Analyse einiger kaufrechtlicher Fatwas von Taqīʾd-Dīn Aḥmad b. Taymiyya (1996), 253, 257–261.

[22] Siehe dazu *S. Jackson*, Islamic Law and the State. The Constitutional Jurisprudence of Shihāb al-Dīn al-Qarāfī (1996).

[23] *Jokisch*, Šarīʿa (Fn. 14), 209.

kanonische Recht (*ius canonicum*) andererseits zwar jeweils eigenständige Rechtsbereiche darstellen, zugleich aber im Sinne des *ius utrumque* als zusammengehörig angesehen werden[24]. Sogar die Heiligkeit des Rechts, einschließlich des römischen Rechts, wird betont[25], und gelegentlich finden sich in den Rechtsabhandlungen der Legisten direkte Verweise auf die Offenbarungsschrift. Historisch betrachtet sind Religion und Recht im Kalifat wie im Byzantinischen Reich bzw. im nachfolgenden Heiligen Römischen Reich stets eng verflochten gewesen, wobei sich allerdings die Kirche, und dies ist ein bedeutsamer Unterschied, von Anfang an als separate Institution etablieren konnte. Die institutionelle Trennung spiegelt sich trotz aller Verwicklungen insofern auch im Recht wider, als zwischen Legisten und Kanonisten (bzw. Dekretisten und Dekretalisten) unterschieden wird, die von jeweils unterschiedlichen autoritativen Texten ausgehen, weitgehend eigene Themenbereiche behandeln, in jeweils separaten Disziplinen ausgebildet werden und auch ein jeweils eigenes Schrifttum hervorbringen. Demgegenüber gibt es im Islam, der die obengenannte institutionelle Trennung nicht kennt, nur eine einzige Gruppe von Juristen, die *fuqahā'*. Sie erhalten eine einheitliche Ausbildung im *fiqh* (Rechtswissenschaft), der beide Bereiche des Rechts umfasst, und produzieren ein mehr oder weniger homogenes, nicht nach weltlichen und religiösen Kriterien unterteiltes Schrifttum. Insgesamt betrachtet ist der Grad der Verflechtung von Religion und Recht im islamischen Kontext daher sicher höher als im Christentum einzustufen. Auf jeden Fall aber enthält auch das *Ius commune* religiöse Elemente und ist insoweit als religiöses Recht zu sehen, während andererseits das islamische Recht Ansätze zu einer Unterscheidung von weltlichem und religiösem Recht aufzeigt und somit zugleich säkulare Züge trägt.

3. Rechtsausbildung

Die Wiederbelebung des römischen Rechts in Europa im 11./12. Jahrhundert steht in einem engen Zusammenhang mit der Entstehung der Universitäten. Ohne die Institutionalisierung der Rechtsausbildung im Bereich des römischen und parallel dazu des kanonischen Rechts ist die europaweite Herausbildung des *Ius commune* wohl nicht vorstellbar. Die zunächst in Bologna gegründete juristische Fakultät bildete den Ausgangspunkt für weitere Bildungsstätten dieser Art in Italien und in anderen Teilen Europas. Bereits im Laufe des 12. Jahrhunderts erlangte das neuartige, wissenschaftlich anspruchsvolle Rechtsstudium in Bologna ein hohes Maß an Bekanntheit, so dass Tausende von Studenten aus Italien und anderen Ländern Europas sowie unterschiedlicher Standeszugehörigkeit nach Bologna strömten, um sich mit der bis dahin kaum bekannten Materie des römischen Rechts (neben Codex, Institutionen und Novellen vor allem die Digesten) vertraut zu machen. Im Zuge der methodisch-systematischen Behandlung der Rechtsmasse im Rahmen zunehmend organisierter Bildungsinstitutionen avancierte die Beschäftigung mit dem Recht zu einer eigenständigen Wissenschaft (*scientia*), die, getragen durch einen wachsenden, internatio-

---

[24] *H. Coing*, Europäisches Privatrecht, Bd. 1: Älteres Gemeines Recht (1985), 10.

[25] *Bellomo*, Europäische Rechtseinheit (Fn. 17), 204.

nalen Juristenstand, sehr bald zur herausragenden Disziplin im europäischen Fächerkanon wurde. Ein charakteristisches Element der neuen Bildungsinstitution ist die weitgehende Unabhängigkeit von staatlicher Kontrolle, zumal die Gelehrten kein öffentliches Amt ausübten und weder vom Kaiser noch vom Papst berufen wurden. Die Lehre war frei und es gab einen offenen Zugang für jedermann, ungeachtet seiner sozialen Herkunft. Auch die Bezahlung der Professoren wurde nicht vom Staat, sondern von den Studenten getragen[26].

Während die Verwissenschaftlichung und bildungsbezogene Institutionalisierung des Rechts in Europa in jener Zeit ein Novum darstellte, war dies im islamischen Kontext ein bereits bekanntes Phänomen. Ohne an dieser Stelle auf die kontroverse Frage einer eventuellen Einwirkung der islamischen *madrasas* auf die Universitätsentwicklung in Europa einzugehen, soll aber doch auf die Parallelität der Institutionen hingewiesen werden. Im 11./12. Jahrhundert hatte sich das islamische Recht längst als zentrale Wissenschaft etabliert und wurde in einer Vielzahl von Bildungsstätten unterrichtet, die, wie *Makdisi* herausstellt[27], in Bezug auf Funktion, Aufbau und Organisation bis hin zu den Prüfungsverfahren Gemeinsamkeiten mit den europäischen Universitäten aufweisen. Sie standen wie die Universitäten in Europa jedermann offen und bewahrten als Stiftungen ihre finanzielle Unabhängigkeit. Alle Fragen der internen Organisation (Gehälter, Berufungen, Fächer etc.) bestimmten sich grundsätzlich nach dem Willen des Stifters. *Madrasas*, in denen vor allem Recht, aber auch andere Fächer gelehrt wurden, waren im Hoch- und Spätmittelalter im gesamten islamischen Raum verbreitet und konnten in manchen Städten mit einer Dichte von über hundert Einrichtungen äußerst zahlreich sein[28].

4. Struktur der Rechtsnormen

Islamisches Recht und *Ius commune* sind kasuistisch strukturiert. Die Masse der nicht unmittelbar verbindlichen Normen findet ihren schriftlichen Ausdruck in mehr oder weniger umfangreichen Rechtswerken, in denen insgesamt Zehntausende von Einzelfällen zusammengestellt und grob nach Themenbereichen geordnet sind. Eine Systematisierung im Sinne einer durchgehend generalisierend-abstrahierenden Verarbeitung und Anordnung der Normen ist in den beiden Rechtssystemen in jener Zeit, abgesehen von einigen Ausnahmen, nicht erkennbar. Auch wenn immer wieder Beziehungen zwischen Regelungen verschiedener Kapitel und Themenbereiche zwecks Analogie, Harmonisierung etc. hergestellt werden, so stehen die meisten Regelungen

[26] *P. Classen*, Studium und Gesellschaft im Mittelalter (1983), 28, 183–187; *J. Fried*, Die Entstehung des Juristenstandes im 12. Jahrhundert: Zur sozialen Stellung und politischen Bedeutung gelehrter Juristen in Bologna und Modena (1974), 171.

[27] *G. Makdisi*, Baghdad, Bologna and Scholasticism, in: H. Drijvers und A. MacDonald (Hg.), Centres of Learning. Learning and Location in Pre-Modern Europe and the Near East (1995), 161; see also *Makdisi*, The Rise of Humanism in Classical Islam and the Christian West (1990); *ders.*, The Rise of Colleges. Institutions of Learning in Islam and the West (1981).

[28] *Nuʿaymī*, ad-Dāris fī ta'rīḫ al-madāris, hg. v. Ǧaʿfar Ḥusnī, 2 Bde. (1948–1951) Bd. 1, 129–650; Bd. 2, 3–138.

oder Regelungskomplexe doch eher zusammenhangslos nebeneinander. Im *ius civile* des *Ius commune* ergibt sich diese Struktur aus den autoritativen Grundlagentexten der justinianischen Kodifikation, die ihrerseits Fallrecht darstellen und in dieser Form für die frühen Glossatoren bestimmend waren. Ähnliches gilt für das *ius canonicum*, das sich seinerseits auf eine Reihe kasuistisch strukturierter Quellen stützte (Kirchenväterzitate, päpstliche Dekrete etc.). Es könnte schließlich auch für das islamische Recht zutreffen, da die zugrundeliegenden Regelungen in Koran und Sunna fast durchweg Einzelfallcharakter haben. Wie jedoch eine Vergleichsanalyse nahelegt, resultiert die kasuistische Struktur wie auch die Einteilung in *kutub* und *libri*, *abwāb* und *tituli* sowie *furūʿ* und *fragmenta* – neben zahlreichen Regelungen selbst – aus einem direkten Rückgriff des Juristen aš-Šaybānī (gestorben 805) auf eine griechische Version der Digesten[29]. Auch stimmen die meisten Bücher im Bereich des Privatrechts thematisch mit denjenigen der Digesten überein, das heisst zahlreiche Rechtsinstitute wie Kauf, Miete, Pfand, Leihe, Darlehen, Fund etc. finden nicht nur eine thematische Entsprechung, sondern werden mit Hilfe äußerst ähnlicher Fälle bzw. Fallkomplexe dargestellt und erläutert. Ungeachtet der stets kontroversen Frage genetischer Abhängigkeit lässt sich hier eine frappierende Übereinstimmung in Bezug auf Inhalt und Anordnung des insgesamt kasuistischen Materials feststellen. Da die späteren Juristen, gleich welcher Rechtsschule, die Kasuistik des aš-Šaybānī größtenteils übernahmen[30], verbreitete sich im Kalifat eine Vielzahl von Rechtswerken, die auch noch in späteren Jahrhunderten in Struktur, Inhalt und Darstellungsform des Zivilrechts den Digesten sehr ähnlich sind. Wie dargelegt, erhielten einige dieser Werke ein besonderes Ansehen und avancierten zu bedeutenden Standardwerken, die wie die *libri legales* im *Ius commune* faktisch zur Grundlage der juristischen Arbeit wurden.

5. Methodik

Mit der Neufokussierung auf das römische Recht im 11./12. Jahrhundert entwickelte sich die europäische Jurisprudenz, so die allgemeine Auffassung, zu einer Rechtswissenschaft, die mit den Methoden der etwa zeitgleich erblühenden Scholastik auf eine systematische Durchdringung des Rechtsmaterials abzielte. Insbesondere die aristotelische Logik wurde nun erstmals direkt und gezielt auf das Recht angewandt und zu einem methodischen Werkzeug der juristischen Argumentation entwickelt[31]. Da sich die Jurisprudenz nicht auf die reine Interpretation der Grundlagentexte beschränkte, sondern im Hinblick auf die komplexe, sich wandelnde Wirklichkeit auch rechtsfortbildend tätig war, mussten plausible Formen der Ableitung wie vor allem die Analogie ausgearbeitet werden. Hierbei boten die Topik, Apodixis und andere Teile des Organon hilfreiche Anknüpfungspunkte; und wie die Vielzahl spezifischer, der Logik

---

29 Zu den zahlreichen strukturellen und inhaltlichen Übereinstimmungen siehe *B. Jokisch*, Islamic Imperial Law. Hārūn al-Rashīd's Codification Project (2007), 97–259.

30 Ebd., 305–311.

31 *Coing*, Europäisches Privatrecht (Fn. 24), 20–21.

entstammender Termini in den Rechtswerken der Glossatoren und mehr noch der Kommentatoren zeigt, konnten die damit verbundenen erkenntnistheoretischen Verfahren im juristischen Kontext instrumentalisiert werden. Auch wenn sich ansatzweise logische Verfahren in der Zeit vor den Glossatoren im Recht nachweisen lassen[32], so muss doch eine besonders enge und sich stetig vertiefende Verbindung von Recht und Logik seit dem 12. Jahrhundert konstatiert werden, die ganz wesentlich zur Verwissenschaftlichung des Rechts beitrug.

Eine vergleichbare Entwicklung, in der sich Recht und Logik unmittelbar begegnen und durchdringen, vollzog sich in Bagdad im 10. Jahrhundert. Nach der Gründung der Philosophenschule in Bagdad, in der die Texte des Organon vollständig erschlossen, ediert, kommentiert und gelehrt wurden, fand die aristotelische Logik trotz des Widerstandes traditionalistischer Kreise weite Verbreitung unter den Gelehrten, nicht zuletzt auch unter den Juristen. Zwar hatte bereits Šāfiʿī (gestorben 820) mit seiner Rechtsquellentheorie erste methodische Denkansätze entwickelt, doch erst mit der genauen Kenntnis der aristotelischen Logik wurden die Voraussetzungen für eine Verwissenschaftlichung des Rechts geschaffen. Die Einwirkung der Logik war so stark, dass die islamische Rechtsmethodik (*ʿilm uṣūl al-fiqh*) zu einer eigenständigen Disziplin innerhalb der Rechtswissenschaft wurde[33]. Spätestens seit dem 11. Jahrhundert kursierten in der ganzen islamischen Welt zahlreiche Werke zur Rechtsmethodologie; und wie sich in den Werken zum materiellen Recht zeigt, gab es eine klare Tendenz, das kasuistische Material auf der Grundlage der Methodologie neu zu begründen, zu ordnen und zu harmonisieren. Dabei stützten sich die muslimischen Juristen auf ganz ähnliche, der Logik entnommene Begriffe und Verfahren wie die europäischen Legisten und Kanonisten, zumal sie neben der engeren Interpretation gleichermaßen Rechtslücken ausfüllen und damit faktisch rechtsfortbildend wirken mussten. Seit dem 12. Jahrhundert, so muss man festhalten, standen sich in der christlichen und islamischen Welt zwei Rechtssysteme gegenüber, die den entscheidenden Schritt von der einfachen Jurisprudenz zur Rechtswissenschaft vollzogen und dabei explizit auf die Logik des Aristoteles zurückgriffen.

6. Rechtsliteratur

Von den Standardwerken zum materiellen Recht war bereits die Rede. Darüber hinaus zeichnet sich das Schrifttum in *Ius commune* und Scharia durch eine Vielzahl von spezifischen Literaturgattungen aus. Es mag in der Natur der Sache liegen, dass im Zuge der Verwissenschaftlichung des Rechts vielfältige, aber allgemein typische Formen des literarischen Ausdrucks gefunden werden. Dennoch erstaunt es, dass das Spektrum der literarischen Gattungen, einschließlich ihrer Bezeichnungen, in den

---

32 *H. Siems*, Adsimilare. Die Analogie als Wegbereiterin zur mittelalterlichen Rechtswissenschaft, in: K. Herbers (Hg.), Europa an der Wende vom 11. zum 12. Jahrhundert, Beiträge zu Ehren von Werner Goez (2001), 143–170.

33 Zu einem ersten Vergleich von *uṣūl al-fiqh* und Organon und der daraus resultierenden Verwissenschaftlichung des Rechts siehe *Jokisch*, Islamic Imperial Law (Fn. 29), 588–616.

beiden Rechtssystemen nahezu deckungsgleich ist. Folgende literarische Formen können als charakteristisch für das *Ius commune*[34] und das islamische Recht gelten:

glossa/šarḥ

Im 10. Jahrhundert beginnen die muslimischen Juristen – möglicherweise inspiriert durch die Kommentierungspraxis der Philosophen in Bagdad – grundlegende Werke früherer Autoritäten zu kommentieren. Insbesondere seit dem 11. Jahrhundert entstehen in den verschiedenen Rechtsschulen bedeutende und zumeist sehr umfangreiche Kommentare wie etwa das *al-Mabsūṭ* von as-Saraḫsī (30 Bde.), das *al-Muntaqā* von al-Bāǧī (9 Bde), das *al-Muhaḏḏab* von aš-Šīrāzī (2 Bde) oder das *al-Muġnī* von Ibn Qudāma (9 Bde). Wie dargelegt, bemühen sich die Juristen in jener Zeit, das von den Schulgründern oder anderen Autoritäten überlieferte kasuistische Material methodologisch zu durchdringen und zu harmonisieren. Demselben Zweck dienen die Glossen und Kommentare der Legisten und Kanonisten. Als eine der bedeutendsten Glossen gilt die *Glossa ordinaria* des Accursius (gestorben 1260/1263), die mit knapp 100000 Randbemerkungen eine Zusammenfassung aller bis dahin entstandenen Glossen darstellt.

summa/muḫtaṣar

Kurzfassungen (*muḫtaṣarāt*) zu autoritativen Monumentalwerken haben muslimische Juristen bereits im 9. Jahrhundert erstellt, so etwa der schafiitische Jurist al-Muzanī (gestorben 878), dessen *al-Muḫtaṣar* eine konzise Zusammenstellung des umfangreichen *Kitāb al-umm* von Šāfiʿī ist. Derartige Kurzfassungen enthalten nur eine kleine Auswahl der gesamten Kasuistik und beschränken sich, in der Regel ohne Begründung und Erläuterung, auf die Formulierung zentraler Regelungen. Sie sind auch in späteren Jahrhunderten noch häufig anzutreffen und haben als lehrbuchartige Standardwerke mitunter eine große Bedeutung erlangt. Nicht selten bilden sie selbst wiederum die Grundlage größerer Kommentare. In Europa gewannen die *summae* seit dem 12. Jahrhundert an Bedeutung und waren als wissenschaftlich-literarische Form neben der Theologie, Philosophie und Medizin vor allem auch in der Jurisprudenz verbreitet. Unter den Glossatoren ist unter anderem Azo (gestorben 1202) zu nennen, der eine *summa* zu den Institutionen (*Summa Institutionum*) sowie auch zum *Codex* des Justinian (*Summa Codicis*) verfasste.

questiones/masāʾil

Während Kommentare und Zusammenfassungen in der Regel auf die gesamte Kasuistik bezogen sind, gibt es Abhandlungen – oftmals, aber nicht immer, audrücklich mit *quaestiones* bzw. *masāʾil* betitelt – die sich auf eine oder mehrere bestimmte Fragestellungen konzentrieren. Je nach Umfang können sie eigenständige Traktate dar-

34 Zu den Gattungen im *Ius commune* siehe *Lange*, Römisches Recht im Mittelalter, Bd. 1 (Fn. 18), 118–150.

stellen oder auch in Kommentare oder andere Werke integriert sein. Charakteristisch für diese Literaturform ist die kritische und möglichst umfassende Auseinandersetzung mit einem Problem, das der Verfasser zunächst darstellt, dann vor dem Hintergrund der Pro- und Contra-Argumente erläutert und schließlich nach eigener Abwägung löst. Abhandlungen dieser Art finden sich im islamrechtlichen Schrifttum seit frühester Zeit, auch wenn sich diese literarisch formalisierte Form der Disputation zunehmend professionalisierte. Sehr häufig trifft man in den Kommentaren der Juristen als *masāʾil* deklarierte Abschnitte, in denen sie ein Problem mitsamt den kontroversen Meinungen diskutieren und am Ende selbst Position beziehen. Bekannt für eine ganze Reihe eigenständiger *masāʾil*-Traktate, teilweise recht umfangreich, ist der hanbalitische Theologe und Jurist Ibn Taymiyya (gestorben 1328). In seinen Abhandlungen zu brennenden Einzelfragen erreicht die Kunst des Argumentierens und Disputierens ein besonders hohes Niveau.

In Europa steht die Entwicklung der *quaestio* als Methode und Literaturform in engem Zusammenhang mit der Gründung der Universitäten[35]. Ebenso wie im islamischen Kontext ist sie Ausdruck einer Disputationspraxis, die als Mittel der Wahrheitsfindung zunehmend an Bedeutung gewinnt. Zahlreiche Glossatoren und Postglossatoren bedienen sich dieser literarischen Gattung, um die bei der Auslegung der römischen Rechtstexte auftretenden Widersprüche und Kontroversen aufzulösen. Einer der namhaften Verfasser von Traktaten zu Einzelfragen ist Baldus de Ubaldis (gestorben 1400), der im selben Jahrhundert wirkte wie der oben genannte Ibn Taymiyya.

lecturae/amālī

Einige der Literaturgattungen ergeben sich unmittelbar aus dem Unterricht, in dem Schüler zuweilen Mitschriften der Vorlesungen erstellten. Im islamischen Kontext gehen die ersten Werke dieser Art auf den bereits genannten hanafitischen Juristen aš-Šaybānī zurück. Seine *Amālī* bilden eine wertvolle Ergänzung zu seinen anderen Werken. In ihrer Funktion und Form durchaus vergleichbare Werke, die *lecturae*, entstanden seit dem 12. Jahrhundert im europäischen Universitätsbetrieb.

additiones/zawāʾid

Die Funktion einiger Werke im islamischen Recht wie im *Ius commune* ist darauf beschränkt, zusätzliches Fallmaterial zusammenzutragen, das in einem anderen, zumeist umfangreichen und bedeutenden Werk nicht enthalten ist. Die große Masse an Fallregelungen führte immer wieder dazu, dass sogar große, Vollständigkeit beanspruchende Werke einzelne Fälle oder juristische Aspekte übersehen. Aš-Šaybānī selbst verfasste zu seinen zahlreichen Werken zum Fallrecht ein Ergänzungswerk, die *az-Ziyādāt*, und auch später noch, als der Bestand an Fallregelungen längst als erschlossen galt, trifft man auf solche Werke, wie das Beispiel des hanbalitischen Juristen Ibn ʿUbaydān (gestorben 1333) und seiner ergänzenden Zusammenstellung

---

[35] *W. J. Hoye*, Die mittelalterliche Methode der Quaestio, in: N. Herold und S. Mischer (Hg.), Philosophie. Studium, Text und Argument (1998), 155.

Zawāʿid al-kāfī waʾl-muḥarrar ʿalā ʾl-muqniʿ zeigt. In etwa der gleichen Zeit verfasste der europäische Jurist Petrus de Bellapertica (gestorben 1308) seine *Additiones*[36].

distinctiones/furūq

Ziel und Zweck der *distinctiones* war es, in den autoritativen Grundlagentexten Oberbegriffe in Bezug auf Tatbestände, Regelungen oder Prinzipien aufzuspüren und dann in einem zweiten Schritt in kontradiktorische Unterbegriffe aufzuspalten, um diese über Kategorien wie allgemein bzw. speziell etc. zu harmonisieren. Diese grundsätzlich analytische Funktion des Verfahrens erhält insoweit einen zugleich synthetischen Charakter, als nun weitere, konträr erscheinende Fälle an anderer Stelle in den Quellentexten mit dem Oberbegriff in Einklang gebracht werden können. Zunächst kommen die Distinktionen nur im Kontext der Glossen zur Anwendung, etwas später verselbständigen sie sich in Form von separaten Sammlungen, möglicherweise erstmals erstellt von Hugo de Porta Ravennate (gestorben 1166/1171)[37]. Die Ursprünge der Distinktionstechnik, die wohl nicht durch Vorbilder in den römischen Quellentexten vorgegeben ist, werden mitunter auf bereits bestehende, frühscholastische Methoden in den *artes liberales* zurückgeführt[38]. Nach anderer Auffassung stellt das Verfahren ein neues Phänomen dar, das durch andere Faktoren bedingt sein muss.

Im islamischen Recht findet sich ein solches Verfahren recht häufig in den Kommentaren, wobei die Grenze zum (rechtsfortbildenden) Ableitungsverfahren (*tafrīʿ*) oft fließend ist. Fälle und Regelungen werden in Unterfälle zergliedert, so dass nicht selten weit verästelte Fallkomplexe entstehen, in denen die einzelnen Unterfälle und Regelungen mit Hilfe hermeneutischer und logischer Kriterien als miteinander kompatibel präsentiert werden. Als eigenständige, literarische Gattung treten Falldifferenzierungen dieser Art relativ spät in Erscheinung. Einer der ersten Autoren, die ein Werk dieser Art verfassten, scheint der ägyptische Jurist al-Qarāfī (gestorben 1285) zu sein. Zeitgleich mit den Glossatoren erstellte er sein bekanntes Werk *Anwār al-burūq fī anwāʾ al-furūq*, in dem er eine Vielzahl von parallelen bzw. gegensätzlichen Regelungen, Begriffen und Prinzipien miteinander vergleicht und gegebenenfalls harmonisiert.

brocardica/qawāʿid

Im Zuge der Auseinandersetzung mit der vielfältigen Kasuistik entwickelten die Juristen beider Rechtssysteme eine Neigung zur Abstraktion, indem sie begannen, allgemeine Prinzipien oder Formen der logischen Argumentation zu formulieren und diese in separaten Werken zusammen zu stellen. Zwar konnten diese Prinzipien die Grundlagentexte nicht ersetzen, doch erwiesen sie sich in der juristischen Argumentation und, so in Europa, in der Prozessführung als sehr hilfreich. Bereits im 10. Jahrhundert entstehen in der islamischen Welt derartige Werke, zunächst initiiert

36 *M. Rainer*, Das römische Recht in Europa. Von Justinian zum BGB (2012), 93.

37 *C. H. F. Meyer*, Die Distinktionstechnik in der Kanonistik des 12. Jahrhunderts. Ein Beitrag zur Wissenschaftsgeschichte des Hochmittelalters (2000), 87.

38 Ebd., 77, 79.

von einigen hanafitischen Juristen wie ad-Dabbās und al-Karḫī (gestorben 952), später fortgeführt und verfeinert von Juristen aller Rechtsschulen[39]. Als erste Brocarda-Sammlung unter den Legisten gilt der *Libellus disputatorius* des Pilius (2. Hälfte 12. Jh.)[40].

dissensiones/iḫtilāfāt

Angesichts der Meinungsvielfalt in den juristischen Diskursen entstand das Bedürfnis, die verschiedenen Positionen der Juristen in Bezug auf bestimmte Fälle festzuhalten und zu sammeln. Dies war zudem deshalb von Bedeutung, weil sowohl im *Ius commune* als auch im islamischen Recht der Konsensus der Gelehrten (*communis opinio*/*iǧmāʿ*), soweit er sich im Vergleich ergeben sollte, ein wichtiges Argument darstellte. Werke dieser Art (*iḫtilāf al-fuqahāʾ*) verfassten seit dem 10. Jahrhundert im Islam zunächst hanafitische (aṭ-Ṭabarī, gestorben 923; oder aṭ-Ṭaḥāwī, gestorben 933), später auch andere Juristen. In Europa entstand der Großteil der *dissensiones dominorum* im 12. Jahrhundert, darunter zum Beispiel die *Vetus Collectio* eines Anonymus[41]. Später im 19. Jahrhundert publizierte Gustav Haenel die Werke in einer Gesamtedition.

consilia/fatāwā

Die Erteilung von Gutachten ist seit dem frühesten Islam ein fester Bestandteil der Tätigkeit muslimischer Juristen. Ob privat oder später teilweise auch in offizieller Funktion reagierten die Gelehrten auf das praktische Bedürfnis der Gläubigen, Auskunft über die Rechtmäßigkeit ihres Handelns zu erhalten, obwohl Fatwas (*fatāwā*, Sg. *fatwā*), anders als Gerichtsentscheidungen, keine Verbindlichkeit besitzen. Darüber hinaus fungierten sie nicht selten als Berater der politischen Machthaber oder Richter, soweit sie nicht selbst zugleich als Richter tätig waren. Spätestens seit dem 11./12. Jahrhundert entstehen die ersten Fatwa-Sammlungen, von denen einige wie etwa die *Fatāwā Ibn aṣ-Ṣalāḥ* (13. Jh.) oder das *Maǧmūʿ fatāwā* des Ibn Taymiyya (14. Jh.) große Bedeutung erlangten.

Nicht minder bedeutsam war die Gutachtertätigkeit der Juristen in Europa. Schon sehr bald nach der Etablierung der Universitäten in Bologna und anderen Städten Europas erwarben die Juristen ein derartiges Ansehen, dass sie nicht nur Prozessparteien beratend unterstützten (*consilium pro parte*), sondern auch von den Kommunen und sogar von kaiserlichen und päpstlichen Gremien als Experten herangezogen wurden (*consilium sapientis*). Als Teil oder Grundlage richterlicher Entscheidungen gewannen ihre Gutachten sogar Verbindlichkeit, wie sich aus einer Vielzahl kommunaler Urteilsregister ergibt. Ebenso wie im islamischen Kontext trugen die Gutachter in

---

[39] Zur *qawāʿid*-Literatur und einer Liste entsprechender Werke siehe *W. Heinrichs*, Qawāʿid as a Genre of Legal Literature, in: B. Weiss (Hg.), Studies in Islamic Legal Theory (2002), 365–384; sowie den Beitrag *Norbert Oberauers* in diesem Band.

[40] *P. Erdö*, Storia della scienza del diritto canonico: Una introduzione (1999), 71.

[41] *Lange*, Römisches Recht im Mittelalter, Bd. 1 (Fn. 18), 147.

erheblichem Maße dazu bei, die theoretische, eher anachronistische Kasuistik in den Grundlagenwerken mit der Praxis zu verbinden.

III. Konvergenz oder Interaktion?

Wie sich aus der Vergleichsanalyse ergibt, weisen Scharia und *Ius commune* durchaus parallele Strukturen auf, und auch inhaltlich in Bezug auf privatrechtlich-weltliche Teile der Systeme deuten sich interessante Übereinstimmungen an. Beide Systeme, repräsentativ für die Zentralität des Rechts, verkörpern universale, über politische und sprachliche Grenzen wirkende Juristenrechte, getragen von einem einflussreichen Stand professioneller Juristen. Trotz vielerlei Verflechtungen sind sie grundsätzlich unabhängig von staatlicher Kontrolle, während sie zugleich in hohem Maße normativ auf das gesellschaftliche Leben einwirken. Anders jedoch als das *Ius commune*, das mit Kaiser- und Partikularrecht konkurriert und sogar subsidiär hinter diese zurücktritt, beansprucht die Scharia ein Geltungsmonopol. Jenseits des formalen Anspruchs ist allerdings auch im islamischen Recht eine faktische Verschmelzung oder Annäherung verschiedener Normenbereiche festzustellen. Beide Systeme sind religiös konnotiert, auch wenn die Dichotomie von religiösen und weltlichen Elementen im *Ius commune* deutlicher wird als im islamischen Recht. Weder ist das islamische Recht ein rein religiöses System noch das *Ius commune* ein rein säkulares. Charakteristisch für beide Systeme ist die flächendeckende Institutionalisierung der Rechtsausbildung in Form von *madrasas* bzw. Universitäten. Die Ähnlichkeiten dieser Einrichtungen in Bezug auf Aufbau, Organisation, Unterrichtsgestaltung, Prüfungsverfahren etc. sind in der Forschung bereits dargelegt worden. Unmittelbare Grundlage der juristischen Arbeit bildet im *Ius commune* wie im islamischen Recht ein jeweils umfangreiches Corpus kasuistischen Materials, das im *Corpus iuris civilis* bzw. *Decretum Gratiani* und im islamischen Recht in autoritativen Standardwerken erfasst ist. Insbesondere im zivilrechtlichen Bereich zeigt die Kasuistik eine Vielzahl von Übereinstimmungen, die wohl dem Umstand zu verdanken ist, dass islamisches Recht in seiner Entstehungsphase seinerseits auf römisches Recht zurückgegriffen hat. Mehr noch als im materiellen Recht offenbaren sich auffällige Parallelen in der Methodik. Der vielfach gerühmten Verwissenschaftlichung des Rechts in Europa geht ein nahezu gleicher Prozess im islamischen Kontext voraus. Hier wie dort werden Recht und aristotelische Logik erstmals systematisch zusammengeführt und das kasuistische Material mit den Methoden der Logik verarbeitet und weiterentwickelt. Recht wurde auf diese Weise zur Wissenschaft und zur herausragenden Disziplin im Fächerkanon der *madrasas* bzw. Universitäten. Diese Entwicklung spiegelt sich nicht zuletzt in der Herausbildung spezifischer, literarischer Formen wider, wobei die meisten der im Rahmen des *Ius commune* entstandenen Literaturgattungen ihr Pendant im islamischen Recht finden.

Angesichts der strukturellen und teilweise inhaltlichen Parallelität der Systeme stellt sich die Frage, inwieweit es sich um lediglich nebeneinander laufende, aufgrund ähnlicher Rahmenbedingungen konvergente Entwicklungen handelt, oder möglicherweise doch – so eine vorsichtige, vorläufige Hypothese – von einem beziehungsgeschichtlichen, interaktiven Vorgang auszugehen ist. Nach ganz herrschender Auffassung markiert die Wiederentdeckung des römischen Rechts in Europa Ende des 11. Jahrhunderts und der daran anschließende, blühende Aufstieg des Rechts eine Zäsur in der europäischen Wissenschaftsgeschichte. Nach der gleichen Auffassung werden aber ausschließlich interne Faktoren wie etwa der allerorts neu hervortretende Wissensdrang, der Dualismus von Kaiser- und Papsttum und insbesondere der Investiturstreit[42], die neu aufkeimende Rom-Idee[43] oder der aufgrund der wirtschaftlichen, demographischen und politischen Entwicklung wachsende Bedarf an Rechtsexperten[44] als Ursache dieser Entwicklung angeführt. Zweifellos können all diese Faktoren als ursächlich oder förderlich für den in der Tat revolutionären Prozess gelten, auch wenn sie im Einzelnen noch umstritten sind. Inwieweit aber können wir angesichts der dramatischen Verdichtung der Kontakte zwischen Islam und Christentum in jener Zeit die Relevanz externer Faktoren grundsätzlich ausschließen? Nicht nur die starke Zunahme des Handels im 11. Jahrhundert und insbesondere der Handelsbeziehungen der italienischen Seerepubliken mit dem Orient (*commercial revolution*), sondern auch die im Zuge der Reconquista bzw. der Kreuzzüge zeitgleich entstehenden kulturellen Mischzonen im Nahen Osten, Sizilien und Spanien ermöglichten eine erste direkte und dauerhafte Begegnung des Christentums mit der islamischen Welt. Dabei entwickelte das christliche Europa eine durchaus ambivalente Haltung gegenüber dem Islam[45], der einerseits, auf der politischen und religiösen Ebene, als Feind gesehen wird, andererseits aber zum kulturellen Vorbild aufsteigt. Der weithin zirkulierende Slogan von der *imitatio Arabum*[46] verknüpft mit den *arabica studia*[47] steht in engem Zusammenhang mit dem oben genannten, als (frühe) Renaissance bezeichneten Prozess des kulturellen Aufschwungs. Es steht außer Frage, dass in den Bereichen Philosophie, Naturwissenschaften und Medizin ein Wissenstransfer größeren Ausmaßes in Richtung Europa stattgefunden und dort, wie etwa das Beispiel des Averroismus zeigt, nachhaltige Wirkung erzielt hat. Könnte es daher nicht sein, so drängt sich die Frage auf, dass sich das Interesse einiger Christen in Europa darüber hinaus auf das Recht der Muslime erstreckte? In Teilbereichen, wie etwa dem Handelsrecht,

---

42 *H. Berman*, Recht und Revolution. Die Bildung der westlichen Rechtstraditionen (1995).

43 *Koschaker*, Europa und das römische Recht (Fn. 8), 69–70.

44 *Lange*, Römisches Recht im Mittelalter, Bd. 1 (Fn. 18), 30; *Rainer*, Das römische Recht in Europa (Fn. 36), 70.

45 *H.-W. Goetz*, Sarazenen als „Fremde"? Anmerkungen zum Islambild in der abendländischen Geschichtsschreibung des frühen Mittelalters, in: B. Jokisch *et al.* (Hg.), Fremde, Feinde und Kurioses (2009), 40.

46 *T. Ricklin*, „Arabes contigit imitari". Beobachtungen zum kulturellen Selbstverständnis der iberischen Übersetzer der ersten Hälfte des 12. Jahrhunderts, in: A. Speer und L. Wegener (Hg.), Wissen über Grenzen. Arabisches Wissen und lateinisches Mittelalter (2004), 65; siehe auch *D. Gutas*, What was there in Arabic for the Latins to Receive?, in: Speer und Wegener (Hg.), Wissen über Grenzen, 11, 18.

47 Die *arabica studia* haben in jener Zeit ein sehr positives Image und werden mit einem neuen Wissens- und Wissenschaftsmodell assoziiert, vgl. *A. Speer*, Wissen über Grenzen. Arabisches Wissen und lateinisches Mittelalter, in: Speer und Wegener (Hg.), Wissen über Grenzen (Fn. 46) (2004), XVIII–XIX.

sind islamrechtliche Normen und Institute ganz offensichtlich nach Europa gelangt[48], auch wenn die Quellen den Transferprozess als solchen in keiner Weise erwähnen oder beschreiben. Einige Kodifikationen jener Zeit wie die Assisen von Roger II., erstellt um 1140, und vor allem die *Constituta usus et legis*, die 1160 in Pisa entstanden, nehmen ausdrücklich Bezug auf das Gewohnheitsrecht der Handelsvölker (darunter vor allem wohl das islamische Recht)[49], das sehr genau geprüft worden sei. Auch ist davon auszugehen, dass europäische Kaufleute im Falle von Rechtsstreitigkeiten mit muslimischen Händlern nicht selten direkt in Gerichtsverfahren der islamischen Justiz involviert waren und auf diesem Wege Teile des islamischen Privatrechts kennenlernten[50]. Von einigen Gelehrten christlicher Zugehörigkeit, wie etwa Constantinus Africanus[51], ist bekannt, dass sie an *madrasas* studiert haben und folglich mit dem dortigen Unterrichtswesen vertraut waren. Andere Gelehrte, wie vor allem die Übersetzer in Spanien, hatten enge Kontakte mit muslimischen Gelehrten und werden daher zweifellos ein näheres Wissen über die Wissenschaftslandschaft im Islam erlangt haben. Besonders interessant erscheint der Umstand, dass die Normannen in Sizilien, die eine vergleichsweise tolerante Politik gegenüber der muslimischen Bevölkerung verfolgten und eine Reihe islamischer Institutionen übernahmen, Einrichtungen der Jurisdiktion schufen, in denen die beiden Rechtssysteme unmittelbar zusammenflossen. Zumindest in einem Fall ist bekannt, dass ein zum Christentum konvertierter, muslimischer Jurist, Ibn Zurʿa, um 1184 einen Rechtsstreit sowohl nach christlichem als auch nach islamischem Recht entschieden hat[52]. Islamisches Recht scheint zumindest weiterhin praktiziert worden zu sein, da al-Māzirī (gestorben 1141), ein herausragender malikitischer Jurist sizilianischer Herkunft, den Kadis unter normannischer Herrschaft erlaubte, Urteile nach islamischem Recht zu fällen[53].

Aus den Quellen ist nicht ersichtlich, unter welchen Umständen der Gedanke der sicherlich nicht zufälligen[54] Wiederbelebung des römischen Rechts sowie seiner inhaltlichen, methodischen und institutionellen Ausgestaltung in Bologna entstanden ist. Denkbar aber wäre, dass die Vorstellung vom Recht als einem zentralen Bestandteil der Gesellschaft, als eigenständige, institutionell verstetigte Wissenschaft sowie als Werkzeug und Waffe eines unabhängigen Berufsstandes durch die Begegnung mit der islamischen Welt inspiriert ist. Kenntnisse über das islamische Recht können, wie dargelegt, über vielfältige Kontakte nach Europa gelangt, dort in den weit verzweigten

[48] *G. W. Heck*, Charlemagne, Muhammad, and the Arab Roots of Capitalism (2006), 216–219.

[49] *P. Classen*, Studium und Gesellschaft (Fn. 26), 83; zum Inhalt der *Constituta usus et legis* siehe *G. Schmitt-Gaedke*, Die Constituta legis et usus von Pisa (1160). Gesetzbuch im Kosmos hochmittelalterlicher Rechtsgelehrtheit (2009).

[50] Zu Rechtsstreitigkeiten dieser Art in der Zeit der Mamluken siehe *G. Christ*, Trading Conflicts. Venetian Merchants and Mamluk Officials in Late Medieval Alexandria (2012).

[51] *A. Hettinger*, Zur Lebensgeschichte und zum Todesdatum des Constantinus Africanus, in: Deutsches Archiv für Erforschung des Mittelalters 46 (1990), 517–529.

[52] *A. Metcalfe*, The Muslims of Medieval Italy (2009), 222.

[53] *Māzirī*, Fatāwā ʾl-Māzirī, hg. v. al-Maʿmūrī (1994), 366.

[54] Die Entdeckung der Digesten-Handschriften war wohl nicht zufällig, sondern Ergebnis einer gezielten Suche, siehe *F. Theisen*, Die Wiederentdeckung des römischen Rechts im Alltag des 11. Jahrhunderts, Tijdschrift voor Rechtsgeschiedenis 62 (1993), 127–143.

Netzwerken von Gelehrten, Machthabern, Kommunen, Höfen und Lehrstätten weiter vermittelt worden sein und sich schließlich an bestimmten Orten verdichtet haben. Zusammen mit weiteren, begünstigenden Umständen könnten sie dann den Anstoß zu einer Initiative gegeben haben, wie sie dem Schulgründer Irnerius zugeschrieben wird[55]. All dies bleibt vorerst spekulativ, soll aber zumindest die Möglichkeit eines interaktiven Prozesses im Sinne einer gegenseitigen Befruchtung (*crosspollination*) der beiden Kulturen unterstreichen. Weitere, vertiefende Vergleichsstudien wären sicherlich vielversprechend.

[55] Irnerius, der sich als Rechtsberater zunächst im Umfeld der höchst einflussreichen Mathilde von Canossa bewegte und dann Richter des Reichs und Mitglied des kaiserlichen Consiliums wurde, war selbst Teil eines Netzwerkes, vgl. *W. E. Voß*, Irnerius, Rechtsberater der Mathilde. Seine Rolle und seine Bedeutung im Investiturstreit, in: Paolo Golinelli (Hg.), I poteri dei Canossa da Reggio Emilia all'Europa (1994), 71. Zur ausgeprägten Hofkultur Mathildes und ihren vielfältigen Verbindungen siehe *E. Goez*, Mathilde von Canossa (2012), 147–148. Besonders günstige Umstände für die Wiederaufnahme römischen Rechts scheinen in Bologna geherrscht zu haben, siehe *Lange*, Römisches Recht im Mittelalter, Bd. 1 (Fn. 18), 36. Andererseits ist nicht gesichert, ob Mathilde ihrem Rechtsberater Irnerius konkret den Auftrag zur Aufarbeitung der *libri legales* erteilt hat: *J. Fried*, „… auf Bitten der Gräfin Mathilde". Werner von Bologna und Irnerius, in: Herbers (Hg.), Europa an der Wende vom 11. zum 12. Jahrhundert (Fn. 32), 171–201; und generell, ob der Prozess der Wiederbelebung römischen Rechts tatsächlich Ende des 11. oder Anfang des 12. Jahrhunderts eingesetzt hat, *A. Winroth*, The Making of Gratian's Decretum (2000), 171–172.

Eine Kultur der Ambiguität im Kirchenrecht?

Kanonessammlungen des 10. bis 12. Jahrhunderts

Christof Rolker

I. Einleitung ... 39
II. Vorgratianische Kanonessammlungen ... 42
III. Die *prima sedes* und die Vielfalt der Deutungen ... 43
IV. Die Vervielfältigung der Vielfalt der Deutungen ... 47
V. Lob der Vielfalt ... 52

I. Einleitung

Rechtspraxis und Rechtswissenschaft sind nicht dafür bekannt, eine „Kultur der Ambiguität" entwickelt zu haben[1]. Zwar sind sprachliche Mehrdeutigkeit von Rechtstexten, der Widerspruch zwischen Wortlaut und Intention sowie die Kollision verschiedener Normen eine Grundsituation sowohl der Argumentation vor Gericht (so schon Cicero[2]) als auch der Rechtswissenschaft; aber in beiden Bereichen gilt Ambiguität als Problem, das es durch geeignete Techniken zu lösen gilt[3]. Widerspruchsfreie und sprachlich eindeutige Normen, mindestens aber die fallweise Überwindung verbleibender Ambiguitäten durch richterliche Entscheidung oder rechtsdogmatische Analyse gehören mithin fest zum Bild entwickelter rechtlicher Ordnungen.

Es war daher eine doppelte Pointe, als *Thomas Bauer* nicht nur allgemein eine „andere Geschichte des Islam" vorgelegt, sondern dabei spezifisch auch das islamische Recht unter dem Titel der „Kultur der Ambiguität" behandelt hat[4]. Wie *Bauer* hervorhob, wurden im klassischen islamischen Recht Meinungsverschiedenheiten der Rechtsgelehrten nicht nur als notwendig anerkannt, sondern auf eine

---

[1] Zum Begriff in Anlehnung an *T. Bauer*, Die Kultur der Ambiguität. Eine andere Geschichte des Islam (2011), siehe auch weiter unten.

[2] *Cicero*, De partitione XXXII, 108: „Cum autem aut plura significantur scripto propter verbi aut verborum ambiguitatem, ut liceat ei qui contra dicat eo trahere significationem scripti quo expediat ac velit, aut, si ambigue scriptum non sit, vel a verbis voluntatem et sententiam scriptoris abducere vel alio se eadem de re contrarie scripto defendere, tum disceptatio ex scripti contentione exsistit, ut in ambiguis disceptetur quid maxime significetur, in scripti sententiaeque contentione, utrum potius sequatur iudex, in contrariis scriptis, utrum magis sit comprobandum".

[3] *C. H. F. Meyer*, Die Distinktionstechnik in der Kanonistik des 12. Jahrhunderts. Ein Beitrag zur Wissenschaftsgeschichte des Hochmittelalters (2000), Kap. 2.

[4] *Bauer*, Kultur der Ambiguität (Fn. 1), hier 157–181.

prinzipielle Unsicherheit hinsichtlich der Erkennbarkeit des göttlichen Gesetzes zurückgeführt[5].

Eine Wertschätzung dieser Pluralität ist einerseits in der Tradierung auch scheinbar überholter Rechtsauffassungen erkennbar, zum anderen in der expliziten Bezeichnung der Vielfalt der Rechtsmeinungen als „Geschenk" und „Gnade"[6]. Erst die „Pervertierung" des klassischen Rechts, nicht zuletzt infolge des Versuchs der Modernisierung des islamischen Rechts im 19. Jahrhunderts nach westlichem Vorbild, bedeutete das Ende für diese „bewußte und gewollte Pluralität der Rechtsmeinungen"[7].

Während es in der Rechtsgeschichte lange üblich war, islamische Rechtsgeschichte nach den Maßstäben der westlich-lateinischen Tradition zu studieren, soll im Folgenden der Versuch unternommen werden, das Konzept „Kultur der Ambiguität" auf die westliche Rechtsgeschichte anzuwenden, und zwar speziell die kirchliche Rechtsgeschichte vom späten 10. Jahrhundert bis in die Mitte des 12. Jahrhunderts. Mit Blick auf die enorme Bedeutung des sogenannten *Decretum* Gratians (entstanden ca. 1140) wird diese Zeit üblicherweise als die vorgratianische Epoche der Kirchenrechtsgeschichte bezeichnet.

Auch diesem Unterfangen stehen etablierte Vorstellungen entgegen. Zum einen herrscht die bereits erwähnte Vorstellung, dass Rechtswissenschaft ein Unterfangen zur Eliminierung sprachlicher Ambiguität und kollidierender Normen sei, eine Wertschätzung von Ambiguität oder auch nur Ambiguitätstoleranz im Sinne *Bauers* hier also nicht zu erwarten sei. Zum anderen gilt das lateinische Mittelalter grundsätzlich als wenig ambiguitätstolerant. Auch *Bauer* zitiert (mit gebotener Vorsicht) die Position *Ullrichs*, dass das europäische Mittelalter kein „wirkliches Interesse am Phänomen Zweideutigkeit" gehabt habe[8]. Der Ambiguitätsbegriff soll von Augustinus bis Erasmus „eine negative Konnotation" behalten haben[9].

Diese Einschätzung bezieht sich vor allem auf die Auseinandersetzung mit sprachlicher Ambiguität in den Artes und in der Philosophie. Rechtliche wie theologische Umgangsweisen mit Ambiguität sind sicher ergiebiger, als es *Ullrich* annahm. Hinsichtlich der negativen Konnotation wird sein Urteil durch *Meyers* Untersuchungen zur Distinktionstechnik speziell in der mittelalterlichen Kanonistik aber durchaus gestützt: *ambiguitas* und *aequivocatio* tauchen auch in der Kanonistik vorzugsweise als Probleme und Gefahren auf[10]. Dem entspricht auch das vorherrschende rechtshistorische Narrativ. Ausgehend vom oben skizzierten Verständnis von Rechtswissen-

[5] *Bauer*, Kultur der Ambiguität (Fn. 1), 165: „Eine solche Meinungsverschiedenheit ist nun keineswegs eine Art ‚Betriebsunfall' der Rechtsfindung, sondern ein integraler Bestandteil des Rechts, der nicht nur zu tolerieren ist, sondern als notwendig erachtet werden muß. Denn wenn unser menschliches Wissen über die göttliche Ordnung zwangsläufig begrenzt ist, müssen verschiedene Meinungen zu einer Frage nebeneinandergestellt werden, wenn man sichergehen will, daß die richtige mit dabei ist".

[6] *Bauer*, Kultur der Ambiguität (Fn. 1), 175 und 184–185.

[7] *Bauer*, Kultur der Ambiguität (Fn. 1), 184 bzw. 186.

[8] *W. Ullrich*, Grundrisse einer philosophischen Begriffsgeschichte von Ambiguität, Archiv für Begriffsgeschichte 32 (1989), 121–169, hier 141; zitiert bei *Bauer*, Kultur der Ambiguität (Fn. 1), 31.

[9] *Ullrich*, Grundrisse (Fn. 8), 142.

[10] Siehe *Meyer*, Distinktionstechnik (Fn. 3), *s. v.* ambiguitas und aequivocatio.

schaft hat die Rechtsgeschichte immer wieder betont, dass der eigentliche Beginn der europäischen Jurisprudenz in der Entwicklung geregelter Verfahren zur Eliminierung von Widersprüchen und Ambivalenzen innerhalb des Corpus der Rechtsnormen zu suchen sei. Bekanntlich hat sie dabei immer wieder das 12. Jahrhundert als entscheidende Phase hervorgehoben. Dass der „Text den Text erkläre", indem einzelne *leges* des justinianischen Corpus mittels Allegation zur Erklärung anderer *leges* herangezogen werden und so als Lösung der Gegensätze (*solutiones contrariorum*) dienen, hat *Bellomo* als den Anfang der mittelalterlichen Rechtswissenschaft bezeichnet[11]. Für das mittelalterliche Kirchenrecht hatte *Kuttner* schon in seiner berühmten Wimmer Lecture von 1956 die „Harmonie aus Gegensätzen", insbesondere die Ausscheidung widersprüchlicher Normen und die hermeneutische Leistung, die verbleibenden Widersprüche mittels festgelegter Methoden zu harmonisieren, hervorgehoben; der mittelalterliche Titel von Gratians Dekret – *Concordia discordantium canonum* – war nach *Kuttner* Programm, nicht nur für Gratian, sondern die gesamte klassische Kirchenrechtswissenschaft[12]. Irnerius und Gratian als mythische Gründergestalten stehen für diese Anfänge, auch wenn man sozialhistorisch argumentieren kann, dass ein Juristenstand im eigentlichen Sinne sich erst deutlich später entwickelte[13].

Misst man die Kanonessammlungen des früheren Mittelalters an diesen Maßstäben, so erscheinen diese Werke kaum als Produkte der Rechtswissenschaft. Die Vielfalt der Materien weckt Zweifel[14], vor allem aber hat die Art der Textbehandlung viele Rechtshistoriker zweifeln lassen, dass es sich um Rechtswissenschaft gehandelt habe[15]. Besonders deutlich artikulierte sich diese Skepsis dort, wo das mittelalterliche Kirchenrecht zumal von protestantischen Autoren nach den Maßstäben eines säkularen Fortschrittsmodells beurteilt wurde[16]. Ältere Versuche, Vorläufer für Gratians

---

[11] *M. Bellomo*, Der Text erklärt den Text. Über die Anfänge der mittelalterlichen Jurisprudenz, Rivista Internazionale di Diritto Comune 4 (1993), 51–63; *ders.*, Europäische Rechtseinheit: Grundlagen und System des Ius Commune (2005).

[12] *S. Kuttner*, Harmony from Dissonance. An Interpretation of Medieval Canon Law (1960), 3: „Concordia discordantium canonum may indeed be considered a motto which sums up the signal achievement of the medieval mind in organizing the law of the Church into a harmonious system out of an infinite variety of diverse, even contradictory, elements".

[13] *J. A. Brundage*, The Medieval Origins of the Legal Profession: Canonists, Civilians, and Courts (2008). Zum mythischen Charakter der Gründergestalten siehe *Bellomo*, Der Text erklärt den Text (Fn. 11), 54; und *J. Fried*, „... auf Bitten der Gräfin Mathilda". Werner von Bologna und Irnerius, in: Europa an der Wende vom 11. zum 12. Jahrhundert. Beiträge zu Ehren von Werner Goez, hg. v. K. Herbers (2001), 171–201; zu Gratian zuletzt *A. Winroth*, Where Gratian Slept. The Life and Death of the Father of Canon Law, ZRG Kan. Abt. 99 (2013), 105–128.

[14] Vgl. *M. Weber*, Wirtschaft und Gesellschaft, Bd.: Recht, hg. v. W. Gephart und S. Hermes (2014), 116.

[15] *Weber*, Wirtschaft und Gesellschaft (Fn. 14), 129, konzediert zwar, dass das mittelalterliche Kirchenrecht „wesentlich rationaler und formal juristisch entwickelter" als andere heilige Rechte sei, ohne Zweifel treffen auf das Kirchenrecht aber viele von *Weber*, ebd., 137, als „antiformal" verstandende Merkmale zu.

[16] Ein drastisches Beispiel ist die Darstellung des frühmittelalterlichen Kirchenrechts bei *F. Pollock* und *F. W. Maitland*, The History of English Law Before the Time of Edward I, 2 Bde. (1898), Bd. 1, 1–25.

Methode unter den Kanonisten des 11. Jahrhunderts auszumachen[17], sind nicht nur als teleologisch zu kritisieren, sondern müssen auch in Bezug auf die wenigen Vorläufer-Gestalten, die immer wieder angeführt werden (Bernold von Konstanz, Ivo von Chartres, Alger von Lüttich) insgesamt als gescheitert gelten[18]. Zwischen den vorgratianischen Sammlungen und dem *Decretum Gratiani* liegt ein „hermeneutischer Graben“[19], der von den teleologischen Konstruktionen der älteren Forschung nicht einmal annähernd überbrückt werden kann.

Wenn die Suche nach Vorläufern der klassischen Methode unter den frühmittelalterlichen Kanonisten so aussichtslos ist, kann man versucht sein, die Beschäftigung mit kirchenrechtlichen Normen in dieser Zeit hauptsächlich als defizitär zu beschreiben. Man kann den „Graben“ aber auch als Anlass nehmen, die vorgratianischen Sammlungen als ein Wissenssystem zu betrachten, das gerade nicht nach diesen Maßstäben analysiert werden kann. Dann ist der Blick auch für das frei, was mit *Bauer* als „Kultur der Ambiguität“ bezeichnet werden kann: Eine Anerkenntnis und sogar positive Wertschätzung der inneren Widersprüche und Ambiguitäten der Kanonessammlungen seitens der Kompilatoren.

II. Vorgratianische Kanonessammlungen

Um den Umgang mit Ambiguität in der vorgratianischen Zeit zu untersuchen, muss man sich zunächst die große Vielfalt sowohl der vorgratianischen Sammlungen als auch der enthaltenen normativen Texte vergegenwärtigen[20]. Alle vorgratianischen Sammlungen entstanden als „Privatsammlungen“ an unterschiedlichen Orten, hatten nach Ausweis der erhaltenen Handschriften jeweils nur begrenzte Verbreitung und unterschieden sich voneinander deutlich in Umfang, Aufbau und Inhalt. Als „Kirchenrechtssammlungen“ können sie zunächst vor allem deshalb gelten, weil sie auch in der Rechtspraxis verwendet wurden. Päpste, Konzilien, Bischöfe und andere kirchliche Richter nutzten diese Sammlungen, um das Recht zu „finden“[21]. Die Vor-

[17] *G. Le Bras*, Le Liber de misericordia et justitia d'Alger de Liège, Nouvelle revue historique de droit français et étranger 45 (1921), 80–118; *P. Fournier*, Un tournant de l'histoire du droit 1060–1140, Nouvelle revue historique de droit français et étranger 40 (1917), 129–180; *ders.* und *G. Le Bras*, Histoire des collections canoniques en Occident. Depuis les Fausses Décretales jusqu'au Décret de Gratien, 2 Bde. (1931/1932). Ähnlich z. B. *J. W. Busch*, Vom einordnenden Sammeln zur argumentierenden Darlegung. Vom Umgang mit Kirchenrechtssätzen im 11. und frühen 12. Jahrhundert, Frühmittelalterliche Studien 28 (1994), 243–256.

[18] *Meyer*, Distinktionstechnik (Fn. 3); *M. Brett*, Finding the Law: The Sources of Canonical Authority before Gratian, in: Law before Gratian. Law in Western Europe c. 500–1100, hg. v. P. Andersen *et al.* (2007), 51–72; *A. Thier*, Hierarchie und Autonomie. Regelungstraditionen der Bischofsbestellung in der Geschichte des kirchlichen Wahlrechts (2011).

[19] *A. Thier*, Dynamische Schriftlichkeit. Zur Normbildung in den vorgratianischen Kanonessammlungen, ZRG Kan. Abt. 124 (2007), 1–33, hier 32.

[20] Siehe *L. Kéry*, Canonical Collections of the Early Middle Ages (ca. 400–1140). A Bibliographical Guide to the Manuscripts and Literature (1999); und *L. Fowler-Magerl*, Clavis canonum. Selected Canon Law Collections Before 1140: Access with Data Processing (2005).

[21] *Brett*, Finding the Law (Fn. 18), 55–57.

worte der Sammlungen betonen immer wieder die Nützlichkeit für die gerichtliche Praxis[22]. Synodalordines belegen eindrücklich, welche große Rolle den Sammlungen in ihrer Materialität zugesprochen wurde[23]. Auch wenn nicht alle Kanones geltendes Recht waren, und keine Sammlung das gesamte positive Recht der Kirche enthielt, können sie daher dennoch zusammen als Konkretisierung des kirchlichen Rechtswissens ihrer Zeit gelten.

Die Vielfalt der Kanones in formaler wie materieller Hinsicht ist schwer zu überschätzen. Schon die Auszüge aus Konzilsakten und Papstbriefen stammten aus ganz unterschiedlichen Kontexten; griechische, afrikanische, westgotische, gallische Synoden, echte und gefälschte Papstbriefe aus unterschiedlichen Jahrhunderten waren in den Sammlungen gleichermaßen präsent. Selbst wenn man das Problem der Übersetzung einmal beiseite lässt, ist klar, dass allein schon auf sprachlicher Ebene mit Varianzen und Verschiebungen von Bedeutungen zu rechnen ist. Konzilien und Päpsten waren aber bei weitem nicht die einzigen Quellen für Kanones: In den Sammlungen finden sich biblische Texte, vorchristliches und christliches römisches Recht, patristische Exegese, Liturgica, königliche und kaiserliche Erlasse, bischöfliche und königliche Kapitularien, Bußkataloge, Auszüge aus hagiographischen und homiletischen Schriften, selbst Urkundenformulare und andere Textsorten. Damit ist auch klar, dass Kanonessammlungen so gut wie immer normative Texte enthielten, die keine Rechtstexte im modernen Sinne sind, bestenfalls „unformales Recht“[24]. Für alle diese Texte gilt zudem, dass im Laufe der Jahrhunderte nicht nur die angebliche Herkunft eines Kanons, sondern auch sein Wortlaut mehr oder minder stark variieren konnten, wenn Inskriptionen, Rubriken oder auch der Inhalt durch Schreiberfehler oder bewusste Manipulation verändert wurden. Widersprüche zwischen Einzelnormen und erst recht Mehrdeutigkeiten sind angesichts dieser großen Vielfalt der Sammlungen und Kanones alles andere als eine Überraschung.

III. Die *prima sedes* und die Vielfalt der Deutungen

Ein Beispiel dafür, wie die Komplexität der Überlieferung eine zunächst einmal unproblematische Einzelnorm zu einem interpretationsbedürftigen Kanon machen konnte, ist der Kanon *Ut primae sedis episcopus*, der um das Jahr 400 auf mehreren afrikanischen Konzilen beschlossen wurde. Er lautet im Original mit darauf folgender Übersetzung[25]:

---

22 *B. C. Brasington*, Prologues to Canonical Collections as a Source for Jurisprudential Change to the Eve of the Investiture Contest, Frühmittelalterliche Studien 28 (1994), 226–242; *R. Somerville* und *B. C. Brasington*, Prefaces to Canon Law Books in Latin Christianity. Selected Translations, 500–1245 (1998).

23 *H. Schneider*, Vorgratianische Kanonessammlungen und ihre Konzilsordines, in: Proceedings of the Ninth International Congress of Medieval Canon Law. Munich, 13–18 July 1992, hg. v. P. Landau und J. Müller (1997), 41–61.

24 Vgl. *Weber*, Wirtschaft und Gesellschaft (Fn. 14), 137 und öfters.

25 Karthago (a. 397), c. 25, hg. v. C. Munier, Concilia Africae a. 345–525, Corpus Christianorum, Series Latina, Bd. 149 (1974), 40.

Ut primae sedis episcopus non appelletur princeps sacerdotum aut summus sacerdos, aut aliquid huiusmodi, sed tantum primae sedis episcopus.

Dass der Bischof des ersten Sitzes sich nicht „Princeps sacerdotum" oder „Summus sacerdos" oder dergleichen nenne, sondern nur „Bischof des ersten Sitzes".

Der Kanon selbst erscheint zunächst nicht allzu vieldeutig; er begrenzt die Führung von Titeln auf den „Bischof des ersten Sitzes"; nicht als abschließende Aufzählung, sondern eher beispielhaft werden die Titel „Princeps sacerdotum" oder „Summus sacerdos" genannt. Wer Adressat dieser Norm war, dürfte jedenfalls auf den afrikanischen Konzilien, die diesen Kanon beschlossen, klar gewesen sein – nämlich diejenigen Bischöfe einer Provinz, deren Sitze aufgrund ihrer apostolischen Tradition oder der Bedeutung der jeweiligen Stadt als „erste" Kirche der jeweiligen Provinz galten. Insbesondere der Bischof von Karthago beanspruchte als „Bischof des ersten Sitzes" das Recht, Beschlüsse von Provinzialsynoden zu bestätigen. Mit Blick auf die Konflikte in der nordafrikanischen Kirche im 4. und 5. Jahrhundert wird man daher annehmen dürfen, dass sich die Norm im besonderen an diesen Bischof richtete[26]. Auch unabhängig davon war für die Zeitgenossen aber hinreichend klar, wem mit diesem Kanon was verboten werden sollte.

Zu einer dauerhaft mehrdeutigen Autorität wurde der Kanon jedoch in den Kirchenrechtssammlungen, die im früheren Mittelalter in Lateineuropa entstanden. Hier fehlte zunehmend das Wissen um die Struktur der afrikanischen Kirchen und um deren innere Konflikte, und hier war der Sprachgebrauch des Ausdrucks *episcopus primae sedis* je nach Zeit und Milieu deutlich verschieden. Ausdrücke wie *prima sedes* verbanden sich vor allem mit dem Titel des Patriarchen; besonders einflussreich wurden dabei die pseudo-isidorischen Fälschungen, in denen der Patriarch (als ein mehreren Provinzen übergeordneter Primas) regelmäßig als „Bischof des ersten Sitzes" bezeichnet wurde[27]. Der „erste Sitz" bezog sich also nicht (mehr) auf die Metropolie einer Provinz, sondern den Sitzes eines Bischofs, der den Bischöfen mehrerer Provinzen vorsteht. Beides, das fehlende Wissen und die sich wandelnde Semantik, machten unterschiedliche Interpretationen des Kanons *Ut primae sedis episcopus* möglich, wie seine Behandlung in unterschiedlichen Sammlungen deutlich zeigt.

Bereits in frühen Sammlungen wie der *Concordia* des Cresconius findet sich der zitierte Kanon mit einer Rubrik, die eine generalisierende Deutung vorgibt: Kein Bischof solle sich *princeps sacerdotum* nennen[28]. In mehreren hochmittelalterlichen Sammlungen wird der Kanon sogar als Beleg behandelt, dass sich niemand „universale" Titel zulegen solle[29]. Hier ist eine noch weitergehende Generalisierung der ur-

[26] Allgemein *L. Ennabli*, Carthage: une métropole chrétienne du IVe à la fin du VIIe siècle (1997).

[27] Siehe immer noch *H. Fuhrmann*, Studien zur Geschichte mittelalterlicher Patriarchate, in: ZRG, Kan. Abt. 39 (1953), 112–176; ebd., 40 (1954), 1–84; und ebd., 41 (1955), 95–183.

[28] *Cresconius*, Concordia, c. 256, hg. v. K. Zechiel-Eckes, Die concordia canonum des Cresconius. Studien und Edition, 2 Bde. (1992), Bd. 2, 758: „Ut princeps sacerdotum non appelletur episcopus".

[29] Etwa die Sammlung in neun Büchern (San Pietro) II, c. 7; Collectio trium librorum II, c. 7; Policarpus II, c. 25, jeweils mit der Rubrik: „Ne quis universalis appelletur". Zu allen drei Sammlungen und der Rubrizierung siehe *Fowler-Magerl*, Clavis (Fn. 20), sowie die online-Version ihrer Datenbank (http://www.mgh.de/ext/clavis/). Eine gleichlautende Rubrik findet sich häufiger zu einem meist Pe-

sprünglich nur auf bestimmte Adressaten bezogenen Norm erkennbar. Das wird auch dadurch gestützt, dass wenigstens drei vorgratianische Sammlungen unter einer entsprechenden Überschrift Kanones zusammenstellen, die teils Päpste, teils Patriarchen, teils Metropoliten und teils Bischöfe zur Demut ermahnen[30]. Unabhängig davon, was unter einem „Bischof des ersten Sitzes" verstanden wurde, diente *Ut primae sedis episcopus* damit als einer von vielen Belegen, dass kein Inhaber eines höheren kirchlichen Amtes sich durch die Führung „universaler" Titel über andere Amtsbrüder erheben solle.

Diese Generalisierung bedeutet zunächst noch keine Ambivalenz; wäre sie in allen vorgratianischen Sammlungen zu finden, müsste diese Umdeutung sogar im Gegenteil als erneute Vereindeutigung einer zwischenzeitlich deutungsbedürftig gewordenen Norm gelten. Dem war aber nicht so, wie ein Blick in weitere vorgratianische Sammlungen rasch zeigt. Dass der Kanon auch um das Jahr 1000 noch in sehr unterschiedlicher Weise gedeutet werden konnte und mithin als ambivalent zu gelten hat, belegt die unterschiedliche Textbehandlung in der *Collectio Anselmo dedicata* und im sogenannten Dekret des Burchard von Worms. Die *Collectio Anselmo dedicata*[31], im letzten Viertel des 10. Jahrhunderts in Oberitalien entstanden, enthält den Kanon im zweiten Buch, das von den Ortsbischöfen handelt – und nicht etwa im ersten Buch, das Kanones zu den Rechten und Pflichten des Papstes, der Primaten und der Metropoliten versammelt. Durchaus gegen den Wortlaut des Kanons wird das Verbot der Führung bestimmter Titel dadurch vor allem auf die Ortsbischöfe bezogen, und diese Deutung wird auch durch die Rubrik unterstrichen: Kein Bischof solle sich *princeps sacerdotum* nennen[32]. Auch die vorangehenden Kanones beschäftigen sich spezifisch mit den Anforderungen an Ortsbischöfe und richten sich unter anderem gegen den Makel des Ehrgeizes (*episcopalis ambitus*). Wer den afrikanischen Kanon also in der *Collectio Anselmo dedicata* nachschlägt, dem wird durch den Titel des einschlägigen Buches, den unmittelbaren Kontext und schließlich die Rubrik nahegelegt, darin ein an alle Bischöfe gerichtetes Verbot zu sehen, insbesondere aber die Ortsbischöfe für die Normadressaten zu halten.

Die Collectio *Anselmo dedicata* teilt also nicht die teilweise sehr weit gehende Tendenz zur Generalisierung der Norm, wie sie in mehreren früheren Sammlungen zu finden ist. Schon das belegt, dass diese Art der Textbehandlung keine eindeutige und endgültige Deutung festschreiben konnte; der (unverändert bewahrte) Wortlaut des

---

lagius II. zugeschriebenen Kanon, den auch Gratian in unmittelbarem Zusammenhang mit dem afrikanischen Konzilskanon bringt (D. 99 c. 4) und mit der Rubrik „Nec etiam Romanus Pontifex universalis est appellandus" eindeutig auf den Papst bezieht.

[30] Es handelt sich um die Concordia des *Cresconius* (Fn. 28), die Sammlung in neun Büchern (Fn. 29) und die Collectio trium librorum (Fn. 29).

[31] Zur Sammlung siehe zuletzt *K. Zechiel-Eckes*, Quellenkritische Anmerkungen zur Collectio Anselmo dedicata, in: Recht und Gericht in Kirche und Welt um 900, hg. v. A. Grabowsky und W. Hartmann (2007), 49–65. Eine vollständige Edition liegt nicht vor, ich zitiere die Sammlung nach der Kanones-Datenbank v. Fowler-Magerl (Fn. 29), jeweils kontrolliert anhand der Handschrift Bamberg, Staatsbibliothek, Msc. Can. 5.

[32] Collectio Anselmo dedicata (Fn. 31), II, c. 50: „Ut princeps sacerdotum non appelletur episcopus". Die gleiche Rubrik auch bei *Cresconius*, Concordia. hg. v. Zechiel-Eckes (Fn. 28).

Kanons blieb offen für unterschiedliche Deutungen, die sich auch in den Sammlungen selbst niederschlugen. Diese Möglichkeit zur Neu- und Umdeutung von Kanones wird noch deutlicher, wenn man das sogenannte Dekret des Burchard von Worms (gestorben 1025) in den Blick nimmt. Die Sammlung wurde von Burchard und seinen Mitarbeitern Anfang des 11. Jahrhunderts kompiliert und gewann rasch an Verbreitung[33]. Eine der wichtigsten Vorlagen war die *Collectio Anselmo dedicata*, die in dieser Zeit wohl auch mit Förderung Heinrichs II. im deutschen Reichsteil Verbreitung fand. Burchard und seine Mitarbeiter übernahmen den Kanon *Ut primae sedis episcopus* nachweislich aus der *Collectio Anselmo dedicata*, kannten ihn also aus einer Sammlung, die eine sehr spezielle Deutung vorzugeben suchte. Umso interessanter ist es daher, dass dieser Kanon in Burchards Dekret eine ganz andere Funktion übernimmt. Er steht als dritter Kanon des ersten Buches, das laut Titel vom Papst, Patriarchen, Metropoliten und übrigen Bischöfen handelt, und damit an sehr prominenter Stelle. Die beiden vorangehenden Kanones behandeln das Amt des Papstes; ab dem vierten Kanon geht es (sehr ausführlich) um die Wahl und Weihe der Bischöfe, also keineswegs mehr um den Papst. Eindeutig wird der Kanon *Ut primae sedis episcopus* dabei so präsentiert, dass der Papst zum Normadressaten wird. Das legt bereits die Einfügung nach den beiden Texten zum Ursprung des Papstamtes nahe und wird durch die Rubrik deutlich bestätigt: Der römische Bischof, heißt es dort, solle nicht *summus sacerdos* genannt werden[34]. Die Deutung, dass der Papst der im Kanon genannte „Bischof des ersten Sitzes" sei, war durchaus provokativ; die Tatsache, dass der Kanon samt seiner Rubrik prominent am Anfang der Sammlung plaziert ist und einen von nur drei Kanones zum Papsttum darstellt, dürfte diese Wirkung noch verstärkt haben. Zu Recht sind der Kanon und die (offensichtlich von Burchard neu verfasste) Rubrik in der Forschung als Beleg für Burchards bestenfalls zurückhaltende Position gegenüber den Befugnissen des Papstes interpretiert worden[35].

Im Kontext der Frage nach Ambiguität belegen die unterschiedlichen Deutungen des gleichen Kanons – keine der zitierten Sammlungen greift in den Wortlaut des Textes ein! –, dass die Norm über einen langen Zeitraum in dem Sinne als uneindeutig gelten muss, als unterschiedliche Leser den Adressaten der Norm immer wieder anders bestimmten. Diese Versuche der Vereindeutigung in diesem oder jenem Sinne lassen sich zunächst einmal als konkrete Nutzungen einer vorhandenen sprachlichen Mehrdeutigkeit verstehen – ganz wie Cicero es dem Redner vor Gericht empfohlen hatte[36], aber eben nicht im ephemeren Medium der Rede, sondern in den wichtigsten

---

33 *H. Hoffmann* und *R. Pokorny*, Das Dekret des Bischofs Burchard von Worms. Textstufen – Frühe Verbreitung – Vorlagen (1991); *G. Austin*, Shaping Church Law around the Year 1000. The Decretum of Burchard of Worms (2009). Ich zitiere nach der *editio princeps*: Decretorum libri XX ex consiliis et orthodoxorum patrum decretis, tum etiam diversarum nationum synodis seu loci communes congesti (Köln, 1548).

34 *Burchard*, Decretorum libri (Fn. 33), I, c. 3: „Ut summus sacerdos non vocetur Romanus pontifex, sed prime sedis episcopus".

35 Siehe bereits *J. Harttung*, Beiträge zur Geschichte Heinrichs II.: Die Synode von Seligenstadt und Burchards Decretum, Forschungen zur deutschen Geschichte 16 (1876), 587–593, hier 590, Anm. 1.

36 Siehe oben, Fn. 2.

Speichermedien des kirchlichen Rechtswissens[37]. Die entscheidenden Techniken waren dabei die Einordnung in diesen oder jenen Sinnabschnitt einer systematisch geordneten Sammlung, die Zusammenstellung mit Kanones unterschiedlicher Art und die Rubrizierung. Angesichts der Rolle der Sammlungen als Speicher des kirchlichen Rechtswissens können diese Neudeutungen als „sekundäre Normbildung" begriffen werden[38].

Die unterschiedliche Textbehandlung belegt aber mehr als nur die Ambivalenz der Einzelnorm und die Rechtsfortbildung durch die Kompilatoren der vorgratianischen Sammlungen. Insbesondere wenn (wie im Falle Burchards) die in der Vorlage nahegelegte Deutung geradezu auf den Kopf gestellt wird, ist es offensichtlich, dass sich die Kompilatoren nicht nur der Mehrdeutigkeit des Kanons bewusst waren, sondern auch der Tatsache, dass und wie andere Kompilatoren diese Mehrdeutigkeit in eine bestimmte Richtung auflösen wollten.

IV. Die Vervielfältigung der Vielfalt der Deutungen

Die Kompilatoren der hier analysierten Sammlungen konnten also voneinander lernen, und dies um so leichter, wenn ihnen mehrere Sammlungen vorlagen, die den gleichen Kanon in unterschiedlicher Weise präsentierten. Gerade die vereindeutigenden Eingriffe lösten daher auch langfristig die Ambivalenz nicht auf, sondern konnten sie verstärken, weil nicht nur der Text der Einzelnorm in immer neuen Sammlungen bewahrt wurde, sondern auch alte Sammlungen über Jahrhunderte im Gebrauch blieben, die Pluralität der verfügbaren Deutungen also tendenziell sogar zunahm.

Historisch gesehen scheint dies vor allem im 11. Jahrhundert der Fall gewesen zu sein, weil hier sowohl alte Sammlungen vermehrt genutzt und abgeschrieben wurden als auch neue Sammlungen in größerer Zahl produziert wurden. Dies gilt insbesondere für die sogenannten systematischen Sammlungen, die die Kanones nach Sachkriterien anordneten. Anders als bei Sammlungen, die sich an der Chronologie der Entstehung orientierten oder die Reihenfolge ihrer unmittelbaren Vorlagen bewahrten, hatten die Kompilatoren bei der Komposition solcher Sammlungen mehr Möglichkeiten, durch gemeinsame bzw. weit auseinanderliegende Präsentation unterschiedliche Deutungen bestimmter Kanones vorzugeben. Diese vermehrte Produktion von systematischen Kanonessammlungen im 11. und frühen 12. Jahrhundert ist oft als Indiz der entstehenden Rechtswissenschaft gedeutet worden. Für die Fragen nach der Ambivalenz der Einzelnormen ist dabei neben der schieren Zahl der Sammlungen und der rechtswissenschaftlichen Qualität derselben noch ein weiteres Kriterium entscheidend: Viele vorgratianische Sammlungen waren interessengeleitete Kompilationen, die die vorhandenen Deutungsspielräume zugunsten bestimmter Gruppen

---

[37] Zu Sammlungen als „Speichern" des Rechtswissens siehe *Thier*, Hierarchie und Autonomie (Fn. 18).

[38] *Ders.*, Dynamische Schriftlichkeit (Fn. 19), 7; *ders.*, Hierarchie und Autonomie (Fn. 18), Teil II.

nutzten und vermehrten. Das gilt nicht für alle Sammlungen gleichermaßen und innerhalb dieser Sammlungen nicht für jeden Kanon. Dennoch lassen sich oft Muster erkennen, die sowohl die Auswahlkriterien als auch die Textbehandlung innerhalb einer Sammlung bestimmen, und die sich plausibel damit erklären lassen, dass diese Sammlungen innerhalb eines bestimmten Milieus entstanden, dessen Interessen die Sammlung in besonderer Weise berücksichtigte. Um wieder das Beispiel des Kanon *Ut primae sedis episcopus* zu nehmen: Im Fall der *Collectio Anselmo dedicata* lässt sich nicht nur bei diesem Kanon, sondern auch an anderen Stellen erkennen, dass die Sammlung die Stellung der Ortsbischöfe eher weniger vorteilhaft darstellt, dafür aber den Hierarchie-Ebenen oberhalb der Ortsbischöfe (Metropoliten, Patriarchen, Papsttum) eher wohlwollend gegenübersteht. Besonders auffällig ist dies bei der kleinen Zahl an Kanones, die der Kompilator im Vergleich zu seinen Vorlagen inhaltlich manipuliert hat[39]. So kannte der Kompilator der *Collectio Anselmo dedicata* aus den pseudo-isidorischen Fälschungen das Recht aller Ortsbischöfe, nach Rom zu appellieren. Bei *Pseudo-Isidor* war dies ein zentrales Element seiner massiven Stärkung der prozessrechtlichen Stellung der Ortsbischöfe gegenüber Metropoliten und Patriarchen. In der *Collectio Anselmo dedicata* hingegen wird der Kanon so präsentiert, als ob alle (nicht nur alle Bischöfe) nach Rom appellieren könnten[40].

Zu dieser Umdeutung passt abermals, dass auch dieser Kanon nicht im zweiten Buch zu den Rechten und Pflichten der Ortsbischöfe, sondern im ersten Buch und dort in einem Abschnitt zu den Metropoliten zu finden ist. Eine weitere, auf der Textebene zunächst unscheinbare Textmanipulation findet sich bei einem anderen pseudo-isidorischen Kanon zum Prozessrecht. Laut *Pseudo-Isidor* kann ein angeklagter Bischof nur von wenigstens zwölf von ihm selbst auszuwählenden Richtern verurteilt werden; aus dem Kontext ergibt sich dabei, dass diese Richter von wenigstens gleichem kirchlichen Rang wie der Angeklagte sein müssen. In der *Collectio Anselmo dedicata* ist das Wort *duodecim* hingegen durch *episcopos* ersetzt, mit der Folge, dass der Kanon nun nur noch aussagt, dass ein angeklagter Bischof andere Bischöfe zu Richtern wählen dürfe, ohne dass die für den Angeklagten sehr vorteilhafte Zwölfzahl der

---

[39] Zu den Verfälschungen siehe bereits die Hinweise bei *H. Fuhrmann*, Einfluß und Verbreitung der pseudoisidorischen Fälschungen. Von ihrem Auftauchen bis in die neuere Zeit, 3 Bde. (1972–1974), Bd. 2, 434, mit Anm. 26; sowie ebd., Bd. 3, 924. Im allgemeinen bewahrt die Sammlung gerade auch die pseudo-isidorischen Texte unverändert, siehe ebd., Bd. 2, 433; und *Zechiel-Eckes*, Quellenkritische Anmerkungen (Fn. 31), 63. Die pseudo-isidorischen Texte werden im folgenden nach der laufenden Neuedition (http://www.pseudoisidor.mgh.de/) zitiert, unter Angabe der entsprechenden Stellen in: Decretales Pseudo-Isidorianae et Capitula Angilramni, hg. v. P. Hinschius (1863).

[40] Ps.-Damasus I (JK † 243), hg. v. Hinschius, Decretales Pseudo-Isidorianae (Fn. 39), 503 (http://www.pseudoisidor.mgh.de/html/144.htm). Die Rubrik zu diesem Kanon lautet in der *Collectio Anselmo dedicata* (Fn. 31), I, c. 39, wie auch bei *Pseudo-Isidor*: „Quod omnes possint appellare Romanam sedem". Bei *Pseudo-Isidor* ist der Kanon Teil des gefälschten Damasusbriefes, der bereits in der Überschrift klar auf die Rechte der Bischöfe bezogen wird; auch der weitere Kontext des Werkes, in dem das Appellationsrecht mehrfach behandelt wird, macht klar, dass es sich um ein spezifisch bischöfliches Recht handelt. In der *Collectio Anselmo dedicata* hingegen steht der Auszug aus dem Damasus-Brief in keinem solchen Kontext. Weder handeln die Kanones davor oder danach von Ortsbischöfen, noch das Buch, in dem der Kanon steht, noch macht die Sammlung auf andere Weise deutlich, dass „alle" hier „alle Bischöfe" meint.

Richter erwähnt würde[41]. Diese drei Beispiele legen nahe, dass die wenigen Textmanipulationen der *Collectio Anselmo dedicata* tendenziell die Stellung der Metropoliten stärken und die der Ortsbischöfe schwächen, was gut zur Widmung der Sammlung an einen Metropoliten, nämlich Anselm von Mailand, passt. Dass auch das im Kanon *Ut primae sedis episcopus* ausgesprochene Verbot bestimmter Anreden in der *Collectio Anselmo dedicata* nicht auf Metropoliten oder Patriarchen, sondern alle Bischöfe, besonders aber die Ortsbischöfe, bezogen wird, fügt sich in diese Tendenz gut ein.

Ähnliche Beobachtungen lassen sich für Burchards Dekret machen, aber mit einer deutlich anderen Tendenz. Dass diese Sammlung die Rechte der Ortsbischöfe in besonderer Weise berücksichtigt, ist in der Forschung seit langem bekannt[42]. Mindestens so sehr, wie die *Collectio Anselmo dedicata* eine Kanonessammlung für Metropoliten war, war Burchards Dekret eine von einem Bischof für Bischöfe kompilierte Sammlung, entstanden und rezipiert in einem „Europa der Bischöfe", wie *Timothy Reuter* es genannt hat[43]. Mit Blick einerseits auf die Ambivalenz der Kanones und andererseits den Vergleich mit der *Collectio Anselmo dedicata* kann man folgendes hervorheben: Burchard, der die *Collectio Anselmo dedicata* kannte und nutzte, übernahm keinen der eben zitierten, in der *Collectio Anselmo dedicata* zuungunsten der Ortsbischöfe manipulierten Kanones. Das Recht, nach Rom zu appellieren, wird bei Burchard anders als in der *Collectio Anselmo dedicata* eindeutig als bischöfliches Privileg präsentiert, sprachlich sogar noch eindeutiger als bei *Pseudo-Isidor*, inhaltlich aber ganz in dessen Sinne[44]. Hier machte *Burchard* also eine Manipulation des Kompilators rückgängig und löste die bei einer isolierten Leseweise des Exzerpts gegebene sprachliche Ambiguität durch eine Veränderung der Rubrik auf. Das entspricht ganz seiner Behandlung von *Ut primae sedis episcopus*, bei der er ebenfalls eine im Vergleich zur *Collectio Anselmo dedicata* genau gegenteilige Umdeutung vornahm. Die anderen beiden Kanones, die oben zitiert wurden, werden von *Burchard* weder in der Fassung der *Collectio Anselmo dedicata* noch in einer anderen aufgenommen; ob Burchard dies deshalb tat, weil er die Manipulation der *Collectio Anselmo dedicata* erkannte, muss Spekulation bleiben.

Bereits die genau gegenteilige Behandlung der gleichen Kanones in der *Collectio Anselmo dedicata* und in Burchards Dekret legt also nahe, dass die Kompilatoren der sogenannten systematischen Kanonessammlungen eine sehr ausgeprägte Sensibilität für die Ambiguität der Einzeltexte ebenso wie die Techniken der (um-)deutenden Textbehandlung in den jeweils älteren Sammlungen hatten. Zweitens zeigt der Vergleich der Sammlungen, dass die unterschiedliche Textbehandlung gut damit zu er-

---

[41] Ps.-Zephyrinus (JK † 80), hg. v. Hinschius, Decretales Pseudo-Isidorianae (Fn. 39), 131–133 (http://www.pseudoisidor.mgh.de/html/033.htm); Collectio Anselmo dedicata (Fn. 31), III, c. 126.

[42] Siehe schon *Harttung*, Beiträge (Fn. 35), 589; und *P. Fournier*, Le Décret de Burchard de Worms. Ses caractères, son influence, Revue d'histoire ecclésiastique 12 (1911), 451–473, 670–701, hier 688.

[43] *T. Reuter*, Ein Europa der Bischöfe. Das Zeitalter Burchards von Worms, in: Bischof Burchard von Worms, 1000–1025, hg. v. W. Hartmann (2000), 1–28.

[44] Die Rubrik lautet bei *Burchard*, Decretorum libri (Fn. 33), I, c. 179: „Quod omnes episcopi possint appellare Romanam sedem". Bei *Pseudo-Isidor* und in der *Collectio Anselmo dedicata* fehlt das „episcopi" in der Rubrik, aber bei *Pseudo-Isidor* macht der Kontext klar, dass Ortsbischöfe gemeint sind (siehe oben, Fn. 40).

klären ist, dass beide Sammlungen für unterschiedliche Rezipientengruppen angelegt wurden. Ähnliches ließe sich von vielen der vorgratianischen Sammlungen sagen, die ebenfalls von und vor allem für bestimmte Gruppen angelegt wurden. Nur zwei Beispiele seien genannt:

a) Die sogenannte Sammlung in 74 Titeln aus der zweiten Hälfte des 11. Jahrhunderts ist spürbar davon geprägt, dass sie die Rechte von Mönchen (insbesondere den klösterlichen Besitz) besonders berücksichtigt[45]. Kanones, die den klösterlichen Besitz schützen, sind nicht nur zahlreich aufgenommen, sondern auch thematisch sinnvoll zusammengestellt und an prominenter Stelle in der Sammlung plaziert. Der später weithin rezipierte, hinsichtlich des Klosterbesitzes besonders weitgehende Kanon *Quam sit necessarium* ist überhaupt erst mit der Sammlung in 74 Titeln in eine Kanones-Sammlung aufgenommen worden. Die promonastische Tendenz kann, ähnlich wie bei der *Collectio Anselmo dedicata*, auch die vergleichsweise kleine Zahl der Textmanipulationen gut erklären. Wenn die Sammlung in 74 Titeln einen Kanon in anderer Weise als in den Vorlagen präsentiert, dann handelt es sich in so gut wie allen Fällen um Texteingriffe, die entweder die Rechte von Klöstern und Mönchen stärken oder aber umgekehrt Privilegien anderer Gruppen abschwächen, aufweichen oder in Frage stellen. Auch wenn die Sammlung in 74 Titeln auch andere Themen abdeckt und dementsprechend auch von anderen, nicht-monastischen Nutzern geschätzt wurde, ist ihre besonders weite Verbreitung im monastischen Umfeld zweifelsohne mit dieser die Auswahl, Anordnung und (vereinzelt) Verfälschung der Kanones prägenden Tendenz zu erklären.

b) Die Interessen einer ganz anderen Gruppe prägten die Sammlung *Deusdedits*, die dieser um 1087 kompilierte. Die Sammlung stellt eindeutig die römische Kirche (nicht unbedingt das Papsttum) in den Mittelpunkt und dabei besonders die Rechte der Kardinalpriester[46]. Dies gilt für die Auswahl der Kanones, seien es auffällige Schwerpunkte bei der Aufnahme, seien es ebenso auffällige Auslassungen. So erfährt die Verwaltung des kirchlichen Besitzes der römischen Kirche bei *Deusdedit* eine unvergleichlich höhere Aufmerksamkeit als in allen anderen Sammlungen, hingegen fehlt das von *Deusdedit* als Einschränkung der Rechte der Kardinaldiakone und -presbyter verurteilte Papstwahldekret von 1059. Nicht nur nahm *Deusdedit* das Papstwahldekret nicht auf, er stellte auch ältere Kanones zur Papstwahl zusammen, die die Neuregelung von 1059 als unnötig und damit möglicherweise ungültig erscheinen ließen. Beides (die Nichtaufnahme des Papstwahldekrets und die gezielte Aufnahme alter Kanones zur Papstwahl) kann als Stärkung der Position der Kardinaldiakone und -pres-

---

[45] Siehe *L. Fowler-Magerl*, A Selection of Canon Law Collections Compiled between 1000 and 1140. Access with Data Processing (2003), 56; und *C. Rolker*, The Collection in Seventy-Four Titles: A Monastic Canon Law Collection, in: Readers, Texts and Compilers in the Earlier Middle Ages: Studies in Medieval Canon Law in Honour of Linda Fowler-Magerl, hg. v. K. G. Cushing und M. Brett (2009), 59–72 (jeweils mit weiteren Nachweisen).

[46] Zum folgenden siehe vor allem *U.-R. Blumenthal*, Fälschungen bei Kanonisten der Kirchenreform des 11. Jahrhunderts, in: Fälschungen im Mittelalter, Bd. II.: Gefälschte Rechtstexte / Der bestrafte Fälscher (1988), 241–262; *dies.*, Reflections on the Influence of the Collectio canonum of Cardinal Deusdedit, in: Mélanges en l'honneur d'Anne Lefebvre-Teillard, hg. v. B. d'Alteroche *et al.* (2009), 135–148.

byter verstanden werden, denn das Papstwahldekret von 1059 hatte eindeutig die Kardinalbischöfe zulasten dieser beiden anderen Stände unter den Kardinälen gestärkt. Auch die Eingriffe in den Text der Kanones in Deusdedits Sammlung entsprechen dieser Tendenz, wie Uta-Renate Blumenthal minutiös nachgewiesen hat[47]. *Deusdedit* veränderte nur in vergleichsweise wenigen Fällen den Wortlaut der Kanones, aber wenn, dann so gut wie immer, um entweder die Stellung des Apostels Paulus gegenüber dem heiligen Petrus oder aber die Position des römischen Klerus gegenüber dem Papsttum zu stärken, beides Ausdruck einer „kollegialen Tendenz" der Sammlung[48]. Da es sich bei dem römischen Klerus, dessen Stellung *Deusdedit* so wichtig war, insbesondere um die Kardinalpresbyter (und -diakone) handelte, wird man zu Recht sagen können, dass Deusdedits Kanonessammlung sowohl in der Auswahl als auch der Präsentation der Kanones eine Tendenz *pro domo* aufwies. Angesichts des sehr speziellen (kleinen) Rezipientenkreises, für den diese Eigenschaften der Sammlung attraktiv waren, verwundert die eher geringe Verbreitung der Sammlung nicht; nur eine vollständige mittelalterliche Abschrift hat sich erhalten. Vielleicht noch aufschlussreicher aber ist, dass die durchaus zahlreichen Sammlungen, die direkt oder indirekt von Deusdedit beeinflusst sind und damit Teile seiner Sammlung bewahren, die speziell mit dem römischen Klerus befassten Teile des Werkes auslassen[49].

Diese Beispiele belegen auch, dass die meist recht kleine Zahl der unmittelbaren Texteingriffe heuristisch besonders wertvoll ist, insofern sie die Tendenzen der Kompilatoren besonders deutlich zeigen, die aber auch die Auswahl und Präsentation aller Kanones prägten. Entscheidend ist aber nicht so sehr die Autorenintention. Vor allem stehen die höchst unterschiedlichen Sammlungen beispielhaft dafür, dass gerade im 11. Jahrhundert ganz unterschiedliche Gruppen in der Kirche – Bischöfe, Kardinalpresbyter, Mönche – jeweils „ihre" Kanonessammlungen hervorbrachten. Bei den weiter verbreiteten Sammlungen läßt sich dabei gut zeigen, dass die Rezeption dieser Sammlungen ihrer jeweiligen Tendenz entspricht. Das Dekret des Bischofs Burchard von Worms wurde vor allem von Bischöfen verbreitet, genutzt und gelobt, hingegen fand die monastische Sammlung in 74 Titeln vor allem in Klöstern ihre Leser und Nutzer. Das schlägt sich selbst in der Provenienz der erhaltenen Handschriften deutlich nieder. Die meisten Burchard-Handschriften stammen aus Kathedralbibliotheken, die meisten Abschriften der Sammlung in 74 Titeln hingegen aus Klosterbibliotheken[50]. Das bedeutet keineswegs, dass die Sammlungen eine getrennte Rezeption erfahren hätten; eine solche Vorstellung würde schon durch die durchaus zahlreichen späteren Sammlungen, die beide Sammlungen als Quellen nutzten, widerlegt[51]. Dennoch ist

[47] *Blumenthal*, Fälschungen (Fn. 48); und *dies.*, Reflections (Fn. 48).

[48] *Dies.*, Fälschungen (Fn. 48), 250. Auch *C. Zey*, Entstehung und erste Konsolidierung. Das Kardinalskollegium zwischen 1049 und 1143, in: Geschichte des Kardinalats im Mittelalter, hg. v. J. Dendorfer und R. Lützelschwab (2011), 63–94, hier 89, nennt Deusdedit einen „Verfechter der Rechte der Kardinalpriester".

[49] *Blumenthal*, Reflections (Fn. 48), 144–145.

[50] *Rolker*, The Collection (Fn. 47), 70; *ders.*, Canon Law and the Letters of Ivo of Chartres (2010), 62.

[51] Für Frankreich siehe *dens.*, Canon law (Fn. 52), 60–81.

erkennbar, dass Sammlungen, deren Auswahlkriterien und Textbehandlung die partikularen Interessen einer bestimmten Gruppe besonders berücksichtigten, innerhalb dieser Gruppen jeweils bevorzugt abgeschrieben, genutzt und aufbewahrt wurden.

Die innerkirchlichen Differenzierungsprozesse des 11. Jahrhunderts prägten also die Kanonessammlungen dieser Zeit und wurden von diesen ihrerseits verstärkt. Nur vergleichsweise selten griffen die Kompilatoren zum Mittel der Fälschung oder auch nur Verfälschung der Kanones; sehr viel häufiger gewannen sie tradierten Texten eine neue Bedeutung ab. Damit aber stellten die Differenzierungsprozesse einen wichtigen Anreiz dar, die Ambivalenz der Einzelnormen wahrzunehmen und zu nutzen. Insofern jede neue Sammlung potentiell neue Lesarten verfügbar machte, bedeutete die Zunahme dieser Sammlungen auch eine Vervielfältigung der Bedeutungen selbst. Getragen wurde dieser Prozess von Rezipienten, die für eine gruppenspezifische Verbreitung und Nutzung der entsprechenden Sammlungen sorgten.

V. Lob der Vielfalt

Weder die Ambiguität der Normen, noch die bloße Zunahme und zunehmende Sensibilität für Mehrdeutigkeiten innerhalb der kanonischen Tradition sind aber schon als „Kultur der Ambiguität" im Sinne *Bauers* zu deuten. Gerade wo die Nutzung von vorhandenen Ambiguitäten sich als interessensgeleitete Nutzung erweist, muss noch keine „Ambiguitätstoleranz" herrschen, sondern ist zunächst einmal nur jener Pragmatismus festzustellen, den schon Cicero dem Redner vor Gericht empfahl. Die zunehmende Sichtbarkeit von Mehrdeutigkeiten und Widersprüchen zwischen Kanones konnte schließlich auch ganz direkt negativ bewertet werden, wie etwa die Behandlung von Bußkanones im bereits erwähnten Dekret des Burchard von Worms belegt. Bereits im Vorwort werden die unterschiedlichen Bußtarife, die unterschiedliche Bußbücher für gleiche oder ähnliche Vergehen vorsahen, als Problem klar benannt[52], und wie genauere Untersuchungen der im Dekret enthaltenen Buß-Kanones gezeigt haben, hat *Burchard* seine Buß-Kanones in der Tat so ausgewählt (und in Einzelfällen überarbeitet), dass sie erheblich kohärenter sind als es die von ihm verwendeten Vorlagen gewesen waren[53].

Andere Sammlungen gingen aber ganz anders mit den enthaltenen Kanones und ihrer Vielfalt um[54]. Die am weitesten verbreitete Version einer im Vergleich zu Bur-

---

52 *Burchard*, Decretorum libri (Fn. 33), Prolog: „Et quamquam idem existimem, tamen quia non certam temporis mensuram Canonum censura expressit ad singula poenitentium delicta adhibendam, sed in absolventium iudicio relinquendam statuit, idcirco poenitentiae salutaria remedia ab imperitis quidem sacerdotibus non pro delictorum qualitate providentur, a piis quidem et Canonicis scripturis institutis, eadem facile prout uniuscuiuslibet infirmitas requirit, adhibentur". Der Text ist der *editio princeps* entnommen (deren erster Teil einschließlich des Prologs nicht foliiert ist); siehe auch PL 140, Sp. 499.

53 Ausführlich dazu *G. Austin*, Jurisprudence in the Service of Pastoral Care. The Decretum of Burchard of Worms, Speculum 79 (2004), 929–959.

54 Abgesehen von Ivos Dekret wären das Sendhandbuch des Regino von Prüm, die sogenannte Erste Sammlung von Châlons und die beneventanische Sammlung in fünf Büchern zu nennen. Zu

chard sehr „ambiguitätstoleranten" Position war der Prolog, den Ivo von Chartres dem von ihm kompilierten *Decretum* voranstellte[55]. Ivos Prolog fand enorme Verbreitung, auch unabhängig von der Sammlung, für die er geschrieben worden war; er wurde auch separat, mit Ivos Briefen und vor allem mit zahlreichen anderen Kanones-Sammlungen des 12. Jahrhunderts überliefert, auch mit der sehr weit verbreiteten *Panormia*. Man wird annehmen dürfen, dass sich in den zahlreichen Abschriften und in den Kombinationen mit so unterschiedlichen anderen Werken ein Interesse an und auch eine Zustimmung zu den zentralen Aussagen des Prologs niederschlägt. Zu diesen gehört insbesondere folgende Auffassung *Ivos*: Er mahnt den Nutzer seiner Sammlung davor, dass er, wenn er Kanones „nicht ganz versteht, oder als in sich widersprüchlich beurteilt", diese nicht verwerfen möge; stattdessen solle er sorgfältig beachten, was gemäß der Strenge, was gemäß der Mäßigung, was als Verurteilung und was als Gnade verstanden wurde; er sah zwischen diesen keinen Widerspruch, da er biblisch begründete: „Von Gnade und Verurteilung will ich Dir singen, oh Herr", und andernorts: „Die Wege des Herrn sind lauter Güte und Treue"[56].

Ivo bezieht diese Unterscheidung sowohl auf scheinbare als auch tatsächliche Widersprüche in der christlichen Tradition; er entnimmt seine Beispiele der Bibel, den Bußbüchern, dem weltlichen wie dem kirchlichen Recht und der Kirchengeschichte. Wenn er immer wieder zwischen „Strenge" (*iudicium, rigor*) und „Barmherzigkeit" (*misericordia, indulgentia*) unterscheidet, ist damit nicht nur gemeint, das vorhandene Normen mal strenger, mal milder ausgelegt oder angewandt werden können. Vielmehr geht es auch darum, dass gleiche Sünden einmal strengere, einmal mildere Bußen erfordern, je nach Bußfertigkeit des Sünders. Bei „Verhärtung der Herzen" ist es für das Seelenheil des Sünders erforderlich, dass die Strenge des Gesetzes angewandt wird; einem bußfertigen Sünder aber können manche Vergehen nachgesehen werden und mildere Mittel angewandt werden. Geistliche Richter widersprächen weder sich noch einander, wenn sie gleiche Vergehen je nach Bußfertigkeit mal strenger, mal milder bestraften, schreibt *Ivo*[57]. Die Entscheidung liegt nach Ivo sehr weitgehend im Ermessen des geistlichen Richters, der in jedem Einzelfall das Seelenheil und die

---

ersteren beiden siehe *Brett*, Finding the Law (Fn. 18), 55; zu letzterer *A. H. Gaastra*, Between Liturgy and Canon Law: A Study of Books of Confession and Penance in Eleventh- and Twelfth-Century Italy (Diss.; Utrecht, 2007), 212.

[55] Siehe *B. C. Brasington*, Ways of Mercy. The Prologue of Ivo of Chartres: Edition and Analysis (2004); sowie https://ivo-of-chartres.github.io/ (für die Edition aller Ivo zugeschriebenen Sammlungen).

[56] *Ivo*, Prolog: „In quo prudentem lectorem premonere congruum duximus ut, si forte que legerit non ad plenum intellexerit, vel sibi invicem adversari existimaverit, non statim reprehendat; sed quid secundum rigorem, quid secundum moderationem, quid secundum iudicium, quid secundum misericordiam dicatur, diligenter attendat. Que inter se dissentire non sentiebat qui dicebat, Misericordiam et iudicium cantabo tibi, Domine, et alibi, Universe vie Domini, misericordia et veritas"; der Text, hier nach http://ivo-of-chartres.github.io/decretum/ivodec_4.pdf (letzter Aufruf 09. 08. 2016; revision stamp 2015–09–23 / 898fb), findet sich auch bei *Brasington*, Ways of Mercy (Fn. 57), 116. Die Bibelzitate sind Ps. 101, 1 und Ps. 25 (24), 10 entnommen; meine Übersetzung weicht mit Rücksicht auf die von *Ivo* wiederholt vorgenommene Kontrastierung (*rigor/iustitiae, iudicium/misericordia*) bewusst etwas von der revidierten Lutherübersetzung ab.

[57] *Ivo*, Prolog (Fn. 58): „Nec a se nec inter se dissentiunt cum … secundum duriciam cordis delinquentium pro correctione eorum vel cautela ceterorum severas penitentie leges imponunt; vel cum

Umstände des Einzelfalls im Auge haben muss; aber die Vielfalt der christlichen Tradition unterstützt den geistlichen Richter in seiner Entscheidung, indem sie bereits unterschiedliche Sanktionen auch für die gleichen Vergehen vorsieht.

Wie Burchard hatte Ivo beim Schreiben seines Prologs vor allem den geistlichen Richter und Seelsorger im Blick. Wie Burchard war ihm dabei die Vielfalt der christlichen Tradition sehr bewusst, und wie Burchard dürfte dieses Bewusstsein bei der mühseligen Kompilation von Tausenden von Kanones zu einer Sammlung noch einmal besonders geschärft worden sein. Hinsichtlich der Behandlung von auf der Textebene widersprüchlichen Normen kommt Ivo aber zum gegenteiligen Schluss wie Burchard und hält sowohl die Vielfalt der Tradition als auch einen großen Ermessensspielraum des geistlichen Richters nicht nur für nicht problematisch, sondern für erforderlich, um das kirchliche Recht gemäß seiner höchsten Bestimmung – dem Seelenheil des Einzelnen – anzuwenden.

Das hatte handfeste Folgen, sowohl in der pastoralen Praxis als auch auf Ebene der Rechtssammlungen. Als Richter, Seelsorger und Ratgeber musste sich *Ivo* immer wieder der widersprüchlichen Tradition stellen und tat dies auch. In einem seiner Briefe beantwortet er zum Beispiel die Frage eines Amtsbruders, ob eine illegitime sexuelle Beziehung in eine Ehe umgewandelt und die bisherige Konkubine (*pellex*) zur Ehefrau (*mulier*) genommen werden könne.

Ivo zitiert eine ganze Reihe von Kanones, die vor allem eines belegen: Dass diese Frage unter Berufung auf jeweils unterschiedliche Kanones völlig unterschiedlich beantwortet werden kann. Die beiden radikalsten Kanones, die *Ivo* (aus seiner eigenen Sammlung) zitiert, sind in der Tat widersprüchlich. Kein Christ dürfe eine Frau, die von irgendeinem Makel befleckt sei, heiraten, zitiert *Ivo* aus einem Brief Gregors des Großen. Zugleich sei es mit dem heiligen Augustinus „offensichtlich" (*manifestum*), dass auch eine moralisch schlechte Verbindung in eine Ehe umgewandelt werden könne. Wieder andere Kanones stellten bestimmte Bedingungen auf oder sahen Bußen für solche Fälle vor. *Ivo* bezeichnet die Kanones, die eine Ehe verboten, als Ausdruck der Strenge des Gesetzes, die anderen als Ausdruck der Milde, und betont die Gültigkeit beider. Die einen Väter, so *Ivo*, hätten die Strenge des Gesetzes im Auge, um Konkubinate zu unterbinden, die anderen die Barmherzigkeit gegenüber der menschlichen Schwäche. Zwischen beiden Traditionen, resümiert *Ivo*, bestehe kein anderer Unterschied als der zwischen „Strenge" (*iudicium*) und „Milde" (*misericordia*), die dadurch in Einklang zu bringen seien, dass der Richter in jedem Einzelfall darauf achte, welche Entscheidung dem Seelenheil am meisten zuträglich sei.

Für Ivo als Kompilator einer Sammlung bedeutet es, die vorgefundenen Normen nicht durch Auswahl zu harmonisieren, sondern trotz ihrer inhaltlichen Widersprüchlichkeit zu bewahren, und genau dieses Prinzip setzt er in seinem *Decretum* auch um.[58] Der eben zitierte Brief stammt aus dem Jahr 1094, in dem Ivo sein *Decretum* gerade fertiggestellt hatte, und so widersprüchlich die dort zitierten Kanones wa-

secundum devotionem dolentium et resurgere volentium, considerata fragilitate vasis quod portant, indulgentie malagma superponunt".

[58] Siehe dazu *Rolker*, Canon Law (Fn. 52), Kap. 7.

ren, er hatte sie alle in sein *opus magnum* aufgenommen. Dazu nutzte er unterschiedliche Vorlagen, und bot in seiner eigenen Sammlung eine größere Bandbreite von materiell unterschiedlichen Normen als es jede einzelne seiner Vorlagen getan hatte.

Ob auf der Ebene der Texte oder der pastoralen Praxis – unterschiedliche, ja sogar widersprüchliche Einzelnormen waren für Ivo kein Problem, sondern im Gegenteil ein wertzuschätzender Teil der Tradition. Aus Ivos Sicht waren diese Widersprüche auf der Textebene ganz im Sinne *Bauers* ein „integraler Bestandteil des Rechts, der nicht nur zu tolerieren ist, sondern als notwendig erachtet werden muß“[59]. Die Perspektive, aus der diese Widersprüchlichkeit gerechtfertigt war, war das Seelenheil des einzelnen und damit letztlich der Wille Gottes[60]. Diese spezifisch religiöse Rechtfertigung zeigt sich insbesondere auch darin, dass Ivo im Prolog wie in seinen Briefen immer wieder die Psalmenstellen anführt, die das zusammenbringen, was auf der Textebene als Widerspruch erscheint: *misericordia et iustitia*.

Ivos Position ist keineswegs isoliert. Wie schon erwähnt, wurden die Schriften, in denen er seine Auffassung von *misericordia et iustitia* entwickelte, rasch ausgesprochen einflussreich. Wenige vergleichbare Texte fanden so weite handschriftliche Verbreitung wie Ivos Prolog, und auch unter allen mittelalterlichen Briefsammlungen ist diejenige Ivos eine der am weitesten verbreiteten. Ivo war auch keineswegs der einzige, der gegenüber der Vielfalt der Kanones eine so große „Ambiguitätstoleranz“ aufwies; insbesondere Alger von Lüttich argumentierte in seinem Werk *De misericordia et iustitia* ganz ähnlich wie Ivo in seinem Prolog[61].

Aber so einflussreich diese Positionen im 12. Jahrhundert gewesen sein mögen, die klassische Kanonistik folgte langfristig nicht dieser Entwicklung. Mit der Ausbildung der Kanonistik als Wissenschaft entfiel gerade die Berufung auf die spezifisch religiöse Dimension des kirchlichen Rechts, die sich als Grundlage der „Ambiguitätstoleranz“ vorgratianischer Kanones-Sammlungen herausgestellt hat. Der „hermeneutische Graben“ zwischen vorgratianischer und klassischer Kanonistik vertieft sich mithin noch einmal mehr, als es die bisherige Forschung bereits betont hat. Wenn man unter den Kompilatoren vorgratianischer Sammlungen nach „Vorgängern“ der universitären Kanonistik zu suchen müssen meint, so wäre in dieser Hinsicht jedenfalls Burchard von Worms der plausiblere Kandidat als der in der älteren Literatur immer wieder genannte Ivo von Chartres.

---

[59] Vgl. *Bauer*, Kultur der Ambiguität (Fn. 1), 165, zur Wertschätzung von widersprüchlichen dogmatischen Positionen im islamischen Recht mit Zitat wie Fn. 5.

[60] *Brett*, Finding the Law (Fn. 18), 70, über Ivos Prolog: „Provisions demanding rigour were for the obdurate; those allowing indulgence were for the repentant. The unifying principle is not in the texts themselves. In the widest sense it lies in God's purpose behind them; in the immediate context it is the application of discernment by God's ministers as confessors and shepherds of souls“.

[61] Siehe *R. Kretzschmar*, Alger von Lüttichs Traktat „De misericordia et iustitia“. Ein kanonistischer Konkordanzversuch aus der Zeit des Investiturstreits: Untersuchungen und Edition (1985).

Islamische Jurisprudenz als Gottesrecht

Die schariatische Wende des 12. Jahrhunderts

Christian Müller

I. Scharia als Gottesweisung ... 62
II. Bestimmungen (*aḥkām*) als Regelaussagen in Gesetzesreligion und Jurisprudenz ... 68
III. Schariatische Jurisprudenz und Fallbeurteilung ... 72
1. Jurisprudenz als Fallbeurteilung ... 72
2. Jurisprudentielle Tradition und sakrale Hermeneutik ... 73
3. Fallbeurteilung als Teil des schariatischen Regelwerks (ab 13. Jh.) ... 75
IV. Das Schariarecht ... 79
V. Die Jurisprudenz im Dienste des Rechts ... 81
VI. Herrschaftsübergreifende Jurisprudenz ... 82

Die islamische Jurisprudenz (*fiqh*[1]) erhebt den Anspruch, gültige Interpretation islamischer Normativität (Scharia) zu sein. Dies war und ist ihre vorrangige Legitimationsgrundlage: Gott als Gesetzgeber, dessen für alle Gläubigen verbindliche Regeln im Detail nur der Rechtsgelehrte (*faqīh*) kennen, auslegen und für Einzelfälle anwenden könne. Voraussetzung hierfür sei eine profunde Kenntnis der detaillierten Rechtsbestimmungen, welche in Rechtsschulen über Jahrhunderte hinweg tradiert, interpretiert und reformuliert wurden[2]. Ein Teil der Jurisprudenz fasste die Verbindung zwischen göttlicher Offenbarung und jurisprudentiellem Regelwerk sprachlich und konzeptionell. Diese Lehre von den „Grundlagen der Rechtsauslegung" (*uṣūl al-fiqh*) formalisierte die Texthermeneutik der Offenbarungsschriften Koran und Sunna neben bestimmten Argumentationsformen (*qiyās*, „Analogie, analogisierende Deduktion") und dem Konsens der Rechtsschulen als „Grundlage" (*aṣl*) der jurisprudentiellen Verzweigungen (*furūʿ*). Demnach repräsentierten die schariatischen Regeln der „Verzweigungen" eine Ausformung des Gottesgesetzes jenseits der individuellen menschlichen Erkenntnis, welche von den Rechtsgelehrten (*fuqahāʾ*) studiert und angewendet wurden. Nach diesem traditionellen Verständnis war die Rechtsfindung eines lebenden Gelehrten auf die juristische Falllösung im Rahmen eines sakralrechtlich unverbindlichen Einzelfallgutachtens (*fatwā*) beschränkt. Der

---

[1] Ich vermeide hier den üblicheren Ausdruck „Juristenrecht" für *fiqh*, um „Recht" mit *E. Millard*, Théorie générale du droit (2006), einen praxeologischen Sinn zu geben: Vom Juristenrecht spreche ich dann, wenn Regelungen des *fiqh* als Quelle richterlicher Entscheidung herangezogen werden.

[2] Fundamentalistische Strömungen der Gegenwart verneinen die Bedeutung der Rechtsschulen und propagieren einen direkten Zugriff auf die Quellen Koran und Sunna als Ausdruck göttlicher Scharia.

Begriff „islamische Scharia“ bezeichnet in diesem Zusammenhang auch grundsätzlich die Vorstellung von göttlich inspirierten, sakralrechtlichen Regelungen für die Muslime. Trotz aller inhaltlichen Unterschiede wird die Vorstellung, Scharia sei „im Islam gründendes Recht“, sowohl in der Forschung als auch im gängigen muslimischen Verständnis selbst zumeist als geschichtliche Konstante angesehen, so als habe bereits im Frühislam die Vorstellung eines Corpus rechtlicher Interpretationen der Offenbarung existiert. Hinzu tritt in der arabischen Sekundärliteratur die Behauptung, bereits die erste Generation der Muslime habe „Rechtsauslegung“ (*fiqh*) nach den später üblichen Kriterien betrieben. Die einzig verfügbaren Quellen, Zitate in späteren Kompilationen, können hierfür jedoch keine stichhaltigen Belege liefern, da sie weder eine zeitgenössische Verwendung rechtlicher Schlüsselbegriffe, noch deren vormalige Bedeutung nachweisen.

Die westliche Forschungsliteratur teilt die Entwicklung islamischer Jurisprudenz in mehrere Phasen. Hierbei wird im Hinblick auf die Schaffung juristischer Regelungen von einer formativen, einer klassischen und einer nachklassischen Periode gesprochen; hinsichtlich des Vorhandenseins schriftlicher Quellen ab Ende des 8. Jahrhunderts auch von einer vor-literarischen Phase und späteren literarischen Perioden. Keine dieser Einteilungen bezieht sich auf eventuell wandelnde Legitimationsvorstellungen innerhalb der Jurisprudenz. Vielmehr wird von einer quasi ontologischen Grundlage der Jurisprudenz (*fiqh*) ausgegangen, deren Grundansatz in dem Anspruch bestehe, die göttlich inspirierte islamische Normativität (*šarīʿa*) juristisch zu interpretieren und umzusetzen.

Im Folgenden werde ich zeigen, dass ein derartig formalisierter „Schariabezug“ islamischer Jurisprudenz keine Konstante des Juristenrechts seit seiner Genese war und sich in historischen Entwicklungsschritten vollzog. Ziel dieses Beitrags ist es, der Wandelbarkeit islamischer Jurisprudenz und ihrem Verhältnis zum angewandten Recht anhand einer breiten Quellenbasis nachzugehen. Die Schwierigkeit dieses Ansatzes zeigt sich bereits an der Definition von *fiqh* (wörtlich: Erkenntnis) seitens muslimischer Juristen und Theologen innerhalb der auf die Erkenntnis des Gottesgesetzes ausgerichteten Grundlagenhermeneutik (*uṣūl al-fiqh*). Die entsprechenden Definitionen unterschiedlicher Autoren scheinen sich im Laufe der Jahrhunderte kaum geändert zu haben, und dennoch verbergen sich hinter unterschiedlichen Formulierungen entscheidende konzeptionelle Veränderungen. So stellt gemäss *Pazdawī* (gestorben 1089) der Ausdruck vom *fiqh* als „Wissen der Gottessatzungen und Bestimmungen“ (*ʿilm aš-šarāʾiʿ wal-aḥkām*[3]) Gottesgesetz und Rechtsbestimmungen nebeneinander, wohingegen der Ausdruck „Wissen schariatischer Bestimmungen“ (*al-ʿilm bil-aḥkām aš-šarʿiyya*) beide konzeptionell verbindet. Allerdings wandelt sich

[3] Nach *Pazdāwī* (gestorben 482/1089), Uṣūl, mit dem Kommentar des *Buḫārī*, Kašf al-asrār ʿan uṣūl Faḫr al-islām al-Bazdawī, hg. v. ʿAbd Allāh Maḥmūd ʿUmar, 4 Bde. (2009), Bd. 1, 15–16, war *fiqh* die zweite, nicht-theologische Art des „Wissens der Gottessatzungen und der Bestimmungen“ (*ʿilm aš-šarāʾiʿ wal-aḥkām*), welche das „Wissen der Abzweigungen“ (*ʿilm al-furūʿ*) in drei Teilen sei. Die Dreiteilung des „vollendeten fiqh“ findet sich auch bei *Saraḫsī* (gestorben 490/1096), Uṣūl as-Saraḫsī, hg. v. Abū l-Wafā al-Afġānī, 2 Bde. (Hayderabad, o. J.), 10, in Nuancen anders formuliert, und entsprach wohl damaligem hanafitischem Rechtsdiskurs.

der Begriff „schariatische Bestimmungen“ von einem reinen „Bewertungsmaßstab“ menschlicher Handlungen bei aš-Šīrāzī, Ibn al-Farrā', Ibn 'Aqīl und anderen im 11. und 12. Jahrhundert[4] zu einem komplexen Konzept „schariatischer Rechtsbestimmungen“ in einem umfassenden, weit über den Bewertungsmaßstab hinausweisenden Sinne, etwa bei ar-Rāzī und al-Āmidī im 13. Jahrhundert[5]. Diese im wandelnden Rechtsverständnis gründende Begriffsverschiebung ist bei der Bestimmung des diskursiven Rahmens von *fiqh* und seiner Grundlagenwissenschaft unbedingt zu berücksichtigen. Neben diesen jurisprudentiellen Ansätzen bezeichneten Schariagelehrte[6] und dem offenbarten Wortsinn verpflichtete Ẓāhiriten des 11. Jahrhunderts den *fiqh* als „Wissen der Schariabestimmungen“ (*al-'ilm bi-aḥkām aš-šarī'a*[7]), wobei sie die Scharia als das für jeden religiös Verpflichteten (*mukallaf*) feststehende prophetische Offenbarungsgesetz jenseits der juristischen Spekulation auffassten[8]. Während für die Rechtshermeneutiker des 11. Jahrhunderts der *fiqh*, gefaßt als Wissen der Offenbarungsbestimmungen, nur einen Teilbereich der Jurisprudenz abdeckte, wurde *fiqh* spätestens ab dem 13. Jahrhundert zum Synonym schariarechtlicher Jurisprudenz.

Zweifel an einer seit Anbeginn unveränderlichen schariatischen Legitimation islamischer Jurisprudenz ergeben sich in erster Linie aufgrund des erst relativ spät einsetzenden Gebrauchs einer mit Scharia und ihrem Wortfeld verbundenen Begrifflichkeit. Zum Wortfeld „Scharia“ mit generellem Bezug auf das Konzept der Scharia als „göttlich bestimmtem Gesetz“ (im Folgenden auch „schariatisch“) gehören neben Nominalformen *šarī'a*, *šar'*, *šir'a* (Pl. *šarā'i'*) auch adjektivisch *šar'ī* (zu *šar'* oder *šir'a*) sowie *mašrū'*. Der verzögerte Gebrauch schariatischer Begrifflichkeit läßt sich sowohl in der juristischen Literatur als auch bei Rechtsurkunden beobachten. Methodische Grundlage der vorliegenden Studie ist eine begriffsgeschichtliche Analyse relevanter Termini aus dem schariatischen Wortfeld in Texten unterschiedlicher Herkunft und

[4] Vgl. die jeweils von einer Bewertungsskala gefolgten Definitionen „schariatischer Bestimmungen“ bei *Ibn al-Farrā'* (gestorben 458/1066), al-'Udda fī uṣūl al-fiqh, hg. v. M. 'Abd al-Qādir A. 'Aṭā, 2 Bde. (2002), Bd. 1, 17; *Šīrāzī* (gestorben 476/1083), K. al-Luma' fī uṣūl al-fiqh, hg. v. Dār al-kutub al-'ilmiyya (1405/1985), 32; übersetzt von E. Chaumont, *Le Livre des Rais illuminant les fondements de la compréhension de la Loi. Traité de théorie légale musulman. Introduction, traduction annotée et index* (1999); und *Ibn 'Aqīl* (gestorben 513/1119), al-Wāḍiḥ fī uṣūl al-fiqh, hg. v. G. Makdisi, Part 1, kitāb al-Madhhab (1996), 1.

[5] Auch bei diesen Autoren ist die Kenntnis der „schariatischen Bestimmungen“ Teil der *fiqh*-Definition, näheres dazu unten. Die Bewertungsskala wird jedoch unabhängig davon erläutert; siehe *Rāzī* (gestorben 606/1209), al-Maḥṣūl fī 'ilm al-uṣūl, 3 Bde., hg. v. 'Adil A. 'Abd al-Mauǧūd und 'Alī M. Mu'awwaḍ, 3 Bde. (1999), Bd. 1, 6 und 23–33; sowie *Āmidī* (gestorben 631/1233), al-Iḥkām fī uṣūl al-aḥkam, hg. v. 'Abd ar-Razzāq 'Afīfī, 2 Bde. (2012), Bd. 1, 22 und 109 ff. Weiss berücksichtigt nur diesen späteren Zustand und setzt „schariatische Bestimmungen“ mit „Scharia“ als Rechtskorpus gleich, siehe *B. G. Weiss*, The Search for God's Law: Islamic Jurisprudence in the Writings of Sayf al-Dīn al-Āmidī (1992), 2.

[6] Arabisch: „'ulamā' aš-šarī'a“; hierzu *Ǧuwainī* (gestorben 478/1085), al-Burhān fī uṣūl al-fiqh, hg. v. Ṣalāḥ b. Muḥammad, 2 Bde. (1997), Bd. 1, 78, 211, 388 und 431; Bd. 2, 515 und 521.

[7] So etwa *Ibn Ḥazm* (gestorben 456/1064), al-Iḥkām fī uṣūl al-aḥkām, 2 Bde. in 4 Teilen (^{2}1987), Bd. 2, 119; und *Sam'ānī* (gestorben 489/1096), Qawāṭi' al-adilla fī al-uṣūl, hg. v. M. aš-Šāfi'ī, 2 Bde. (1997), Bd. 1, 20 (neben zwei weiteren Definitionen).

[8] Siehe *N. Oberauer*, Religiöse Verpflichtung im Islam. Ein ethischer Grundbegriff und seine theologische, rechtliche und sozialgeschichtliche Dimension (2004), insbs. 27–28.

Perioden. Dieses Vorgehen ist in der gebotenen Breite nur mit einer Volltextsuche in elektronischen Datenträgern möglich[9].

Als Eckpunkte eines grundsätzlichen legitimatorischen Wandels im islamischen Juristenrecht sei zunächst kurz auf folgende Beobachtungen verwiesen. Die frühe juristische Literatur des 8. und 9. Jahrhunderts bezeichnete juristische Regeln niemals als „schariatisch" (*šarʿī*) und verwendete das Wort „Scharia" (*šarīʿa*) äußerst selten, und zwar ausschließlich für einen Bereich mit expliziten koranischen Aussagen. Ab dem 10. Jahrhundert nahm die schariatische Begrifflichkeit sowohl an Häufigkeit als auch hinsichtlich der Breite ihres Verwendungskontextes zu, zunächst vor allem in der Grundlagenlehre, um dann ab dem 12. Jahrhundert standardmäßig mit juristischen Rechtsregeln assoziiert zu werden. In Rechtsurkunden erschien das Adjektiv „schariatisch" (*šarʿī*) zum ersten Mal im 12. Jahrhundert und wurde dann zunehmend häufiger verwendet. So wurde die Rechtskonformität einzelner Rechtsaspekte seit dem 10. Jahrhundert als „gültig" (*ṣaḥīḥ*) qualifiziert, ab Mitte des 12. Jahrhundert wechselte dies zu „schariatisch gültig" (*ṣaḥīḥan šarʿiyyan, ṣaḥīḥan šarʿan*). Nur wenig später wurden über die Rechtskonformität hinaus einzelne Rechtsvorgänge, wie etwa Vertragsabschlüsse, Bezeugungen, Gerichtsurteile etc. als „schariatisch" bezeichnet, ohne dass sich Urkunden gleicher Art grundlegend geändert zu haben scheinen. Dieser Wandel bezüglich des normativen Referenzrahmens, im einzelnen Dokument zunächst als unerhebliches Detail kaum wahrgenommen, erweist sich im systematischen Vergleich als flächendeckende Veränderung in weiten Teilen der islamischen Welt von Zentralasien über den Nahen Osten bis nach Ägypten, ohne jedoch für den Maghreb jener Periode nachweisbar zu sein[10]. Die Bewertung der Rechtskonformität etwa in Kaufverträgen ergibt einen eindeutigen chronologischen Einschnitt. In allen herangezogenen Urkunden vor dem 12. Jahrhundert wird „gültig", danach „schariatisch gültig" verwendet. Dabei beziehen sich die Notare und Richter auf die Regelungen der Rechtskasuistik, deren Zuschreibung zum „Schariarecht" in der gewandelten Formulierung klar erscheint. Wohl in Anspielung auf das anzuwendende Recht titulierten ab dem 13. Jahrhundert mamlukische Urkunden den Richter (*qāḍī*) etwa

[9] Für die Rechtsliteratur wurden unter anderem die CD-Roms der *turāṯ*-Serie verwendet, CD-Rom Serie, veröffentlicht seit 1999 von Dār aṣ-Ṣādir in Damaskus, welche ungeachtet ihrer ideologischen Textauswahl die wesentlichen Grundwerke der Rechtsschulen einbeziehen. So ermöglicht die Volltextsuche unter Berücksichtigung des arabischen Artikels und aller Präfixe Aussagen über Häufigkeit und Nichterwähnung von Worten in einem Werk. Innerhalb der *turāṯ* -Serie kristallisierten sich etwa 50 für das Thema „Scharia" ergiebige Werke heraus. Die erdrückende Mehrzahl der insgesamt 18000 Belegstellen zum Scharia-Wortfeld stammte aus der Zeit nach dem 11. Jahrhundert, dabei alleine über 3000 Stellen aus den überrepräsentierten Schriften von Ibn Taimiyya und Ibn Qayyim al-Ǧauziyya aus dem 14. Jahrhundert.

[10] Aussagen zum Gebrauch schariatischen Vokabulars in Rechtsurkunden beruhen auf der Volltextsuche in der CALD-Datenbank (*Comparing Arabic Legal Documents*), entwickelt vom ERC FP7 Forschungsprojekt „Islamic Law Materialized" (ILM) mit über 2000 eingepflegten arabischen Urkundentexten. Die Anzahl der Exemplare steigt ab dem 8. Jahrhundert zunächst langsam, aber kontinuierlich an. Als Vergleich für die Zeit vor dem 12. Jahrhundert wurden über 150 vollständig erhaltene Urkunden herangezogen, welche aufgrund ihres rechtsrelevanten Inhalts und der Zeugensignaturen als „Rechtsurkunde" nach dem Juristenrecht bezeichnet werden können. Auch hier liegt der Schwerpunkt des Quellenmaterials nach dem 13. Jahrhundert.

als „Helfer der Scharia" (*mu'ayyid aš-šarīʿa*). Wie zu zeigen sein wird, markiert die Einführung schariatischer Begrifflichkeit in Rechtsurkunden den Wendepunkt einer langfristigen Entwicklung hin zur Identifizierung der Jurisprudenz als sakralisierter Interpretation der „Scharia". Die zeitgenössischen arabischen Rechtsurkunden sind als Quellen für die Untermauerung der Hypothese einer „schariatischen Wende" von entscheidender Bedeutung, weil sie unmittelbarer Ausdruck der Rechtspraxis und des juristischen Selbstverständnisses sind. Ihre systematische Erforschung hat jedoch erst begonnen[11]. Allerdings bedeutet „schariatische Wende" keinesfalls die abrupte Einführung oder komplette Neuerfindung „islamischer Normativität" im 12. Jahrhundert. Die abstrakte Vorstellung, Gott habe im Islam mittels seines Propheten Regeln zum Heil der Gläubigen offenbart, findet sich wohl von der Frühzeit an, und zwar ohne direkte Verknüpfung mit den Formen, welche derartige Regeln annehmen könnten. Die „schariatische Wende" wurde dann vollzogen, als der ehemals unspezifische Begriff „islamische Normativität" (Scharia) von Juristen auf ihr System rechtlicher Normaussagen mit formal definierten Regelungen und Anwendungsmechanismen angewendet wurde.

Wie läßt sich die dieser Neubewertung zugrundeliegende „Schariatisierung der Jurisprudenz" als intellektueller Prozess nachvollziehbar erklären? Die Wandlung der muslimischen Jurisprudenz erfolgte graduell im Zuge der Entwicklung einer sich für die Beteiligten schlüssig konstruierenden Theorie. Durch die jahrhundertelange Akkumulation von Überlegungen, Argumenten und die Bewertung von Traditionen wandelten Begriffe ihren Inhalt im diskursiven Kontext. Wie bereits angedeutet, spiegelte sich der Wandel auch in den Rechtsurkunden wieder. Daher ist es zum Verständnis dieses konzeptionellen Wandels hilfreich, eine genaue Vorstellung von der Stellung der Jurisprudenz in der Rechtsanwendung (im Folgenden: „Recht") sowie in der Rechtstheorie mit ihrem Gottesrecht-Konzept zu haben (im Folgenden: „Grundlagentheorie").

Als Quellen zum Recht stehen uns mit den Rechtsurkunden authentische schriftliche Überreste der Gerichtsverfahren zur Verfügung. Daneben umfasste die juristische Literatur verschiedener Epochen materielle und prozedurale Rechtssätze der Rechtsschulen. In Anlehnung an *Éric Millards* praxeologische Definition[12] ist „Recht" (*droit*) nicht auf existierende Gesetze und Rechtsvorschriften zu reduzieren, sondern wird vom Richter durch Akte seiner Rechtsprechung gewissermaßen „konkretisiert" und erst damit geschaffen. Dieses Konzept erklärt den Umstand, dass Gesetze und Regelungen zwar vorhanden sein können, ohne jedoch zur Anwendung zu gelangen und damit „Recht" zu werden. Der Richter konkretisiert das Recht, indem er Rückgriff auf bestimmte „Quellen" nimmt. Seine Handlungen und Entscheidungen sind unter anderem juristisch motiviert, woraus sich die Verbindung zur Jurisprudenz ergibt.

Der Verwendung schariatischer Begrifflichkeit in Rechtsurkunden ab Ende des 12. Jahrhunderts geht eine jahrhundertelange Entwicklung juristischer Praxis und

---

[11] Für eine erste Analyse siehe *C. Müller*, „The Power of the Pen: Cadis and Their Archives. From Writings to Registering Proof of a Previous Action Taken", in: Manuscripts and Archives. Comparative Views on Record-Keeping, hg. v. A. Bausi *et al.* (2018), 361–386.

[12] *Millard*, Théorie générale (Fn. 1).

Theorie voraus. Diese lässt sich an der Herausbildung einer Gottesgesetzvorstellung (Scharia) und der sich wandelnden Beziehung menschlicher Jurisprudenz zum Gottesrecht etappenweise nachvollziehen. Zunächst waren Jurisprudenz und Gottesweisung als unterschiedliche Kategorien strikt getrennt. In mehreren Zwischenschritten wurde dann die menschliche „Beurteilung" (*naẓar*) neuartiger Situationen theologisch begründet. Die juridisch-theologische Grundlagentheorie des 10. bis 12. Jahrhunderts definierte schariatische Elemente innerhalb des Methodendiskurses, bis schließlich die jurisprudentiellen Regeln der Rechtsschulen entsprechend der Grundlagentheorie überformt und Detailregelungen aufgrund ihres schariabedingten Charakters (*aḥkām mašrūʿa*) als Verzweigungen des Gottesgesetzes angesehen wurden. Im Folgenden werden diese diskursiven Veränderungen im Einzelnen erläutert.

I. Scharia als Gottesweisung

Das „Gottesrecht" als die von Gott ausgehende Festlegung verbindlicher Verhaltensregeln für die Menschen im Islam ist in der muslimischen Tradition verbunden mit dem Begriff der „Scharia". Die koranische Erwähnung „einer Scharia" (šarīʿata^{tun}) (45:18), welche Gott seinem Propheten Mohammed zur Verfügung gestellt hatte und der er folgen sollte, wurde hierbei im Laufe der Geschichte unterschiedlich interpretiert und kommentiert. Die Schwierigkeit einer Rekonstruktion des frühislamisch-koranischen Verständnisses besteht darin, dass jeder Ausdruck in der Folgezeit begrifflich aufgeladen als Fundament weitreichender Konzepte diente. Ohne deshalb eine genaue Übersetzung zu beabsichtigen, scheint der koranische Scharia-Begriff die speziell dem Propheten Mohammed zugänglich gemachte Gottesweisung zu beinhalten. Das im selben koranischen Ausdruck „šarīʿatatun min al-amr" (Koran 45:18) enthaltene „amr" (Angelegenheit, Befehl) wurde sowohl auf den Islam als Kultus und Religion (im Gegensatz zu den vorher erwähnten Juden sowie den heidnischen Mekkanern), als auch auf die Form der Gottesweisung (als ausgedrücktem Befehl) bezogen[13]. Ein derartiges, den Begriff „Regelung" weit überschreitendes Verständnis von „Scharia" findet sich in frühen Stellungnahmen des 7. und 8. Jahrhunderts[14], etwa als „explizite Formen des Befehls, welche den Islam meinen"[15]. Ein begriffliches Aufladen hin zu konkreten Anordnungen ist erstmals mit *Qatāda* (680–735) greifbar, der „Scharia" mit vier bereits im Koran mit Anordnungen verbundenen Worten um-

[13] Vgl. *R. Paret*, Der Koran (^{2}1980), 352; *H. Bobzin*, Der Koran (^{2}2015), 442, übersetzt Koran 45:18 wie folgt: „Dann brachten wir dich, im Hinblick auf die Sache (*min al-amr*), auf einen gebahnten Weg (*šarīʿa*). So folge ihm, und folge nicht den Neigungen derer, die kein Wissen haben". *Muqāṭil* (gestorben 150/767) erläutert hierzu, der Vers sei offenbart worden, nachdem die Quraišiten Mohammed aufgefordert hätten, zur *milla* seiner Vorfahren zurückzukehren, in: Tafsīr, hg. v. ʿAbd Allāh Maḥmūd Šiḥāta, 5 Bde. (2002), Bd. 3, 838.

[14] Etwa das Zitat des Prophetengefährten Ibn ʿAbbās (gestorben 687–688) zu „Scharia" als *hudā* (Rechtleitung) und *bayyina* (Offenlegung/Verdeutlichung) in: *Ṭabarī* (gestorben 310/923), Tafsīr aṭ-Ṭabarī al-musammā Ǧāmiʿ al-bayān fī taʾwīl al-Qurʾān, 13 Bde. (1999), Bd. 11, 258 (Nr. 31193).

[15] „Bayyina min al-amr yaʿnī al-islām", *Muqātil*, Tafsīr (Fn. 13), Bd. 3, 838.

schrieb: Die Scharia sei „Verpflichtungen, Bestimmungen, Befehl und Verbot“[16]. Als deren einzuhaltende Bereiche werden früh „das Gebet, Fasten, Pilgerfahrt und ähnliches“ genannt[17].

Vor dem Erscheinen der theologisch-juridischen Grundlagenlehre (*uṣūl al-fiqh*)[18] berührten nur wenige Werke das Verhältnis von Offenbarungstexten und Rechtsregeln. Dennoch lässt sich mit Beginn des 10. Jahrhunderts eine Erweiterung des Scharia-Begriffs, ausgehend vom Prinzip der koranischen Gottesweisung für wenige Bereiche auf eine den Gläubigen als Offenbarung zugängliche breitgefächerte Handlungsanleitung nachweisen. Zunächst war diese mit den Regelungen des Juristenrechts konzeptionell nur schwach verknüpft. Dabei wurde „Scharia“ verstanden sowohl als abstraktes Prinzip (Gottesweisung), als auch als konkretes Fundament zur Legitimierung von Regelaussagen (*aḥkām*).

Im Rechtswerk „Niederlegungen zu textlichen Gottesweisungen“ des schafiitischen Juristen *Ibn Suraiǧ* (gestorben 918) erscheint der Begriff „Scharia“ oder Formen des Wortfelds nur einmal, und zwar im Titel[19]. Damit benennt dieser als Rahmen der tatsächlich behandelten Rechtsthemen die in Textform (*manṣūṣ*) vorliegenden Gottesweisungen (*šarāʾiʿ*), ohne später bei den Rechtsregeln auf dieses Konzept zurückzukommen. Zu Beginn eines jeden Rechtsabschnitts führt der Autor als dessen Grundlage (*aṣl*) Koran, Sunna und gegebenenfalls den Konsensus der Gemeinde an, wobei er entsprechende Koranverse und Hadithe als „Argument“ (*ḥuǧǧa*) zitiert. Damit ist dieses Werk ein Vorläufer der „Grundlagentheorie“, wobei sich allerdings die Vorstellung der „Grundlagen“ noch nicht mit späteren Konzepten deckt[20].

Bereits weiter ausgeführt ist die Verknüpfung von göttlichen Weisungen zu einzelnen Regelungen im Werk „Vorzüge der Gottesweisung“ des *al-Qaffāl aš-Šāšī al-Kabīr* (gestorben 976–977). Nach der einleitenden Darstellung der Vorzüge einer rationalen Interpretation der Gottesweisung (Scharia) gegenüber imamitischen und gnostischen Vorstellungen seiner Zeit[21] beschreibt der transoxanische Autor die Bezie-

---

16 „Aš-šarīʿa al-farāʾiḍ wal-ḥudūd wal-amr wan-nahy“, zitiert in *Ṭabarī*, Tafsīr (Fn. 14), Bd. 11, 258–259 (Nr. 31194); anders gereiht in *Qurṭubī* (gestorben 671/1272), Tafsīr: „al-Ǧāmiʿ li-aḥkām al-Qurʾān wa ʾl-mubayyin li-mā taḍammana min as-sunna wa-āyāt al-furqān“, hg. v. ʿAbd Allāh al-Turkī, 24 Bde. (2006), Bd. 19, 145; und bei Lexikographen. In der späteren Jurisprudenz bezeichneten diese Begriffe koranische Pflichterbteile, festgelegte Strafen sowie das Befehlen und das Verbieten.

17 So der Lexikograph *al-Ḫalīl b. Aḥmad al-Farāhīdī* (gestorben um 175/791), Kitāb al-ʿAyn, hg. v. Mahdī al-Maḫzūmī und Ibrāhīm as-Sāmirānī, 6 Bde. (1980–1982), Bd. 1, 253.

18 Eine Aufzählung von 34 zumeist verlorenen und nur in literarischen Quellen erwähnten Werken des 9. und 10. Jahrhunderts verweist auf die Frühphase des von *D. J. Stewart* als „jurisprudence“ bezeichneten *uṣūl al-fiqh*, in: *Islamic Legal Orthodoxy: Twelver Shiite Responses to the Sunni Legal System* (1998), 34–36.

19 *Ibn Suraiǧ*, al-Wadāʾiʿ li-manṣūṣ aš-šarāʾiʿ, hg. v. Ṣāliḥ b. ad-Duwaiš, 2 Bde. (Beirut, o. J.).

20 Im hermeneutischen Schlussteil wird für einige spätere „Grundlagen“ selbst eine „Grundlage“ (*aṣl*) angegeben, so in den Abschnitten „Einzelüberlieferungen“ (*aḫbār al-āḥād*), Konsensusart (*kaifiyyat al-iǧmāʿ*), Deduktion (*iṯbāt al-qiyās*) und der „Suche nach Wissen“, wohingegen nur die Abschnitte über Abrogation und Sunna kein „*aṣl*“ erwähnen; siehe *Ibn Suraiǧ*, Wadāʾiʿ (Fn. 19), Bd. 2, 667–679. Zum Methodenteil siehe auch *A. El Shamsy*, „The Wisdom of God's Law: Two Theories“, in: Islamic Law in Theory: Studies on Jurisprudence in Honor of Bernard Weiss, hg. v. A. K. Reinhart und R. Gleave (2014), 19–37, hier 21.

21 *Qaffāl* (gestorben 365/976–977), Maḥāsin aš-šarīʿa, hg. v. Ġalatūl al-ʿArūsī, 2 Bde. (Teiledition

hung von göttlichen Weisungen (*šarāʾiʿ*) zu einzelnen Regelungen insbesondere der schafiitischen Rechtsschule als „Extrahierung der Bedeutung" in den Verzweigungen (*furūʿ*) auf einer unterschiedlichen Erkenntnisebene[22]. Zwar sei die Bedeutung jeder der Gottesweisungen[23] global und im Allgemeinen bekannt, vielen jedoch nicht in der Bedeutung ihrer Verzweigungen, weil sich der darin enthaltene Befehl verberge. Die Verzweigungen werden als rationale Annäherung an die Bedeutung der Gottesweisungen aufgefasst[24]. Das Anliegen des Autors besteht darin, juristische Regelungen mit der „Bedeutung der Gottesweisungen" konzeptionell zu verknüpfen, um ihnen Legitimation zu verleihen. Eine wichtige Begründung für die Anbindung einzelner Rechtsfelder an die Gottesweisungen ist hierbei die Vorstellung des ihnen innewohnenden „Wohlergehens", *maṣlaḥa*[25], welches bei *al-Qaffāl* wohl nicht zufällig an das Attribut Gottes als „wohlwollend" (*mustaṣliḥ*) anknüpft. Die einleitend angeführte theologische Begründung für die Vorzüge der Gottesweisungen liegt in der Figur des weisen (*ḥakīm*), wohlwollenden (*mustaṣliḥ*) und allmächtigen (*qādir*) Schöpfergottes, der alleine das Wohl (*ṣalāḥ*) kenne und sowohl Nützliches als auch Schädliches für die Menschen im Zustand der „Prüfung" (*miḥna*) erschuf[26].

Im Gegensatz zu diesen als proto-*uṣūlī* zu bezeichnenden Erklärungsmustern entwickelt die Grundlagentheorie (*uṣūl al-fiqh*, wörtlich: „Grundlagen des Verständnisses") ab dem 10. Jahrhundert Vorstellungen, wie die vom Gesetzgeber (*aš-šāriʿ*) im Offenbarungsgesetz (*fī š-šarʿ*) verdeutlichten Aussagen als Grundlage für einzelne, als Verzweigungen (*furūʿ*) definierte Bestimmungen dienen könnten. Grundsätzlich neu ist hierbei die Bezeichnung des Propheten Mohammed als *šāriʿ*[27] oder als *ṣāḥib aš-šarīʿa* (Herr der Scharia), letzteres zunächst in der dogmatischen Literatur des 10. und ab dem 11. Jahrhundert auch bei religionsrechtlich ausgerichteten Gelehrten[28].

---

bis Ende des K. an-nikāḥ; 1992), 88–112; hg. v. Abū ʿAbd Allāh Samak, 2 Bde. (Gesamtedition; 2007), 18–28.

22 *Qaffāl*, Maḥāsin aš-šarīʿa, hg. v. Ġalatūl al-ʿArūsī (Fn. 21), 110; hg. v. Abū ʿAbd Allāh Samak (Fn. 21), 28.

23 Genannt werden Gebet, Almosensteuer, Ramadanfasten, Pilgerfahrt, Glaubenskampf/-anstrengung, Opfergaben, Eide und Gelübde, Speisen und Getränke, Transaktionen, Sexualkontakte, Bluttaten, *ḥadd*-Strafen, Ehegemeinschaft und Sitten; *Qaffāl*, Maḥāsin aš-šarīʿa, hg. v. Ġalatūl al-ʿArūsī (Fn. 21), 113 ff.; hg. v. Abū ʿAbd Allāh Samak (Fn. 21), 29–30.

24 Hierzu *Qaffāl*, hg. v. Ġalatūl al-ʿArūsī (Fn. 21), 142; hg. v. Abū ʿAbd Allāh Samak (Fn. 21), 46.

25 Siehe insbesondere den Übergang von den „Bedeutungen der Gottesweisungen der Kultuspflichten", *Qaffāl*, Maḥāsin aš-šarīʿa, hg. v. Abū ʿAbd Allāh Samak (Fn. 21), 261. Das „Wohl" sei der allgemeine „Ableitungsgrund" (*ʿilla*) in einem uns in seiner speziellen Bedeutung verborgenen Ding (*fī l-šaiʾ al-ḫāfī*), *Qaffāl*, hg. v. Ġalatūl al-ʿArūsī (Fn. 21), 111; hg. v. Abū ʿAbd Allāh Samak (Fn. 21), 27.

26 *Qaffāl*, Maḥāsin aš-šarīʿa, hg. v. Ġalatūl al-ʿArūsī (Fn. 21), 90; hg. v. Abū ʿAbd Allāh Samak (Fn. 21), 18. Zu den theologischen Auffassungen al-Qaffāls, vgl. *El Shamsy*, The Wisdom of God's Law (Fn. 20), 24.

27 Bei *Ǧaṣṣāṣ* (gestorben 370/980), Aḥkām al-Qurʾān, hg. v. M. aṣ-Ṣādiq Qamḥāwī, 3 Bde. (1405/[1984–85]), Bd. 2, 76 und 80–81; ebd., Bd. 3, 319, ist unter 14 Erwähnungen des *šāriʿ* (Gesetzgeber) Gott anhand des „ʿalaihi as-sālām" eindeutig von der *taṣliya* als Kennzeichen für den Propheten zu unterscheiden. Noch bei *Qaffāl*, Maḥāsin aš-šarīʿa, hg. v. Abū ʿAbd Allāh Samak (Fn. 21), war Urheber der *šarāʾiʿ* eindeutig der Schöpfergott, etwa 34: „aš-šāriʿ mustaṣliḥ ḥakīm"; allerdings findet sich auch „die Leitung aufgrund der Scharia des Gesandten" (*as-siyāsa bi-šarīʿat ar-rasūl*), ebd., 41.

28 Zwei Belegstellen des 10. Jahrhunderts, nämlich *Ašʿarī* (gestorben 324/935), Risāla ilā ahl aṯ-ṯaġr, hg. v. ʿAbd Allāh Šākir al-Ǧunaidī, in: Maktabat al-ʿulūm wal-ḥikam (²2002), 183; und *Malaṭī*

Damit wird eine Verbindung des offenbarenden Gesetzgebers mit den beiden Grundlagen Koran und Sunna erzeugt. Das Offenbarungsgesetz (*aš-šarʿ*) erscheint als ontologische Einheit, die konzeptionell mit der Erkenntnishermeneutik verschränkt wird.

Die „Grundlagentheorie" diente als Methodik zur Erfassung der handlungsorientierten Bestimmungen des Gottesgesetzes (Scharia) und dessen Anforderungen an die Menschen im Diesseits im Hinblick auf das Jüngste Gericht (*yaum ad-dīn*)[29]. Getragen wurde sie von zwei unterschiedlichen Denkrichtungen, einer religionsrechtlichen zur Ausgestaltung des Gottesgesetzes und einer juristischen zur Legitimierung der Jurisprudenz als Auffächerung gottgewollter Normativität. Religionsrechtliches Erkenntnisziel waren die rationalen Grundlagen der Gewissheit (*ʿilm*) über Bestimmungen des sich in Koran und Sunna manifestierenden Gottesgesetzes und seiner Einhaltung zur Erlangung des Seelenheils aufgrund der religiösen Verpflichtung (*taklīf*)[30]. Aufgrund eines realweltlichen Grundes (*sabab*) wurde eine Bestimmung für den Menschen verbindlich; ihre rechtliche Durchsetzung aber spielte für die religionsrechtliche Grundlagenlehre keine Rolle. Das jurisprudentielle Erkenntnisziel führte über rein gottesgesetzliche Bestimmungen hinaus auf die Begründung von spezifischen „Rechten" und deren Anwendung in unterschiedlichen Situationen. Trotz unterschiedlicher Ausgangspositionen und einer Entwicklung entlang der internen Logik beider Richtungen bildete die Grundlagentheorie einen gemeinsamen diskursiven Rahmen. Jede der Richtungen konnte die geschärften Begriffe der anderen übernehmen. So spielte der theologische Verpflichtungsgedanke auch in der Jurisprudenz eine wichtige Rolle, und ohne jurisprudentielle Argumentationsmethoden wären die Vorschriften der Gesetzesreligion wohl nicht so detailliert gewesen. Deshalb sind beide Ausrichtungen hier wichtig und – rückblickend – auch so schwer voneinander zu unterscheiden.

Nach dem religionsrechtlichen Ansatz lässt sich die „Gottesweisung" aufgrund des „Beweises" (*burhān*) aus Koran und Sunna erkennen. Mit den Juristen teilen die Theologen die Konzepte zur Beschreibung der Gottesweisung, ohne die als „Ermessensbereiche" (*ẓunūn*) bezeichneten juristischen Detailfragen und menschliche Gerichtsbar-

(gestorben 377/986), at-Tanbīh war-radd ʿalā ahl al-ahwāʾ wal-bid-aʿ (Kairo, 1977), 12, betreffen *ʿaqīda*-Werke. Zu religionsgesetzlich orientierten *fiqh* und Sunna-Werken des 11. Jahrhunderts siehe *Abū Nuʿaym al-Isbahānī,* (gestorben 430/1038), al-Musnad al-mustaḫraǧ ʿalā ṣaḥīḥ al-imām Muslim, 4 Bde. (Beirut, 1996), 50, 53; *Baṣrī* (gestorben 436/1044), K. al-Muʿtamad fī uṣūl al-fiqh, hg. v. Muḥammad Ḥumaid Allāh (Damaskus, 1964), Bd. 2, 278–279; *Ibn Ḥazm* (gestorben 456/1064), al-Fiṣal fī l-milal wal-ahwāʾ wan-niḥal, 5 Bde. (Kairo, o. J.), Bd. 2, 63; *Baihaqī* (gestorben 458/1066), as-Sunan al-kubrā, hg. v. Muḥammad ʿAbd al-Qādir ʿAṭā (1994), Bd. 9, 214; *Baihaqī*, as-Sunan aṣ-ṣuġrā, hg. v. Muḥammad Ḍiyāʾ ar-Raḥmān al-Aʿẓamī (1989), 1, 79; *Baihaqī*, al-Qirāʾa ḫalf al-imām, hg. v. Muḥammad as-Saʿīd Zaġlūl (1405/1984), 73, 217–218, 221; *Ibn ʿAbd al-Barr* (gestorben 463/1071), at-Tamhīd li-mā fī al-Muwaṭṭaʾ min al-maʿānī wal-asānīd, hg. v. Muṣṭafā b. Aḥmad al-ʿAlwī/Muḥammad ʿAbd al-Kabīr al-Bakrī, 24 Bde. (1387/[1967–68]), Bd. 8, 411; *Šīrāzī* (gestorben 476/1083), at-Tabṣira fī uṣūl al-fiqh, hg. v. Muḥ Ḥasan Hītū (1403/[1982–83]), 145, 319, 454; Ǧuwainī, *al-Burhān fī uṣūl al-fiqh* (Fn. 6), 297, 324; *ders.*, al-Iǧtihād min kitāb at-talḫīṣ li-Imām al-Ḥaramain, hg. v. ʿAbd al-Ḥamīd Abū Zunaid (1408/1987), 40, 68, 73, 87–88, 112; alle zitiert nach den CD-Roms *turāṯ*.

[29] Sie ist trotz Namensähnlichkeit nicht mit der jenseitsorientierten Theorie der Glaubensgrundlagen (*uṣūl ad-dīn*) zu verwechseln.

[30] Vgl. *Oberauer*, Religiöse Verpflichtung im Islam (Fn. 8).

keit zu thematisieren bzw. mitzutragen. Dem *fiqh* wurde von diesen Schariagelehrten (*ʿulamāʾ aš-šarīʿa*) nur eine sehr beschränkte Rolle zugebilligt. Er sei die „Gewissheit über die Bestimmungen der religiösen Verpflichtung" und angesichts der häufig auftretenden Fragen zu Ermessensbereichen ergänzend „die Gewissheit darüber, wann ihre Ausführung beim Eintreten von Ermessenssituationen verpflichtend sei"[31].

Das der Vorstellung vom Islam als Gesetzesreligion zugrundeliegende Konzept der religiösen Verpflichtung (*taklīf*) erhielt in der Rechtstheorie zusätzliche Reichweite. Während die rationale Herleitung der Verpflichtung zur Befolgung der Gottesweisungen zentral für die Gesetzestheologie ist, weist die juristische Grundlagentheorie darüber hinaus auch auf Situationen, in welchen eine Person nicht zu bestimmten Handlungen verpflichtet ist[32]. Für die islamische Jurisprudenz war die legitimierende Funktion der Grundlagenlehre im Recht entscheidend, nicht theologische Gewissheit. Die juristisch ausgerichtete *uṣūl*-Lehre stellte einen formalisierten Bezug juristischer Detailregeln zum Gottesgesetz her und berührte hierbei Argumentationsformen, welche als „ermessenshaft" (*ẓannī*) angesehen wurden. Damit konnten Regeln der Jurisprudenz (*fiqh*) glaubwürdig eine schariatische Dimension erhalten, nämlich als Verzweigungen der Grundlagen.

Erstmals greifbar wird diese „Grundlagenlehre" im Werk des *al-Ǧaṣṣāṣ* (gestorben 980) mit den verschiedenen Formen der „Verdeutlichung" (*bayān aš-šarʿ*) seitens Gottes und seines Gesandten in Koran, Sunna, Konsens und deduktiver Übertragung[33] (*qiyās*[34]). Der Autor knüpft hierbei explizit an Šāfiʿīs Vorstellung des *bayān* in der *Risāla* an, kritisiert sie jedoch im neuen Kontext heftig als inkohärent[35]. Šāfiʿī hatte in seiner gegen Ende des 8. Jahrhunderts verfassten *Risāla* eine erste konzeptionelle Verbindung zwischen Jurisprudenz und unterschiedlichen Formen der göttlichen „Offenlegung" (*bayān*) vorgelegt, die den Propheten als „Zunge" (*lisān*) und seine allgemein bekannte Sunna als konstitutives Element bestimmter Formen der Offenlegung darstellte, jedoch ohne den Propheten als „Gesetzgeber" zu erwähnen[36]. Eine weitere fundamentale Veränderung betraf die Vorstellung von Scharia (*šarīʿa*;

---

[31] Siehe *Ǧuwainī*, Burhān (Fn. 6), 8: „ʿilm bi-aḥkām at-taklīf […] al-ʿilm bi-wuǧūb al-ʿamal ʿinda qiyām aẓ-ẓunūn". Eine Untersuchung der gesetzesreligiösen Grundlagentheorie des 11. Jahrhunderts, etwa neben al-Ǧuwainī noch al-Ġazālī, die bereits häufig den Begriff der „Scharia" verwendeten, sprengt den Rahmen dieses Aufsatzes.

[32] Hierzu *Oberauer*, Religiöse Verpflichtung im Islam (Fn. 8), 27, mit Verweis auf *al-Bāǧī* (gestorben 1081), Risālat al-ḥudūd, 8, Z. 9 ff.; und dessen Einwand, eine Definition des *fiqh* als „maʿrifat aḥkām al-mukallafūn" greife zu kurz, weshalb „maʿrifat aḥkām aš-šarʿiyya" vorzuziehen sei. Eine Mischung beider Aspekte findet sich noch bei *Ibn al-Farrāʾ* (gestorben 1066), al-ʿUdda (Fn. 4), 19: „al-ʿilm bil-aḥkām afʿāl al-mukallafīn aš-šarʿiyya". Später haben die Richtungen der Grundlagentheorie diese Definitionen durchaus unterschiedlich aufgegriffen.

[33] Die für *qiyās* übliche Übersetzung „Analogie" greift zu kurz, da auch nicht-analoge *qiyās*-Formen existieren, siehe *W. Hallaq*, A History of Islamic Legal Theories. An Introduction to Sunnī uṣūl al-fiqh (1997), 83–107.

[34] *Ǧaṣṣāṣ* (st. 370/980), al-Fuṣūl fī l-uṣūl, hg. v. ʿAǧīl Ǧāsim an-Našmī, 3 Bde. (1405AH), Bd. 2, 31.

[35] Ebd., Bd. 2, 10–19.

[36] Die fünf Formen der Offenlegung des Gottesgesetzes in *Šāfiʿī* (gestorben 204/820), ar-Risāla, hg. v. A. M. Šākir (1940), § 53–§ 72, betreffen in unterschiedlicher Kombination Korantext und allgemeinbekannte prophetische Sunna: Aussagen nur im Korantext, im Korantext spezifiziert in der Sunna, in der Sunna zur Aufhebung des Korantexts sowie nur aufgrund der Sunna ohne Korantext.

Pl. *šarāʾiʿ*) als Gottesweisung innerhalb der Rechtsregeln. Bislang eher ein Regelungsbereich (Šāfiʿī) oder abstrakt-allgemeine Grundlage (Ibn Suraiǧ) jenseits juristischer Regelungen, verwendet al-Ǧaṣṣāṣ den Begriff bei der Abwägung konkreter Bestimmungen. So standen astronomische Messungen für die Bestimmung des Fastenendes im Ramadan außerhalb der „Schariabestimmung" (*ḥukm aš-šarīʿa*) der hierfür vorgesehenen Sichtung des Neumonds[37]. Damals war „Schariabestimmung" noch auf den Wortsinn expliziter Aussagen der Offenbarung beschränkt. Die Grundlagenlehre des 10. und 11. Jahrhunderts definierte neben der Texthermeneutik auch die Übertragung einer schariatischen Bestimmung (*ḥukm šarʿī*) auf einen neuartigen Fall mittels deduktiv-analogischer „Beugung" (*qiyās*) anhand von Übertragungsgründen (*ʿilla*; Pl. *ʿilal*). Bestanden diese aus der *ratio legis* einer schariatischen Bestimmung, wurden sie als schariatische Übertragungsgründe (*ʿilal šarʿiyya*) bezeichnet[38]. Prämisse der Grundlagenlehre war es, die „Quellen des *fiqh*" als Indikatoren (Sg. *dalīl*)[39] für das Gottesgesetz anzusehen. Der entscheidende Wandel bestand darin, den Hinweis (ebenfalls *dalīl*) nicht mehr ausschließlich als Teil menschlicher Überlegung (so noch bei Šāfiʿī in der *Risāla* und den frühen Grundlagenwerken), sondern als einen von Gott inspirierten Indikator und damit als „Grundlage" des Gottesrechts umzudeuten.

Diese komplexe Entwicklung kann hier nur kurz angedeutet werden. Als Vorläufer einer systematisierenden Indikatorenkonzeption wird der Unterschied zwischen rationalem und „gesetztem" Hinweis (*dalīl ʿaqlī – dalīl waḍʿī*) neben der Erwähnung bei Bāqillānī[40] in den „Definitionen der Grundlagen" des Ibn Fūrak (gestorben 406/1015) erläutert[41]. Auf den „Offenbarungsgrundlagen" (*uṣūl samʿiyya*)[42] Kitāb, Sunna und Konsensus basieren alle „offenbarten Hinweise" (*adillat as-samʿ*), welche Bestimmtheit und Gewissheit (über Regelungen) erzwingen[43]. Die Vorstellung, Gott habe sowohl die Indikatoren des Verstandes als auch die der Gottesweisung (*šarʿ*) errichtet, findet sich dann unter anderem beim Hanbaliten Ibn al-Farrāʾ (gestorben 458/1066)[44]. In Abgrenzung zur theologischen Definition erlaube laut *aš-Šīrāzī* (gestorben 476/1083) der Indikator (*dalīl*), eine (schariatische) Bestimmung (*ḥukm*) über Erlaubnis oder Verbot zu finden, sei es mit Gewissheit (*ʿilm*) oder bis zur Abwägung (*ẓann*) zweier oder mehrerer Möglichkeiten[45]. Die Aufzählung potentieller Indikatoren bei *aš-Šīrāzī* umfasst ausschließlich die Rede (*ḫiṭāb*) Gottes, die Rede, Taten

---

37 *Ǧaṣṣāṣ*, Aḥkām al-Qurʾān (Fn. 27), Bd. 1, 250.

38 *Ǧaṣṣāṣ*, Fuṣūl, (Fn. 34), Bd. 4, 11, zum *qiyās šarʿī*: „ḥukm aš-šarʿ"; ebd., Bd. 4, 82, Z. 4–5: „aḥkām aš-šarʿ".

39 „Indicants" (Sg. *dalīl*), bei *Hallaq*, A History (Fn. 33), 40, 76.

40 Vgl. *Bāqillānī* (gestorben 403/1013), at-Taqrīb wal-iršād (aṣ-ṣaǧīr), hg. v. ʿAbd al-Ḥamīd Abū Zunaid (²1998), Bd. 1, 204–205.

41 *Ibn Fūrak* (gestorben 406/1015), K. al-ḥudūd fī al-uṣūl, al-ḥudūd wa-l-muwāḍaʿāt, hg. v. Muḥammad Sulaimānī (1999), 80; sowie ebd., 153–154, zu schariatischem Zeichen und schariatischen Übertragungsgründen.

42 *Samʿī*, wörtlich: „mit Hören verbunden"; *Oberauer*, Religiöse Verpflichtung im Islam (Fn. 8), übersetzt: „exegetisch".

43 Vgl. *Bāqillānī*, Taqrīb (Fn. 40), Bd. 1, 222; parallel ebd., Bd. 3, 172.

44 Vgl. *Ibn al-Farrāʾ*, al-ʿUdda fī uṣūl al-fiqh (Fn. 4), Bd. 1, 56.

45 Vgl. *Šīrāzī*, K. al-Lumaʿ (Fn. 4), 30–31.

und Bestätigung des Propheten, den Konsensus der Gemeinde (*iǧmāʿ al-umma*), die deduktive Übertragung (*qiyās*), das Weitergelten der ursprünglichen Bestimmung bei Abwesenheit dieser Hinweise, sowie die Bewertung des Gelehrten über einen Rechtsanspruch der Bevölkerung[46]. Es sollte noch dauern, bis die Erkenntnishermeneutik vier „Fundamente" als Gesamtkonzept heraushob und sie in die zwei „schariatischen Indikatoren" Koran und Sunna (*dalīl šarʿī*), sowie die zwei „rationalen" des Konsensus und des Deduktionsschlusses (*dalīl ʿaqlī*) aufteilte[47]. Noch später, in der klassisch gewordenen Grundlagentheorie, wurde jede der vier Grundlagen (*uṣūl*) Koran, Sunna, Konsens und schariatische Deduktion/Übertragung (*qiyās*) als schariatischer Indikator (*dalīl šarʿī*) des Gottesrechts definiert[48].

II. Bestimmungen (*aḥkām*) als Regelaussagen in Gesetzesreligion und Jurisprudenz

Das Wort *ḥukm* (Pl. *aḥkām*, „Bestimmung") bezeichnete im Grundlagendiskurs des 10. und 11. Jahrhunderts eine Regelaussage mit einer bestimmten Bedeutung, welche sich aus einer oder mehreren Grundlagen formal-rational herleiten ließ. Die *Aḥkām al-Qurʾān* des al-Ǧaṣṣāṣ sind ein frühes Beispiel für die Identifizierung von Regelaussagen im Koran. Darüber hinaus wurde der *ḥadīṯ*, die schriftliche Fassung der in kanonischen Sammlungen des 9. Jahrhundert verfügbaren sunnitischen Prophetentraditionen, ebenfalls Grundlage rechtlicher Bestimmungen. In der Grundlagentheorie werden einzelne prophetische „Nachrichten" (*aḫbār*) auf gleicher Ebene wie der Korantext epistemologisch analysiert und in offenkundiger, metaphorischer, reeller, verborgener oder auch übertragener Sinnbedeutung in die Formulierung bzw. zur Begründung des schariatischen Charakters von Regelaussagen einbezogen.

Bei den im „fiqh" (neutral: Regelverständnis) behandelten „Bestimmungen" und ihrer Definition zeigt sich die unterschiedliche Reichweite von Theologen (*mutakallimūn*) und Juristen (*fuqahāʾ*). Für am Islam als Gesetzesreligion ausgerichtete Theoretiker (im Folgenden: Gesetzestheologen) waren Schariabestimmungen (*aḥkām aš-šarīʿa*) bereits im 11. Jahrhundert ein wichtiges Thema, weil diese Regeln das Verhalten der mit ihrer Einhaltung verpflichteten (*mukallafūn*) Personen im Hinblick auf das Gottesgericht bestimmte. Die Formulierung dieser Regeln, etwa bei den kultischen Pflichten, aufgrund „entscheidungserzwingender Indikatoren" (*qaṭʿī*) wurde

[46] Ebd., 33, Z. 15–17; ferner ebd., 84; sowie Chaumont, Le Livre des Rais (Fn. 4), 24–25, zum Hinweis-Begriff. Weitere Abhandlungen verfasste der Hanafit *Dabūsī* (gestorben 430/1039), Taqwīm al-adilla fī uṣūl al-fiqh, hg. v. Ḫalīl al-Mais (2001); sowie später in seinem Gefolge der Schafiit *Samʿānī*, Qawāṭiʿ al-adilla (Fn. 7).

[47] Vgl. *Hallaq*, A History (Fn. 33), 141, zu *dalīl šarʿī* und *dalīl ʿaqlī* als „legal" und „rational indicant".

[48] Zwar ist die Unterscheidung rationaler und schariatischer Indikatoren bereits für das 11. Jahrhundert nachgewiesen, etwa bei Ibn Fūrak, Ibn al-Farrāʾ und aš-Šīrāzī (K. al-Lumaʿ [Fn. 4], 84), aber eben nicht in Bezug auf die vierte Grundlage des *qiyās*. Zum „Rationalismus" im Kalām, insbesondere der Explizierung der Grundannahmen beim *istidlāl ʿaqlī*, siehe *Oberauer*, Religiöse Verpflichtung im Islam (Fn. 8), 159–160.

auch von Gesetzestheologen als „fiqh" bezeichnet, unter anderem unter Berufung auf den Koranvers 9:122 (*la-yatafaqqaha fī d-dīn*)[49]. Schariabestimmungen wie die Regeln zum Gebet, Ramadanfasten etc. waren den Gläubigen allgemein bekannt. Darüber hinaus wurde die im Konzept des Gottesrechts angelegte Bewertung menschlicher Taten als „schariatische Bestimmungen" (*aḥkām šarʿiyya*) bezeichnet. Diese Taxonomie umfasste neben den verpflichtenden und verbotenen Handlungen auch solche mit unverbindlichem Charakter (verabscheut - erwünscht) und eine neutrale Kategorie (indifferent - erlaubt)[50].

Dagegen definierte die juristische Grundlagentheorie des 11. Jahrhunderts die aus den Grundlagen gewonnenen Regelaussagen als „schariabedingte Bestimmungen" (*al-aḥkām al-mašrūʿa*), an die sich als weiteres Ergebnis die damit verbundenen „Schariabedingtheiten" (*mašrūʿāt*) ergaben. Als erster „Anhang" an die „schariabedingten Bestimmungen" ließen sich vier Typen von „Rechten" (*ḥuqūq*) unterscheiden: Rechte Gottes, die seiner „Knechte" (*ʿibād*, d. h. der Menschen) sowie zwei Mischformen, bei der jeweils eine Seite überwiegt[51]. Die angeführten Beispiele illustrieren, dass diese „Rechte" von den detaillierten Rechtssätzen der Rechtskasuistik in ihren jurisprudentiellen „Verzweigungen" (*furūʿ*) definiert wurden. Zum zweiten Teil der „Anhänge schariabedingter Bestimmungen" (*mā yataʿallaqu bihi al-aḥkām al-mašrūʿa*) zählten vier unterschiedliche Konzepte: 1) der „Grund" (*sabab*), welcher zum Vorhandensein (*wuǧūd*) einer der Bestimmungen führte; 2) die Bedingung (*šarṭ*), welche mit der Bestimmung verknüpft war; 3) die Zustandsänderung durch einen Übertragungsgrund (*ʿilla*), etwa einen Vertrag[52]; sowie 4) das „Bekanntsein" (*ʿalāma*), etwa durch Bezeugung, welche eine Bestimmung eintreten liess (z. B. *zinā*: „Ehebruch") oder nicht (*qaḏf*: „Verleumdung als Ehebruch")[53]. Anschließend werden Formen der menschlichen „Eignung" (*ahliyya*) als Voraussetzung für die Verpflichtung der Rechte behandelt[54]. Im ersten Teil der „Anhänge schariabedingter Bestimmungen" zu den Rechten können wir den zweiten Teil der Kenntnis der *furūʿ*, im zweiten Teil der „Anhänge" den dritten, anwendungsbezogenen Teil der hanafitischen *fiqh*-Definition erkennen[55]. *Pazdawīs*

---

49 *Samʿānī*, Qawāṭiʿ (Fn. 7), Bd. 1, 20, ist ein Beispiel für diesen Sprachgebrauch der „Bestimmungen der Scharia". Sie werden auf den *qiyās* ausgeweitet (als *maʿqūl al-aṣl* innerhalb der *dalāʾil aš-šarʿ*). Er bietet drei unterschiedliche Definitionen von *fiqh*, weshalb seine Position zwischen religionsrechtlicher und jurisprudentieller Grundlagentheorie nicht einfach einzuordnen ist.

50 Zur schariatischen Taxologie allgemein siehe *Hallaq*, A History (Fn. 33); Einzelnachweise des Begriffes oben.

51 *Pazdawī* (gestorben 1089), Uṣūl (Fn. 3), Bd. 4, 194–195; *Saraḫsī* (gestorben 1096), Uṣūl (Fn. 3), Bd. 2, 289; jeweils gefolgt von Erläuterungen, *Pazdawī*, Uṣūl (Fn. 3), Bd. 4, 194–241 (langer Kommentar); *Saraḫsī*, Uṣūl (Fn. 3), Bd. 2, 290–300, als implizit erster Teil.

52 Die *ʿilla* hier ist nicht mit der *ratio legis* in der Deduktion (*qiyās*) zu verwechseln. Zu Letzterer vgl. Fn. 33.

53 *Pazdawi*, Uṣūl (Fn. 3), Bd. 4, 241–323; *Saraḫsī*, Uṣūl (Fn. 3), Bd. 2, 301–304 und 312–332. Zur späteren Weiterführung dieser Konzepte in der hanafitischen *Uṣūl*-Tradition etwa *Mullā Ḫusrau* (gestorben 885/1480), Mirʾat al-uṣūl šarḥ marqāt al-wuṣūl, hg. v. Īlyās Qablān at-Turkī (Beirut, 2011), 382–401.

54 *Pazdawī*, Uṣūl (Kašf) (Fn. 3), Bd. 4, 335 ff. (vorher noch *ʿaql* als Voraussetzung, ebd., 324–334); *Saraḫsī*, Uṣūl (Fn. 3), Bd. 2, 332–338.

55 Siehe oben zu *Pazdawi*, Uṣūl (Kašf) (Fn. 3), Bd. 1, 23–24: „wal-qism aṯ-ṯāliṯ huwa al-ʿamal bihi ḥattā lā yaṣīru nafs al-ʿilm maqṣūdan (das Wissen sei zur Anwendung bestimmt, nicht um seiner selbst willen)". Erster Teil war die Gewissheit vom „Wesen des Gesetzes", der zweite die Kenntnis der Grund-

Konzept von *fiqh*, welches er neben die Scharia stellt[56], behandelt somit Jurisprudenz in einer ontologischen Differenzierung jurisprudentieller „Bestimmungen" zu den Gottesweisungen. Für damalige Juristen spielte der Ausdruck „Regelbestimmungen der Scharia" kaum eine Rolle. Sakrale Einzelbestimmungen bezeichneten sie als „Bestimmung des Gesetzes" (*ḥukm aš-šarʿ*). Die Scharia zu Gebetsregeln, Ramadanfasten etc. war allgemein bekannt und damit nicht Gegenstand der Jurisprudenz, ganz im Gegensatz zu den detaillierten Bestimmungen der verschiedenen Rechtsbereiche, welche aufgrund von Beurteilung (*naẓar*) mittels Indikatorensuche (*istidlāl*) bestimmt waren[57].

In der juristischen Grundlagenliteratur erschien der Begriff Scharia als „Gesetz" nur zur Benennung der Offenbarungsgesetze des Propheten Mohammed und seiner vorislamischen Vorgänger[58]. Eine bemerkenswerte Ausnahme hiervon bildet der ẓāhiritische Gelehrte *Ibn Ḥazm* (gestorben 1064), dessen häufiger Verweis auf „Schariabestimmungen" (*aḥkām aš-šarīʿa*) in direktem Zusammenhang mit seiner Ausformulierung der Scharia als detailliertem Gottesgesetz unter Ablehnung juristischer Deduktion stand.

Ibn Ḥazm akzeptierte Detailregelungen, insofern sie dem offenkundigen Wortsinn (*ẓāhir*) koranischer und prophetischer Bestimmungen entsprachen. Dabei beschränkte er die „Scharia" auf vom Propheten Mohammed und von früheren Propheten verkündete Gottesweisungen im Bereich der *diyāna* (Gehorsamspflicht) und ihrer eventuellen Abrogation[59]. Diese seien für die Menschen direkt in ihrem „offenkundigen" (*ẓāhir*) Sinn verständlich und dabei unmittelbar ohne Notwendigkeit eines weiteren Hinweises gültig[60] sowie in Glaubensdingen (*dīn*) ohne Komplexität (*muškal*)[61]. Laut *Ibn Ḥazm* war die Scharia für alle Menschen unter bestimmten Bedingungen verbindlich, explizit auch für Nichtmuslime. Allerdings würde die Befolgung bestimmter Einzelregelungen erst nach deren Übertritt zum Islam akzeptiert[62]. Für diesen Autor war *fiqh* ausschließlich das Wissen von den „Festlegungen der Scharia" (*aḥkām aš-šarīʿa*)[63] – eine wahrhafte „Scharialehre" – wohingegen andere zeitgenössische Juristen den *fiqh* darüber hinausweisend als „Wissen oder Kenntnis schariatischer Festlegungen" (*al-aḥkām aš-šarʿiyya*) definierten. Folgerichtig lehnte *Ibn Ḥazm* für seine Scharialehre die Übernahme juristischer Meinungen (*aqwāl*), den *qiyās* als Übertragung

lagen und Ableitungen (im *Šarḥ*: weil die Verwendung [*ʿamal*] des Wissens [von Gott] beabsichtigt sei). Ähnlich *Saraḫsī*, Uṣūl (Fn. 3), Bd. 1, 10.

56 „Al-fiqh waš-šarīʿa", *Pazdawī*, Uṣūl (Kašf) (Fn. 3), Bd. 1, 25, bei der Erläuterung von Koran 16:125. Zu *ʿilm aš-šarīʿa*, siehe *Pazdawī*, Uṣūl (Kašf) (Fn. 3), Bd. 1, 28, wo explizit die Gelehrten von Koran und Sunna genannt werden.

57 Etwa *Šīrāzī*, K. al-Lumaʿ (Fn. 4), 250.

58 Vgl. etwa die Grundlagenwerke von al-Ǧaṣṣāṣ und as-Saraḫsī.

59 *Ibn Ḥazm*, Iḥkām (Fn. 7), Bd. 1, 46, Z. 11–12; sowie ebd., 69, Z. 7–9, zu den Grundlagen. Zu Rechtsfeldern der *diyāna*, welche Regelungen der Eheschließung und Erbschaft, Verträge und *ḥadd*-Strafen auch für Nichtmuslime einschloss, siehe ebd., Bd. 2, 101–102.

60 *Ibn Ḥazm*, Iḥkām (Fn. 7), Bd. 1, 269.

61 Ebd., Bd. 2, 597, Z. 14–15.

62 Ebd., Bd. 2, 101–102, 109–112.

63 Ebd., Bd. 2, 119, Z. 7–8.

schariatischer Bestimmungen[64], sowie die gesamte Grundlagendiskussion der als *ahl an-naẓar* (Leute der Rechtsfindung/Beurteilung) bezeichneten Juristen anderer sunnitischer Rechtsschulen ab. Er fasste die Erkenntnis (*fiqh*) der Scharia als individuelle Verpflichtung (*taklīf*), nicht als normative Referenz eines institutionalisierten Rechtssystems auf. Seine Zurückweisung der tradierten Lehren der Rechtsschulen im Bereich „islamischer Gottesweisungen" (*šarāʾiʿ al-islām*) als „Nachahmung[65]" illustriert *Ibn Ḥazms* Abgrenzung von den Regelfindungsmechanismen eines Juristenrechts. Bei genauer Betrachtung ergeben sich somit methodische Unterschiede[66], aber kein Widerspruch zur Terminologie der übrigen zeitgenössischen Rechtsschulen, für die „Scharia" damals ebenfalls noch nicht das Juristenrecht bezeichnete. Auch erkannten die übrigen Rechtsschulen die von Ibn Ḥazm abgelehnte „Deduktion" (*qiyās*) zwar als Indikant einer Gottesweisung an, aber keinesfalls als schariatischen Indikanten. Der im muslimischen Spanien lebende Ibn Ḥazm vertrat somit die Vorstellung eines erweiterten prophetischen Offenbarungsrechts, welches auch für Nichtmuslime zu gelten habe.

Innerhalb des Grundlagendiskurses zeigt sich die konzeptionelle Nähe oder Distanz der Jurisprudenz zum Gottesrecht im nuancierten Gebrauch zweier Wortformen aus dem schariatischen Wortfeld: „schariatisch" (*šarʿī*; Vollform: *šarʿiyyun*) und „schariabestimmt" (*mašrūʿ*; Vollform: *mašrūʿun*). Der Begriff „schariatisch" bezeichnet hierbei eine Relation zum *šarʿ*, „schariabestimmt" (zunächst nur substantivisch verwendet) hingegen die Festlegung, etwa einer Rechtsregel, aufgrund des *šarʿ*[67].

Die „schariatische Wende" des Juristenrechts im 12. und 13. Jahrhundert ging einher mit einer konzeptionellen Annäherung der juristischen Detailbestimmungen (in der hanafitischen Grundlagenliteratur des 11. Jahrhundert als *aḥkām mašrūʿa* und *mašrūʿāt* bezeichnet) – dem Regelwerk der Rechtsschulen – an die „schariatischen Bestimmungen". Erst dann konnte das Regelwerk der Rechtsschulen als Interpretation des Gottesrechts, bzw. vereinfacht selbst als Scharia bezeichnet werden. Diese Annäherung erfolgte durch eine zunehmende Komplexität dessen, was eine Bestimmung (*ḥukm*) und damit auch eine schariatische Bestimmung in der Grundlagendiskussion jenseits reiner Regelaussagen ausmachte. Diese wachsende Komplexität der „Bestimmung" spiegelte sich auch in späteren *fiqh*-Definitionen wider, und zwar sowohl der gesetzesreligiösen als auch der jurisprudentiellen Ausrichtung. Zum Verständnis dieses rechtstheoretischen Wandels müssen wir die Entwicklung der juristischen Regeln und damit die Stellung der juristischen Fallbeurteilung seit ihren Anfängen im 7. bis 8. Jahrhundert betrachten.

---

[64] Zur generellen Nichtigkeit der Übertragung in Schariaregelungen (*buṭlān al-ʿilal fī š-šarāʾiʿ bil-ǧumla*), siehe *Ibn Ḥazm*, Iḥkām (Fn. 7), Bd. 1, 69, Z. 25–26; zur Nichtigkeit des *qiyās* siehe ebd., Bd. 1, 368–483.

[65] Ebd., Bd. 2, 272–294.

[66] Etwa bei der identischen Anwendung der Texthermeneutik auf Aussagen des Korans und der Sunna, wohingegen Ibn Ḥazm dort einen subtilen Unterschied macht.

[67] Das Wort „schariatisch" gibt die Nisbaform *šarʿī* als Beziehung zum Nomen „šarʿ" wieder. Die Übersetzung „schariabestimmt" für das Partizip Passiv „mašrūʿ" (Vollform: *mašrūʿun*) erfolgt von der verbalen Grundform *šaraʿa* und dem Verbalsubstantiv *šarʿ* in der Bedeutung als „vom *šarʿ* festgelegt".

III. Schariatische Jurisprudenz und Fallbeurteilung

Die Herausbildung des Konzepts „Schariarecht" wurde zweifellos von einer in theologische Überlegungen eingebundenen „Rechtswissenschaft" (*fiqh*) getragen, aber eben auch von der ebenfalls auf „*fiqh*" (Erkenntnis) rekurrierenden Gesetzestheologie. Trotz einer gemeinsamen Diskursebene wurde beides, wie gezeigt, von den Protagonisten durchaus unterschieden. Im Folgenden bezeichnet „Jurisprudenz" ausschließlich die diesseitsbezogene Rechtsinterpretation des Juristenrechts.

Wie gezeigt, näherte die Rechtshermeneutik das Juristenrecht konzeptionell der unwandelbaren Scharia an, indem sie die Formulierung und Entstehung seiner Rechtsbestimmungen auf eine sakralisierende Grundlagentheorie zurückführte. Im Rahmen dieses Schariarechts erscheint „Jurisprudenz" vor allem als gelehrte Überlieferung einer festgelegten Schultradition, nicht als juristische Auseinandersetzung mit zeitgenössischen Problemen, seien sie rechtstheoretischer oder rechtspraktischer Art. Beinhaltet Jurisprudenz als Rechtswissenschaft die juristische Bewertung von Sachverhalten in Form von Rechtssätzen, dann gehört die zeitgenössische Fallbeurteilung etwa in Form eines Rechtsgutachtens (*fatwā*) zweifellos ebenfalls dazu. Im Folgenden soll das sich wandelnde Verhältnis von jurisprudentieller Tradition und Fallbeurteilung im Rahmen der muslimischen Rechtswissenschaft auf dem langen Weg zur Herausbildung des Schariarechts nachgezeichnet werden.

1. Jurisprudenz als Fallbeurteilung (8.–9. Jahrhundert)

Die früheste Phase islamischer Jurisprudenz während des ausgehenden 7. und 8. Jahrhunderts führte zur Formulierung „islamischer" Rechtsvorschriften auf der Basis eines gelebten Islam. Die aus späterer Sicht nur schwach formalisierte Regelfindung erfolgte zunächst in lokalen Zirkeln, deren Rechtsauslegung sich teilweise stark unterschied. Als treibende Kraft hinter der Ausdifferenzierung der Rechtsaussagen ist die zugrundegelegte juristische Fallbeurteilung anzusehen. Eine jurisprudentielle „Rechtstradition" ist nur in einzelnen Zitaten auch später noch akzeptierter Autoritäten greifbar.

In der erhaltenen Rechtsliteratur des 8. und 9. Jahrhunderts tritt uns die Jurisprudenz dementsprechend als Fallbeurteilung entgegen. So werden Normaussagen der juristischen Autorität eingeleitet mit „er sagte" (*qāla*) oder „er meinte" (*ra'ā*). Erhalten sind diese Werke als Teil der jurisprudentiellen Tradition der sich in jener Zeit formierenden Rechtsschulen. Ein formalisierter Bezug zwischen jurisprudentiellen Regeln und dem Gottesgesetz ist zunächst nicht nachweisbar. Šāfiʿī (gestorben 820) verbindet gleichwohl die Formen göttlicher Offenlegung (*bayān*) in Koran und prophetischer Praxis (*sunna*) mit Formen des Wissens (*ʿilm*). Hierbei umfasste das Expertenwissen (*ʿilm al-ḫāṣṣa*) über einzelne Nachrichten (*aḫbār*) die jurisprudentiellen Verzweigungen[68].

[68] *Šāfiʿī*, Risāla (Fn. 36), mit §§ 967 und 998 ff. zum Expertenwissen.

In den Grundlagenwerken der älteren hanafitischen und malikitischen Rechtsschulen fehlten das Wort Scharia sowie Begriffe des schariatischen Wortfeldes fast vollständig. Nur das schafiitische *Kitāb al-Umm*[69] erwähnt den Begriff, und zwar auf über 1000 Druckseiten an insgesamt sieben Stellen zur Abgrenzung der im Koran explizit erwähnten „Gottesweisung" – wie Gebet, Fasten oder die Pilgerfahrt – deren Regeln untereinander nicht übertragbar seien. Damit steht der Begriff *šarīʿatun* (eine Gottesweisung) als Antipode zur juristischen Interpretation. Soweit heute nachvollziehbar, wurde der Koranvers zur Scharia (45:18) in der ältesten – bekannten – Jurisprudenz nicht aufgegriffen[70].

2. Jurisprudentielle Tradition und sakrale Hermeneutik (10.–12. Jh.)

Die zunächst abstrakte Vorstellung von Gott als Urheber der Scharia konkretisierte sich im Laufe des 10. Jahrhunderts im Rahmen der Gesetzestheologie mit dem Bild von Gottesweisungen als Grundlage eines gottgefälligen Verhaltens. Theoretiker des Religionsgesetzes beschäftigten sich mit der rationalen Begründung der Offenbarungsinterpretation und dem hieraus zwingend ableitbaren (*ḍarūratan*) Wissen. Juristische Fallregelungen betrafen aus ihrer Sicht dagegen in der Offenbarung unbehandelte „neuartige Situationen" (*ḥawādiṯ*), deren Beurteilung (*naẓar*) in Form nichtzwingenden Wissens als „Kenntnis von Recht und Nichtigem und ihrer Unterscheidung" verstanden wurde[71].

Wie die jurisprudentielle „Beurteilung" neuartiger Situationen mit dem Gottesgesetz zu vereinbaren sei, war im 10. Jahrhundert strittig[72]. Mit Entwicklung der Grundlagentheorie (*uṣūl al-fiqh*) änderte sich die Ausgangslage für eine „islamische Rechtswissenschaft", und die Juristen der damals bereits seit Jahrhunderten etablierten Rechtsschulen nahmen ebenfalls Stellung. Ein interessantes Zeugnis für die beginnende konzeptionelle Annäherung der jurisprudentiellen Normaussagen an die Grundlagenlehre findet sich bei dem malikitischen Gelehrten *Ibn al-Qaṣṣār* (gestorben 1006) in seinem Werk „Einleitung in die Grundlagen" (*Muqaddima fī l-uṣūl*) über die ausschließlich auf Koran, Sunna, Gemeindekonsens und gültiger Beurteilung (*naẓar ṣaḥīḥ*) basierenden Rechtssätze Māliks[73]. Der Autor diskutiert die Hinweise (*adilla*) der Rechtsfälle, in denen Mālik sich von „Gründungsvätern" anderer Schulen unterscheidet[74]. Den epistemologischen Rahmen bildet hierfür die nicht zu leugnende Existenz von „Hinweisen" unterschiedlicher Evidenz, die Notwendigkeit ihrer (juristischen) Beurteilung (*wuǧūb an-naẓar*) sowie, als Gegenstück, die Bedingungen der Übernahme (*taqlīd*). Zu den Elementen, auf die der „Beurteilende" bei seiner

---

69 Ist Šāfiʿī zugeschrieben und enthält auch Lehren seiner Schüler, vor allem Rabīʿ.

70 Einzig Šāfiʿī zitiert Koran 45:18 in der *Risāla* als Argument, unter anderen für die Pflicht, dem Propheten zu folgen, *Šāfiʿī*, Risāla (Fn. 36), § 284.

71 So die Definition von *naẓar* bei *Bāqillānī*, Taqrīb (Fn. 40), Bd. 1, 210.

72 *Ǧaṣṣāṣ*, Fuṣūl, Bd. 3, 369–382, zitiert unterschiedliche Auffassungen ihrer Rechtfertigung.

73 *Ibn al-Qaṣṣār* (gestorben 397/1006), al-Muqaddima fī l-uṣūl, hg. v. M. as-Sulaimānī (1996), 3–206, hier 3–4.

74 Ebd., 3, Z. 5–7.

hinweisbasierten Suche (*istidlāl*) nach Bedeutungen (*maʿānī*) zurückgreifen müsse, zählt der Autor die aus der zeitgenössischen Grundlagentheorie bekannten „tradierten Grundlagen“ (*uṣūl samʿiyya*) Koran, Sunna und Konsensus, sowie die hieraus erwachsenden Hinweise und darauf beruhende Deduktion[75]. Das Werk begleitet Aussagen über Māliks Lehren mit Koranzitaten.

Letztendlich wurde die Notwendigkeit der rechtlichen Beurteilung (*wuǧūb an-naẓar*) auch theologisch begründet und betraf als religiöse Verpflichtung (*taklīf*) alle nicht vollständig durch Wissensgewissheit (*ʿilm*) abgedeckten Bereiche. Damit einher geht eine Schärfung des *istidlāl*-Begriffs als an bestimmte Voraussetzungen des Beurteilenden (*nāẓir*) und des beurteilten Gegenstands (*manẓūr*) gebundene „Hinweissuche“[76]. *Bāqillānīs* (gestorben 1013) Unterscheidung der zugrundeliegenden Hinweise in ein rational-unverrückbares *dalīl ʿaqlī* und ein realitätsbegründetes *dalīl waḍʿī*, worunter auch menschliche Äußerungen, Schriftstücke und Verträge zählen[77], schlägt die Brücke der theologisch begründeten „Beurteilung“ zur menschlichen Gerichtsbarkeit, ist aber nicht auf Gerichtsverfahren beschränkt. Aus Sicht des Grundlagendiskurses unterscheidet der Autor zwischen „gültiger“ (*ṣaḥīḥ*) und „mangelhafter“ (*fāsid*) Beurteilung. Diese Unterscheidung verweist nicht auf die Richtigkeit der gefundenen Regelung im Rahmen geltenden Rechts, sondern auf den Grad der Gewissheit ihrer religionsrechtlichen Grundlagen. Damit wurde die juristische Einzelfallbeurteilung konzeptionell in den religionsgesetzlichen Grundlagendiskurs eingebettet, indem ihr zusätzlich eine eigene Art der Hinweise und der hieraus zu gewinnenden Erkenntnis zugewiesen wurde. Dies führte zu einer Schärfung der jurisprudentiellen Methodik und einer verstärkten religionsrechtlichen Legitimation der Jurisprudenz.

Die schariatische Ausrichtung der Rechtsschulen während des 10. bis 12. Jahrhunderts, in der die tradierten Rechtssätze nach Kriterien der grundlagenorientierten Hermeneutik geschärft und legitimiert wurden, führte zu einer Sakralisierung der jeweiligen jurisprudentiellen Schultradition. Dies zeigte sich etwa, wenn Werke zur materiellen Rechtskasuistik zu Beginn eines Kapitels sowie für einzelne Rechtssätze deren schariatische Grundlage, etwa eine Prophetentradition aus den kanonischen Sammlungen des Buḫārī und Muslim, angaben[78]. Zwar stand die Jurisprudenz jenseits der theologischen Gewissheit (*ʿilm*) des Gottesgesetzes und beschränkte sich als Beurteilung (*naẓar*) auf im Gottesrecht nicht eindeutig (*qaṭʿī*) geregelte Sachverhalte, doch illustriert ihre Einbindung in die Grundlagentheorie die Macht der Rechtstradition und ihre sakrale Legitimation. Die theologische Begründung der Notwendigkeit einer „gültigen menschlichen Beurteilung“ mittels Hinweissuche (*istidlāl*), etwa bei Bāqillānī, sah die – hier sunnitische – Jurisprudenz als Teil des göttlichen Heilsplans für die Muslime. Im Religionsgesetz war der den „Glauben“ (*dīn*) betreffende

[75] *Ibn al-Qaṣṣār*, al-Muqaddima (Fn. 73), 11 und 40.

[76] *Bāqillānī*, at-Taqrīb (Fn. 40), Bd. 1, 215–220, sowie ebd., 195, zum „Beurteilenden“. Vgl. die Bedingungen des *naẓar/istidlāl* bei *Šīrāzī*, K. al-Lumaʿ (Fn. 40), 30–31.

[77] *Bāqillānī*, at-Taqrīb (Fn. 40), Bd. 1, 204–205.

[78] So etwa in *ar-Rāfiʿī* (gestorben 623/1226), al-Muḥarrar fī fiqh al-imām aš-Šāfiʿī, hg. v. Abū Yaʿqūb Našāt, 3 Bde. (2013); oder *Ibn Qudāma* (gestorben 620/1223), al-Muġnī, 12 Bde., in: aš-Šarḥ al-kabīr ʿalā matn al-muqniʿ, hg. v. Muḥammad Rašīd Riḍā (1926–1929).

Teil schariatischer Bestimmungen allgemein bekannt, der andere über Detailbestimmungen einzelner Rechtsbereiche durch auf Hinweissuche (*istidlāl*) basierende Beurteilung (*naẓar*) festgelegt[79].

Grundlagenhermeneutisch abgesicherte Detailregelungen der Rechtsschule wurden zunehmend zur „gültigen Beurteilung“ eines Falles erklärt, welche keine Überprüfung durch eine zeitgenössische Rechtssuche (*iǧtihād*) erlaubte. In der älteren Forschungsliteratur wurde dieses Phänomen als „Fossilisieren des *fiqh*“ aufgefasst. Wie jüngere Forschungen zur Fatwa-Literatur belegen, bedeutete die Fixierung der tradierten Rechtssätze als Schuldoktrin jedoch keinesfalls das Ende einer auf aktuelle Ereignisse zugeschnittenen Jurisprudenz.

3. Fallbeurteilung als Teil des schariatischen Regelwerks (ab dem 13. Jh.)

Die eingangs erwähnte Verwendung schariatischer Begriffe in Rechtsurkunden seit dem 12. Jahrhundert betraf einen grundlegenden terminologischen Wandel der Notariatspraxis. War dies ein rein „rechtspraktisches Phänomen“ oder spiegelte sich diese Veränderung auch in der Rechtstheorie und damit im islamischen Recht als Ganzem wider? Obgleich die Grundlagentheorie in Grundzügen unverändert erscheint, ergibt sich bei genauer Betrachtung ein kleiner, aber entscheidender Unterschied in Bezug auf die „Bewertung realer Rechtsfälle“ innerhalb der Rechtstheorie des 12. bis 13. Jahrhunderts. Diese Weiterentwicklung der Hermeneutik fügte die Bewertung individueller Rechtsfälle nicht mehr wie früher als separaten Anhang den schariabedingten Bestimmungen hinzu, sondern verschränkte sie mit dem Konzept der „Bestimmung“ (*ḥukm*). Dieser Wandel ist meines Wissens in den Quellen nicht explizit erläutert, zeigt sich jedoch deutlich im chronologischen Vergleich an mehreren Stellen.

So umfasste in der juristischen Grundlagentheorie das Konzept der Bestimmung (*ḥukm*) nunmehr auch die rechtlichen Elemente der vormals informal angefügten Aspekte. Demnach war jede Bestimmung „verbunden mit dem Grund“, „festgelegt durch den ‚Umstandsfaktor‘ (*ʿilla*)“ und „vorhanden bei der Bedingung“ (*šarṭ*)[80]. Die „schariatischen Bestimmungen“ (*aḥkām šarʿiyya*) wurden nunmehr als Teil des dies-

[79] Etwa *Šīrāzī*, K. al-Lumaʿ (Fn. 40), 250. Die „Hinweissuche“ ergab deshalb noch kein „sicheres Wissen“, weil für aš-Šīrāzī ein *dalīl* neben *ʿilm* auch *ẓann* erzeugen konnte, ebd., 30; und oben, Fn. 45.

[80] *Šāšī*, Uṣūl, hg. v. ʿAbdallāh al-Ḫalīlī (2002), 222. Diese bei Pazdawī und Saraḫsī im 11. Jahrhundert als Anhang zum *ḥukm* angeführten jurisprudentiellen Elemente (*sabab, šarṭ, ʿilla*) waren somit ausser dem dort ebenfalls erwähnten „Bekanntsein“ (*ʿalāma*) in die komplexe *ḥukm*-Vorstellung einbezogen. Das kompakte Werk des *aš-Šāšī* lässt sich auf das 13. Jahrhundert datieren. Gegen die Identifizierung des Autors mit einem 344/955 verstorbenen Schüler al-Karḫīs durch den Herausgeber, ebd., 5–6, sprechen mehrere Gründe, unter anderem die im 10. Jahrhundert unübliche Verwendung des *laqab* Niẓām ad-Dīn, vgl. *J. Sublet*, Le voile du nom: essai sur le nom propre arabe (1991), 91–94; die Nichterwähnung eines *uṣūl*-Werks im Biogramm des 344/955 verstorbenen Gelehrten, wohingegen beim zitierten al-Luknawī kein Todesdatum existiert, *Šāšī*, Uṣūl, 6; sowie die Entwicklung der Rechtshermeneutik. Zur Datierung ins 7./13. Jahrhundert, siehe *F. Sezgin*, Geschichte des arabischen Schrifttums, Bd. 1 (1967), 498 mit Anm. 1; dagegen *C. Brockelmann*, Geschichte der arabischen Literatur, Bde. 1 und 2 mit Supplement (1937–1949), Bd. 1, 174/182; Supplement 1, 294 (mit 325/937 als Todesdatum).

seitsorientierten Menschenrechts angesehen, weshalb sie aufgrund der ihnen innewohnenden Verpflichtung (*wuǧūb*) immer mit dem Ereignisgrund (*sabab*) verbunden waren[81]. Da der Ereignisgrund entweder mit der *ratio legis* zusammenfallen, an ihre Stelle treten, oder durch ihre Spezifizierung verhindert sein konnte[82], und die Bedingung (*šarṭ*) als irrealer (weil noch nicht eingetretener) Ereignisgrund (*sabab maǧāz*) galt[83], schließt diese Konzeption der „Bestimmung" notwendigerweise individuelle Rechtsbestimmungen ein.

Nunmehr wurden „schariatische Bestimmungen" (*aḥkam šarʿiyya*) als vieldimensionale Konzepte aufgefasst, welche auch direkt die juristische Beurteilung menschlicher Handlungen abdeckten und sich deshalb nicht mehr auf den Status absoluter, gottesgesetzlicher Bestimmungen beschränkten[84]. Deutlich wird dies insbesondere bei der Unterscheidung zwischen einer schariatischen Beurteilung über gültig (*ṣiḥḥa*) und ungültig (*buṭlān*), welche sich unterschiedlich bei den Kultuspflichten (*ʿibādāt*) und den Verträgen (*ʿuqūd*) äußerte. Hierbei unterscheidet bereits ar-Rāzī (gestorben 1209) zwischen theologischem und juristischem Diskurs[85]; *al-Āmidī* (gestorben 1233) rationalisiert darüber hinaus die Bestimmung „gültig oder ungültig" als ein „Akzidenz" (*waṣf*) der „umstandsbedingten Bestimmung" (*ḥukm waḍʿī*) innerhalb der *aḥkām šarʿīyya*[86].

Ar-Rāzīs Definition von *fiqh* als „Wissen von den anwendungsbezogenen schariatischen Bestimmungen, welches bezüglich ihrer Eigenheiten (*aʿyān*) indikatorengestützt ist, wodurch deren Existenzkenntnis nicht auf Glaubensnotwendigkeit beruht"[87], bezieht sich eindeutig auf die Jurisprudenz. Sie grenzt den *fiqh* als eine eigene Wissenssphäre ab von der bloßen Überlegung, den Alltagserfahrungen, der Theologie, den Pflichten eines Gläubigen und der bloßen Übernahme eines Rechtsgutachtens[88]. Die *uṣūl al-fiqh* werden als der Teil des *fiqh* verstanden, der über mehrere epistemologische Ebenen die Verbindung zum Gottesgesetz legitimiert. Eine göttliche Beurteilung (*ḥukm Allāh*), ausgedrückt durch die Aussage (*qaul*) Gottes oder

---

81 *Šāšī*, Uṣūl (Fn. 80), 229.

82 Ebd., 226–227, 236 und 238.

83 Ebd., 228.

84 Siehe etwa die vielschichtige Diskussion „schariatischer Bestimmungen" in der rechtshermeneutischen Schrift des heute zumeist als Philosophen und Theologen bekannten schafiitischen Gelehrten *Rāzī*, al-Maḥṣūl fī ʿilm al-uṣūl (Fn. 5), Bd. 1, 23–82, wobei die Aspekte (*wuǧūh*) der schariatischen Taxonomie als Bewertung der menschlichen Akte des *mukallaf* nur den ersten von insgesamt zehn Teilen umfassen, ebd., 23–33.

85 Ebd., 39–42; vgl. auch *Subkī* (771/1369), Ǧamʿ al-ǧawāmiʿ fī ʿilm uṣūl al-fiqh, hg. v. ʿAqīla Ḥusain (2011), 213, zur Gültigkeit (*ṣiḥḥa*) religiöser und rechtlicher Art.

86 *Āmidī*, Iḥkām (Fn. 5), Bd. 1, 133; näheres zu *waṣf*, ebd., 174–175. Von *Weiss*, The Search for God's Law (Fn. 5), 102–103, als „nonnormative categorization" übersetzt. Dagegen verwendete aš-Šīrāzī *ṣiḥḥa* und *auṣāf* noch unspezifisch und ohne konzeptionelle Verbindung beider Begriffe, *ders.*, K. al-Lumaʿ (Fn. 4), 32 (zu *ṣiḥḥa*) und ebd., 253 (zu *auṣāf* im Zusammenhang dessen, was ein *muǧtahid* kennen müsse).

87 „Al-ʿilm bil-aḥkām aš-šarʿiyya al-ʿamaliyya al-mustadall ʿalā aʿyānihā bi-haiṯu lā yuʿlamu kaunuhā min ad-dīn ḍarūratan", *Rāzī*, Maḥṣūl (Fn. 5), Bd. 1, 6.

88 Ebd., Bd. 1, 6–7.

auch seines Gesandten[89] könne nur durch die *uṣūl al-fiqh* in Form einer „schariatischen Bestimmung" (*ḥukm šarʿī*) festgelegt werden[90]. Da die *uṣūl al-fiqh* alle Wege der Erkenntnis umfassten, neben den Indikatoren auch die rationalen „Zeichen"[91], könne jede „schariatische Bestimmung" (*ḥukm šarʿī*) durch Rationalität oder Offenbarung festgelegt sein[92]. Ob derartige Hinweise (schariatische) „Indikatoren" seien, entscheide sich durch „Summierung" (*ṭarīq al-iğmāl*)[93] ihres Hinweischarakters auf das Gottesgesetz. Die Festlegung des Indikators in spezifischen Rechtssituationen sei nicht Aufgabe der *uṣūl*[94].

Zu den Indikatoren des „schariatischen Status der Bestimmung" (*adillat šarʿiyyat al-ḥukm*) zählten nunmehr neben Koran, Sunna und gültiger *qiyās* auch die als „berücksichtigte Hinweissuche" (*istidlāl muʿtabar*) bezeichnete jurisprudentielle Tradition (Regeln der Rechtsschulen) in ihrer zeitgemäßen, gängigen Form. Diese standen den „Indikatoren ihres realweltlichen Eintretens" (*adillat wuqūʿihā*) gegenüber[95]. Das Konzept der Beweiskraft (*ḥuğğiyya*) für den schariatischen Charakter einer Rechtsbestimmung (*ḥukm*) bot einen erweiterten gemeinsamen Rahmen der schariatischen „Fundamente" (*uṣūl*).

Während vormals nur zweifelsfreie, vielfältig überlieferte Traditionen (*mutawātir*) als Indikator für eine Sunna akzeptiert waren, konnten nunmehr auch andersartige Überlieferungen einbezogen werden, etwa die durch einzelne glaubwürdige Überlieferer. Alle Textindikator-Aussagen wurden demnach nach Grad ihrer feststellbaren Authentizität (*ṯubūt*) und ihrer Hinweiskraft (*dalāla*) bezüglich einer Schariaregel (*ḥukm*) unterschieden. Für beide Aspekte (Authentizität und Hinweiskraft) wurde in „absolut sicher" (*qaṭʿī*) und „relativ sicher" (*ẓannī*) unterteilt[96]. Die spätere *uṣūl*-Literatur der Hanafiten akzeptierte etwa den Konsensus (*iğmāʿ*) der Juristen ihrer Rechtsschule, nicht nur den der Gesamtgemeinde, sowie die *sunna* nach den autoritativen Hadith-Sammlungen als „Fundament" schariatischer Bestimmungen. Auch die kombinierte Bewertung aller Indikatoren floss in die Beweiskraft (*ḥuğğiyya*) über den schariatischen Charakter einer Rechtsbestimmung ein, etwa auch die metaphorische Verwendung eines Koranverses in Verbindung mit einer aus dem Hadith gewonnenen *ratio legis*[97].

Auch die realweltliche Fallbeurteilung durch einen qualifizierten Juristen (*muğtahid*) wurde durch eine ähnliche Unterscheidung des Hinweischarakters zugrunde-

---

[89] Ebd., Bd. 1, 18. Dies grenzt den *qaul* von den Taten (*afʿāl*) des Propheten ab!
[90] Ebd., Bd. 1, 82.
[91] Ebd., Bd. 1, 7.
[92] Ebd., Bd. 1, 48: „ṯābit bil-ʿaql au biš-šarʿ".
[93] Ebd., Bd. 1, 7: „bayān kaun tilka al-adilla adillatan".
[94] Ebd. Der *iğmāʿ* sei ein *dalīl* und damit Teil der *uṣūl al-fiqh*, aber die Tatsache, dass es für ein bestimmtes Problem einen Konsensus gebe, sei nicht Teil der *uṣūl al-fiqh*.
[95] Ibn ʿAbd as-Salām (gestorben 660/1262), Qawāʿid al-aḥkām fī maṣāliḥ al-anām (Dar al-kutub al-ʿilmiyya, Beirut, o. J.), Bd. 2, 41.
[96] Vgl. A. Zysow, The Economy of Certainty. An Introduction to the Typology of Islamic Legal Theory (2013), 52; nach *Buḫārī* (gestorben 730/1329), Kašf al-asrār ʿan Uṣūl Faḫr al-Islām al-Bazdawī, 4 Bde. (1308/[1890–1891]).
[97] Vgl. die Unterscheidungen bei *Pazdawī*, Uṣūl (Fn. 3), Bd. 1, 106 ff., zu Formen des *istidlāl*.

gelegter Entscheidungsgrundlagen beschrieben, und zwar den Hinweis auf ihren realweltlichen bzw. schariabedingten (juridischen) Charakter. Die „Hinweise auf Schariabedingtheit" (*adillat mašrūʿiyyatihā*) umfassten laut *al-Qarāfī* (gestorben 1285) insgesamt neunzehn Indikatoren, darunter Koran, Sunna und *qiyās*, sowie verschiedene jurisprudentielle Quellen und Argumentationsfiguren, von denen nicht alle als „Argument" (*ḥuǧǧa*) des Offenbarungsrechts galten[98]. Damit verweist das Konzept der „Schariabedingtheit" sprachlich auf das schariatische Feld, ohne mit „schariatisch" gleichgesetzt zu sein. Bei den juridischen Quellen werden rein jurisprudentiell formalisierte Quellenaussagen (Konsens der vier Kalifen etc.) und Argumentationsformen (Abwendung von Schaden) mit denen der „Fundamente" (Koran, Sunna, Konsens und Übertragung) als Indikatoren für die Schariabedingtheit der Rechtsbestimmung (*ḥukm*) kombiniert. Insofern seit dem 13. Jahrhundert alle vier Fundamente unterschiedslos als Indikatoren des schariatischen Charakters angesehen wurden, setzte sich ab al-Āmidī (gestorben 1233) schließlich dauerhaft die Unterscheidung zwischen „textlich" (*dalīl naṣṣī*) für Koran und Sunna sowie „ermessensgebunden" (*dalīl ẓannī*) für Konsens und Deduktionsschluss durch[99]. Die Abwägung (*tarǧīḥ*) widersprüchlicher Indikatoren zur Erlangung einer Bestimmung war von der Rechtstheorie stark formalisiert.

Die Verschränkung der ehemals rein auf die „Offenbarungstexte" Koran und Sunna bezogenen Hermeneutik zeigt sich im bereits zitierten Werk des *Niẓām ad-Dīn aš-Šāšī* insbesondere bei der Behandlung der „Verdeutlichung" (*bayān*) – gerade auch im Gegensatz zu früheren Auffassungen bei Šāfiʿī und al-Ǧaṣṣāṣ. Demnach umfasste die Verdeutlichung rechtsrelevanter Äußerungen in sieben Aspekten (*wuǧūh al-bayān*) erstens sowohl Aussagen in heiligen Texten als auch bei menschlichen Rechtsgeschäften[100], und zweitens sowohl Änderungen durch Ergänzung und Ausnahme als auch die Abrogation durch den schariatischen Gesetzgeber[101]. *Aš-Šāšīs* Behandlung der vier „Grundlagen des Rechtsverständnisses" (*uṣūl al-fiqh*) Koran, Sunna, Konsensus und *qiyās*[102] unter texthermeneutischen, überlieferungstechnischen und ar-

---

[98] So gibt *Qarāfī* (gestorben 684/1285), aḏ-Ḏaḫīra, hg. v. Muḥammad Ḥaǧǧī, 14 Bde. (1994), Bd. 1, 149–156, bei sechs von insgesamt 17 näher beschriebenen Indikatoren auf Schariabedingtheit nicht an, sie seien ein „Argument" (*ḥuǧǧa*); ausserdem *Qarāfī*, Šarḥ tanqīḥ al-fuṣūl fī iḫtiṣār al-maḥṣūl fī l-uṣūl, hg. v. A. Farīd al-Mizyadī (2007), 434–443, mit eingefügtem Kommentar.

[99] Vgl. *Āmidī*, al-Iḥkām (Fn. 5), Bd. 1, 8–9, für einen frühen Beleg des *dalīl ẓannī* in Zusammenhang mit *dalīl šarʿī*; sowie *Ibn al-Humām* (gestorben 861/1457), Šarḥ Fatḥ al-Qadīr, 7 Bde. (Dār al-Fikr, Beirut, o. J.); *Ibn Amīr al-Ḥāǧǧ* (gestorben 879/1474), K. at-Taqrīr wat-taḥbīr (Beirut, 1996); *Ibn Nuǧaim* (gestorben 970/1563), al-Baḥr ar-rāʾiq šarḥ Kanz ad-daqāʾiq, 8 Bde. (Kairo, 1915; Beirut, 1997); *Šaukānī* (gestorben 1250/1834), Iršād al-fuḥūl ilā taḥqīr ʿilm al-uṣūl, hg. v. Muḥammad Saʿīd al-Badrī au Muṣʿab (1992); *Ibn ʿĀbidīn* (gestorben 1258/1836), Ḥāšiyat Ibn ʿĀbidīn, 6 Bde. (1386/[1966–1967]).

[100] Vgl. *Šāšī*, Uṣūl (Fn. 80), 165–166, zum *bayān ḥāl* (situationsbedingtes Verständnis durch Schweigen) mit Beispielen zum Propheten und aus dem Recht: dem Nichtverbot einer Handlung, die der Prophet sah und nicht verbot; der Nichtbeanspruchung des Vorkaufsrechts bei Kenntnis des Kaufvertrags, sowie die Zustimmung zur Ehe durch Schweigen.

[101] Ersteres als *bayān taġyīr* (Veränderung), ebd., 157–164; letzteres als *bayān tabdīl* (Aufhebung durch Abrogation), ebd., 168. Damit wird bei Šāfiʿī angeknüpft, der jedoch die erste Form nicht als „Offenlegung" (*bayān*) bezeichnet hätte. Laut *Subkī*, Ǧamʿ (Fn. 85), 336, bezeichneten einige Autoren die Abrogation (*nasḫ*) als „Offenlegung" (*bayān*), andere als „Hinweghebung" (*rafʿ*).

[102] *Šāšī*, Uṣūl (Fn. 80), 12.

gumentativen Gesichtspunkten bezieht an verschiedenen Stellen das Offenbarungsgesetz (*šarʿ*) in die Diskussion um Bestimmungen ein. So setzt das Offenbarungsgesetz eine von Menschen nicht veränderbare Bestimmung (*ḥukm aš-šarʿ*)[103], kann eine Verpflichtung aufheben[104], ein nicht-selbstähnliches oder nicht-gleichbedeutendes Äquivalent angeben (*warida aš-šarʿ bil-miṯl*) – d. h. ohne logische Verknüpfung[105] –, die Dauer einer Verpflichtung beschränken[106], oder bestimmte Regelungen verdeutlichen (*bayana aš-šarʿ*)[107]. Mit der Ableitung von Rechten (*ḥuqūq*) aus den Bestimmungen (*aḥkām*) wird erklärlich, warum ein offenbarungsgesetzliches Recht (*ḥaqq aš-šarʿ*) sowohl in einer Offenbarungsbestimmung (*ḥukm aš-šarʿ*) als auch in einem menschlichen Recht (*ḥaqq al-ʿabd*) gründen kann[108]. Damit war das Offenbarungsgesetz integraler Teil der juristischen Argumentation.

Insgesamt verschmelzen im 13. Jahrhundert Offenbarungsbestimmungen und menschliche Rechtsinterpretation zu einer nunmehr als schariatischer Jurisprudenz zu bezeichnenden Einheit. Diese Einheit basierte auf der Komplexifizierung der „schariatischen Bestimmung" von einer Normaussage zu einer in der Rechtskasuistik verankerten, vielschichtigen und auf mehreren Indikatoren beruhenden Regulierung schariabedingten und realweltlichen Hinweischarakters. Damit mutierte die „schariatische Bestimmung" zum konstitutiven Element des gesamten Regelsystems.

IV. Das Schariarecht

Im Folgenden wird der Frage nachgegangen, welche Auswirkung die „Schariatisierung der Jurisprudenz" auf das „Recht" in islamischen Gesellschaften hatte. Gemäß der eingangs formulierten Hypothese verstehen wir „Recht" in erster Linie als von Richtern konkretisierte Rechtsnormen. Richterliche Entscheidungen bestimmen den Sinn der im Recht zugrundegelegten Regelaussagen, nicht umgekehrt. Nun ist dieser Ansatz in der islamischen Rechtforschung durchaus unüblich, weil erstens häufig mit Schacht noch von einem inhärenten Theorie-Praxis Gegensatz ausgegangen wird, zweitens die meisten Untersuchungen sich auf die jurisprudentielle Literatur (sowohl materiellrechtlich als auch rechtstheoretisch) beschränken, und drittens die Richterpraxis kaum, bzw. für die vorosmanische Zeit nur sehr punktuell erforscht ist. Mit den bereits erwähnten Rechtsurkunden des CALD-Korpus sind jedoch gerade für die Zeit nach dem 11. Jahrhundert genügend Beispiele für die richterliche Notarisierungspraxis von Urteilen erhalten, um einen generellen Eindruck zu gewinnen.

---

[103] Etwa ebd., 89, am Beispiel des Fastens.

[104] Ebd., 91: die Verpflichtung zum Gebet wird erfüllt durch Ableistung, bei geistiger Verwirrung, Menstruation und dem Gebärakt.

[105] Ebd., 102.

[106] Ebd., 145: Die Offenbarungsbestimmung beendet das Ramadanfasten aufgrund der Erwähnung von „einem Monat"; in anderen Fällen ist keine Dauer vorgegeben, ebd., 88.

[107] Ebd., 204, mit dem Beispiel des Fastenbrechens für Kranke und Reisende.

[108] Ebd., 89. Eine vertragliche Scheidung (*ḫulʿ*) könne nicht das Verlassen des Hauses während der Wartezeit der früheren Ehefrau zur Bedingung machen, da das Wohnrecht ein *ḥaqq aš-šarʿ* sei, welches der Mensch nicht aufheben könne, etwa im Gegensatz zu Unterhaltsleistungen.

Die Konkretisierung des Rechts durch den Richter basiert auf dem Zugriff auf bestimmte „Quellen", welche zumindest teilweise seine Entscheidungen juristisch motivieren. Von empirischem Erkenntnisinteresse geleitet unterscheidet *Millard* drei Quellentypen, die bei der richterlichen Entscheidung eine Rolle spielen, ohne jeweils explizit erwähnt werden zu müssen: formale (*formalisé*), formalisierte (*conformalisé*) und nichtformale (*informalisé*)[109]. Diese Quellentypologie sprengt damit jede an Rechtsnormen und Gesetzgebung orientierte formalistische Definition von Recht und kann deshalb ohne formaljuristische Voraussetzungen auf Situationen im vormodernen Islam übertragen werden. Erstens konkretisierte auch dort der Richter in seinen Urteilen und sonstigen Aktionen das Recht[110] im Rückgriff auf bestimmte Quellen, die für unsere Argumentation zunächst nicht näher bestimmt werden müssen. Und zweitens können wir als formale Quelle der richterlichen Entscheidungsfindung die Jurisprudenz identifizieren, sei sie durch ein Gutachten vermittelt oder dem Richter anderweitig – etwa durch seine Ausbildung – geläufig. Die Textquellen Koran und Traditionssammlungen waren dagegen, soweit bekannt, nicht direkt Quelle der richterlichen Entscheidung. Darüberhinaus lassen sich etwa mündliche Bezeugungen über rechtskonforme Vertrags- und sonstige Urkunden den formalisierten Quellen des Richterentscheids zurechnen. Zu nichtformalen Quellen gehören alle vorstellbaren Einflüsse, etwa soziale oder individuelle Umstände der Richterentscheidung, welche zum Teil unausgesprochen die Konkretisierung des Rechts durch den Richter beeinflussten. Die Berücksichtigung der Fallumstände eines Tötungsdelikts als „dalīl" (Indiz) durch Juristen des 14. Jahrhunderts[111] fügt sich ein in eine umfassende Theorie der richterlichen Rechtsprechung.

Die Rolle der Jurisprudenz als Quelle der Rechtsprechung wird in den Urkunden sichtbar, und damit schließt sich der Kreis dieses Beitrags. Um die notarisierten Rechtsvorgänge vor juristischer Anfechtung zu schützen, verwendeten die Aussteller bestimmte Formulierungen aus dem Juristenrecht. Ein Beispiel für die zunehmende jurisprudentielle Durchdringung des Rechtslebens war etwa die Verwendung der Formulierung „nach Sicht, geschlossenem Vertrag und körperlicher Trennung der Vertragsparteien" in Kaufurkunden ab dem 10. Jahrhundert, welche auf das schariatisch begründete Rücktrittsrecht nach Vertragsabschluss vor Inansichtnahme des Kaufguts abzielte. Die Einheitlichkeit derartiger Formulierungen in arabischen Rechtsurkunden aus verschiedenen Regionen der islamischen Welt verweist auf die überregionale Wirkung und Gültigkeit der Jurisprudenz jenseits von Herrschaftsgrenzen. Global lässt sich bestätigen, dass die erhaltenen Zeugen- und Richterurkunden den Anforderungen islamischer Jurisprudenz entsprechend redigiert und beglaubigt wurden[112]. Die konzeptionelle Übertragung des gottesrechtlichen Anspruchs auf juristische De-

---

[109] *Millard*, Théorie générale du droit (Fn. 1), 112–113.

[110] Siehe etwa *C. Müller*, Der Kadi und seine Zeugen. Studie der mamlukischen Ḥaram-Dokumente aus Jerusalem (2013), zur Regelmäßigkeit in der mamlukischen Rechtspraxis.

[111] *B. Johansen*, Signs as Evidence: The Doctrine of Ibn Taymiyya (1263–1328) and Ibn Qayyim al-Jawziyya (d. 1351) on Proof, Islamic Law and Society 9 (2002), 168–193.

[112] Zu Urkunden als Instrumenten eines zukünftigen Gerichtsbeweises ab dem 10.–11. Jahrhundert *Müller*, The Power of the Pen (Fn. 11).

tailbestimmungen einschließlich ihrer realweltlichen Komponenten wurde ja bereits beschrieben.

Mit Verweis auf die „schariatische Gültigkeit" und der Titulierung des Kadi als „Hüter der Scharia" in Urkunden seit dem 12. Jahrhundert wurde dieser Tatsache Rechnung getragen. Die Gesetzesregeln des Juristenrechts wurden nunmehr unter dem Begriff „gereinigte Scharia" (*šarīʿa muṭahhara*) zur Quelle (oder besser: einer der Quellen) der richterlichen Rechtsprechung. Das islamische Recht kennt die Aufgabenteilung zwischen Kadi und Mufti. Der Kadi ist für die Feststellung der materiellen Fakten im Gerichtsverfahren zuständig und der Mufti für die rechtliche Beurteilung der objektiven Rechtsansprüche in Form eines Gutachtens (*fatwā*). Der Richterspruch (Urteil) schafft bzw. bestätigt dann die subjektiven Rechte des Falles. Nun gab es jenseits dieser schematischen Rollenzuweisung sicherlich historische Unterschiede bei der Heranziehung von Rechtsgutachten durch den Richter. Je nach Schwere des Falles, Ausbildungsstand des Richters oder auch der institutionalisierten Einrichtung eines Gutachterrats (*šūrā*) stützten die Kadis ihre Entscheidung auf ein oder mehrere externe Gutachten, oder auf ihr eigenes Rechtswissen. Ungeachtet dessen stellt sich die Frage, worauf sich die Rechtsgutachter – so sie denn zu Rate gezogen wurden –, bzw. der Kadi selbst bei ihrer Bewertung des Gerichtsfalles beriefen und ob sich dies in der Theorie des Schariarechts widerspiegelte.

V. Die Jurisprudenz im Dienste des Rechts

In dieser Phase des „Schariarechts" beanspruchten die Juristen, wie beschrieben, im Rahmen der überlieferten Schuldoktrin eine gültige Beurteilung der Detailregelungen (*aḥkām*) des Gottesgesetzes zu besitzen, welche nur in extremen Ausnahmefällen revidiert werden konnte. Nach der Rechtstheorie war eine eigene Fallbeurteilung, auch seitens qualifizierter Juristen (*muǧtahid*), nur für bislang „gesetzlich" ungeregelte Fälle möglich. Dabei bezog sich „ungeregelt" jedoch auf schariatische Bestimmungen, nicht auf die keiner Gesetzesbestimmung entsprechenden subjektivrechtlichen Aspekte eines Falles. Die realweltliche Rechtsbewertung der Gerichtsfälle, dies ist bekannt und ausreichend dokumentiert, wurde in Form eines Rechtsgutachtens (*fatwā*) durchgeführt. Es ist allerdings angesichts der Rechtstheorie kaum davon auszugehen, dass diese Gutachtertätigkeit in die komplexe Architektur der *aḥkām*-Regeln eingriff und von Zeitgenossen deshalb als „*iǧtihād*", als selbständige Rechtssuche für ungeregelte Fälle mittels Indikatorensuche (*istidlāl*) und Abwägung (*tarǧīḥ*), angesehen wurde. Wie erwähnt, war das Regelwerk der Rechtsschulen gerechtfertigt durch eine Kombination verschiedener Indikatoren, welche auf den schariatischen, schariabedingten oder realweltlichen Charakter verwiesen. Die materiellen Rechtsbestimmungen (*aḥkām*) definierten verschiedene Elemente, deren Eintreten (*sabab*), festgelegter Umstandsfaktor (*ʿilla*), oder bedingtes Vorhandensein (*šarṭ*) die Verbindlichkeit der Gesetzesbestimmung (*ḥukm*) für den realweltlichen Fall erzeugte[113]. Da-

[113] Zu den realrechtlichen Aspekten der Bestimmung ab dem 13. Jahrhundert, später auch als

mit bildete die „schariatische Bestimmung“ den Kern einer vielschichtig begründeten „Gesetzesregel“ mit zusätzlich realrechtlichen Dimensionen, die in der Theorie unter dem Regime der Beurteilung auf Basis der Hinweissuche (*istidlāl*) ausgeführt wurden. Nicht als Eingriff in Gesetzesregeln, sondern als erweiterte Anwendung der im jurisprudentiellen Konsens der Rechtsschulen formal festgelegten Schariaregeln traten die individuellen jurisprudentiellen Lösungsansätze der Gutachten auf, welche im Rechtsleben direkt herangezogen wurden.

Diese Einschätzung des Gutachterwesens deckt sich mit der Beobachtung, dass etwa im 13. Jahrhundert im sunnitischen Juristenrecht der Status des „unabhängigen Rechtssuchenden“ (*muǧtahid muṭlaq*) nur retrospektiv den jeweiligen Gründungsvätern der Rechtsschulen zugestanden wurde. Unter den Lebenden konnten besonders qualifizierte Juristen auf Basis der Schuldoktrin Rechtssuche betreiben (*muǧtahid al-maḏhab*), die meisten Juristen galten jedoch im Hinblick auf die Gesetze der Scharia als „Nachahmer“ (*muqallid*)[114]. Die zeitgenössische Rechtsauslegung war somit von der „schariatischen Rechtssuche“ konzeptionell getrennt. Schriftlicher Ausdruck der lebendigen Rechtswissenschaft jener Zeiten waren die Kommentare der Grundlagenwerke, ihre Glossierungen, rechtstheoretische Traktate und Fatwa-Sammlungen. Damit waren in der Phase des Schariarechts (13.–19. Jahrhundert) die als Ausdruck des Gottesgesetzes aufgefassten dogmatischen Lehrsätze der Rechtsschulen tradierte Rechtswissenschaft und konnten von der zeitgenössischen Jurisprudenz durchaus ergänzt, nicht jedoch aufgehoben werden.

VI. Herrschaftsübergreifende Jurisprudenz

Islamische Jurisprudenz entfaltete sich als herrschaftsübergreifendes Regelsystem, dessen Anwendung in Kadi-Gerichten von der Obrigkeit institutionell abgesichert wurde. Gesammelt wurden zeitgenössische jurisprudentielle Falllösungen während des Untersuchungszeitraums in personenbezogenen, teils überregionalen Fatwa-Sammlungen der jeweiligen Rechtsschulen, nicht innerhalb bestimmter Herrschaftsbereiche.

Aufgrund seiner schariatischen Legitimation diente die Anwendung „islamischen Gottesrechts“ nach dem Fall des Bagdader Kalifats Mitte des 13. Jahrhunderts in verstärktem Maße der Herrschaftslegitimation, etwa bei den Mamlukensultanen in Ägypten und Syrien. Möglicherweise war der legitimierende Charakter einer allgemein-sunnitischen Grundlagentheorie für das Schariarecht auch Auslöser neuer synthetischer Ansätze, die verschiedene *uṣūl*-Traditionen zusammenführ-

Basis (*rukn*) einer „Subjektivbestimmung“ (*ḥukm waḍʿī*) verstanden, *Mullā Ḫuṣrau* (gestorben 1480), Mir'at al-uṣūl (Fn. 53), 381–401; zum *ḥukm waḍʿī* im Zusammenhang mit den Akzidenzien „gültig – ungültig“ bereits *Āmidī*, Iḥkām (Fn. 5), 133.

[114] *N. Calder*, Al-Nawawī's Typology of Muftīs and Its Significance for a General Theory of Islamic Law, Islamic Law and Society 3 (1996), 137–164.

ten[115] beziehungsweise eine Gesamtschau ihrer Unterschiede und Gemeinsamkeiten vornahmen[116].

Im Rahmen eines west-östlichen Rechtsvergleichs erscheint es notwendig, den schariatischen Charakter des späteren sunnitischen Juristenrechts zu beschreiben, um zu begreifen, warum sich dieses staatlicher Kontrolle entzog, obwohl starke Verwaltungsstrukturen, etwa im Mamlukischen und Osmanischen Reich, vorhanden waren. Letztere sind durchaus mit Max Weber als „bürokratische Herrschaft" zu charakterisieren. Islamisches Recht war nicht etwa deshalb „schariatisch", weil der Staat schwach war, sondern aufgrund der beschriebenen Gründe seiner Geschichte und internen Legitimation. Aus diesem Grund war es als legitimes Regelsystem jedoch nicht an staatliche Institutionen gebunden und konnte auch in Gebieten ohne staatliche Kontrolle Wirksamkeit entfalten.

Insgesamt verweist die vorliegende Untersuchung islamischer Jurisprudenz anhand des Schariabegriffs auf die Umsetzung eines vieldeutigen koranischen Begriffs in konkrete geschichtliche Realitäten. Islamisches Recht als Interpretation gottgewollter Normativität entfaltete sich auf nicht-staatlicher, jurisprudenzieller Ebene und war hierbei gebunden an die sakrale Tradition der Rechtsschulen. Diese Begriffsgeschichte verdeutlicht darüber hinaus, dass der schariatische Charakter keine Entstehungsbedingung für islamisches Recht war, sondern treibende Kraft und Kulminationspunkt einer komplexen geschichtlichen Entwicklung, die hier nur in groben Zügen aufgezeigt werden konnte.

---

[115] Laut Ibn Ḫaldūn verband das vielzitierte Werk des *Ibn as-Saʿātī* (gestorben 694/1295), al-Badīʿ fī uṣūl al-fiqh al-mašhūr bi-badīʿ an-niẓām al-ǧāmiʿ bain uṣūl al-Bazdawī wal-iḥkām, hg. v. Muṣṭafā Maḥmūd al-Azharī und Muḥammad Ḥusain ad-Dimyāṭī, 3 Bde. (2014), hanafitische und theologische *Uṣūl*-Tradition auf Basis der Werke des Pazdawī und dem *Iḥkām* des Āmidī, cf. *N. Calder*, Uṣūl al-fiqh, in: The Encyclopaedia of Islam, New Edition, Bd. 10 (2000), 931b–934a.

[116] So der relativ kurze, 30–40 Blätter umfassende und dabei recht erfolgreiche Text des *Subkī*, Ǧamʿ al-ǧawāmiʿ (Fn. 85); zum Erfolg des Werks, vgl. ebd., 118–132; Edition mit ausführlichen Anmerkungen, ebd., 207–501.

Vom Recht der Kirche zum Recht des Papstes

Beobachtungen zum Strukturwandel des kanonischen Rechts im Mittelalter

Thomas Wetzstein

I. Die Rechtsquellen 87
II. Die Rolle der Rechtsschulen 98
III. Die Rechtsprechung 100

Ein berühmtes Zitat des nicht weniger berühmten Papstes *Gregor VII.* mag am Beginn unserer Überlegungen stehen: „Bei unseren Vorgängern war es Recht und Gewohnheit, den Weg des Herrn allen Nationen durch im Geist der Nächstenliebe stehende Gesandtschaften zu lehren, alle Könige und Fürsten dafür zu tadeln, was tadelnswert war, und alle zur ewigen Glückseligkeit durch Unterweisung im Gesetz einzuladen"[1]. Diese Sätze stammen von einem Papst, den der amerikanische Rechtshistoriker *Harold Joseph Berman* in einer vieldiskutierten und nicht unumstrittenen Studie als Urheber einer revolutionären Umwälzung der gesamten okzidentalen Rechtskultur betrachtete[2]. Es ließen sich neben diesen eindrücklichen Worten des wohl herausragendsten Protagonisten der Kirchenreform auf dem Petrusthron, die aus einem Brief an den dänischen König Sven II. aus dem Jahre 1074 stammen, in dessen Register mühelos weitere Belege anführen, die nicht nur ein besonderes Verhältnis gerade dieses Papstes zum Recht der Kirche, sondern auch ein besonderes Verständnis seines Amtes

---

[1] „Apud antecessores nostros iuris et consuetudinis erat caritativis legationibus docere viam Domini universas nationes corripere in his quę arguenda erant omnes reges et principes et ad ęternam beatitudinem cunctos invitare legalibus disciplinis", E. Caspar (Hg.), Das Register Gregors VII., Bd. 1, MGH Epistolae selecta 2/1 (1920; ND 1967), 237 (II/75); vgl. auch *T. Wetzstein*, Wie die urbs zum orbis wurde. Der Beitrag des Papsttums zur Entstehung neuer Kommunikationsräume im europäischen Hochmittelalter, in: J. Johrendt und H. Müller (Hg.), Römisches Zentrum und kirchliche Peripherie. Das universale Papsttum als Bezugspunkt der Kirchen von den Reformpäpsten bis zu Innozenz III. (2008), 47–75, hier 61 (mit Anm. 42). Die Bedeutung von *disciplinae legales* erschließt sich durch einen Vergleich mit weiteren Belegen für *disciplinae* im Epistolar Gregors VII.: Caspar (Hg.), Das Register, 99 (I/69) (*instructi spiritualibus disciplinis*); Caspar (Hg.), Das Register Gregors VII., MGH Epistolae selectae 2/2, (1923; ND 1967), 503 (VII/24) (*disciplinis regularibus instruere*). Uta Renate Blumenthal hat auf die Wiedergabe von *legalis* in ihrer Paraphrase dieser Passage gänzlich verzichtet, was allerdings eine unzulässige Verkürzung darstellen dürfte, *U. R. Blumenthal*, Gregor VII. Papst zwischen Canossa und Kirchenreform (2001), 297. Vgl. zu dieser Stelle auch *W. Ullmann*, The Papacy as an Institution of Government in the Middle Ages, Studies in Church History 2 (1965), 78–101; Wiederabdruck in: *W. Ullmann*, The Papacy and Political Ideas in the Middle Ages. Collected Essays (1976) 78–101 (Nr. XVIII), hier 94.

[2] *H. J. Berman*, Law and Revolution. The Formation of the Western Legal Tradition, Bd. 1 (1983), 19 f., 87, 95, 99–107, *et passim*. Kritisch etwa *R. Schieffer*, „The Papal Revolution in Law"? Rückfragen an Harold J. Berman, Bulletin of Medieval Canon Law 22 (1998), 19–30.

aufs Eindrücklichste dokumentieren[3]. Wie kein anderer Pontifex vor ihm nämlich hämmerte Gregor VII. den weltlichen und geistlichen Eliten des gesamten *orbis latinus* geradezu ein, dass allein dem Papst als Nachfolger des von Christus eingesetzten Petrus die Führung der Kirche obliege[4].

Es kann kaum ein Zweifel daran bestehen, dass es sich dabei noch zu Zeiten Gregors um einen ebenso faszinierenden wie kühnen Entwurf handelte[5]. Dennoch hatte bereits mit Leo IX. eine Entwicklung eingesetzt, durch welche Voraussetzungen einer praktischen Umsetzung dieser Utopie geschaffen wurden[6].

Das Ergebnis dieses Entwurfs einer auf den Papst ausgerichteten, rechtlich verfassten lateinischen Kirche war am Ende des 13. Jahrhunderts tatsächlich eine durchgegliederte Institution, die unter allen gesellschaftlichen Strukturen des westlichen Mittelalters über einen beispiellosen, auf den Papst ausgerichteten Zentralisierungsgrad verfügte. Sie arbeitete auf der Grundlage eines ausgefeilten rechtlichen Normensystems, das seinerseits in den wesentlichen Teilen auf jüngere, im besonderen dem 12. und 13. Jahrhundert entstammende Stellungnahmen der Päpste – das *ius novum* – zurückging[7]. Die damit geschaffene Rechtskirche war nicht nur so langlebig, dass ihre um 1300 weitgehend abgeschlossenen rechtlichen Grundlagen erst am Ende des Ersten Weltkriegs durch eine grundlegende Revision in Form einer Kodifizierung abgelöst wurden, sondern der normative Rahmen dieser Rechtskirche war bereits ein Jahrhundert später so tief in die kirchliche Rechtskultur eingesickert, dass ihre rechtliche Basis aus der existenzbedrohenden Krise des Schismas mit seinen zeitweise drei sich gegenseitig bannenden Päpsten mehr oder weniger unbeschadet hervorging, ja sogar

[3] Das Verhältnis Gregors VII. zum Recht war allerdings durchaus ambivalent. Horst Fuhrmann etwa sieht Gregor „weniger der Tradition und dem überkommenen Recht als dem göttlichen Auftrag der römischen Kirche verpflichtet", *H. Fuhrmann*, Papst Gregor VII. und das Kirchenrecht. Zum Problem des Dictatus Papae, Studi Gregoriani 13 (1989), 123–149, hier 146. Der Bildungsweg Gregors und damit seine Rechtskenntnisse gehören nach wie vor zu den unbekannten Größen in der Vita des Reformpapstes, vgl. dazu *Blumenthal*, Gregor VII. (Fn. 1), 53–59. Insgesamt gilt für die aus anderen Gründen prägende Zeit der Kirchenreform der zweiten Hälfte des 11. Jahrhunderts ohnehin eine wenig auf konkrete Rechtssätze aufbauende Ausrichtung, vgl. in diesem Sinne *J. Miethke*, Geschichtsprozeß und zeitgenössisches Bewußtsein – die Theorie des monarchischen Papats im hohen und späten Mittelalter, Historische Zeitschrift 226 (1978), 564–599, hier 571.

[4] Vgl. umfassend dazu *R. Schieffer*, Gregor VII. und die Könige Europas, Studi Gregoriani 13 (1989), 189–211, sowie die Bemerkungen bei *Blumenthal*, Gregor VII. (Fn. 1), 296–298.

[5] Grundlegende Überlegungen zu dieser Frage finden sich bei *Miethke*, Geschichtsprozeß (Fn. 3).

[6] Nachgezeichnet ist dieser Vorgang bei *Wetzstein*, Wie die urbs zum orbis wurde (Fn. 1).

[7] Nach wie vor unüberholt und aufgrund des universalen Charakters der mittelalterlichen Kirche keineswegs allein auf die Verfassung der „deutschen Kirche" beschränkt ist hier die Darstellung bei *A. Werminghoff*, Verfassungsgeschichte der deutschen Kirche im Mittelalter (^{2}1913) 118–228. Knapp zusammengefasst findet sich eine Skizze der praktischen Seiten der besonderen Stellung des Papstes in der lateinischen Kirche seit der Kirchenreform bei *T. Frenz*, Das Papsttum im Mittelalter (2010), 113–119. Auch Bernhard Schimmelpfennig weist in seiner nach wie vor unübertroffenen Darstellung des mittelalterlichen Papsttums darauf hin, zu Beginn des 13. Jahrhunderts sei es den Päpsten gelungen „den realen Einfluss" des Papsttums auf der Ebene der lateinischen Christenheit erheblich zu steigern, *B. Schimmelpfennig*, Das Papsttum. Von der Antike bis zur Renaissance (^{4}1996), 170. Zum Verhältnis von Kirchenverfassung und rechtlicher Norm vgl. etwa die Bemerkungen bei *J. Miethke*, Politiktheorie im Mittelalter. Von Thomas von Aquin bis Wilhelm von Ockham. Durchgesehene und korrigierte Studienausgabe (2008), 15 f.; ausführlich *K. Pennington*, Pope and Bishops. The Papal Monarchy in the Twelfth and Thirteenth Centuries (1984).

sich die Absetzung der rücktrittsunwilligen Päpste in jenen rechtlichen Bahnen vollzog, welche ihre Vorgänger selbst vorgegeben hatten[8]. Zu Beginn des 15. Jahrhunderts hatte das Kirchenrecht als von Experten auszulegendes Recht des Papstes somit einen Grad an Autonomie und strukturierender Festigkeit erreicht, der vier Jahrhunderte zuvor kaum denkbar gewesen wäre[9].

Wenn im folgenden die Frage im Zentrum steht, wie aus dem Recht der Kirche das Recht des Papstes werden konnte, werden wir uns unter Anwendung eines weiten Rechtsbegriffs zunächst dem Wandel der Rechtsquellen und deren Implementierung, zweitens der Rolle der Rechtsschulen bei diesem Vorgang sowie drittens ihrer Sanktionsbewehrung im Rahmen der Rechtsprechung widmen.

I. Die Rechtsquellen

Ohne uns dabei allzulange mit der Vorgeschichte aufzuhalten, sei mit Blick auf die Quellen des Kirchenrechts in Erinnerung gerufen, dass das kirchliche Recht vor dem hier in Frage stehenden Strukturwandel von ausnehmender Partikularität geprägt war[10]. Zirkulierende Sammlungen kirchlicher Rechtssätze boten in handlicher Form lokale oder regionale Rechtsgebräuche, und wenn manche dieser Textkorpora wie etwa die zu karolingischer Zeit so geschätzte *Dionysio-Hadriana* durch politische Unterstützung auch eine bemerkenswerte Verbreitung erreichten, blieben sie doch stets Privatsammlungen, denen zum einen ein verbindlicher Charakter für die Gesamtkirche fehlte und die zum andern in der Praxis nur in einzelnen Regionen der lateinischen Kirche zirkulierten[11].

---

[8] Howard Kaminsky etwa sieht mit dem durch die Wahl Martins V. 1417 herbeigeführten Ende des Schismas auch das Ende des mittelalterlichen Papsttums gekommen, *H. Kaminsky*, The Great Schism, in: M. Jones (Hg.), The New Cambridge Medieval History, Bd. 6: c. 1300–c. 1415 (2000), 674–696, hier 696. Vgl. zu den Papstabsetzungen der Konzilszeit *H. Zimmermann*, Die Absetzung der Päpste auf dem Konstanzer Konzil. Theorie und Praxis, in: A. Franzen und W. Müller (Hg.), Das Konzil von Konstanz. Beiträge zu seiner Geschichte und Theologie (1964), 113–137; sowie neuerdings *H. Millet*, L'hérésie contre l'article de foi unam sanctam Ecclesiam, in: Mélanges de l' École française de Rome – Italie et Méditerranée modernes et contemporaines (2014), 126–2 (online: http://mefrim.revues.org/1822). Einen komprimierten Überblick über die Entwicklung des kanonischen Rechts im fraglichen Zeitraum bietet *P. Landau*, Schwerpunkte und Entwicklung des klassischen kanonischen Rechts bis zum Ende des 13. Jahrhunderts, in: M. Bertram (Hg.), Stagnation oder Fortbildung? Aspekte des allgemeinen Kirchenrechts im 14. und 15. Jahrhundert (2005), 15–31; vgl. auch die übrigen einschlägigen Beiträge im selben Band.

[9] Das kirchliche Recht vollzieht damit die Entwicklung des gesamten *Ius commune* mit, über welche ein Kenner der Materie für jenen Zeitraum folgende Einschätzung äußert: „The legislative source of the precept was considered of little significance. [...] The jurists had managed to establish the integral adminstration of the system: it was now almost entirely ‚jurisprudential'," *M. Ascheri*, The Laws of Late Medieval Italy (1000 – 1500). Foundations for a European Legal System (2013), 270. Ein knapper Überblick über die Literatur der sogenannten nachklassischen Epoche des Kirchenrechts findet sich bei *P. Erdö*, Introductio in Historiam Scientiae Canonicae. Praenotanda ad Codicem (1990), 99–120.

[10] Vgl. dazu nach wie vor das weite Panorama bei *A. M. Stickler*, Historia iuris canonici latini. Institutiones Academicae. Bd. 1: Historia fontium (1950), 9–195.

[11] Vgl. etwa zum Kirchenrecht zwischen der Karolingerzeit und der Kirchenreform die Einschätzung von *Stickler*, Historia (Fn. 10), 143: „Unitas et auctoritas centralis in activitate reformatoria sive

Ersteres gilt auch für das epochale Lehrbuch des Bologneser Kirchenrechtslehrers Gratian[12]. Seine *Concordia discordantium canonum* verdankt ihre rasche und universale Verbreitung im 12. Jahrhundert allerdings – neben ihrer herausragenden Qualität – nicht politischer Unterstützung, sondern einem tiefgreifenden Strukturwandel der lateinischen Wissens- und Bildungskultur. Es waren das Aufkommen von Bildungsmobilität und das Heraustreten einzelner Bildungseinrichtungen wie etwa nordfranzösischer Kathedralschulen oder eben der Rechtsschule von Bologna aus dem regionalen Horizont, die diesem neuartigen, von scholastischer Dialektik geprägten Handbuch rasch einen Platz in den Kathedral- und Klosterbibliotheken der lateinischen Christenheit sicherten[13].

Mit der hier angesprochenen Bedeutung der Schule als Vehikel für die Ausbreitung von Rechtsnormen ist bereits ein entscheidendes Moment angesprochen, ohne das der Strukturwandel vom Recht der Kirche zum Recht des Papstes nicht möglich gewesen wäre. Eine weitere Entwicklung trat jedoch hinzu. Sie ging vom Sitz des Papstes selbst aus und kann hier nur knapp angerissen werden, auch wenn sie bereits einleitend kurz anklang: Der Ausbau der Papstwürde zum Amt des *episcopus universalis*, der bereits mit Leo IX. (1049–1054) einsetzte und durch den gezielten Einsatz effizienter Instrumente der Raumbeherrschung den Nachfolgern des Petrus zu immer weiterreichenden Kompetenzen im weiten Rund der lateinischen Christenheit ver-

---

quoad normas sive quoad earum collectiones deficiebant; fons et principium summum iurisdictionale igitur, ad opus reformationis et unificationis universalis necessarium extraneum exstabat et exstabit usque ad aetatem Gregorii VII". Eine Zusammenstellung neuerer Literatur zur erwähnten *Collectio Dionysio-Hadriana* gibt F. Poehle (Hg.), Karl der Große. Orte der Macht (2014), 237, Nr. 269.

[12] Jüngster zusammenfassender Überblick bei *P. Landau*, Gratian and the „Decretum Gratiani", in: W. Hartmann und K. Pennington (Hg.), The History of Medieval Canon Law in the Classical Period, 1140–1234. From Gratian to the Decretals of Pope Gregory IX (2008), 22–54.

[13] Beobachtungen zu diesen einschneidenden bildungsgeschichtlichen Veränderungen und ihren kommunikationsgeschichtlichen Implikationen sind zusammengestellt bei *T. Wetzstein*, New Masters of Space: The Creation of Communication Networks in the West (11th-12th Centuries), in: M. Cohen und F. Madeline (Hg.), Space in the Medieval West. Places, Territories, and Imagined Geographies (2014), 115–133, hier 129–131. Einen ersten Überblick über die handschriftliche Verbreitung des Dekrets vermittelt nach wie vor *S. Kuttner*, Repertorium der Kanonistik (1140–1234). Prodromus corporis glossatorum, Bd. 1 (1937), 1–122; vgl. auch *R. Gujer*, Zur Überlieferung des Decretum Gratiani, in: P. Landau und J. Müller (Hg.), Proceedings of the Ninth International Congress of Medieval Canon Law. Munich, 13–18 July 1992 (1997), 87–104; sowie mit weiteren Nachweisen *M. Bertram*, Kanonistische Handschriften im mittelalterlichen Schweden, in: J. Brunius (Hg.), Medieval Book Fragments in Sweden. An International Seminar in Stockholm, 13–16 November 2003 (2005), 132–183, hier 155–156. Zur Entwicklung der Kirchenrechtsschulen sei verwiesen auf *J. A. Brundage*, Teaching Canon Law, in: J. Van Engen (Hg.), Learning Institutionalized. Teaching in the Medieval University (2000), 177–196; Wiederabdruck in: *J. A. Brundage*, The Profession and Practice of Medieval Canon Law (2004), Nr. VII; sowie *ders.*, Legal Learning and the Professionalization of Canon Law, in: H. Vogt und M. Münster-Swendsen (Hg.), Law and Learning in the Middle Ages. Proceedings of the Second Carlsberg Academy Conference on Medieval History 2005 (2006), 5–27. Umfassende weitere Verweise finden sich auch bei *T. Wetzstein*, Der Jurist. Bemerkungen zu den distinktiven Merkmalen eines mittelalterlichen Gelehrtenstandes, in: F. Rexroth (Hg.), Zur Kulturgeschichte der Gelehrten im späten Mittelalter (2010), 243–296, hier 244–262. Allerdings ist zum gratianischen Dekret für periphere Regionen wie Schweden zu bemerken, dass hier die handschriftliche Überlieferung ganz offenbar erst mit einer großen Verzögerung von ungefähr sechs Jahrzehnten nach der Vollendung seiner endgültigen Fassung und damit erst um 1200 einsetzte, *Bertram*, Kanonistische Handschriften (Fn. 13), 136.

half[14]. Damit war auch eine neue Qualität päpstlicher Rechtsprechungskompetenz erreicht, denn zunehmend galt der Pontifex nicht mehr nur theoretisch als *iudex omnium*, sondern wurde auch in der Praxis als letzte richterliche Instanz der lateinischen Kirche tätig[15]. Zunächst wurde die letztinstanzliche Qualität eines päpstlichen Urteils im Rahmen der päpstlichen Delegationsgerichtsbarkeit in der lateinischen Christenheit wahrgenommen. Bereits im 12. Jahrhundert war es die immer weiter ausgreifende stellvertretende Rechtsprechung durch vom Papst ermächtigte Prälaten, die nach einem prägnanten Diktum *Peter Herdes* „das kanonische Recht auch in der Praxis bis in die letzten Winkel Europas" trugen[16]. Die Folgen dieser neuen Position des Papstes als letztinstanzlichem Richter entsprechen im Kern bereits der Bedeutung obergerichtlicher Urteile als Grundsatzentscheidungen für die Juristen unserer Tage[17]. Kanonisten als quantitativ bedeutendste Gruppe unter den mittelalterlichen Juristen waren zunehmend auf die Kenntnis der päpstlichen Rechtsauffassung angewiesen, hatten sie doch ansonsten das Obsiegen der gegnerischen Partei oder gar die Kassierung eines Urteils durch das Gericht des Papstes zu befürchten[18].

---

[14] Neben einem erneuten Verweis auf *Wetzstein*, Wie die urbs zum orbis wurde (Fn. 1), sei zu diesem Vorgang ergänzend hingewiesen auf *dens.*, Die Welt als Sprengel. Der päpstliche Universalepiskopat zwischen 1050 und 1215, in: C. Andenna *et al.* (Hg.), Die Ordnung der Kommunikation und die Kommunikation der Ordnungen. Bd. 2: Zentralität. Papsttum und Orden im Europa des 12. und 13. Jahrhundert (2013), 169–187. Der größere kommunikationsgeschichtliche Zusammenhang wird beleuchtet bei *T. Wetzstein*, Europäische Vernetzungen. Straßen, Logistik und Mobilität in der späten Salierzeit, in: B. Schneidmüller und S. Weinfurter (Hg.), Salisches Kaisertum und neues Europa in der Zeit Heinrichs IV. und Heinrichs V. (2007), 341–370.

[15] Eine umfassende Skizze des kontinuierlichen Ausbaus der päpstlichen Rechtsprechungskompetenz mit zahlreichen weiteren Verweisen findet sich bei *T. Wetzstein*, Heilige vor Gericht. Das Kanonisationsverfahren im europäischen Spätmittelalter (2004), 105–140.

[16] *P. Herde*, Audientia litterarum contradictarum. Untersuchungen über die päpstlichen Justizbriefe und die päpstliche Delegationsgerichtsbarkeit vom 13. bis zum Beginn des 16. Jahrhunderts. Bd. 1 (1970), 182. Zur Delegationsgerichtsbarkeit des Papstes sei neben der knappen Zusammenfassung Herdes in *ders.*, Päpstliche Delegationsgerichtsbarkeit im Mittelalter und in der frühen Neuzeit, ZRG Kan. Abt. 88 (2002), 20–43, auch verwiesen auf *H. Müller*, Gesandte mit beschränkter Handlungsvollmacht: Zu Struktur und Praxis päpstlich delegierter Gerichtsbarkeit, in: C. Zey und C. Märtl (Hg.), Aus der Frühzeit europäischer Diplomatie: Zum geistlichen und weltlichen Gesandtschaftswesen vom 12. bis zum 15. Jahrhundert (2008), 41–65. Es sei im Zusammenhang unseres Themas bemerkt, dass es sich dabei um die Ausbreitung des kanonischen Rechts unter Kontrolle des Papstes handelte. Diese Kontrolle konnte unter Umständen so weit gehen, dass nicht nur die formelle Verfahrenseinleitung vom Papst ausging, sondern dass die delegierten Richter im laufenden Verfahren Rückfragen an den Papst richteten oder dieser sich die Sentenz selbst reservierte; vgl. dazu *Müller*, Päpstliche Delegationsgerichtsbarkeit in der Normandie (12. und frühes 13. Jahrhundert). Teil 1: Untersuchung (1997), 54 (mit Beispielen); sowie *Wetzstein*, Heilige (Fn. 15), 143–144.

[17] Vgl. dazu etwa *C. Creifelds*, Rechtsfortbildung, in: Rechtswörterbuch, hg. v. K. Weber (^{19}2007), 939.

[18] Die große Bedeutung gerade der Kanonisten wird mit weiteren Verweisen thematisiert bei *Wetzstein*, Der Jurist, (Fn. 13), 269 f. Ausführungen zu den Appellationen an den Papst finden sich bei *Müller*, Päpstliche Delegationsgerichtsbarkeit (Fn. 16), 25–31. Diese Form der Appellation ist allerdings abzugrenzen von der faktisch den Instanzenzug umgehenden *appellatio extraiudicialis*, wie sie behandelt wird bei *K. W. Nörr*, Ein Baustein der mittelalterlichen Rechtskirche: die „appellatio extraiudicialis", in: J. R. Castillo Lara und J. Rosalio (Hg.), Studia in honorem eminentissimi Cardinalis Alphonsi M. Stickler (1992), 463–482.

Was dies vor Ort bedeutete, lässt sich an einem Beispiel aus der Erzdiözese Salzburg gut illustrieren[19]. In den 1150er Jahren wandte sich der hochgebildete Salzburger Bischof Eberhard I. an Papst *Hadrian IV.*, um zu erfahren, wie Ehen Unfreier zu bewerten seien, deren Herren der Eheschließung nicht zugestimmt hatten. Der Papst begrüßte zunächst die Anfrage des Erzbischofs in ihrem Grundsatz. Es sei vernünftig, zweifelhafte Fragen dem Urteil des apostolischen Stuhls zu unterwerfen, denn beim Lehramt des Glaubens könnten sich die Christen feste Gewissheit verschaffen[20]. Auf das eigentliche Anliegen antwortete der Papst mit Verweis auf eine Aussage des Paulus. Auch diese Ehen seien gültig sakramental geschlossen und damit nicht auflösbar, da es in Christus weder Freie noch Sklaven gebe. Auf unbekanntem Wege gelangte diese für den Lebensalltag der lateinischen Christen bedeutsame Dekretale mit einer erheblichen Verspätung an die Rechtsschule von Bologna, wo sie seit den 1170er Jahren kommentiert wurde und von wo sie als einzige Dekretale Hadrians IV. schließlich über weitere Zwischenschritte Aufnahme in den *Liber Extra* fand[21]. Bereits um 1160 und damit ein Jahrzehnt früher hingegen ging sie in einen im Salzburger Umkreis entstandenen Ehetraktat ein, der einen Auszug der wenig zuvor abgeschlossenen Sentenzen des Petrus Lombardus enthält[22]. Hier können wir einen entscheidenden Schritt des Weges vom Recht der Kirche zum Recht des Papstes mit Händen greifen, denn knifflige Rechtsfragen wurden künftig nicht mehr durch den zuständigen Ortsbischof entschieden oder einer Synode vorgelegt. Wer Rechtssicherheit suchte, trug die Frage vorab dem letzten Richter der Christenheit vor, um in einem Reskript seine Auffassung zu ermitteln. Die Bedeutung dieser sogenannten päpstlichen Dekretalen, deren Wurzeln bis in vierte Jahrhundert zurückreichen und die zu den zahlreichen Beispielen für eine Imitation der spätantiken Herrschaftspraxis der Kaiser durch den Papst zählen, wuchs vor allem seit der Mitte des 12. Jahrhunderts geradezu explosionsartig an, und unser Salzburger Beispiel zeigt, dass Dekretalen vor Ort eine solche Hochschätzung erfuhren, dass sie nicht nur in unterschiedlichen Kontexten – wie etwa der pastoraltheologischen Literatur – Verwendung finden konnten, sondern dass ihre über den konkreten Einzelfall hinausreichende Bedeutung dazu führte, dass Dekretalen den Weg vom Gerichtssaal in die Schule fanden und von dort aus in die universal

---

[19] Es wird ausführlich und mit Verweisen auf weitere Literatur behandelt bei *W. Stelzer*, Gelehrtes Recht in Österreich. Von den Anfängen bis zum frühen 14. Jahrhundert (1982), 17–21.

[20] X 4.9.1, hg. v. E. Friedberg, Corpus Iuris Canonici, Bd. 2 (1881; ND 1959), Sp. 691 (die im *Liber extra* ausgelassene Passage von Hadrians Dekretale erscheint hier kursiv): „Dignum est *et a rationis tramite non discordat, quod ea, que dubietatis in se videntur scrupulum continere, et ad apostolice sedis iudicium referantur, ut inde Christi fideles in dubiis certitudinem se gaudeant invenire, unde noscuntur magisterium fidei suscepisse*"; vgl. dazu auch *Stelzer*, Gelehrtes Recht (Fn. 19), 18, Anm. 4.

[21] *Stelzer*, Gelehrtes Recht (Fn. 19), 17–18; vgl. auch *P. Landau*, Hadrians IV. Dekretale „Dignum est" (X 4.9.1) und die Eheschließung Unfreier in der Diskussion von Kanonisten und Theologen des 12. und 13. Jahrhunderts, in: Studia Gratiana 12 (1967), 511–553. Es ist wahrscheinlich, dass diese der bisherigen Rechtsauffassung zuwiderlaufende Dekretale motiviert wurde durch die Lektüre der zwischen 1155 und 1157 abgeschlossenen Sentenzen des Petrus Lombardus, deren Rezeption in Salzburg von Eberhard I. maßgeblich befördert wurde und in denen diese Frage ebenfalls aufgeworfen und als eherechtliches Problem diskutiert wird; vgl. *Stelzer*, Gelehrtes Recht (Fn. 19), 18 f.

[22] *Ders.*, Gelehrtes Recht (Fn. 19), 19.

angelegte Überlieferung der Rechtsschulen gelangten[23]. Rechtslehrer kommentierten die Dekretalen im Unterricht, Studenten des kanonischen Rechts verschafften sich Abschriften der bald immer umfangreicheren Sammlungen – und auf diese Weise wurde aus einem lokalen Streitfall eine weithin bekannte Grundsatzentscheidung der Kirche, der man Gesetzescharakter zubilligen mag[24]. Um die Dimension dieser neuen Phase der kirchlichen Rechtsfortbildung zu ermessen, sei ein kurzer Blick auf die Zahlenverhältnisse geworfen. Mit dem Pontifikat Alexanders III. beginnt die Blüte der päpstlichen Dekretalengesetzgebung, und aus den nur vierzig Jahren zwischen seinem Amtsantritt und dem Beginn des Pontifikats Innozenz' III. sind nicht weniger als nahezu 1100 Dekretalenbriefe überliefert, statistisch betrachtet mehr als zwei Dekretalen (2,3) aus jedem dieser 480 Monate[25].

Ihre Bedeutung für die kirchliche Rechtskultur erhielten die Dekretalen dabei vor allem durch ihre Verwendung in den Rechtsschulen. Die immer zahlreicheren Schulen, die seit der Wende zum 13. Jahrhundert zunehmend als juristische Fakultäten der sich gründenden Universitäten anzusprechen sind, fungierten nun in noch umfangreicherem Ausmaß als zu Zeiten des Dekrets als Medium, um die in der Ausbildung der Juristen verwendeten Texte in die Welt zu tragen. Dass genau diese Funktion der Ausbildungsstätten auch den Päpsten selbst durchaus bewusst war, zeigt sich bereits im nächsten Schritt auf dem Weg zur Monopolisierung des Kirchenrechts durch den Papst[26]: Innozenz III., der wie wohl kein anderer Papst als Architekt der „Papstkirche" gelten mag und die Ausrichtung der gesamten kirchlichen Hierarchie auf das Petrusamt tatkräftig, effizient und – nicht zuletzt – gestützt auf ein komplexes Geflecht vielfach aus seiner Feder stammender rechtlicher Normen zur Vollendung führte[27].

---

[23] Einführend zum päpstlichen Dekretalenrecht sei verwiesen auf *C. Duggan*, Decretal Collections from Gratian's „Decretum" to the „Compilationes antiquae", in: Hartmann und Pennington (Hg.), The History (Fn. 12), 246–292; daneben *G. Fransen*, Les Décrétales et les collections des décrétales (1972): sowie die jüngere zusammenfassende Darstellung bei *A. Thier*, Decretals and Decretal Collections, in: S. N. Katz (Hg.), Oxford International Encyclopedia of Legal History. Bd. 2 (2009), 316–319.

[24] Vgl. die Bewertung bei *P. Landau*, Rechtsfortbildung im Dekretalenrecht. Typen und Funktionen der Dekretalen des 12. Jahrhunderts, ZRG Kan. Abt. 86 (2000), 86–131, hier 94.

[25] Die Berechnungen finden sich bei *Landau*, Rechtsfortbildung (Fn. 24), 94.

[26] Dabei dürfte eine gewisse Rolle spielen, dass nicht nur die Spitze der Kurie von „Juristenpäpsten" geleitet wurde, sondern dass sich der Hof des Papstes bereits im frühen 12. Jahrhundert für die aktuellen wissenschaftlichen Entwicklungen der Zeit ausgesprochen empfänglich zeigte; vgl. dazu die Bemerkungen bei *K. Pennington*, Roman Law at the Papal Curia in the Early Twelfth Century, in: U.-R. Blumenthal *et al.* (Hg.), Canon Law, Religion, and Politics. Liber amicorum Robert Somerville (2012), 233–252, hier 237. Zu den Rechtskenntnissen Alexanders III. vgl. etwa *A. J. Duggan*, Master of the Decretals: A Reassessment of Alexander III's Contribution to Canon Law, in: P. D. Clarke und A. J. Duggan (Hg.), Pope Alexander III (1159–81). The Art of Survival (2012), 365–418; zur zeitweilig nicht unumstrittenen rechtlichen Ausbildung Innozenz' III. siehe *H. G. Walther*, Das Reich in der politischen Theorie der Legistik und im Umkreis der päpstlichen Kurie, in: M. Werner (Hg.), Heinrich Raspe – Landgraf von Thüringen und römischer König (1227–1247) (2003), 29–52, hier 34.

[27] Von zentraler Bedeutung war dabei der besonders bei Innozenz im Vordergrund stehende Gedanke der *plenitudo potestatis*, vgl. dazu *Pennington*, Pope and Bishops (Fn. 7), 43–74. Auf theoretischer Ebene tritt zu diesem frühen Konzept eines Souveränitätsgedankens die sich unter Innozenz durchsetzende und allein dem Papst vorbehaltene Titulatur *vicarius Christi*, vgl. dazu *M. Maccarrone*, Vicarius Christi. Storia del titolo papale (1952), 109–154. In einer umfassenden Gesamtperspektive beleuchtet diesen Prozess *Miethke*, Geschichtsprozeß und zeitgenössisches Bewußtsein (Fn. 3), 564–

Während seines Pontifikats erreichte auch die Zentralisierung der lateinischen Kirche einen mittelalterlichen Höhepunkt, und die Kurie lässt sich als „internationaler Treffpunkt" betrachten, der unterschiedlichste Bewegungen aus dem weiten Raum der Kirche bündelte und andererseits in der Lage war, Anstöße für die gesamte lateinische Christenheit zu geben[28].

Innozenz war der erste Papst, welcher die zunehmend an Dekretalen ausgerichtete Lehrpraxis der Schulen rechtlich sanktionierte und dadurch anerkannte, dass er seinen Notar mit der Zusammenstellung einer Sammlung seiner eigenen Dekretalen beauftragte. Er ließ diese als *Compilatio tertia* bezeichnete, erste päpstlich autorisierte Sammlung dadurch verbreiten, dass er sie 1209 (oder 1210) an die Universität von Bologna zur Verwendung im Rechtsunterricht übersandte[29]. Dass damit das Ende der privaten Sammlungen eingeläutet wurde, vermag einzuleuchten. Dass darüber hinaus mit der *Compilatio tertia* auch die Authentizität der dort enthaltenen Dekretalen gegen eine große Zahl von mittlerweile als Fälschungen umlaufenden Papstbriefen gesichert werden sollte, sei nur nebenbei bemerkt und vermag zu verdeutlichen, welch zentrale Bedeutung der päpstlichen Dekretale als materieller Rechtsquelle nun zukam[30].

599, hier 581–590. Die praktischen Aspekte der Zentralisierung, die nicht nur die Peripherie erfassten (Durchsetzung des Jurisdiktionsprimats, Devolutionsrecht, Reservierung der *causae maiores*, *Ad limina*-Besuche der Bischöfe und Pallienreisen der Erzbischöfe), sondern sich auch an der Kurie selbst in der Einrichtung und Straffung von Ämtern zur Bewältigung dieser Aufgaben niederschlug (Kanzlei und Registerführung, *Audientia litterarum contradictarum*, Pönitentiarie) sind zusammengestellt bei *T. Kölzer*, Innozenz III., in: Herders Lexikon der Päpste (2010), 89–90, hier 89.

[28] Vgl. dazu *R. Schieffer*, Die päpstliche Kurie als internationaler Treffpunkt des Mittelalters, in: Zey und Märtl (Hg.), Aus der Frühzeit (Fn. 16), 23–39; und vor allem *W. Maleczek*, Der Mittelpunkt Europas im frühen 13. Jahrhundert. Chronisten, Fürsten und Bischöfe an der Kurie zur Zeit Papst Innozenz' III., Römische Historische Mitteilungen 49 (2007), 89–157. Ein wichtiges Indiz für die gewachsene Bedeutung der Kurie unter Innozenz III. ist in der Tatsache zu sehen, dass unter seinem Pontifikat erstmals eine für die Zukunft verbindliche Regelung der Vertretung von Antragstellern durch ständig an der Kurie tätige Prokuratoren erlassen wurde; vgl. dazu *W. Stelzer*, Die Anfänge der Petentenvertretung an der päpstlichen Kurie unter Innocenz III., Annali della Scuola speciale per archivisti e bibliotecari dell'Università di Roma 12 (1972), 130–139. Die Ausrichtung der lateinischen Kirche auf den Papst lässt sich bereits während des 12. Jahrhunderts gut in ihren finanz- und geldgeschichtlichen Implikationen beobachten; vgl. dazu *T. Wetzstein*, Noverca omnium ecclesiarum. Der römische Universalepiskopat des Hochmittelalters im Spiegel der päpstlichen Finanzgeschichte, in: J. Johrendt und H. Müller (Hg.), Rom und die Regionen. Studien zur Homogenisierung der lateinischen Kirche im Hochmittelalter (2012), 13–62. Einer der kommunikationsgeschichtlich wohl bemerkenswertesten Belege für die Reichweite päpstlicher Verlautbarungen ist die Rezeption von Kanon 50 des Vierten Laterankonzils (1215) in einer weltlichen isländischen Rechtssammlung im Jahre 1217, vgl. dazu *Wetzstein*, New Masters of Space (Fn. 13), 115.

[29] Vgl. *A. Thier*, Die päpstlichen Register im Spannungsfeld zwischen Rechtswissenschaft und päpstlicher Normsetzung: Innozenz III. und die Compilatio Tertia, ZRG Kan. Abt. 88 (2003), 44–69, hier 46.

[30] Vgl. *Thier*, Die päpstlichen Register (Fn. 29), 61. Christoph Meyer sieht mit der *Compilatio tertia* zu Recht den Moment gekommen, in welchem statt der Gelehrten, wie dies bisher üblich war, der Papst „die rechtliche Form der Kirche" definierte und „die Ordnung des Kirchenrechts papalisierte"; *C. H. F. Meyer*, Ordnung durch Ordnen. Die Erfassung und Gestaltung des hochmittelalterlichen Kirchenrechts im Spiegel von Texten, Begriffen und Institutionen, in: B. Schneidmüller und S. Weinfurter (Hg.), Ordnungskonfigurationen im hohen Mittelalter (2006), 303–411, hier 410.

Hier soll es uns auf etwas anderes ankommen, nämlich auf das Kommunikationspotential der Rechtsschulen, das sich auch daran ablesen lässt, dass die *Compilatio tertia* rasch nach ihrer Promulgation bereits in Cambridge zur Verfügung stand und Gegenstand der Lehre war[31]. Damit überstiegen die Dekretalensammlungen hinsichtlich ihrer Verbreitung eine der ehrwürdigsten Institutionen kirchlicher Rechtssetzung: die der Synode. Jüngere, von der tatsächlichen Überlieferung ausgehende Studien zeigen, dass die Rezeption von Konzilskanones noch im 12. Jahrhundert unter den Bedingungen des Handschriftenzeitalters alles andere als selbstverständlich war. Als Alexander III. nach seinem Sieg über Gegenpapst und Kaiser 1179 eine später als „Drittes Laterankonzil" überlieferte Synode abhalten ließ, fehlten ihm ganz offensichtlich die Möglichkeiten, für eine breite Rezeption der Kanones zu sorgen[32]. Nur 49 vollständige Handschriften mit den Kanones sind überliefert – und von ihnen führen gerade einmal 19 und damit nicht einmal die Hälfte der Handschriften jene Kanones auf, die auch in der maßgeblichen Edition enthalten sind[33]. Insgesamt wählten offenbar die Urheber der handschriftlichen Zeugnisse bewusst jene Kanones aus, die ihnen wichtig erschienen und kopierten nur diese[34]. Diese selektive Rezeption von Rechtsnormen konnte Uta Renate Blumenthal schon für das 11. Jahrhundert feststellen, und die Forschungen zu den Kanones des Vierten Laterankonzils suggerieren, dass sich im 13. Jahrhundert daran nichts geändert hatte[35].

---

[31] *J. A. Brundage*, The Canon Law Curriculum in Medieval Cambrige, in: J. A. Bush und A. Wijffels (Hg.), Learning the Law. Teaching and the Transmission of Law in England, 1150–1900 (1999), 174–190; Wiederabdruck in: *J. A. Brundage*, The Profession and Practice of Medieval Canon Law (2004), Nr. IX, hier 181.

[32] *D. Summerlin*, The Reception and Authority of Conciliar Canons in the Later Twelfth Century: Alexander III's 1179 Lateran Canons and Their Manuscript Context, in: ZRG Kan. Abt. 100 (2014), 112–131, hier 125. Literatur zur Geschichte der Benennung und Kanonisierung der mittelalterlichen Konzilien ist zusammengestellt bei *T. Wetzstein*, Zur kommunikationsgeschichtlichen Bedeutung der Kirchenversammlungen des hohen Mittelalters, in: G. Drossbach und H.-J. Schmidt (Hg.), Zentrum und Netzwerk. Kirchliche Kommunikation und Raumstrukturen im Mittelalter (2008), 247–297, hier 268, Anm. 56.

[33] A. Garcia y Garcia (Hg.), Conciliorum oecumenicorum generaliumque decreta, Bd. 2,1: The General Councils of Latin Christendom. From Constantinople IV to Pavia-Siena (869–1424) (2013), 127–147.

[34] *Summerlin*, The Reception (Fn. 32), hier 122. Detailuntersuchungen einzelner Kanones legen sogar nahe, dass unter den Konzilsbesuchern noch in Rom selbst unterschiedliche Versionen mit durchaus abweichenden Inhalten der Kanones zirkulierten, die neben einer von Summerlin vermuteten und am Ende des Konzils promulgierten „official version" ebenfalls als Vorlagen für Abschriften durch die Konzilsteilnehmer dienten, ebd., 130.

[35] *U.-R. Blumenthal*, Conciliar Canons and Manuscripts: The Implication of Their Transmission in the Eleventh Century, in: Landau und Müller (Hg.), Proceedings (Fn. 13), 357–379. Vgl. zur ausgesprochen selektiven Rezeption der Canones des Vierten Lateranzkonzils im Reich *S. Unger*, Generali concilio inhaerentes statuimus. Die Rezeption des Vierten Lateranum (1215) und des Zweiten Lugdunense (1274) in den Statuten der Erzbischöfe von Köln und Mainz bis zum Jahr 1310 (2004), 32–50; sowie *P. Wiegand*, Diözesansynoden und bischöfliche Statutengesetzgebung im Bistum Kammin. Zur Entwicklung des partikularen Kirchenrechts im spätmittelalterlichen Deutschland (1998), 14–21. Grundsätzliche und weiterführende Gedanken zum Problem der Publikation von Normen im Mittelalter bei *P. Johanek*, Methodisches zur Verbreitung und Bekanntmachung von Gesetzen im Spätmittelalter, in: Histoire comparée de l'administration (IVe – XVIIIe siècles). Actes du XIVe colloque historique franco-allemand, Tours, 27 mars–1er avril 1977, organisé en collaboration avec le Centre d'Etudes

Aus diesen Untersuchungen ergibt sich der bemerkenswerte Befund, dass entscheidend für die Rezeption der Konzilskanones nicht ihre Verkündung an sich, sondern die Aufnahme der Kanones in die Rechtssammlungen der Schulen war. Damit hatten die Statuten der Synoden zwar nicht in der Theorie, sehr wohl jedoch in in der Praxis aufgehört, autonome Quellen des Kirchenrechts zu sein[36]. So erhielten selbst die 70 Kanones des überaus gut besuchten Lateranum IV erst dann weithin Anerkennung, als sie im Jahre 1234 als Teil einer besonderen Dekretalensammlung der lateinischen Kirche an die Rechtsschulen des Okzidents übersandt und vervielfältigt wurden. Papst Gregor IX. hatte seinen Pönitentiar Raimund von Peñafort ganz wie bereits Innozenz III. seinen Notar mit der Anfertigung einer Dekretalensammlung beauftragt. Doch hier ging es nicht mehr nur darum, die Dekretalen des amtierenden Papstes in authentischer Form zu verbreiten[37]. Das Ziel bestand vielmehr darin, alle im Schulgebrauch zirkulierenden Sammlungen in einem kompakten Band zusammenzufassen und dieses Werk als authentische Sammlung den Universitäten und Gerichten zum ausschließlichen Gebrauch vorzulegen. Genau diese Anweisung enthält die Promulgationsbulle *Rex pacificus*, mit der Gregor IX. das Werk mit seinen fast 2000 Dekretalen schließlich an die Universitäten von Bologna und Paris übersandte. Künftig war die Benutzung anderer Sammlungen von Dekretalen im Rechtsunterricht und vor kirchlichen Gerichten untersagt[38]. Damit hatte das Kirchenrecht einen doppelt päpstlichen Charakter erhalten. Nicht nur sein Inhalt, der nun aus päpstlichen Dekretalen bestand, war päpstlichen Ursprungs, auch die exklusive Verbreitung und Authentifizierung des *ius novum* ging nun auf den Papst allein zurück.

Die Abhängigkeit der Juristen von der Kenntnis des jeweils neuesten Rechts sorgte tatsächlich für eine rasche Verbreitung der neuen Sammlung, und noch heute lassen sich 700 Handschriften der als *Liber Extra* bezeichneten Sammlung in ganz Lateineuropa nachweisen[39]. Gerade im späteren Mittelalter gehörten die Besitzer von *Extra*-Handschriften keineswegs ausschließlich zum Kreis der Universitätsgelehrten oder

Supérieures de la Renaissance par l'Institut Historique Allemand de Paris (1980), 88–101; wiederabgedruckt in: A. Sander-Berke und B. Studt (Hg.), Was weiter wirkt …: Recht und Geschichte in Überlieferung und Schriftkultur des Mittelalters (1997), 211–224. Auch für Schweden kann Bertram noch für die Konstitutionen des Zweiten Konzils von Lyon (1274) nachweisen, dass Konzilskonstitutionen als solche eine wesentlich geringere Aussicht auf breite Rezeption hatten, als wenn sie – dann meist als Teil einer päpstlich autorisierten Dekretalensammlung – im universitären Kontext zirkulierten; *Bertram*, Kanonistische Handschriften (Fn. 13), 137, Anm. 25; vgl. auch die entsprechende Bemerkung ebd., 146, mit Anm. 53.

[36] Einen Überblick über die Quellengattung der Synodalstatuten bietet *O. Pontal*, Les statuts synodaux (1975).

[37] Zur Promulgation des „Liber Extra" sei verwiesen auf *T. Wetzstein*, Resecatis superfluis? Raimund von Peñafort und der Liber Extra, ZRG Kan. Abt. 92 (2006), 355–391.

[38] Der Text von *Rex pacificus* findet sich hg. v. Friedberg, Corpus iuris canonici, Bd. 2 (Fn. 20), Sp. 3–4. Grundsätzlich zum Charakter des *Liber Extra* hat sich weiterführend geäußert *M. Bertram*, Die Dekretalen Gregors IX.: Kompilation oder Kodifikation?, in: Magister Raimundus. Atti del Convegno per il IV Centenario della Canonizzazione di San Raimondo de Penyafort (1601–2001), hg. v. C. Longo O. P. (2002), 61–86.

[39] Vgl. zur Verbreitung des *Liber Extra M. Bertram*, Signaturenliste der Handschriften der Dekretalen Gregors IX. (Liber Extra), online: www.dhi-roma.it/bertram_extrahss.html (2014).

kirchlichen Richter. In einer entfernten Region wie Schweden lässt sich eine keineswegs unerhebliche Zahl von Handschriften in Klöstern, ja in Pfarrbibliotheken nachweisen[40]. Hier hatte sich ganz offenbar ein päpstlicher Legat nach Sondierung der Lage im Jahre 1248 bemüßigt gefühlt, der Verbreitung des bereits seit 14 Jahren ausschließlich geltenden Rechtsbuchs der Kirche nachzuhelfen und im Rahmen einer Synode unter Androhung von Kirchenstrafen bestimmt, die versammelten schwedischen Bischöfe hätten sich binnen Jahresfrist ein Exemplar des *Liber Extra* zu beschaffen und den Text zu studieren[41]. Für das englische Cambridge hingegen kann als gesichert gelten, dass die ersten *Extra*-Handschriften noch im Jahre 1234 selbst für den Unterricht künftiger Kanonisten zur Verfügung standen[42]. Dieses Gesamtbild einer universalen und vielerorts sehr raschen Rezeption des *Liber Extra* wäre freilich durch bislang noch fehlende Überblicksstudien auf breiterer Materialgrundlage zu sichern, wenn auch der Gesamteindruck schwer zu widerlegen ist.

Freilich gab es Grenzen der Verfügungsgewalt der Päpste über das Recht der Kirche, die vor allem deren Möglichkeiten einschränkten, auf die *fontes formales* einzuwirken, während sie seit dem Ende des 12. Jahrhunderts fortlaufend eine dominierende Stellung im Bereich der *fontes materiales* innehatten[43]. Dies zeigt sich ausgesprochen deutlich an den Bemühungen der auf Gregor IX. folgenden Päpste, auch weiterhin die Gesamtheit der normativen Ordnungen der römischen Kirche durch den Erlass authentischer Sammlungen oder einzelne Verlautbarungen zu kontrollieren. Jüngst hat sich Martin Bertram mit dieser Problematik in einem Überblicksaufsatz befasst, der seine älteren Forschungen mit einem Fokus auf die Mitte des 13. Jahrhunderts synthetisch zusammenfasst[44]. Dabei zeigt sich, dass der Versuch Innozenz' IV., nach dem Vorbild Gregors IX. die von ihm ergangenen Papstbriefe als Sammlung mit exklusivem Charakter durch Versendung an die Universität Bologna zu publizieren, gründlich misslang. Ein ausdrückliches Verbot, die nicht in dieser Sammlung enthaltenen Stücke abzuschreiben, zu sammeln oder gar zu kommentieren, fand keine Beachtung.

Für den *Liber Sextus* – eine ergänzende Sammlung neuer Dekretalen, die 1298 von Bonifaz VIII. promulgiert wurde – lässt sich zwar nachweisen, dass die neue Sammlung an den Universitäten recht schnell zur Verfügung stand. Die *stationarii*

---

[40] *Bertram*, Kanonistische Handschriften (Fn. 13).

[41] *T. Schmidt*, Die Rezeption des Liber Sextus und der Extravaganten Papst Bonifaz' VIII., in: Bertram (Hg.), Stagnation oder Fortbildung? (Fn. 8), 51–64, hier 58.

[42] Ausführlich dazu *Brundage*, The Canon Law Curriculum (Fn. 31).

[43] Diese Unterscheidung der Rechtsquellen, die synonym mit *fontes essendi* für die materiellen Rechtsquellen und *fontes cognoscendi* für die formellen Rechtsquellen gebraucht wird, findet sich bei *Stickler*, Historia (Fn. 10), 3. Auch Erdö hat sich diese Unterscheidung zu eigen gemacht, die einerseits „alle sozialen Wirklichkeiten, aus denen die Gesamtheit der Rechtsnormen oder das Recht als normative Ordnung entspringt (*fontes iuris essendi*)", andererseits „die wahrnehmbaren Phänomene, aus denen man den Inhalt der Rechtsnormen erkennen kann (*fontes iuris cognoscendi*)" bezeichnet; *P. Erdö*, Die Quellen des Kirchenrechts (2002), 1.

[44] *M. Bertram*, Von der decretalis epistola zur constitutio: Innozenz IV. und Alexander IV., in: T. Broser *et al.* (Hg.), Kuriale Briefkultur im späteren Mittelalter: Gestaltung – Überlieferung – Rezeption (2015), 263–272.

in Paris etwa, die in Universitätsstädten *pecia* als besondere Kopiervorlagen gegen Entgelt bereithielten, führten immerhin ab 1304 auch Exemplare des *Liber Sextus* in ihren Taxlisten auf[45]. Andererseits jedoch verdanken wir den minutiösen Studien Tilmann Schmidts zur Promulgation des *Liber Sextus* auch hier wichtige Einsichten in die zeittypischen Grenzen der Monopolisierung des Rechts durch den Papst[46]. Im März 1298 ließ Bonifaz VIII. die neue Sammlung, die wie der *Liber Extra* für die nach 1234 ergangenen Dekretalen exklusiven Charakter besaß, durch Verlesung in Konsistorium (3. März 1298) und Audientia (5. März 1298) verkünden. Die Kurie selbst stellte eine große Anzahl von Handschriften her und übersandte die wie der *Liber Extra* zur Verwendung vor Gericht und in den Rechtsschulen vorgesehene Sammlung an eine große Zahl von Universitäten. Eine systematische Nutzung der kirchlichen Hierarchie zur Förderung der Rezeption des *Liber Sextus*, wie dies Innozenz III. anlässlich der Versendung seiner Ladung zum Vierten Laterankonzil durch die Entsendung von mit Ladungsschreiben ausgestatteten Boten an die Metropoliten unternommen hatte, unterblieb hingegen[47]. Stattdessen erhielten zufällig an der Kurie anwesende Prälaten offenbar Abschriften des neuen Rechtsbuchs und sorgten durch die Abhaltung von Synoden mit Verkündung der neuen Sammlung bereits ab 1299 für eine zumindest auszugsweise Verbreitung des *Liber Sextus*[48]. Hier wird deutlich, dass von den anzunehmenden Kosten abgesehen schon die physische Herstellung der Exemplare die Kurie an die Grenzen ihrer Leistungsfähigkeit brachte. So wurde etwa das Exemplar für die Universität Salamanca erst mehr als ein halbes Jahr später auf den Weg gebracht. Eine Lösung des hier angesprochenen Problems der Textherstellung wurde in der Versendung von Exzerpten, der bloßen Aufnahme des Incipits der Dekretale oder in der Inserierung einzelner Kapitel in Papsturkunden gesucht[49]. Der unter den besonderen Umständen der Resignation des Vorgängers stehende Pontifikat Bonifaz' VIII. brachte wenig später eine Besonderheit mit sich, die eine weitere Begrenzung des päpstlichen Zugriffs auf das Recht der Kirche offenbart[50]. *Clemens V.*, der erste unter bestimmendem Einfluss des französischen Königs stehende Avignon-Papst und als einstmaliger stummer Gegner Bonifaz' VIII. Förderer

---

45 *Schmidt*, Die Rezeption (Fn. 41), 51.

46 Dieser Abschnitt folgt, wenn nicht anders angegeben, *T. Schmidt*, Publikation und Überlieferung des „Liber Sextus" Papst Bonifaz' VIII., in: U.-R. Blumenthal *et al.* (Hg.), Proceedings of the Twelfth International Congress of Medieval Canon Law, Washington, D. C., 1–7 August 2004 (2008), 567–579.

47 Vgl. zur Ladung zum Vierten Laterankonzil die Nachweise bei *Wetzstein*, Zur kommunikationsgeschichtlichen Bedeutung (Fn. 32), 274, Anm. 71.

48 Nachweise sind zusammengestellt bei *T. Schmidt*, Frühe Anwendungen des Liber Sextus Papst Bonifaz' VIII., in: Landau und Müller (Hg.), Proceedings (Fn. 13), 117–134, hier 127, mit Anm. 41.

49 Vgl. dazu auch *Schmidt*, Frühe Anwendungen (Fn. 48), 124, der die Versendung von Exzerpten durch die Kurie schlüssig mit einem Nachfrageüberhang nach dem neuen Rechtsbuch erklärt, den die Kurie nicht in angemessener Zeit befriedigen konnte.

50 Die neuere Literatur zur Resignation Coelestins V. ist angegeben bei *T. Wetzstein*, Renuntiatio – resignatio. Zum Amtsverzicht in der Kirche des hohen und späten Mittelalters, in: S. Richter und D. Dirbach (Hg.), „Herrschen muss man wollen oder dürfen". Das Phänomen der Abdankung von Herrschern in der Frühen Neuzeit (2010), 30–61, hier 49–56.

der Colonna, war um eine Rehabilitierung der früheren Feinde Bonifaz' bemüht und verfügte daher, das im *Liber Sextus* enthaltene vernichtende Urteil seines Vorvorgängers über die Colonna (VI 5.3.un.) solle in künftigen Handschriften keine Aufnahme mehr finden[51]. Der Effekt dieser Verfügung war jedoch gering. Die meisten Handschriften enthalten *Ad succidendos* trotzdem, wenn auch der den Handschriften als *Glossa ordinaria* beigegebene Standardkommentar die Bemerkung enthält, dieses Kapitel solle nicht im Unterricht behandelt werden und es in manchen Handschriften sogar durchgestrichen ist[52].

Möglicherweise lagen angesichts der entscheidenden Bedeutung der Schule für die Ausbreitung der autorisierten päpstlichen Sammlungen die Gründe für das Aufkommen einer neuen Form päpstlicher Normsetzung in der schieren Zahl der Ausbildungsstätten[53]. Bald verdrängten Konstitutionen die hergebrachte Form der Dekretalensammlung, und damit kam auch eine neue Art der Verkündigung päpstlicher Normen in Gebrauch, die gänzlich ohne die Universitäten als Medium auskam[54]. Die nun an die gesamte Kirche gerichteten, mit der für die neue Urkundenform der *litterae solemnes* typischen Verewigungsformel *ad perpetuam rei memoriam* ausgestatteten allgemeinen Rechtsgrundsätze waren knapp genug, um als Einzelurkunde und dadurch mit überschaubaren Kosten in Form eines Rundschreibens an die Mitglieder der kirchlichen Hierarchie versandt zu werden[55].

---

[51] Im Detail dazu *T. Schmidt*, Zwei neue Konstitutionen Papst Clemens' V. zur Restitution der Colonna (1306), in: H. Mordek (Hg.), Papsttum, Kirche und Recht im Mittelalter. Festschrift für Horst Fuhrmann zum 65. Geburtstag (1991), 335–345.

[52] *Schmidt*, Publikation (Fn. 46), 577.

[53] Martin Bertram als derzeit einer der besten Kenner der handschriftlichen Überlieferung des *Liber Extra* konnte beispielsweise in einer luziden Interpretation der in Schweden überlieferten Fragmente kanonistischer Pergamenthandschriften den Nachweis führen, dass seit ungefähr 1250 „eine Flut von Handschriften" des Dekretalenrechts und der dazugehörigen einschlägigen kanonistischen Handbuchliteratur nach Schweden gelangte, die „aus dem Umkreis der führenden französischen und italienischen Universitäten" stammten und von aus Schweden stammenden Studenten nach einem Studium mit nach Hause geführt wurden, *Bertram*, Kanonistische Handschriften (Fn. 13), 145.

[54] Tilmann Schmidt kann durch seine Forschungen zum *Liber Sextus* mit dem bemerkenswerten Befund aufwarten, dass gerade an der Kurie selbst die im *Sextus* enthaltenen Kapitel in der Regel nicht als Teil des von Bonifaz VIII. promulgierten und von diesem Datum an in allen seinen Bestandteilen *uno actu* gültigen und verbindlichen Rechtsbuchs zitiert wurden, sondern dass gerade bei den nicht von Bonifaz stammenden Kapiteln „die Vorgängerpäpste fortdauernd als Autoritätsgeber" betrachtet wurden, siehe *Schmidt*, Frühe Anwendungen (Fn. 48), 133 – ein weiterer Hinweis darauf, dass die Blütezeit der Dekretalensammlungen vorüber war.

[55] Vgl. zu den Konstitutionen *M. Bertram*, Die Konstitutionen Alexanders IV. (1255/56) und Clemens' IV (1265/1267). Eine neue Form päpstlicher Gesetzgebung, ZRG Kan. Abt. 88 (2003), 70–109, besonders die einführenden Bemerkungen, ebd., 71–74; vgl. auch *A. Meyer*, „Dominus noster vult": Anmerkungen zur päpstlichen Gesetzgebung im Spätmittelalter, Historische Zeitschrift 289 (2009), 607–626, hier 608 f. Die Rezeption der Konstitutionen durch die Kanonistik scheint aber noch im 13. Jahrhundert keineswegs einheitlich, sondern von Papst zu Papst unterschiedlich intensiv erfolgt zu sein. Für das 14. und 15. Jahrhundert sind Verbreitungswege, Rezeption und normative Bedeutung der Konstitutionen noch kaum erforscht; *Bertram*, Von der decretalis epistola (Fn. 44), 272.

II. Die Rolle der Rechtsschulen

Die Schulen, denen wir uns nach den Rechtsquellen nun in zweiter Linie zuwenden wollen, um den Strukturwandel des kanonischen Rechts zu verfolgen, waren seit dem 13. Jahrhundert zunehmend als Teil der entstehenden Universitäten zentrale Stätten der Juristenausbildung[56]. Dabei lockerte sich nach 1300, wie bereits angedeutet, das einstmals so enge Verhältnis zwischen dem Papst als einzig anerkannter Normenquelle und der Lehre an den Rechtsschulen. Dies war ein folgerichtiger Schritt, hatten doch die Päpste in ihren Begleitschreiben zum Versand der Dekretalensammlungen die Schulen auf die Verwendung dieser Texte, nicht aber der in Zukunft in überdies unvergleichlich geringerer Zahl ergehenden Konstitutionen verpflichtet. Die Unterrichtspraxis verstärkte die Konzentration auf das Dekretalenrecht, allen voran auf jenes Recht, das im *Liber Extra* von 1234, im *Liber Sextus* von 1298 und den kleineren späteren Sammlungen wie den Klementinen (1317) und den Extravaganten Johannes' XXII. (1325) versammelt war. Juristen wurden auf der Grundlage jener autoritativen Texte vorwiegend nach der Legalordnung ausgebildet und arbeiteten die Rechtsbücher in genau jener Reihenfolge Kapitel für Kapitel durch, in welcher sie ihnen vorlagen[57]. In Cambridge etwa standen kurz nach 1317 zwei Jahre *Liber Extra* auf dem Lehrprogramm der Kanonisten, dann nochmals ein Jahr für den *Sextus* und die Clementinen[58]. Auch die stets private Rechtssammlung Gratians war in der Theorie nach wie vor Bestandteil der Lehre an den Rechtsfakultäten, in der Praxis hingegen wurde es mancherorts wie etwa in Cambridge immer schwieriger, Lehrer des Dekrets zu finden. So lässt sich den dortigen Statuten für das späte 14. Jahrhundert entnehmen, dass es keinen regelmäßigen Unterricht im Dekret mehr gab und sich die Ausbildung der Kanonisten zumindest dort fast gänzlich auf das Dekretalenrecht, das *ius novum* verlagert hatte. Andererseits wissen wir, dass etwa die Konstantinische Schenkung, deren Text um 1170 in Form einer als *palea* bezeichneten späteren Beifügung in Gratians Dekret gelangte, noch im Spätmittelalter in jener Form diskutiert wurde, in der sie Teil des Dekrets geworden war[59].

Irgendwann jedoch wird selbst das jüngste Recht alt, und so blieben aufgrund der Legalordnung Rechtsprobleme, die aufgrund besonderer Umstände in die zum Unterricht vorgesehenen Dekretalensammlungen gelangten, bis zum Ende des Mittelalters überall auf dem Lehrplan der Fakultäten für kanonisches Recht. Dies gilt etwa für die Frage der Position des Kaisers und seines Verhältnisses zum Papst, wie sie im Zuge des deutschen Thronstreits zu Beginn des 13. Jahrhunderts tatsächlich relevant

---

[56] Umfangreiche Verweise auf weiterführende Literatur zum hoch- und spätmittelalterlichen Rechtsunterricht sind zusammengestellt bei *Wetzstein*, Der Jurist (Fn. 13), 262–266.

[57] Vgl. zum Prinzip der Legalordnung in der kanonististischen Lehre etwa die Bemerkungen bei *Wetzstein*, Heilige (Fn. 15), 244 f. und Anm. 113 (mit weiteren Verweisen).

[58] Die folgende Schilderung der Zustände in Cambridge folgt *Brundage*, The Canon Law Curriculum (Fn. 31), 185.

[59] Vgl. dazu ausführlich *J. Miethke*, Die „Konstantinische Schenkung" in der mittelalterlichen Diskussion. Ausgewählte Kapitel einer verschlungenen Rezeptionsgeschichte, in: A. Goltz und H. Schlange-Schöningen (Hg.), Konstantin der Große. Das Bild des Kaisers im Wandel der Zeiten (2008), 35–109, hier 47–48.

gewesen war. Wer mag da nicht an das Fossil des Investiturstreits in den aktuellen Lehrplänen der deutschen Gymnasien denken, den einst Bismarcks Kulturkampf zu einer nationalen Schicksalsfrage erhoben hatte[60]? Gerade am Beispiel des Verhältnisses von Kaiser und Papst, wie es in der Dekretale *Venerabilem* aus dem Jahre 1202 diskutiert wurde (X 1. 6. 34) lässt sich allerdings beobachten, welchen Einfluss die Lehre auf die Textgestalt hatte. Als Raimund von Peñafort bei seiner Redaktionsarbeit für den *Liber Extra* massive Kürzungen vorzunehmen hatte, ließ er die bereits von den Rechtslehrern kommentierten Passagen seiner Vorlage respektvoll stehen und setzte nur dort das Messer an, wo die *Compilatio tertia* keine Glossierung der Bologneser Rechtslehrer aufwies[61].

Sollte auch in den späteren Jahrhunderten die Kontrolle der Päpste über die Lehre des Kirchenrechts keineswegs unbeschränkt sein, so war der direkte Einfluss der Päpste auf die kanonistische Lehre in der Zeit der wesentlichen Formierungsphase des Dekretalenrechts erheblich. An zwei Beispielen lässt sich dies eindrücklich zeigen. Zunächst ist hier ein Beispiel aus dem Eherecht anzuführen, das ohnehin als der kirchliche Rechtsbereich gelten kann, in welchem das Kirchenrecht wohl die größte soziale Reichweite besaß[62]. Hier stritten während mehrerer Jahrzehnte Gelehrte des 12. Jahrhunderts über die nicht unwichtige Frage, ob eine Ehe bereits durch den Ehekonsens der Partner oder aber erst durch den Geschlechtsakt sakramental und damit unauflöslich wurde[63]. Alexander III. entschied diese Debatte schließlich und endgültig durch ein päpstliches Machtwort in einer Dekretale, die später Teil des *Liber Extra* wurde und verhängnisvolle Folgen hatte[64]. Er verhalf nämlich damit der reinen Konsensehe zum Durchbruch und schuf so für die kirchlichen Gerichte ein reiches Betätigungsfeld. Nun hatten kirchliche Richter zu entscheiden, ob ein romantisches tête à tête eine unauflösliche Ehe herbeigeführt hatte oder nicht[65].

---

[60] An einem Teilaspekt ist die spätere Rezeption der dem Thronstreit zuzuordnenden Dekretale *Venerabilem* dargestellt bei *T. Wetzstein*, La doctrine de la „translatio imperii" et l'enseignement des canonistes médiévaux, in: J. Krynen und M. Stolleis (Hg.), Science politique et droit public dans les facultés de droit européennes (XIIIe – XVIIIe siécle) (2008), 185–221. Grundlegend zum berühmten Thronstreitregister Innozenz' III. ist nach wie vor die Studie von *F. Kempf*, Papsttum und Kaisertum bei Innozenz III. Die geistigen und rechtlichen Grundlagen seiner Thronstreitpolitik (1954). Zur politischen Aufwertung des Investiturstreits durch Bismarck im Zusammenhang des Kulturkampfes ist anregend, wenn auch nicht in allen Details unumstritten, die Studie von *J. Fried*, Canossa: Entlarvung einer Legende. Eine Streitschrift (2012). Als Beispiel sei verwiesen auf den gymnasialen Lehrplan der Klassen 11 und 12 in Bayern für 2015/2016 (Online: www.isb-gym8-lehrplan.de/contentserv/3.1.neu/g8.de/index.php?StoryID=26903); unter der Rubrik „Religionspolitische Auseinandersetzungen des 11. und 12. Jahrhunderts" heißt es: „Der Lehrplan bezieht sich hier auf den Investiturstreit, namentlich auf die Vorgänge in Canossa 1077".

[61] *Walther*, Das Reich (Fn. 26), 43, Anm. 35. Vgl. zur Kürzung der Raimund von Peñafort in den *Compilationes antiquae* vorliegenden Dekretalen *Wetzstein*, Resecatis superfluis? (Fn. 37).

[62] Ein umfassendes Panorama zum mittelalterlichen Eherecht findet sich bei *J. Gaudemet*, Le Mariage en Occident. Le moeurs et le droit (1987); daneben sind zu nennen die Aufsatzsammlungen von *J. A. Brundage*, Sex, Law, and Marriage in the Middle Ages (1993); sowie *R. Weigand*, Liebe und Ehe im Mittelalter (1993).

[63] Vgl. dazu ausführlicher *Wetzstein*, Der Jurist (Fn. 13), 252 mit Anm. 15 (und weiteren Verweisen).

[64] X 4.4.3.

[65] Die Folgen lassen sich in Glücksfällen der Überlieferung eindrücklich anhand der aus der

In einem anderen Bereich, der Position des Papstes selbst, lässt sich zumindest anfänglicher Widerstand der Rechtslehrer gegen Neuerungen durch die Päpste erkennen. Unter Innozenz III. erfolgte in den Stellungnahmen der Päpste zu ihrer eigenen Rolle in der Verfassung der Kirche der entscheidende Schritt von dualistischen zu hierokratischen Auffassungen, die sich besonders im Amt des Papstes gegenüber dem des Kaisers fassen lassen[66]. Anfangs waren die in dualistischen Positionen ausgebildeten Dekretisten jedoch nicht bereit, die hierokratische Auffassung vom Papst als notfalls interventionsberechtigtem geistigen Führer des Abendlandes mitzutragen[67]. Erst als die entsprechende Dekretale *Venerabilem* Aufnahme in die *Compilatio tertia* und damit in den Lehrbetrieb in Bologna fand, waren Auffassungen, die das neue päpstliche Selbstverständnis trotz des Wortlauts einer Dekretale ignoriert hätten, nicht mehr vertretbar[68]. Diese beiden Beispiele dürften verdeutlichen, welch bestimmenden Einfluss die Päpste des 12. und 13. Jahrhunderts über die den Schulen vorgelegten Texte langfristig und dauerhaft auf die Lehrentwicklung ausübten.

III. Die Rechtsprechung

Ein drittes Feld verstärkte die Monopolisierung des Rechts durch die Päpste erheblich: die Rechtsprechung. Nicht nur, dass im 12. Jahrhundert mit der Entsendung delegierter Richter, wie dargestellt, das kanonische Recht als päpstliches Recht in der ganzen lateinischen Christenheit rasch zu richtungsweisender Bedeutung gelangte, der konsequente und flächendeckende Aufbau einer auf den Papst ausgerichteten kirchlichen Gerichtsbarkeit war die unmittelbare Konsequenz dieses Vorgangs[69]. In der Diözese Passau etwa vollzog sich 1199 eine völlige Umgestaltung der Verfassung

Tätigkeit geistlicher Gerichte erhaltenen Dokumente studieren; für England etwa bei *R. H. Helmholz*, Marriage Litigation in Medieval England (1974); für Paris bei J. Petit (Hg.), Registre des causes civiles de l'Officialité épiscopale de Paris, 1384–1387 (1919); zusammen mit der Darstellung bei *A. Lefebvre-Teillard*, Les officialités à la veille du concile de Trente (1973), 147–221; oder für Regensburg bei *C. Deutsch*, Ehegerichtsbarkeit im Bistum Regensburg (1480–1538) (2005).

[66] Vgl. hier neben der klassischen Studie Sticklers, *A. M. Stickler*, Sacerdotium et regnum nei decretisti e primi decretalisti. Considerazioni metodologiche di ricerca e testi (1953), statt vieler *Walther*, Das Reich (Fn. 26).

[67] *Walther*, Das Reich (Fn. 26), 41 f.; in Übereinstimmung mit den traditionellen Kaiservorstellungen im Königreich León lehnte etwa Bernardus Compostellanus Antiquus in seinem zwischen 1201 und 1205 verfassten Glossenapparat zum Dekret die von Innozenz III. vertretene kuriale Translationstheorie (im Sinne von *Romana ecclesia transtulit imperium in occidentem a Grecis*) ab und sah das Kaisertum in Byzanz fortbestehen.

[68] Mit weiteren Nachweisen findet sich dieser Vorgang rekonstruiert bei *Walther*, Das Reich (Fn. 26), 42.

[69] Vgl. hier statt vieler mit weiteren Verweisen *Wetzstein*, Der Jurist (Fn. 13), 368. Die bei Ullmann vermutete Ursache, „faith alone" sei die Grundlage der weithin gültigen Anerkennung der päpstlichen Jurisdiktionsgewalt gewesen, vgl. *W. Ullmann*, The Medieval Papal Court as an International Tribunal, Virginia Journal of International Law 11 (1971), 356–371, hier 360; eigener Sanktionsgewalt zur Durchsetzung der Urteile, ebd., 361, habe es nicht bedurft, bis schließlich die Aristotelesrezeption und das Aufkommen des „ascending theme", ebd., 366 – des Verzichts auf transzendentale Herrschaftsbegründungen und Anfänge der Volkssouveränität –, dieser „ideology" die Grundlage entzogen hätten, wurde wenige Zeit nach dem ursprünglichen Erscheinen seines Aufsatzes Gegenstand massiver

der kirchlichen Rechtsprechung durch Bischof Wolfger von Erla[70]. Mit der Abschaffung des Umstandes wurden die Laien aus der Rechtsprechung ausgeschlossen, und die Synode und das Domkapitel waren künftig kein Organ der Rechtsprechung mehr. Stattdessen agierte nun nach dem Modell des gelehrten Rechts ein Einzelrichter als Richter, der anfangs der Bischof selbst war und später wie überall durch einen Offizial abgelöst wurde. In Passau stieg mit dieser Einrichtung eines nach den Prinzipien des gelehrten Rechts operierenden Gerichts der Bedarf an Juristen schlagartig an, der nach Ausweis der Handschriften vor allem aus Bologna und Padua gedeckt wurde[71]. Ähnliche Entwicklungen lassen sich allenthalben in ganz Lateineuropa, wenn auch nicht überall mit der gleichen Intensität beobachten[72]. Gerade der massive Ausbau der kirchlichen Rechtsprechung sorgte dafür, dass den Forschungen von James Brundage zufolge das Kirchenrecht im Gefüge der Universitäten eine weitaus tragendere Rolle spielte als weithin angenommen. Dies galt für viele Gründungsuniversitäten nördlich der Alpen und in England insbesondere für die ersten Jahre ihres Bestehens[73]. In Cambridge etwa waren um 1350 ein Drittel aller Studenten Kanonisten[74]. Gerade den Erfolg von Cambridge als Universität seit den Anfängen um 1210 erklärt Brundage vor allem durch die enge Symbiose der blühenden Fakultät für Kirchenrecht mit den beiden in Cambridge ansässigen Gerichtshöfen, dem Konsistorialgericht von Ely und dem Gericht des Archidiakons[75].

Es ist kein Zufall, dass sich auch hier, im Bereich der kirchlichen Rechtsprechung, die entscheidenden Schritte im 12. und 13. Jahrhundert vollzogen. Tatsächlich nämlich wirkten Vorgänge zusammen, die wir hier aus Gründen der Darstellbarkeit künstlich trennen mussten. Der Strukturwandel des kirchlichen Rechts betraf die Rechtsquellen, die Lehre und die Rechtsprechung gleichermaßen und zu gleicher Zeit. Nicht alles freilich ging allein auf tatkräftige Päpste zurück. Die neue Hochschätzung höherer Bildung und die besondere Bedeutung logischer Argumentation im Zuge einer Aufwertung der lange vernachlässigten Dialektik, die rasch und unumkehrbar zu dem führte, was wir heute „Wissensgesellschaft" nennen, war ein übergreifender Prozess, der auch andere gesellschaftliche Bereiche massiv betraf[76]. Die sozioökonomische Entwicklung

---

Kritik durch *F. Oakley*, Celestial Hierarchy Revisited: Walter Ullmann's Vision of Medieval Politics, Past and Present 160 (1973), 3–48.

[70] Das folgende nach *Stelzer*, Gelehrtes Recht (Fn. 19), 14–23. Ein neuerer Überblick zur Person des Passauer Bischofs stammt von *E. Boshof*, Wolfger von Erla – Bischof von Passau, Patriarch von Aquileja, Ostbairische Lebensbilder 1 (2004), 22–39.

[71] *Stelzer*, Gelehrtes Recht (Fn. 19), 233 f.

[72] Vgl. etwa parallele Entwicklungen, die Rainer Murauer für das Erzbistum Salzburg nachweisen konnte, *R. Murauer*, Geistliche Gerichtsbarkeit und Rezeption des neuen Rechts im Erzbistum Salzburg im 12. Jahrhundert, in: Johrendt und Müller (Hg.), Römisches Zentrum (Fn. 1), 259–284, hier 272–274.

[73] *Brundage*, Teaching (Fn. 13), 178 f.

[74] *Brundage*, The Canon Law Curriculum (Fn. 31), 186.

[75] *J. A. Brundage*, The Cambridge Faculty of Canon Law and the Ecclesiastical Courts of Ely, in: P. Zutshi (Hg.), Medieval Cambridge. Essays on the Pre-Reformation University (1993), 21–45, hier 41; Wiederabdruck in: *Brundage*, The Profession and Practice (Fn. 13), Nr. X, 41.

[76] Als Überblick über diesen ebenso komplexen wie folgenreichen Prozess seien hier genannt: J. Koch (Hg.), Artes liberales. Von der antiken Bildung zur Wissenschaft des Mittelalters (1959);

mit einer klimatisch bedingten Produktion von Agrarüberschüssen und einem erheblichen Bevölkerungswachstum stellte darüber hinaus eine wesentliche Voraussetzung jener Professionalisierung der Rechtspflege dar, die wir im Bereich der lateinischen Kirche beobachtet haben[77]. Die vielfältigen Nutzungsmöglichkeiten der Schrift von der Raumüberwindung über die Verdauerung bis hin zur pragmatischen Nutzung – ohne welche der skizzierte Strukturwandel undenkbar gewesen wäre – bezeichneten ebenfalls einen Vorgang, der fast alle gesellschaftlichen Bereiche mehr oder weniger betraf und langfristig veränderte[78].

Die Päpste des 12. und 13. Jahrhunderts öffneten diesen Entwicklungen die Türen des Papsthofes weit und zeigten sich in der Lage, beim Aufbau der Papstkirche als verrechtlichter Institution beeindruckend effizient vorzugehen und das in ihren Händen entstandene Werkzeug zielgerichtet für ihre universalistischen Ziele zu nutzen. Begünstigt wurde der Sitz des Petrus dabei nicht nur von den äußeren Rahmenbedingungen, sondern auch von einer grundsätzlichen Innovationsfreudigkeit der Päpste, der Intensivierung der Schriftnutzung an der Kurie, ihren zumeist biographisch begründeten Einsichten in das Kommunikationspotential der Schulen und Universitäten und der Möglichkeit, als Normengeber flexibel und lebensnah auf aktuelle Entwicklungen in der lateinischen Kirche zu reagieren.

Gleichzeitig dürfte allerdings auch deutlich geworden sein, dass bei allen Beteuerungen der *plenitudo potestatis* auch die Macht der Päpste beim Umbau des Kirchenrechts an Grenzen stieß. Am befremdlichsten dürfte dem modernen Betrachter erscheinen, dass auch jene Päpste, die durch den Erlass schriftlicher Normen das Leben der gesamten lateinischen Kirche minutiös zu regeln wünschten, zugleich keine systematischen Anstrengungen unternahmen, die von ihnen erlassenen Bestimmungen auch tatsächlich ohne Verzögerung der gesamten lateinischen Kirche bekanntzumachen. Dies könnte darauf hindeuten, dass die Normverkündung ein essentielles Element nicht nur der Normierung selbst, sondern auch der Ideengeschichte der Gesetzgebung ist, das bislang noch kaum in seiner historischen Entwicklung berücksichtigt wurde[79]. Wie bestimmend die materiallen Bedingungen gesellschaftlicher Normierung selbst für eine in hohem Maß zentralisierte Institution wie das Papsttum im Handschriftenzeitalter waren, war deutlich an den Umständen der Publikation des *Liber Sextus* um 1300 zu erkennen. Im Vergleich zur schleppenden Publikation der Kanones des Dritten Laterankonzils hatte das Papsttum ein gutes Jahrhundert spä-

---

J. Fried, Schulen und Studium im sozialen Wandel des hohen und späten Mittelalters (1986); *D. Luscombe*, Thought and Learning in: Ders. und J. Riley-Smith (Hg.), The New Cambridge Medieval History. Volume IV: 1024–1198. Part 1 (2004), 461–498.

[77] Vgl. dazu das prägnante Panorama bei *M. Borgolte*, Europa entdeckt seine Vielfalt. 1050–1250 (2002), 316–320.

[78] Anregend sind hier für die historische Forschung die bei *K. Ehlich*, Funktion und Struktur schriftlicher Kommunikation, in: H. Günther und O. Ludwig (Hg.), Schrift und Schriftlichkeit. Ein interdisziplinäres Handbuch internationaler Forschung. Bd. 1 (1994), 18–41, zusammengestellten Ergebnisse der jüngeren Schriftlichkeitsforschung aus linguistischer Perspektive. Hingewiesen sei in diesem Zusammenhang auch auf *J. Goody*, The Logic of Writing and the Organization of Society (1986).

[79] Um diesen Aspekt wäre somit zu erweitern die bahnbrechende Studie von *S. Gagnér*, Studien zur Ideengeschichte der Gesetzgebung (1960).

ter zwar hinsichtlich der Monopolisierung des Normensystems an sich einen großen Schritt getan, im Bereich der praktischen Normdurchsetzung durch systematische Bekanntmachung jedoch ein nur geringes Problembewusstsein entwickelt. Zwar hatte Innozenz III. die Universität als Medium der Kommunikation für sich und seine Nachfolger entdeckt, indem das *ius novum* Verbreitung vor allem dadurch fand, dass die Dekretalensammlungen an eine oder mehrere Universitäten verschickt wurden; aber schon die Rücksichten, die Raimund von Peñafort bei der Überarbeitung der Dekretalen für die Zusammenstellung des *Liber Extra* auf die Lehrtradition zu nehmen hatte, und auch die vergeblichen Versuche Clemens' V., den von seinem Vorvorgänger promulgierten und von den Schulen bereits ins Lehrprogramm aufgenommenen Text des *Liber Sextus* nachträglich zu ändern, machen deutlich, dass sich das von professionellen Rechtsexperten vermittelte und erschlossene Recht der Kirche der vollständigen Umwandlung in das Recht des Papstes zu widersetzen verstand.

Die „geglückte Symbiose" von Rechtswissenschaft und päpstlicher Rechtsetzung endete ohnehin im 14. Jahrhundert. Bei der Fortbildung des Kirchenrechts wurden Papst und Kurie nun zunehmend marginalisiert[80]. Das Erbe jener Zeit war jedoch dauerhaft und nachhaltig prägend. Neben der Kirchenverfassung oder dem Ämterrecht entfaltete es im Prozessrecht und im Eherecht die wohl größte und nachhaltigste Wirksamkeit. Der hier fassbare Strukturwandel vom Recht der Kirche zum Recht des Papstes hatte einschneidende Folgen. Es lässt sich als wesentliche Grundlage für das Recht Lateineuropas betrachten[81].

---

[80] *K. W. Nörr*, Kuriale Praxis und kanonistische Wissenschaft. Einige Fragen und Hinweise, in: Bertram (Hg.), Stagnation (Fn. 8), 33–38, hier 34. Nörr weist allerdings darauf hin, dass eine systematische Untersuchung der Beziehungen zwischen kanonistischer Wissenschaft und kurialer Praxis noch aussteht, ebd., 37.

[81] Dazu ist auf den umfassenden mehrbändigen Sammelband zu verweisen, hg. v. O. Condorelli *et al.*, Der Einfluss der Kanonistik auf die europäische Rechtskultur, 4 Bde. (2009–2014), der diesen Vorgang in den Bereichen Zivil- und Zivilprozessrecht, Öffentliches Recht, Straf- und Strafprozessrecht und Prozessrecht in Form von Einzelbeiträgen untersucht.

Islamisches Recht und öffentliche Ordnung in der Spätzeit des Kalifats (5.–7./11.–13. Jahrhundert)

Christian R. Lange

I. Sultan und Kalif, Kaiser und Papst 105
II. Die Situation in Bagdad 108
III. Tendenzen der Verstaatlichung des islamischen Rechts 111
IV. Die Rolle Ibn al-Ǧauzīs 117
V. Schlussbetrachtung 121

I. Sultan und Kalif, Kaiser und Papst

Die Spätzeit des Kalifats von Bagdad ist von der eskalierenden Auseinandersetzung des Kalifen mit dem vorwiegend in Persien residierenden Sultan geprägt. Dieser Konflikt ist in groben Zügen mit dem etwa gleichzeitig stattfindenden Streit zwischen Papst und Kaiser vergleichbar. Papst und Kalif leiteten ihre Autorität aus der direkten geistlichen Nachfolge ihres Religionsstifters ab; Kaiser und Sultan hingegen waren weltliche Herrscher, die beide der Legitimierung durch religiöse Instanzen bedurften, um sich auf solcher Grundlage als gottberufen darzustellen, nämlich als Herrscher über das *Sacrum Imperium* einerseits und als „Schatten Gottes auf Erden" (*ẓill Allāh fī l-arḍ*) andererseits. In militärischer Hinsicht waren Papst und Kalif dem Kaiser und Sultan unterlegen; territoriale Herrschaft übten sie, wenn überhaupt, nur auf lokaler Ebene aus. So wie der Kaiser durch die Investitur von Bischöfen in die Befugnisse des Papstes einzugreifen versuchte, bemühte sich der Sultan, den Einfluss des Kalifen zu beschneiden, indem er die Religionsgelehrten (*ʿulamāʾ*) in den von ihm geförderten Lehrbetrieb und in den staatlichen Verwaltungsapparat einbezog.

Gleichzeitig sind jedoch die Unterschiede, und zwar jenseits aller historischen Partikularien, bedeutend. So hat es in der islamischen Welt keinen Gang nach Canossa gegeben, keine Exkommunizierung des Sultans durch den Kalifen, auch keine Verunglimpfung des Sultans als „Antichrist" (welchem die islamische Figur des „Erzlügners", des *daǧǧāl*, entspricht), wie im Falle des durch Papst Gregor IX. denunzierten Hohenstaufer-Kaisers Friedrich II. Nach einer kurzen Zeit vereinter weltlicher und geistlicher Herrschaft im späten 2./8. und frühen 3./9. Jahrhundert hatte der Bagdader Kalif die Autorität, um solches auch nur zu versuchen, eingebüßt. Ṭuġril (regierte 431–455/1040–1063), erster Sultan der Seldschuken-Dynastie (431–590/1040–1190), erzwang die kalifale Anerkennung seiner Herrschaft mit Gewalt. Selbst die Verfügungsgewalt darüber, was Orthodoxie sei, lag nicht mehr in der Hand der Kalifen; spätestens seit dem 4./11. Jahrhundert wurde sie durch den globalen Konsens (*iǧmāʿ*)

der Gelehrten ausgeübt, und diese waren, so wie bei Theologen und Juristen üblich, nur in wenigen Dingen einer Meinung[1]. Anders als der Papst hatte der Kalif auch keine gesetzgebenden Befugnisse. Zwar wurde er von den muslimischen Juristen als rechtmäßiger Herrscher über das islamische Gemeinwesen anerkannt und hatte als solcher den Auftrag, das islamische Recht zu schützen. Er erließ aber keine Dekrete, um etwa den Normenschatz der Scharia anzufüllen oder strittige Rechtsfragen zu klären. Darüber hinaus hatten sich im 4./10. Jahrhundert zwei Gegenkalifate etabliert, die den Glanz des Bagdader Kalifats empfindlich abschwächten, nämlich das der schiitischen Fatimiden in Ägypten (297–567/909–1171) und das der spanischen Umaiyaden (316–422/929–1031). Während nach dem 13. Jahrhundert in Europa kein deutlicher Sieger aus dem Streit zwischen Kaiser und Papst hervorging, verkam das Bagdader Kalifat in Folge des Mongolensturms zur Bedeutungslosigkeit. Ein überlebender Sohn des letzten Bagdader Kalifen wurde von den Mamluken in Kairo installiert; er und seine Nachkommen fristeten dort ein recht kümmerliches Dasein als Schattenkalifen, denen nur noch zeremonielle Bedeutung zukam, etwa wenn sie bei Umzügen des Sultans an dessen Seite ritten.

Was die Rechtslage angeht, so waren die Seldschuken-Sultane des 5./11. und 6./12. Jahrhunderts dem Kalifen hinsichtlich ihrer religiösen und schariarechtlichen Autorität nominell untergeordnet[2]. Sie kontrollierten jedoch weitgehend unabhängig die Rechtsvollstreckung im Irak und in Persien, wenigstens was das Straf- und Ordnungsrecht betrifft[3]. Das Konstrukt eines das Sultanat legitimierenden und die Scharia schützenden, letzlich aber machtlosen Kalifen bleibt auch in den späteren Jahrhunderten des islamischen Mittelalters maßgeblich für die Länder zwischen Nil und Oxus[4]. Daher spielt die Seldschuken-Zeit eine zentrale Rolle bei der Bestimmung des Verhältnisses des islamischen Rechts, das auf der Fiktion des Fortbestehens des Kalifats beruht, zu den politischen Eliten, wie überhaupt die Rechtsentwicklung unter den

[1] Zum Begriff der Orthodoxie im Islam, siehe die Untersuchungen von *B. Lewis*, Some Observations on the Significance of Heresy in the History of Islam, Studia Islamica 1 (1953), 42–63; *A. Knysh*, „Orthodoxy" and „Heresy" in Medieval Islam: An Essay in Reassessment, The Muslim World 83,1 (1993), 48–67; *N. Calder*, The Limits of Islamic Orthodoxy, in: Defining Islam: A Reader, hg. v. A. Rippin (2007), 222–236; *B. Wilson*, The Failure of Nomenclature: The Concept of ‚Orthodoxy' in the Study of Islam, Comparative Islamic Studies 3,2 (2007), 169–194; *J. van Ess*, Der Eine und das Andere. Beobachtungen an islamischen häresiographischen Texten (2011), *passim*.

[2] Zur Geschichte der Seldschuken-Zeit, siehe die Arbeiten von *C. Cahen*, The Turkish Invasion, in: A History of the Crusades, hg. v. K. M. Setton (1955; ²1969–1989), Bd. 1, 135–176; *C. E. Bosworth*, The Political and Dynastic History of the Iranian World (AD 1000–1217), in: The Cambridge History of Iran, Vol. 5: The Saljuq and Mongol Periods, hg. v. J. A. Boyle (1968), 1–202; zuletzt *A. C. S. Peacock*, The Great Seljuk Empire (2015); für Isfahan und Persien, *D. Durand-Guédy*, Iranian Elites and Turkish Rulers. A History of Isfahan in the Saljūq Period (2011); und für Bagdad, die umfassende, zweibändige Analyse von *V. Van Renterghem*, Les élites bagdadiennes aux temps des Seldjoukides. Étude d'histoire sociale (2015).

[3] Zur Geschichte des Strafrechts und Strafrechtsvollzugs unter den Seldschuken, siehe *C. Lange*, Justice, Punishment, and the Medieval Muslim Imagination (2008).

[4] *T. Nagel*, Staat und Glaubensgemeinschaft im Islam. Geschichte der politischen Ordnungsvorstellungen der Muslime (1981); *P. Crone*, God's Rule. Government and Islam; Six Centuries of Medieval Islamic Political Thought (2004), bes. 243–249; *W. B. Hallaq*, Sharīʿa: Theory, Practice, Transformations (2009), 198.

Seldschuken zu einem gewissen, jedenfalls vorläufigen Abschluss kommt. Die vier sunnitischen Rechtsschulen bündeln ihre Lehre und finden in den nun aufblühenden, ihnen angeschlossen *madrasas* ihre institutionelle Verankerung. Wenn *Christian Müller* zu folgen ist, findet im islamischen Recht im 12. Jahrhundert eine „schariatische Wende" statt. Ohne an staatliche Kontrolle gebunden zu sein, entsteht ein sich auf sakrale Wurzeln berufendes, durch die Rechtsgelehrten (*fuqahā'*) ausformuliertes, in sich geschlossenes Normensystem[5]. Die islamische Jurisprudenz (*fiqh*) der Seldschuken-Zeit wird dementsprechend häufig auch als „klassisch" bezeichnet[6]. Unter der Herrschaft der Seldschuken und der ihnen unmittelbar folgenden Dynastien entstehen die umfassenden, bis in die Neuzeit gültigen Kompendien muslimischer Rechtsnormen: In der hanafitischen Rechtsschule das K. al-Mabṣūt des Saraḫsī (gestorben ca. 483/1090), das K. Badā'i' aṣ-ṣanā'i' des Kasānī (gestorben 587/1189) und das konzisere, zuweilen schon als „spätklassisch" bezeichnete K. al-Hidāya des Marġīnānī (gestorben 593/1196); in der schafiitischen Rechtsschule das K. al-Muhaḏḏab des Šīrāzī (gestorben 476/1083) und verschiedene Werke des Ġazālī (gestorben 505/1111) nebst anderen mehr. Auch die islamische Rechtshermeneutik (*uṣūl al-fiqh*) bringt bedeutende, auf Jahrhunderte den Ton angebende Werke hervor, wie zum Beispiel das K. al-Uṣūl des schon genannten Saraḫsī, das K. Uṣūl al-fiqh des Pazdawī (gestorben 482/1089), und das K. al-Maḥṣūl des Ġazālī[7].

Hier soll dieser Wendepunkt in der Geschichte des islamischen Rechts im Sinne einer Fallstudie beleuchtet werden, nämlich bezüglich der Frage der juridischen und ordnungsrechtlichen Abgrenzung zwischen privatem und öffentlichem Raum. Als Grundlage hierfür dienen bekannte Rechtsquellen und einige Bestallungsurkunden für öffentliche Ämter aus der Seldschuken-Zeit sowie die Chronik des bekannten Bagdader Predigers und Gelehrten Ibn al-Ǧauzī (gestorben 597/1201). Ibn al-Ǧauzī zeigt sich grundsätzlich sensibilisiert für die Notwendigkeit, die Unverletzlichkeit von Domizilen gegen illegitime Übergriffe aller Art zu verteidigen, und preist Herrscher, die eben dies tun. Gleichzeitig aber begegnet man in seiner Chronik einem aufdringlichen, beinahe schnüfflerischen Interesse an häuslichen Verbrechen und Ordnungswidrigkeiten. Überhaupt scheint er der Obrigkeit, trotz theoretischer Bedenken, eine recht invasive rechtliche und moralische Kontrolle der Gesellschaft zuzubilligen. Ibn al-Ǧauzīs Biographie bestätigt dies. Mehr als einmal fällt er dadurch auf, dass er sich

[5] Siehe *C. Müller*, Islamische Jurisprudenz als Gottesrecht: Die schariatische Wende des 12. Jahrhunderts, im vorliegenden Band.

[6] Das ist zumindest die alte, von *C. Chehata*, Études de droit musulman (1971), 17–18; und *J. Schacht*, An Introduction to Islamic Law (1964), Chapter 10, vertretene Terminologie. Es herrscht Uneinigkeit darüber, wie lange sich innovative, neue Lösungswege beschreitende Juristerei im Bereich des *fiqh* fortsetzte, und bis zu welchem Jahrhundert man deswegen die „klassische" Periode ansetzen soll. Die neuere Forschung tendiert dazu, diese Periode bis zum 19. Jahrhundert hin auszudehnen; *S. Oussama Arabi*, *David Powers* und *Susan Spectorsky*, Introduction, in: Islamic Legal Thought: A Compendium of Jurists, hg. v. dens. (2013), 3.

[7] Zur Geschichte der islamischen Rechtshermeneutik siehe die Arbeiten von *J. E. Lowry*, Early Islamic Legal History. The Risāla of Muḥammad b. Idrīs al-Shāfi'ī (2007); *D. Vishanoff*, The Formation of Islamic Hermeneutics. How Sunni Legal Theorists Imagined a Revealed Law (2011); *A. Zysow*, The Economy of Certainty. An Introduction to the Typology of Islamic Legal Theory (2013).

dem obrigkeitlichen Überwachungsapparat und der ihm angeschlossenen Moralpolizei andient und letztere sogar selbst ausübt.

Am Beispiel Ibn al-Ǧauzīs lässt sich daher das (spät)klassische islamische Rechtsverständnis hinsichtlich der Schutzwürdigkeit der Privatsphäre einerseits und der Legitimität obrigkeitlichen Eingreifens in diesen Lebensbereich andererseits gut ablesen. Dieser Beitrag zeichnet einige Konturen der Geschichte der Privatsphäre im spätkalifalen Bagdad (5.–7./11.–13. Jahrhundert) und zeigt gewisse Umbrüche auf, als deren Folge das durch die Scharia begründete öffentliche Recht, aller staatsunabhängigen Tendenzen zum Trotz, stärker an machtpolitische Vorgaben gebunden wird. Dadurch wird das Spannungsfeld zwischen vormodernen islamischen Konzeptionen des privaten und öffentlichen Raumes ausgemessen, und es werden die sich durch die Krise des Kalifats ergebenden Veränderungen in der Rechtslehre beleuchtet.

II. Die Situation in Bagdad

Bagdad war der Stammsitz der abbasidischen Kalifen, die die Stadt 145/762 gründeten, wenige Jahre nach der Revolution, die sie an die Macht gebracht hatte. Während zu Beginn der abbasidischen Herrschaft das Machtzentrum in der „Runden Stadt" des Kalifen Manṣūr (regierte 136–158/754–775) lag, auf der westlichen Tigris-Seite, befand sich der Regierungsbezirk in der Spätzeit des Kalifats auf dem östlichen Ufer. Der Sultanspalast, ebenfalls am östlichen Ufer gelegen, stand im Norden der Stadt, der Kalifenresidenz gleichsam als architektonische Herausforderung zur Seite gestellt; beide Baukomplexe prägten das Gesicht der Stadt[8].

Die Seldschuken-Sultane waren ursprünglich nomadische Stammesführer zentralasiatischer Herkunft. In der zweiten Hälfte des 5./11. Jahrhunderts, der Blütezeit ihrer Herrschaft, kontrollierten sie die Mehrheit der traditionellen Kernlande der islamischen Welt, das heißt Syrien, Irak, Persien und Transoxanien. Von altersher standen die Seldschuken vor einem Legitimitätsproblem. Sie kamen aus einem Gebiet, das erst spät islamisiert worden war, und hatten zur frühen Heilsgeschichte des Islams, welche sich in Arabien abgespielt hatte, keine wirkliche Verbindung[9]. Die Kalifen in Bagdad hingegen führten ihre moralische und politische Autorität direkt auf den arabischen Propheten Mohammed (gestorben 11/632) zurück. Der Aufstieg der Seldschuken verschärfte daher die Krise des Kalifats.

Mit dem Kalifat ging es schon seit längerer Zeit bergab, zwar nicht im freien Fall, aber doch unaufhaltsam. Das Band zwischen Religion und Regierung, die Idee, dass

---

[8] Zur Stadtgeschichte Bagdads, siehe *G. Wiet*, Baghdad: Metropolis of the Abbasid Caliphate (1971); kürzer *A. A. Duri*, „Baġhdād", in: Encyclopaedia of Islam, New Edition, hg. v. C. E. Bosworth *et al.* (1960–2005), Bd. 1, 894b–908b.

[9] Zum Legitimitätsproblem der Seldschuken, siehe *R. Mottahedeh*, Some Attitudes Towards Monarchy and Absolutism in the Eastern Islamic World of the Eleventh and Twelfth Centuries A. D., in: Religion and Government in the World of Islam, hg. v. J. Kraemer und I. Alon (1983), 86–91; *Peacock*, The Great Seljuk Empire (Fn. 2), 124–155.

der Kalif *imām* sei, weltlicher und geistlicher Führer, war schon lange Fiktion[10]. Unter den Seldschuken erodierte diese Idee jedoch zunehmend. Die Staatsräson drohte die Scharia, mit dem Postulat der Aufsichtsfunktion des Kalifen, auszuhebeln; das öffentliche Recht, durch die Machthaber weitestgehend ohne Bezug zur Scharia konzipiert und als *siyāsa* („Leitung") bezeichnet, bekam zunehmend autoritäre Züge und begann, die muslimische Jurisprudenz, den *fiqh*, nachhaltig zu beeinflussen und auszuhöhlen[11].

Die Seldschuken hatten – auch das ein Zeichen ihrer Geringschätzung des Kalifen – Isfahan zu ihrer Hauptstadt erhoben. Seit der 447/1055 erfolgten Eroberung Iraks entsandten sie Polizei-Präfekten als Gouverneure nach Bagdad, in der Regel altgediente Generäle ihrer Armee. Die gespannten Machtverhältnisse – der Seldschuken-Gouverneur und der Kalif beäugten sich von ihren zwei Palästen aus voller Misstrauen – erschwerten die Verfolgung von Verbrechen und den Schutz der Bagdader Bevölkerung. Wie aus den Bagdader Chroniken der Zeit ersichtlich wird, waren die Einwohner Bagdads ständig der Gefahr ausgesetzt, dass marodierende Soldaten und Banden in ihre Domizile eindrangen. Privatbesitz und der Anspruch auf Unverletzlichkeit des eigenen Wohnraums wurden nur unzureichend geschützt. Das organisierte Verbrechen wurde von den Truppen des Gouverneurs nicht effektiv bekämpft, so urteilen zumindest die (oft Kalifen-freundlichen) Chronisten der Stadt, vielmehr beteiligten sich die Soldaten des Gouverneurs an den Übergriffen. Bürgermilizen, die sogenannten *ʿaiyārūn*, formierten sich, um der Situation auf lokaler Ebene, innerhalb der Viertel der Stadt, Herr zu werden, waren aber selbst oftmals in kriminelle Machenschaften verwickelt[12].

Als Beispiel der allgemeinen Rechtsunsicherheit in Bagdad mag das Jahr 530/1136 dienen, in welchem die Bagdader Bevölkerung besonders litt. Zwei Kalifen waren in schneller Folge ermordet worden, wahrscheinlich auf Geheiß des Sultans[13]. Ein absoluter Tiefpunkt der Beziehungen zwischen Kalif und Sultan war erreicht. In den Straßen von Bagdad kam es zu offenen Kämpfen zwischen den Anhängern beider Parteien, und der Gouverneur des Sultans wurde kurzfristig vertrieben. In dem nun entstehenden Rechtsvakuum hatten Kriminelle leichtes Spiel. Wie *Ibn al-Ǧauzī* ausführt, nahm das Unwesen der Milizen zu. Sie brachen in die Läden der Tuchhändler ein, erpressten unter Androhung des Todes Gold von ihnen und plünderten und mordeten sogar in den dem Kalifenpalast unmittelbar vorgelagerten Vierteln[14]. Dann, so *Ibn al-Ǧauzī*, wurde der Gouverneur des Sultans wiedereingesetzt, und einem jeden Stadtviertel ein eigener Polizei-Chef zugeteilt, der ermächtigt war, die Kontrolle über

10 Siehe die oben, Fn. 4, zitierte Literatur.

11 Zusammenfassende Darstellung der Entwicklung des *siyāsa*-Denkens im islamischen Recht bei *K. S. Vikør*, Between God and the Sultan. A History of Islamic Law (2005), 185–205.

12 Zur Geschichte der *ʿaiyārūn*, siehe *D. G. Tor*, Violent Order. Religious Warfare, Chivalry and the ʿAyyār Phenomenon in the Medieval Islamic World (2007).

13 Siehe hierzu *D. G. Tor*, A Tale of Two Murders. Power Relations between Caliph and Sultan in the Saljuq Era, Zeitschrift der deutschen morgenländischen Gesellschaft 159 (2009), 279–297.

14 *Ibn al-Ǧauzī* nennt das *Ẓafariyya*-Viertel, welches dem *Ẓafariyya*-Tor (auch *Wasṭānī*-Tor genannt) an der nordöstlichen Ecke der Kalifenresidenz vorgelagert war.

die Einwohner des Viertels wiederherzustellen. Die Menschen aber klagten weiterhin und riefen: „Wir sind von den Milizen keineswegs befreit“[15]!

Die Polizei des Sultans, das unterstellt Ibn al-Ǧauzī, war schlichtweg inkompetent. Vielleicht schwingt in seiner Darstellung sogar der Gedanke mit, dass die Truppen des Gouverneurs genauso schlimm waren wie die verbrecherischen Banden, die sie eigentlich zähmen sollten.

Die Seldschuken hatten bei den Einwohnern von Bagdad von Anfang an Unmut erregt. Als das Seldschuken-Heer 447/1055 die Stadt besetzte, quartierte der Sultan seine Soldaten in den Privathäusern reicher Bagdader Bürger ein. Das führte zu allerlei Konflikten, und der Kalif, der seine Tochter zähneknirschend dem seldschukischen Eroberer zur Frau geben musste, erließ wiederholt Edikte, in denen er den Sultan aufforderte, seine Gefolgsleute zur Räson zu rufen[16]. Daraus entwickelte sich ein wiederkehrendes Muster. Bis zur Mitte des 6./12. Jahrhundert besetzten die Truppen des Seldschuken-Gouverneurs wiederholt die vom einfachen Volk bewohnten Stadtteile auf der Westseite des Tigris. Jedes Mal protestierte der Kalif oder einer der seinem Hof angeschlossenen Rechtsgelehrten. Ein Koran-Vers, der hierbei gerne angeführt wurde, lautet wie folgt:

Ihr Gläubigen! Betretet keine fremden Häuser, ohne zu fragen, ob ihr gelegen kommt, und (ohne) über die Insassen den Gruß auszusprechen! Das ist besser für euch (als ungefragt einzutreten) .... Und wenn ihr niemanden darin antrefft, dann tretet nicht ein! (Ihr dürft solange nicht eintreten) bis man euch (ausdrücklich) Erlaubnis erteilt. Wenn man aber zu euch sagt, ihr sollt umkehren, müsst ihr umkehren[17].

Der Kalif und die ihm treuen Rechtsgelehrten benutzten den Vers, so scheint es, um die Seldschuken der Aushöhlung und Missachtung des heiligen Rechts zu bezichtigen, sich selbst hingegen als Verteidiger des rechten Glaubens darzustellen. Eine Geschichte, die den „rechtgeleiteten“ dritten Kalifen ʿUmar b. al-Ḫaṭṭāb (regierte 13–23/634–644) zum Protagonisten hat, diente demselben Zweck. Muslimische Autoren zitierten sie mit schöner Regelmäßigkeit:

Es wird erzählt, dass ʿUmar eines Nachts in Medina patroullierte und in einem Haus einen Mann singen hörte. Er kletterte auf die (das Grundstück umgebende) Mauer und traf dort den Mann an, wie er in der Gesellschaft von Frauen Wein trank. Er sagte: „Du Feind Gottes! Glaubtest Du etwa, dass Gott Dich verbirgt, wenn Du solche Sünden begehst“? Der Mann antwortete: „Befehlshaber der Gläubigen! Nicht so schnell. Zwar war ich gegen Gott ungehorsam, aber Du warst es gleich dreimal! Gott sagt nämlich (im Koran): ‚Spioniert nicht (49:12)‘. Du aber hast spioniert! Gott sagt auch: ‚Die Frömmigkeit besteht nicht darin, dass ihr von hinten in die Häuser geht (2:189)‘. Du aber bist mir auf die Mauer gestiegen! Und Gott sagt auch: ‚Betretet keine fremden Häuser, ohne zu fragen, ob ihr gelegen kommt, und ohne über die Insassen den Gruß auszusprechen (Koran 24:27)‘“! ʿUmar sagte: „Verzeih“. Der Mann antwortete: „Das tue ich. Und

[15] *Ibn al-Ǧauzī*, al-Muntaẓam fī tārīḫ al-umam wa-l-mulūk, hg. v. M. ʿA ʿAṭāʾ (1412/[1992–1993]), Bd. 17, 99.

[16] *Ibn al-Aṯīr*, al-Kāmil fī t-tārīḫ, hg. v. C. J. Tornberg (1968), *sub anno* 448.

[17] Koran 24:27–28. Alle Übersetzungen von Koran-Zitaten in diesem Kapitel folgen der Übersetzung Rudi Parets.

bei Gott, Befehlshaber der Gläubigen, wenn Du mir auch verzeihst, werde ich solch eine Sünde nie wieder begehen". ʿUmar verzieh ihm, und ging seines Wegs[18].

Gegen Ende des 6./12. Jahrhunderts bekam der Kalif in Bagdad Gelegenheit, den alten Anspruch auf weltliche Macht zu erneuern. Die Seldschuken, durch Thronnachfolgestreitigkeiten geschwächt, verloren ihren Zugriff auf Bagdad; das Machtpendel in der Stadt schwang zurück, hin zum Kalifat. Unter den Seldschuken hatten die Kalifen in Bagdad bislang kaum mehr als eine zeremonielle Funktion erfüllt, jetzt aber eroberten sie die Kontrolle über die Stadt und ihr Hinterland zurück. Der energische Kalif an-Nāṣir li-d-Dīn Allāh (regierte 575–622/1180–1225) steht stellvertretend für diese Entwicklung[19]. Um ihren Anspruch auf die zurückgewonnene Macht zu untermauern, versprachen die Kalifen der Bagdader Bevölkerung einen verbesserten Schutz gegen Verbrechen und gegen jedwede Übergriffe auf das Eigentum und die Privätsphäre. Ob dies gelang, wird noch zu sehen sein; zuvor soll aber die Entwicklung des öffentlichen Rechts unter den Seldschuken skizziert werden.

III. Tendenzen der Verstaatlichung des islamischen Rechts

Die im 5./11. und 6./12. Jahrhundert nicht nur in Bagdad, sondern in weiten Teilen des Seldschuken-Reichs herrschende Rechtsunsicherheit hinterliess auch Spuren in den oben aufgeführten klassischen Handbüchern des islamischen Rechts[20]. Der *fiqh* formuliert weiterhin seinen Anspruch, Ergebnis der göttlichen Offenbarung zu sein, nähert sich aber gleichzeitig den realen politischen Gegebenheiten. Das „Allgemeinwohl" (*maṣlaḥa*) erobert einen wichtigen Platz als Instrument zur Erweiterung des Normenschatzes; auf seiner Grundlage gewinnt das Analogieschlussverfahren (*qiyās*) größeren Spielraum[21]. Die Theorie von der *siyāsa šarʿīya*, dem „Regieren im Einklang mit der Scharia", begleitet diese Entwicklung und unterstützt sie.

Siyāsa bedeutet in den ältesten Quellen zunächst nur soviel wie „Leitung", „Führung", zum Beispiel von Pferden. *Siyāsa* wird im Laufe der klassischen Zeit dann zum Begriff für „außerschariatische Machtausübung" und kurz für obrigkeitliche Gewalt. Unter dem Eindruck der sich auftuenden Kluft zwischen *siyāsa* und Scharia vor allem in der Zeit der türkischstämmigen Dynastien (beginnend mit den Seldschuken und auch später unter den ägyptischen Mamluken und den Osmanen) bemühen sich die

---

[18] *Ġazālī*, Iḥyāʾ ʿulūm ad-dīn (1998), Bd. 2, 323. Andere Versionen bei *Māwardī*, al-Aḥkām as-sulṭānīya, hg. v. Aḥmad Mubārak al-Baġdādī (1409/1989), 331. Vgl. *M. Cook*, Commanding Right and Forbidding Wrong in Islamic Thought (2000), 82, 480; *E. Alshech*, Do Not Enter Houses Other than Your Own. The Evolution of the Notion of a Private Domestic Sphere in Early Sunnī Islamic Thought, Islamic Law and Society 11,3 (2004), 291–332.

[19] *E. Glassen*, Der mittlere Weg. Studien zur Religionspolitik und Religiosität der späteren Abbasiden-Zeit (1981).

[20] *Lange*, Justice (Fn. 3), 179–243.

[21] Zur Geschichte des *maṣlaḥa*-Denkens im islamischen Recht, vgl. *F. Opwis*, Maṣlaḥa in Contemporary Islamic Legal Theory, Islamic Law and Society 12,2 (2005), 182–223; *dies.*, Maṣlaḥa and the Purpose of the Law: Islamic Discourse on Legal Change from the 4th/10th to the 8th/14th Century (2010).

muslimischen Juristen, die *fuqahā'*, die *siyāsa* zu „schariatisieren", und andersherum, die Scharia zu „siyāsatisieren". Das wird zusammenfassend formuliert von dem Syrer Ibn Taymiyya im 8./14. Jahrhundert, der allerdings eher am Ende der Entwicklung steht als an ihrem Beginn[22]. Die Seldschuken-Zeit markiert einen wichtigen, frühen Moment in der Ausformung des Gedankens.

Der Prozess der Annäherung von islamischem Recht und öffentlicher Gewalt lässt sich exemplarisch am Amt des islamischen Marktvogts, des *muḥtasib*, aufzeigen[23]. Den Marktvogt gab es in der islamischen Welt spätestens seit dem 2./8. Jahrhundert und bis in die Zeit der Osmanen hinein.[24] In den frühen Jahrhunderten beschränkte sich seine Tätigkeit weitestgehend auf die Überprüfung von Maßen und Gewichten. Darüberhinaus war er beauftragt, öffentliche Übertretungen der islamischen Moral zu unterbinden, wie zum Beispiel Gespräche zwischen nichtverheirateten Männern und Frauen. In den frühen Jahrhunderten wurde das Amt des Marktvogts als ein religiös begründetes Amt (*waẓīfa dīniyya*) aufgefasst und auch dementsprechend ausgefüllt[25]. Der Kalif Muqtadir wollte zum Beispiel 318/930 einen früheren Polizei-Chef zum Marktvogt Bagdads ernennen, scheiterte aber am Widerstand seiner Berater, die darauf hinwiesen, dass der Kandidat weder ausreichende Kenntnis der Scharia mitbrachte noch in anderer Weise religiös vorgebildet war[26].

Unter den Seldschuken lagen dann die Dinge anders. Der Wesir Niẓām al-Mulk, der wichtigste seldschukische Politiker der zweiten Hälfte des 5./11. Jahrhunderts, schrieb in seinem „Buch des Regierens" (persisch: *Siyāsatnāmeh*), dass das Amt des Marktvogts vorzugsweise „einem Mitglied des (seldschukischen) Adels, einem Eunuchen, oder einem alten Türken" gegeben werden sollte – letzterem, weil er „vor niemandem Respekt" habe und daher „von allen gefürchtet" sei[27]. Deutlicher kann

---

[22] *Y. Rapoport*, Royal Justice and Religious Law. Siyāsa and Shari'ah under the Mamluks, Mamluk Studies Review 16 (2012), 71–102.

[23] Zum Amt des Marktvogts im Islam, siehe allgemein *R. P. Buckley*, The Muhtasib, Arabica 39 (1992), 59–117; *P. Chalmeta Gendrón*, El ‚señor del zoco' en España (1973); *K. Stilt*, Islamic Law in Action. Authority, Discretion, and Everyday Experiences in Mamlūk Egypt (2011); *A. Ghabin*, Ḥisba, Arts and Crafts in Islam (2009). Zum Marktvogt unter den Seldschuken, siehe *R. Wittmann*, The Muḥtasib in Seljuq Times. Insights from Four Chancery Manuals, Harvard Middle Eastern and Islamic Review 7 (2006), 108–128; *C. Lange*, Changes in the Office of Ḥisba under the Seljuqs, in: The Seljuqs. Politics, Society, and Culture, hg. v. dems. und S. Mecit (2011), 157–181.

[24] Der *muḥtasib* ist, wie allgemein angenommen wird, ein Nachfolger des byzantinischen *agoranomos*, der im Laufe der ersten islamischen Jahrhunderte „islamisiert" wird, siehe hierzu zusammenfassend *P. Crone*, Roman, Provincial, and Islamic Law. The Origins of the Islamic Patronate (1987), 107–108. Zu Parallelen zwischen dem *muḥtasib* als „guardian of public space" und vergleichbaren Exekutivinstanzen spätmittelalterlicher europäischer Städte, etwa dem „Schmutz-Notar" in Bologna, siehe *G. Geltner*, Finding Matter out of Place. Bologna's *Fango* („Dirt") Notary in the History of Premodern Public Health, in: Rosa Smurra *et al.* (Hg.), The Far-Sighted Gaze of Capital Cities. Essays in Honor of Francesca Bocchi (2014), 307–321, bes. 319–320. Für die frühmittelalterlichen Zusammenhänge, vor allem in Bezug auf Spanien, siehe *T. F. Glick*, New Perspectives on Hisba and its Hispanic Derivatives, Al-Qantara 13 (1992), 475–489.

[25] *Qalqašandī*, Ṣubḥ al-a'šā fī ṣinā'at al-inšā' (1918–22), Bd. 11, 211–213; ebd., Bd. 12, 63 (mit Beispielen aus fatimidischer, aiyubidischer und mamlukischer Zeit); *Ibn al-Uḫūwa*, Ma'ālim al-qurba fī aḥkām al-ḥisba, hg. v. R. Levy (1938), 13.

[26] *A. Mez*, The Renaissance of Islam, übersetzt v. S. K. Bukhsh and D. S. Margoliouth (1975), 416.

[27] *Niẓām al-Mulk*, Siyāsatnāma, hg. v. H. Darke (1962), 56.

man ein Programm der Säkularisierung und Verstaatlichung religiöser Ämter kaum formulieren. In der Seldschuken-Zeit wird der Marktvogt immer mehr zu einem sich über religiöse Gebote und Skrupel hinwegsetzenden Polizeihauptmann. Die Strafe, die geradezu typisch für ihn ist, ist das öffentliche Zurschaustellen und Erniedrigen von Kriminellen und das rituelle Herumführen von Straftätern auf einer Kuh oder einem Esel durch die Stadt[28].

Juristen der formativen und frühen klassischen Zeit (also des 2.–5./8.–11. Jahrhunderts) hatten, sofern sie sich zum Amt des Marktvogts äußerten, in der Regel auf den oben zitierten Koranvers 24:27 verwiesen. Zurecht: Das Prinzip des Schutzes der Privatsphäre ist, wie man an dem Vers sieht, dem religiösen Rechtsgefühl des Islam tief eingepflanzt[29]. Manch einer hat in diesem Zusammenhang schon vom „Fourth Amendment" des Islams gesprochen, in Anspielung auf die vierte Zusatzklausel der amerikanischen *Bill of Rights*[30]. Die frühklassischen Juristen hatten gelehrt, dass der Martkvogt sich ausschließlich mit Vergehen beschäftigen soll, die in der Öffentlichkeit verübt werden. Eine persische Bestallungsurkunde des Marktvogts aus dem 4./10. Jahrhundert fordert, der Marktvogt solle das Volk daran hindern, das zu tun, was vom Gesetz verboten sei, wenn (und solange) es öffentlich geschehe[31]. „Das Amt des Martkvogts", schrieb der schafiitische Oberrichter von Bagdad *Māwardī* (gestorben 450/1058) kurz vor Anbruch der Seldschuken-Herrschaft, „beinhaltet das Gebieten dessen, was geboten ist, wenn es in der Öffentlichkeit vernachlässigt wird, und das Verbieten dessen, was falsch ist, wenn es in der Öffentlichkeit getan wird"[32]. Die Grenzen waren hierbei recht eng gesteckt. Der Genuss von Alkoholika wird bekanntermaßen durch die Scharia verboten, aber das Lachen von Betrunkenen, das der Marktvogt auf der Straße durch ein Fenster hört, berechtigt ihn nicht, ins Haus einzudringen, weil das Rechtsgut der Unverletzlichkeit des Hauses, so die Juristen, schwerer wiegt als die Möglichkeit eines Rechtsbruchs innerhalb der Mauern. Es sei ja denkbar, so das Argument der Juristen, dass betrunkene Laute nur vorgetäuscht würden.

Ein Blick in die Kanzlei-Dokumente und die Chroniken der Seldschuken-Zeit zeigt hingegen, dass sich die seldschukischen Markvögte nicht von solchen Skrupeln leiten ließen, sondern im Gegenteil interventionistisch und recht rabiat zu Werke gingen. Zum ersten Mal spürt man das in einem staatsrechtlichen Traktat des Wesirs *Maġribī* aus der ersten Hälfte des 5./11. Jahrhunderts, worin auf erstaunlich unverblümte Art und Weise empfohlen wird, dass der Marktvogt sich mit Vergehen beschäftigen solle, die im Geheimen (*maktūm*) geschehen, weil diese ungemein schädlichere

---

[28] Hierzu *C. Lange*, Cultural and Legal Dimensions of Ignominious Parading (Tashhīr) in Islam, Islamic Law and Society 14,1 (2007), 81–108.

[29] Hierzu *C. Lange*, Vom Recht sich zu verhüllen. Dimensionen der Privatsphäre im muslimischen fiqh, in: Jahrbuch für Verfassung, Recht und Staat im islamischen Kontext – 2012/2013, hg. v. P. Scholz *et al.* (2013), 35–52.

[30] *S. Reza*, Islam's Fourth Amendment. Search and Seizure in Islamic Doctrine and Muslim Practice, Georgetown Journal of International Law 40,3 (2009), 703–806.

[31] *Ibn ʿAbbād*, Rasāʾil, hg. v. ʿA. ʿAzzām (1366/[1946–1947]), 40.

[32] *Māwardī*, al-Aḥkām as-sulṭānīya (Fn. 18), 315; vgl. *Cook*, Commanding Right (Fn. 18), 480; *Y. Klein*, Between Public and Private. An Examination of Ḥisba Literature, Harvard Middle Eastern and Islamic Review 7 (2006), 44–45.

Folgen für das Allgemeinwohl hätten als öffentliche Übertretungen des Gesetzes[33]. Hingegen fordert eine Bestallungsurkunde aus der Kanzlei des Seldschuken-Sultans Sanǧar (regierte 511–552/1118–1157) einen Provinz-Vogt auf, er solle die Unverletzlichkeit von Domizilen respektieren, es sei denn, es gäbe „deutliche Hinweise" auf die Begehung einer Sünde im Inneren[34]. Nicht weniger ominös klingt die Aufforderung an einen Marktvogt in einer Bestallungsurkunde aus dem späten 6./12. Jahrhundert, „er solle nicht auf Zäune oder Mauern klettern, um seinem Amt nachzukommen, keine Schleier lüften, noch geschlossene Türen gewaltsam öffnen, noch vertrauensunwürdige Leute als Aufseher über die Domizile der Muslime und der Harems der Gläubigen einsetzen"[35], ganz so, als sei ein solches Vorgehen für Marktvögte durchaus üblich.

Die Chroniken des 5./11. und 6./12. Jahrhunderts, obwohl häufig sparsam in der Beschreibung von Begleitumständen und daher nicht immer leicht zu deuten, bestätigen dies. Für Bagdad werden Razzien des Marktvogtes in Privathäusern vermeldet, bei denen nach Wein und Musikinstrumenten gesucht wurde. War so eine Razzia erfolgreich (im Sinne des Marktvogts), wurden die Schuldigen auf den Schandesel gesetzt und durch die Stadt geführt[36]. Bestallungsurkunden für den Marktvogt aus den seldschukischen Nachfolgestaaten greifen die Formel auf, derzufolge der Marktvogt ermächtigt ist, in Häuser einzudringen, wenn „deutliche Hinweise" auf einen Rechtsbruch vorliegen. So schreibt der im selben Jahr wie Ibn al-Ǧauzī, nämlich 597/1201, gestorbene schafiitische Jurist und Sekretär Saladins, *al-Kātib al-Iṣfahānī*, dass der Marktvogt „nicht gegen diejenigen vorgehen soll, deren Situation verhüllt ist, es sei denn, klare Hinweise und deutlich erkennbare Beweise liegen vor"[37].

Nicht nur die seldschukischen Kanzlei-Dokumente, auch die Bagdader Juristen aus seldschukischer Zeit vertreten eine eher invasive, interventionistische Definition des Amts des Marktvogts. Als Beispiel mag hier Ġazālī (gestorben 505/1111) dienen, der berühmte Theologe und Mystiker, der Zeit seines Lebens vor allem als Jurist Ansehen genoss. Ġazālī's Karriere ist im islamischen Mittelalter beispiellos. Als junger Mann wurde er 484/1091 auf einen der renommiertesten Lehrstühle in der islamischen Welt berufen, nämlich als Professor für islamisches Recht an der durch den Wesir Niẓām al-Mulk gestifteten Niẓāmiyya-*masdrasa* in Bagdad. Zu seiner Lehre von den Rechten und Pflichten des *muḥtasib* ist einschränkend zu sagen, dass *Ġazālī* annimmt, jeder einzelne Muslim sei verpflichtet, als *muḥtasib* aufzutreten, das heißt, „das Richtige zu gebieten und das Falsche zu verbieten" – so lautet die Formel[38]. Er diskutiert das Marktvogtwesen mit anderen Worten im Sinne einer allgemeinen ethischen Aufgabe,

---

33 *Al-Wazīr al-Maġribī*, Kitāb fī s-siyāsa, hg. v. F. ʿA. Aḥmad (o. J.), 53.

34 *Juvainī*, ʿAtabat al-kataba, hg. v. Muḥammad Qazvīnī und ʿAbbās Iqbāl (1329sh/1950), 25.

35 *Waṭwāt*, Maǧmūʿat ar-rasāʾil, hg. v. Muḥammad E. Fahmī (1939), 81.

36 *Ibn al-Ǧauzī*, Muntaẓam (Hyderabad, 1356–1361/1937–1942), Bd. 16, 166; ebd., Bd. 17, 172; ebd., Bd. 18, 9.

37 *Al-Kātib al-Iṣfahānī*, al-Barq aš-šāmī, hg. v. F. Ḥusain (1987), Bd. 5, 137.

38 Eine Übersetzung des Textes von Ġazālī findet sich im Anhang zu *R. Buckley*, The Book of the Islamic Market Inspector. Nihāyat al-Rutba fī Ṭalab al-Ḥisba (The Utmost Authority in the Pursuit of Ḥisba) (1999); zusammenfassend *Cook*, Commanding Right (Fn. 18), 427–450.

nicht im Sinne eines staatsrechtlich regulierten Amtes. Dennoch lassen sich *a fortiori* seine Überlegungen auch auf das staatliche Amt des Marktvogts übertragen[39].

Ġazālī widerspricht seinem Vorgänger Māwardī, der noch gemeint hatte, Marktvögte dürften nicht in Häuser eindringen, aus denen sündhafte Geräusche nach draußen auf die Straße gelangten. Der Marktvogt, so *Māwardī*, solle sich damit begnügen, nur von außen laut auf die Bewohner des Hauses einzureden[40]. *Ġazālī* hingegen ist der Meinung, dass die Stimmen von Betrunkenen, wenn sie auf der Straße zu hören sind, das – notfalls gewaltsame – Eindringen ins Haus rechtfertigten[41]. Ähnliches gilt für den Geruch von Wein. Einem Ausspruch des Prophetengenossen Ibn Masʿūd (gestorben 32/652–653) zufolge darf man einem Mann, von dessem Bart Wein tropft, nicht „das Falsche verbieten", man muss den Akt des Weintrinkens schon selbst gesehen haben[42], der Mann könne ja mit Wein vollgespritzt worden sein. Für *Ġazālī* hingegen ist das Aroma von Wein auf der Straße Grund genug, um zu intervenieren. Auch in anderen Bereichen setzt sich *Ġazālī* für eine umfassende Pflicht des Marktvogts ein, sich einzumischen. Er stört sich an singenden Muezzins, die den Gebetsruf in der Art eines Duetts ausführen, an eitlen Predigern in silberdurchwirkten Gewändern, am Schlachten von Tieren auf offener Straße, am achtlosen Wegwerfen von Melonenrändern, und an zuviel nackter Haut in öffentlichen Badehäusern: All das (und noch vieles mehr) hat der Marktvogt zu unterbinden[43]. Man kann sich des Eindrucks nicht erwehren, dass Ġazālī den Marktvögten Bagdads seiner Zeit wohlwollend gegenübergestanden haben muss. Während Ġazālī seine Professur an der Niẓāmiyya-*madrasa* bekleidete, war der Marktvogt von Bagdad ein gewisser Muḥammad al-Ḫiraqī (gestorben 494/1101), von Haus aus ein schafiitischer Richter. Er hatte das Amt des Marktvogts über den langen Zeitraum von zwanzig Jahren inne, und war für sein energisches Auftreten bekannt. Er scheint eine Vorliebe für die Schandesel-Strafe gehabt zu haben, zum Beispiel um Männer zu bestrafen, die im Badehaus ihre Badetücher nicht fest um die Hüften gebunden trugen[44].

In den Rechtsquellen des 6./12. Jahrhunderts gibt es aber auch Gegenbeispiele. Die Privatsphäre des Einzelnen und der Familie wird nicht immer einfach den Interessen der Staatsgewalt untergeordnet oder von diesen abgeleitet. Die islamische Jurisprudenz war von altersher kritisch gegenüber der Obrigkeit, was sich zum Beispiel am sprichwörtlichen Widerwillen vieler Rechtsgelehrter ablesen lässt, sich ins Richteramt berufen zu lassen. Die islamischen Rechtsgelehrten formten gewissermaßen eine eigene gesellschaftliche Klasse, die durchaus unabhängig, häufig sogar in Opposition zur herrschenden Klasse operierte, in dieser Hinsicht dem Juristenstand des *Ius commune* nicht unähnlich[45]. Der hanafitische Rechtsgelehrte *Ibn Māza*, der Märtyrer (ge-

---

[39] So auch *Cook*, Commanding Right (Fn. 18), 447–448.

[40] *Māwardī*, al-Aḥkām as-sulṭānīya (Cairo, 1380/1960), 253.

[41] *Ġazālī*, Iḥyāʾ ʿulūm ad-dīn, übersetzt v. Buckley, The Book of the Islamic Market Inspector (Fn. 38), 157; vgl. *Klein*, Public and Private (Fn. 32), 48; *Cook*, Commanding Right (Fn. 18), 481.

[42] *Abū Dāwūd*, Sunan, hg. v. ʿI. ʿU. ad-Daʿʿās und ʿA. as-Sayyid (1969–1974), Bd. 5, 200 (Nr. 4890).

[43] Siehe die Zusammenfassung in *Cook*, Commanding Right (Fn. 18), 442–446.

[44] *Ibn al-Ǧauzī*, Muntaẓam (Fn. 15), Bd. 17, 73.

[45] Vgl. die Ausführungen v. *W. P. Müller* in der Einleitung zu diesem Band.

storben 536/1141), etwa spricht sich gegen das Recht des Marktvogts aus, gewaltsam in ein Haus einzudringen, aus dem Musik schallt. „So eine Intervention", urteilt er, „verletzt das Recht eines jeden Muslims auf Verhüllung und sollte deswegen unterlassen werden"[46]. Ibn Māza mag nicht so berühmt sein wie Ġazālī, er war aber eine einflussreiche Figur in der zweiten Hälfte der Seldschukenherrschaft. Er wirkte als Richter in Buchara und war ein Berater des Sultans Sanǧar (regierte 511–552/1118–1157), den er auf Feldzügen zu begleiten pflegte. Er kam, an der Seite des Sultans kämpfend, in der Schlacht von Qaṭwān ums Leben, ein Umstand, dem er seinen Beinamen verdankt[47]. Als Ratgeber eines Sultans, aus dessen Kanzlei eine interventionistische Bestallungsurkunde des Marktvogts stammt, vielleicht auch auf der Grundlage seiner Berufserfahrung als Richter, muss sich Ibn Māza der Notwendigkeit bewusst gewesen sein, die Privatsphäre gegen allzu invasive Konzeptionen staatlicher Gewaltbefugnisse zu schützen. Wie andere Hanafiten stellte er sich dem mehr invasiven Verständnis des Marktvogtamts der Schafiiten entgegen.

Hanafitische Juristen erfuhren seitens der Seldschuken eine gewisse Bevorzugung gegenüber ihren schafiitischen Kollegen. Die Situation war aber alles andere als schwarz-weiß. Auch die Schafiiten prosperierten, wie zum Beispiel die Gelehrtenfamilie der Ḫuǧandīs in Isfahan[48], oder die Professoren in den vielen, vom Wesir Niẓām al-Mulk gegründeten schafiitischen *madrasas*[49]. Im Gegensatz zu Ibn Māza war Ġazālī zeitlebens bemüht, sich von den Seldschuken-Herrschern, insbesondere von Sanǧar, fernzuhalten, er war dabei aber nicht immer erfolgreich[50]. Ġazālīs Unterstützung eines interventionistischen Marktvogtwesens entspricht dem seldschukischen Zeitgeist vielleicht sogar eher als die vorsichtig warnende Meinung des Ibn Māza. Die Situation ist insgesamt komplex. Ibn Māza wird nachgesagt, er habe sich bemüht, die Gegensätze zwischen den beiden Rechtsschulen mittels seiner eigenen Rechtslehre zu harmonisieren[51].

Ibn Māza ist auch einer der ersten muslimischen Juristen, die ein allgemeines menschliches Bedürfnis nach Alleinsein postulieren. Ein Mensch „bedarf der Seklusion (*ḫalwa*)", lehrt *Ibn Māza*, selbst bei alltäglichen Tätigkeiten wie zum Beispiel beim Essen und Trinken[52], beides Vorgänge, bei denen kein ersichtlicher Grund vorliegt,

---

46 *Ibn Māza*, Šarḥ Adab al-qāḍī li-l-Ḫaṣṣāf (Bagdad, 1977), Bd. 2, 341–342.

47 *'U. R. Kaḥḥāla*, Mu'ǧam al-mu'allafīn (1414/1993), Bd. 2, 562. Auch andere seldschukische Sultane ließen sich von ihren (hanafitischen) Rechtsberatern in die Schlacht begleiten. Während seiner Feldzüge gegen die Byzantiner hatte Alp Arslān (regierte 455–465/1063–1073) Abū Naṣr Muḥammad al-Buḫārī bei sich; siehe *O. Safi*, The Politics of Knowledge in Premodern Islam. Negotiating Ideology and Religious Inquiry (2006), 94. Unter Malikšāh (regierte 465–485/1073–1092) war es Abū l-Muẓaffar al-Mušaṭṭab b. Muḥammad b. Usāma (gestorben 486/1093) aus Farġāna, der die Armee begleitete; siehe *W. Madelung*, The Spread of Māturīdism and the Turks, in: Actas do IV Congresso des Estudos Árabes e Islâmicos, Coimbra-Lisboa 1968 (1971), 143.

48 *S. Durand-Guédy*, Iranian Elites (Fn. 2), 230–233, 281–286.

49 Vgl. zusammenfassend die Diskussion in *Peacock*, The Great Seljuk Empire (Fn. 2), 266–272.

50 Hierzu *J. van Ess*, Quelques remarques sur le Munqiḍ min aḍ-ḍalâl, in: Ghazâlî, la raison et le miracle (1987), 57–68. Sehr kritisch gegenüber Ġazālīs Einknicken vor den seldschukischen Herrschern ist *Safi*, The Politics of Knowledge (Fn. 47).

51 *Madelung*, The Spread of Māturīdism (Fn. 47), 125, Anm. 39.

52 *Ibn Māza*, Šarḥ adab al-qāḍī (Fn. 46), Bd. 3, 69.

sie unter Ausschluss der Öffentlichkeit zu verrichten. Eine Generation später formuliert der transoxanische Hanafit *Marġīnānī* (gestorben 593/1196) denselben Gedanken: Menschen haben einen „Ort des Zurückzugs" nötig[53]. Es sind die seldschukischen Juristen, die als erste in der islamischen Rechtswissenschaft den Anspruch auf ein Recht sich zu verhüllen verteidigen, und zwar, das ist wesentlich, unabhängig von Definitionen dessen, was als körperliche Schamzone (*ʿaura*) verhüllt werden muss[54]. Jedes Objekt und jede Handlung, die ein Mensch für schutzwürdig hält, unterliegt diesem Rechtsanspruch. *Zamaḫšarī* (gestorben 538/1144), der ebenfalls dem transoxanischen Milieu zuzurechnen ist, meint, das Eindringen in fremde Häuser sei nicht nur deshalb verboten, weil der Eindringling *ʿaura* zu sehen bekommen könnte, sondern weil niemand das Recht habe, etwas zu sehen, was ein anderer vor Blicken schützen möchte[55].

Derartig umfassende, auf das subjektive Rechtsempfinden des Einzelnen abstellende Definitionen der Privatsphäre sind aber eher selten im muslimischen *fiqh*[56]. Auffallend ist, dass gerade in der Seldschuken-Zeit die ersten ausführlicheren Versuche gemacht werden, das Recht auf Privatsphäre nicht instrumental zu bestimmen (etwa indem man es abhängig macht vom Erreichen sekundärer Rechtsziele, dem Schutz der Reputation, des familären Zusammenhalts usw.), sondern als ein dem Menschen gleichsam eingepflanztes, unveräußerliches Recht. Insgesamt ist aber der aufkommende Diskurs von *siyāsa šarʿiyya* ein dominanter Zug des islamischen öffentlichen Rechts im 6./12. Jahrhundert. Es ist daher nicht abwegig, von einer Frühform der Verstaatlichung des islamischen Rechts zu sprechen. Die Osmanen sollten diese Entwicklung später in Form der proto-kodifikatorischen *qanūnnāmehs* und der Eingliederung des Richteramts und rechtswissenschaftlichen Lehrbetriebs in den Staatsapparat festigen und ausbauen[57].

IV. Die Rolle Ibn al-Ǧauzīs

Diese Entwicklung lässt sich auch an der komplexen Figur des Ibn al-Ǧauzī zeigen, zweifellos eines der berühmtesten Gelehrten Bagdads in der zweiten Hälfte des 6./12. Jahrhunderts. Lange Zeit wurde er vom Kalifen protegiert, und seine Schriften und Predigten dienten oft dem Zweck, dem Kalifen den Anschein seiner früheren, beinahe unbegrenzten Machtbefugnisse zurückzugeben[58]. Dieses Anliegen ist auch

---

[53] *Marġīnānī*, Hidāya (Beirut, 1990), Bd. 3, 280–281.

[54] Die grundlegende Studie stammt von *E. Alshech*, Do Not Enter Houses Other than Your Own (Fn. 18), hier 318. Alshech geht davon aus, dass die Entwicklung des Begriffs einer unveräußerlichen häuslichen Privatsphäre schon im 4./10. Jahrhundert beginnt. Die wichtigsten der Autoritäten, die er zitiert, stammen jedoch aus dem 5./11. Jahrhundert und aus späterer Zeit.

[55] *Zamaḫšarī*, K. al-Kaššāf (Beirut, o. J.), Bd. 3, 228.

[56] *E. Alshech*, Out of Sight and Therefore Out of Mind. Early Sunnī Islamic Modesty Regulations and the Creation of Spheres of Privacy, Journal of Near Eastern Studies 66 (2007), 267–290, 268–269; siehe auch *Cook*, Commanding Right (Fn. 18), 481–482.

[57] Vgl. den Beitrag von *C. K. Neumann* in diesem Band.

[58] *A. Hartmann*, An-Nāṣir li-Dīn Allāh (1180–1225). Politik, Religion, Kultur in der späten ʿAbbāsidenzeit (1975), 190–192, 290.

deutlich spürbar in Ibn al-Ǧauzī's großer Weltgeschichte, die im Wesentlichen auf die Geschichte Bagdads zielt und eine der wichtigsten Quellen zum Verständnis des Konflikts zwischen Kalif und Sultan im 5./11. und 6./12. Jahrhundert darstellt. *Ibn al-Ǧauzī* hebt wiederholt den Gerechtigkeitssinn des Kalifen hervor und preist den Respekt des Kalifen vor der Unverletzlichkeit von Eigentum und Grundbesitz. Zum Beispiel erzählt er, dass ein Wesir des Kalifen Mustaẓhir (regierte 487–512/1094–1118) sich äußerst unrühmlich betrug, indem er einige Häuser gewöhnlicher Einwohner am Westufer Bagdads abreißen ließ, um seine eigene Residenz auszubauen. Dies geschah mithilfe des Polizeichefs des Sultans, der ihm willig beisprang und sich selbst dabei bereicherte. Das, so *Ibn al-Ǧauzī*, empörte den Kalifen derart, dass er zur Vergeltung den Wesir aus der Stadt jagte und seine Residenz plündern ließ[59]. Mustaẓhir war in der Tat ein Kalif, der den Prozess der Abnabelung vom seldschukischen Sultanat energisch vorantrieb, unter anderem indem er Wesire, die er der Nähe zum Sultan verdächtigte, ihres Amtes enthob[60].

An anderer Stelle beschreibt *Ibn al-Ǧauzī*, wie der Kalif Mustaršid (regierte 512–529/1118–1135), als der Gouverneur des Sultans in turbulenten Zeiten aus der Stadt vertrieben und diese Plünderern anheimgefallen war, die Plünderer aufs Schärfste verfolgen und hinrichten ließ[61]. Insgesamt feiert *Ibn al-Ǧauzī* den Kalifen als vorbildlichen Beschützer des islamischen Rechts, insbesondere weil er den nötigen Respekt für die Grenze zwischen privatem Wohnraum und der Einflusssphäre der Obrigkeit zeigte und diese Grenze auch entschlossen verteidigte. Ihm gegenüber steht *Ibn al-Ǧauzī* zufolge der verhasste Gouverneur des seldschukischen Sultans, der seine Truppen dazu aufhetzte, die Grenze zwischen öffentlichem und privatem Raum zu unterwandern oder gar aufzuheben.

Ibn al-Ǧauzīs Kritik an den Seldschuken und ihren Vertretern vor Ort in Bagdad ist zweifellos nicht von der Hand zu weisen. Die Seldschuken waren, wie bereits bemerkt, nomadische Militärherrscher, die für die urbane Lebensordnung nur allmählich Wertschätzung entwickelten. Die städtische Religion des Islam und seine Rechtstradition waren ihnen fremd, wenigstens zu Beginn ihrer Herrschaft. Sie bemühten sich, Städte gleichsam von außen zu beherrschen. Lange Zeit bewohnten sie keine Paläste *intra muros*, sondern schlugen ihr Feldlager vor den Mauern der Stadt auf, wie im Fall von Isfahan. Sie bedienten sich eines weitverzweigten Spionagenetzwerks[62] und bemühten sich, wichtigen urbanen Verwaltungs-, Rechts- und Exekutivämtern ein neues, seldschukisches Profil zu verleihen. Sie stifteten *madrasas* in den großen Städten, und die typische *madrasa* mit besoldeten Professoren, eigenen Lehrgebäuden und Unterkünften für stipendierte Studenten entwickelte sich ganz wesentlich aufgrund seldschukischer Patronage. Auch bemühten sich die Seldschuken, dem öffentlichen Raum der Städte ihren Stempel aufzudrücken, und zwar weniger durch strukturelle,

59 *Ibn al-Ǧauzī*, Muntaẓam (Fn. 15), Bd. 17, 100; vgl. *Van Renterghem*, Les élites bagdadiennes (Fn. 2), Bd. 1, 373.

60 *Van Renterghem*, Les élites bagdadiennes (Fn. 2), Bd. 1, 224.

61 *Ibn al-Ǧauzī*, Muntaẓam (Fn. 15), Bd. 17, 231 (*sub anno* 520).

62 Vgl. *Safi*, The Politics of Knowledge (Fn. 47), 83–87.

als vielmehr durch vereinzelte, weithin sichtbare Maßnahmen. Spektakuläre öffentliche Strafen und Hinrichtungen gehörten zu ihrem Standardrepertoire[63].

Man sollte nun eigentlich vermuten, dass Ibn al-Ǧauzī als Vertrauter des Kalifen und Gegner der Seldschuken die Tradition der klassischen Rechtswissenschaft, die den Interventionismus des Marktvogts dezidiert einschränkt, vehement verteidigt. Statt zusammen mit den seldschukischen Machthabern den staatlichen Ordnungshütern weitgehende Befugnisse in der Kontrolle des privaten Raums zuzugestehen, würde man von Ibn al-Ǧauzī erwarten, dass er sich für eine Rückbesinnung auf die religiösen Grundlagen weltlicher Machtausübung einsetzt, und daher den in der koranischen Offenbarung verankerten Grundsatz der Unverletzlichkeit des häuslichen Friedens betont. Dem ist aber nicht so. Ibn al-Ǧauzī gehört vielmehr zu der wachsenden Zahl von Juristen, die eine expansive Definition der Befugnisse des Marktvogts vertreten. Er setzt diesbezüglich die Lehre des Ġazālī fort[64]. Wenn der Marktvogt, so *Ibn al-Ǧauzī*, bei seinen Streifzügen durch die Straßen verdächtige Geräusche hört, soll er Eintritt in das Haus erzwingen, aus dem die Geräusche kommen, und die Schuldigen zur Rechenschaft ziehen[65].

Hierbei ist zu bemerken, dass Ibn al-Ǧauzī selber eine Zeit lang als Marktvogt und als eine Art kalifaler Inquisitor auftrat, wie überhaupt das Marktvogt-Amt in Bagdad in seiner Zeit in die Hände hanbalitischer Gelehrter fiel[66]. Nach dem Tod Ibn al-Ǧauzīs wurden auch sein Sohn Muḥyī ad-Dīn (gestorben 656/1258) und drei seiner Enkel, darunter ʿAbd ar-Raḥmān (gestorben 656/1258), zum Marktvogt von Bagdad ernannt[67]. Ibn al-Ǧauzī wurde vom Bagdader Kalifen, nachdem dieser sich vom Joch des Seldschuken-Gouverneurs befreit hatte, im Jahre 571/1176 dazu ermächtigt, aufrührerische Schiiten aufzuspüren und auszuschalten[68]. Ibn al-Ǧauzī erledigte diese Aufgabe anscheinend mit Gusto. Etliche Häuser wurden durchsucht und zerstört, und viele Verdächtige landeten aufgrund seines harten Durchgreifens im Gefängnis[69].

Ibn al-Ǧauzī war Direktor einer berühmten Bagdader *madrasa*, in der Theologie, vor allem aber die Jurisprudenz (*fiqh*) unterrichtet wurde. Diese *madrasa* lag ganz in der Nähe vom Palast des Kalifen. Im Jahre 588/1192 organisierte Ibn al-Ǧauzī mit der tatkräftigen Unterstützung des Wesirs Ibn Yūnus (gestorben 593/1197) eine Durchsuchung der benachbarten Jīliyya-*madrasa*, denn er argwöhnte, dass in der dortigen

---

[63] Vgl. *Lange*, Justice (Fn. 3), bes. 61–98.

[64] *Cook*, Commanding Right (Fn. 18), 141. Bei Ibn al-Ǧauzī fehlt allerdings das Interesse am ethisch-individualistischen Aspekt. So spricht er sich dagegen aus, dass Privatpersonen sich gegenüber dem Herrscher als Marktvögte aufspielen.

[65] Siehe *Cook*, Commanding Right (Fn. 18), 139–143.

[66] Für hanbalitische Marktvögte in Bagdad während des späten Kalifats, siehe *Cook*, Commanding Right (Fn. 18), 125, Anm. 85. Cook verweist auf *Ibn Raǧab*, aḏ-Ḏail ʿalā ṭabaqāt al-Ḥanābila, hg. v. Fiqī (1952–1953), Bd. 2, 121, 213, 258, 261, 262.

[67] *Ṣafadī*, al-Wāfī bi-l-wafayāt (Beirut, 2000), Bd. 29, 104–105 (Muḥyī ad-Dīn); ebd., Bd. 18, 187 (ʿAbd ar-Raḥmān).

[68] Zu Ibn al-Ǧauzīs Karriere als kalifalem Inquisitor, siehe *A. Hartmann*, Les ambivalences d'un sermonnaire ḥanbalite. Ibn al-Ǧauzī (m. en 597/1201), sa carrière et son ouvrage autographe, le Kitāb al-Ḫawātīm, Annales Islamologiques 22 (1986), 51–115. Hartmann erwähnt „mehrere Autodafés und Razzien", die Ibn al-Ǧauzī und der Wesir Ibn Yūnus organisierten, ebd., 67.

[69] *Ibn al-Ǧauzī*, Muntaẓam (Fn. 36), Bd. 10, 259.

Bibliothek bestimmte verbotene ketzerische und philosophische Schriften aufbewahrt wurden. Er wurde prompt fündig. Sein Kollege im Amt des Direktors, ein Enkel des berühmten Mystikers ʿAbd al-Qādir al-Ǧīlī (gestorben 561/1166), wurde unrühmlich entlassen und durch Ibn al-Ǧauzī ersetzt, der von nun an zwei *madrasas* leitete[70].

Auch bei einer ins Jahr 567/1171–1172 datierenden Affaire scheint Ibn al-Ǧauzī seine Hände im Spiel gehabt zu haben, und zwar als Denunziant und „Privat-Marktvogt". Der Direktor der Niẓāmiyya-*madrasa*, Ġazālīs ehemaliger Arbeitsstätte, hatte eine Vorlesung über ein etwas kryptisches metaphysisches Problem gehalten, nämlich über die Frage, ob Gott als ein „existierendes Ding" (*mauǧūd*) bezeichnet werden könne. Ibn al-Ǧauzīs Abscheu gegenüber dieser Art von im frühen Islam ausgiebig gepflegter spekulativer Theologie (*kalām*) ist weithin bekannt. Die Annahme liegt daher nicht fern, dass der Direktor der Niẓāmiyya auch aufgrund der Denunziation Ibn al-Ǧauzīs die Aufmerksamkeit des Kalifen erregte, welcher ebenfalls eine antispekulative, schriftgetreue Theologie favorisierte. Vor den Wesir gebracht und von diesem in aller Öffentlichkeit ausgeschimpft, musste der Gelehrte die Schmach über sich ergehen lassen, auf einem Schandesel durch die Stadt geführt zu werden[71].

In Ibn al-Ǧauzī's erstaunlich expansiver Auffassung der Befugnisse des Marktvogts spielt ohne Zweifel persönlicher Opportunismus eine Rolle. Aber der Wandel, der sich in dieser Auffassung vollzieht, hat tiefere Ursachen. Diese liegen in der fortschreitenden Krise des Kalifats und in der Herrschaft der später folgenden türkischen Dynastien, welche eine allgemeine Militarisierung der Gesellschaft und der öffentlichen Ämter zur Folge hatte. Letztlich konnte sich auch die Rechtswissenschaft diesen tektonischen Bewegungen nicht entziehen, auch wenn, wie zum Beispiel im Bereich der Lehre vom menschlichen Bedürfnis nach Seklusion, hier und dort Widerstand erwuchs. Macht- und ordnungspolitische Interessen, symbolisiert durch den Begriff der *siyāsa*, drangen immer mehr in den Bereich der Scharia vor. Auch der Umstand, dass das Kalifat zur Zeit des Ibn al-Ǧauzī vorübergehend erstarkte, konnte diese Tendenz nicht umkehren. Die Seldschuken-Herrschaft hatte den im Grunde anti-autoritären, die Privatsphäre zu einem hohen Gut erhebenden Geist der islamischen Jurisprudenz bereits so stark ausgehöhlt, dass die Kalifen und ihre Rechtsgelehrten den repressiven Charakter der politischen Herrschaft, so wie die Seldschuken sie ausübten, nicht grundsätzlich in Frage stellten, sondern im Gegenteil fortführten und ihm den Mantel der Orthodoxie überwarfen. Der damit vollendeten inneren Aushöhlung des Kalifats folgte nicht lange nach Ibn al-Ǧauzīs Tod auch sein politischer Untergang. 656/1258 eroberten und zerstörten die Mongolen Bagdad; nicht nur der Kalif, sondern auch Ibn al-Ǧauzīs Sohn und Enkel fielen diesem Ereignis zum Opfer[72].

[70] *Ibn Raǧab*, Ḏail (Fn. 66), Bd. 1, 425–426. Für eine Diskussion des Konflikts zwischen den Familien der al-Ǧīlī und al-Ǧauzī, siehe *Hartmann*, Les ambivalences (Fn. 68), 62–70.

[71] *Ibn al-Ǧauzī*, Muntaẓam (Fn. 15), Bd. 18, 196.

[72] Siehe *Ṣafadī*, Wāfī (Fn. 67), Bd. 18, 187; ebd., Bd. 29, 104–105.

V. Schlussbetrachtung

Grundsätzlich ist *Wolfgang Müller* zuzustimmen, wenn er in der Einleitung zum vorliegenden Sammelband feststellt, dass sich der *fiqh* in seiner klassischen Zeit eine bemerkenswerte Eigenständigkeit und Unabhängigkeit gegenüber den Institutionen weltlicher und religiöser Macht, also gegenüber dem Sultan und dem Kalif, bewahrt habe. Diese Unabhängigkeit wurde durch das Eindringen der Seldschuken im Irak und in Persien aber auf eine harte Probe gestellt. Den Standpunkt der Rechtsgelehrten, sowie auch der übrigen Bevölkerung, hat *Patricia Crone* gut zusammengefasst: „Aus der Sicht der von ihnen überrannten Welt", so schreibt sie, waren die Seldschuken „brutale und zerstörerische Ankömmlinge", die „keinen Anspruch auf moralische Autorität" erheben konnten. „Das Beste, was man tun konnte, war sie zu zähmen, ihre Macht zu konstruktiven Zwecken einzusetzen und ihnen eine positive Rolle zu geben, indem man sie für islamische Zwecke einspannte"[73].

Dies gelang den Juristen der Seldschuken-Zeit im Bereich des öffentlichen Rechts aber nur vereinzelt. Zwar bemühten sie sich, Exzesse obrigkeitlicher Strafgewalt einzuschränken. Beispielsweise machten sich die Hanafiten, im Gegensatz zu den Schafiiten, für ein striktes Analogieverbot im Bereich der sogenannten *ḥadd*-Strafen stark (also der Auspeitschung wegen Alkoholgenusses und Unzucht, Amputation der Hand wegen Diebstahls, und Kreuzigung wegen Wegelagerei); auch polemisierten sie gegen besonders erniedrigende Aspekte der Schandesel-Strafe[74]. Gleichzeitig trugen sie aber dazu bei, den Anwendungsbereich der sogenannten Ermessensstrafen (*taʿzīr*) auszuweiten, in dem sie diese eng an die Idee der rechtmäßigen, weil dem Allgemeinwohl dienenden Ausübung obrigkeitlicher Gewalt (*siyāsa*) knüpften[75]. Auch die von ihnen vertretene Lehre bezüglich der Unverletzlichkeit der Privatsphäre ist, wie oben dargelegt, ambivalent. Einerseits begegnet man Bestrebungen, staatlichen Eingriffen in die privaten Domizile einen Riegel vorzuschieben. Andererseits aber scheint insbesondere die Rechtsliteratur bezüglich des Amts des Marktvogts vor den interventionistischen Forderungen der staatlichen Ordnungsgewalt einzuknicken. Insgesamt war es sicher nicht so, dass sich das gelehrte Recht der Staatsgewalt einfach unterordnete und unkritisch andiente. Doch überließ es bestimmte Bereiche, bei denen es sich wenig Chancen auf nachhaltigen Einfluss ausrechnete, den staatlichen Institutionen der öffentlichen Ordnung, oder hielt sich, wie im Falle der Ermessensstrafen, in der Formulierung eigener Ansprüche notgedrungen zurück.

---

[73] *Crone*, God's Rule (Fn. 4), 245.

[74] Hierzu *Lange*, Justice (Fn. 3), 179–243. Einen Überblick über den Forschungsstand zum klassischen islamischen Strafrecht bietet *ders.*, Public Order, in: The Asghate Companion to Islamic Law, hg. v. P. Bearman und R. Peters (2014), 163–177.

[75] Zum *taʿzīr*, vgl. *B. Johansen*, Eigentum, Familie und Obrigkeit im ḥanafitischen Strafrecht, Die Welt des Islams 19 (1979), 1–73.

Die Frührezeption des gelehrten Rechts in der sogenannten populären Literatur und der Gerichtspraxis

Peter Oestmann

I. Forschungsgeschichte und Begrifflichkeiten 124
II. Drei Quellenbeispiele 134
1. Buch'sche Glosse 134
2. Klagspiegel 138
3. Kammergericht 141
III. Zusammenfassung 145

Das Thema dieses Beitrages ist hochproblematisch. Praktisch jedes Wort der Überschrift bildet seit langem den Gegenstand umfangreicher Kontroversen. Darf man überhaupt von der Rezeption des römisch-kanonischen Rechts sprechen? Wenn ja, gab es dann eine Frührezeption? Ist die populäre Literatur eine angemessene Bezeichnung für eine bestimmte Quellengattung zwischen Wissenschaft und Praxis? Und kann man überhaupt einen eher gerichtspraktischen Zugang zum Thema wählen? Es ist leicht, völlig veraltete Geschichtsbilder zu verbreiten. Ebenso wohlfeil erscheint es aber, durch überzogene terminologische Debatten die Sache selbst aus dem Blick zu verlieren. Natürlich gibt es nur Sprache, sowohl in den Quellen als auch in der Beschreibung der Quellen[1]. Aber der Streit um angemessene Begriffe und Worte darf nie einen Zweifel daran lassen, dass es genau diese Quellen gibt und dass sie uns etwas sagen können.

Dazu tritt die hier erwünschte und notwendige Aufgabe der Vereinfachung. Ein Vergleich westlicher und islamischer Jurisprudenz im Mittelalter setzt zwingend voraus, die eigene Fachtradition sinnvoll aufzubereiten, damit sie für Außenstehende den Zugang zum Gegenstand ermöglicht und nicht verschließt. Daraus folgt ein zweigeteilter Aufbau. Der erste Abschnitt stellt eine Mischung zwischen Sachbericht und Forschungsgeschichte dar. Er zeigt, was die Rechtsgeschichte üblicherweise unter der Frührezeption des gelehrten Rechts versteht. Die jeweiligen Diskussionskreise bieten damit hoffentlich genügend Anknüpfungspunkte für den interdisziplinären Dialog. Der zweite Teil führt exemplarisch einige Quellen vor und veranschaulicht ganz handfest, wie man sich das Nebeneinander und Miteinander gelehrten und ungelehrten Rechtsdenkens im späten Mittelalter vorzustellen hat. Damit ist zugleich ein gewisser Brückenschlag von eher theoretischen Erörterungen zu praktischen Befunden verbunden. Die Frage nach der Gerichtsbarkeit greift hierbei über die engere

---

[1] Umfassend und abwägend zu den Konsequenzen für die Rechtsgeschichte *M. Stolleis*, Rechtsgeschichte schreiben. Rekonstruktion, Erzählung, Fiktion? (2008).

thematische Begrenzung des Tagungsbandes hinaus. Aber gerade ein Phänomen wie die Rezeption lässt sich in der Praxis besonders klar beobachten. Deswegen spricht die Themenstellung dafür, das Sachproblem aus zwei verschiedenen Perspektiven einzukreisen.

I. Forschungsgeschichte und Begrifflichkeiten

Es geht um das Aufeinandertreffen von gelehrter Rechtswissenschaft und ungelehrter Gerichts- und Rechtspraxis. Materiell entspricht diese Berührung weitgehend der Begegnung römisch-kanonischen Rechts mit einheimischen Rechtsgewohnheiten. Eine übergreifende Rechtsordnung und partikulare Traditionen standen sich auf diese Weise gegenüber, wobei das wissenschaftlich-gelehrte Recht die weiträumige Dimension markiert, das ungelehrte Recht eher für kleinräumigere Vielfalt steht. Begleitet war dieses Nebeneinander von einer wichtigen sprachlichen Unterscheidung. Das gelehrte Recht kam im lateinischen Gewande daher. Die großen Rechtssammlungen des römischen und kanonischen Rechts, das *Corpus iuris civilis* und das *Corpus iuris canonici*, waren jeweils bis auf kleinere griechische Einschübe[2] auf Latein überliefert. Die gelehrte Literatur lag nahezu ausschließlich in lateinischer Sprache vor. Auch die universitäre Lehre erfolgte einheitlich in der Gelehrtensprache Latein. Erst 1687 wagte es Christian Thomasius, eine Vorlesung auf Deutsch anzukündigen und gegen den Widerstand seiner Fakultät auch zu halten[3]. Das einheimische Recht dagegen folgte den Dialekten seiner Herkunftsregion. Das frühe und hohe Mittelalter war weithin noch von der lateinischen Schriftsprache geprägt, doch vollzog sich im 13. Jahrhundert zunehmend der Übergang zur deutschen Sprache. Große Bekanntheit besitzt etwa der Sachsenspiegel aus der ersten Hälfte des 13. Jahrhunderts, zunächst auf Latein geschrieben, dann aber in wichtigen Zeugnissen überliefert in der mittelniederdeutsch-elbostfälischen Sprache Sachsen-Anhalts[4]. Dieser Befund gilt auch für die Rechtssetzung. Der Mainzer Reichslandfrieden von 1235 war das erste Gesetz des mittelalterlichen Reiches, das zweisprachig erging. Neben der lateinischen Fassung gab es auch eine gleichwertige deutsche Ausfertigung[5]. Aber nicht nur die Sprache und geographisch umspannende Bedeutung des gelehrten Rechts

[2] Zur lateinischen und griechischen Überlieferung vor allem der Novellen *W. Kunkel* und *M. Schermaier*, Römische Rechtsgeschichte (¹⁴2005), 221–222; *M. Kaser et al.*, Römisches Privatrecht. Ein Studienbuch (²¹2017), 8; zur methodischen Handhabung im Humanismus *H.-E. Troje*, Graeca leguntur. Die Aneignung des byzantinischen Rechts und die Entstehung eines humanistischen Corpus iuris civilis in der Jurisprudenz des 16. Jahrhunderts (1971), 12–18 (zur Behandlung der griechischen Stellen).

[3] G. Kleinheyer und J. Schröder (Hg.), Deutsche und Europäische Juristen aus neun Jahrhunderten. Eine biographische Einführung in die Geschichte der Rechtswissenschaft (⁵2008), 440.

[4] Besonders leicht zugänglich in der Reclam-Ausgabe v. F. Ebel (Hg.), Sachsenspiegel. Landrecht und Lehnrecht, durchgesehene Ausgabe (1999); wissenschaftliche Ausgabe unter anderem v. K. A. Eckhardt (Hg.), Sachsenspiegel Landrecht (³1973).

[5] L. Weiland (Hg.), Constitutiones et acta publica imperatorum et regum. Tomus II: Inde ab a. MCXCVIII usque ad a. MCCLXXII (MGH, Legum sectio IV/2, 1896), Nr. 196, 241–247 (lateinische Fassung); Nr. 196a, 248–263 (drei deutsche Fassungen); lateinisch-neuhochdeutsche Fassung mit Hin-

sind hier zu nennen. Vielmehr bot ausschließlich das römisch-kanonische Recht die Möglichkeit, abstrakt-generell und in verallgemeinernder Weise über Recht und Rechtsprobleme nachzudenken. Hierzu gibt es teilweise verschiedene Beurteilungen. Insbesondere hat bereits in den 1960er Jahren Gunter Gudian darauf hingewiesen, dass die spätmittelalterlichen deutschen Oberhöfe im Ergebnis offenbar eine konsistente Rechtsprechung verfolgten, die es der modernen rechtshistorischen Forschung erlaubt, ein in sich stimmiges allgemeines materielles ungelehrtes Recht zu rekonstruieren[6]. Die wichtige Studie von Martin Pilch zeigt aber sehr deutlich, wie unangemessen es wäre, dem ungelehrten mittelalterlichen Recht eine Systematik zu unterstellen, oder ein Systemdenken an Quellen heranzutragen, die ihrerseits unter ganz anderen Rahmenbedingungen entstanden sind[7]. Verzichtet man auf die bis in die Mitte des 20. Jahrhunderts verbreiteten Harmonisierungen, hat man es bei dem gelehrten römisch-kanonischen Recht und den einheimischen Rechtsgewohnheiten mit in jeder Hinsicht sehr verschiedenen Arten von Recht und Rechtsverständnis zu tun[8].

Der Begriff Rezeption geht zurück auf das bahnbrechende rechtshistorische Buch „De origine iuris Germanici" des Helmstedter Gelehrten *Hermann Conring*[9]. 1643 beschäftigte er sich im Rahmen einer der ersten Gesamtdarstellungen zur deutschen Rechtsgeschichte mit der Frage, warum das römische Recht in Deutschland geltende Kraft besitze. Im Gegensatz zu mehreren älteren Antworten war er sich sicher, dass weder die bloße Tradition des mittelalterlichen Reiches als Heiliges Römisches Reich[10]

---

weisen auf mittelhochdeutsche Textabweichungen bei L. Weinrich (Hg.), Quellen zur deutschen Verfassungs-, Wirtschafts- und Sozialgeschichte bis 1250 (^{2}2000), Nr. 119, 462–485.

[6] *G. Gudian*, Ingelheimer Recht im 15. Jahrhundert (1968).

[7] *M. Pilch*, Der Rahmen der Rechtsgewohnheiten. Kritik des Normensystemdenkens entwickelt am Rechtsbegriff der mittelalterlichen Rechtsgeschichte (2009); dazu die umfassende Debatte in der Zeitschrift Rechtsgeschichte 17 (2010), 15–90.

[8] Gerade von kanonistischer Seite wird aber mehrfach auf kirchliche und kirchenrechtliche Einflüsse in einheimischen Rechtsquellen aufmerksam gemacht: *P. Landau*, Der Entstehungsort des Sachsenspiegels. Eike von Repgow, Altzelle und die anglonormannische Kanonistik, Deutsches Archiv für Erforschung des Mittelalters 61 (2005), 73–101; *C. Bertelsmeier-Kierst*, Kommunikation und Herrschaft. Zum volkssprachlichen Verschriftlichungsprozeß des Rechts im 13. Jahrhundert (2008), 87–91; für das Oberhofwesen *P. Landau*, Die Anfänge der Appellation in Mitteleuropa im hohen Mittelalter, in: Y. Mausen *et al.* (Hg.), Der Einfluss der Kanonistik auf die europäische Rechtskultur. Band 4: Prozessrecht (2014), 307–324 (insbs. 323–324 mit polemischen Spitzen gegen die rechtshistorische Germanistik). Das genaue Ausmaß ist aber unklar und streitig, hierzu *B. Kannowski*, Wieviel gelehrtes Recht steckt im Sachsenspiegel und war Eike von Repgow ein Kanonist?, ZRG Kan. Abt. 99 (2013), 382–397.

[9] Am leichtesten greifbar in der deutschen Übersetzung: *Hermann Conring*, Der Ursprung des deutschen Rechts, übersetzt v. I. Hoffmann-Meckenstock, hg. v. M. Stolleis (1994). Gute Überblicke zu Conring bieten M. Stolleis (Hg.), Hermann Conring (1606–1681). Beiträge zu Leben und Werk (1983); *A. Jori*, Hermann Conring (1606–1681): Der Begründer der deutschen Rechtsgeschichte (2006); hierzu auch die Besprechung von *M. Stolleis*, in: ZRG Germ. Abt. 125 (2008), 709–710.

[10] *W. Goez*, Translatio Imperii, Ein Beitrag zur Geschichte des Geschichtsdenkens und der politischen Theorien im Mittelalter und in der frühen Neuzeit (1958); *A. Erler*, Translatio Imperii, in: HRG (^{1}1971–1998), Bd. V (1998), Sp. 300–301.

noch ein kaiserlicher Befehl[11] hierfür verantwortlich waren. Vielmehr habe das römische Recht nach und nach durch praktische Anwendung an Beachtung gewonnen. Mit dieser lateinischen Formulierung „usu sensim receptum" prägte *Conring* das Wort, das bis heute den großen Vorgang der Rechtsveränderung im späten Mittelalter kennzeichnet. Rezeption und Rechtspraxis waren auf diese Weise von Beginn an aufeinander bezogen und standen überhaupt nicht in einem Gegensatz. Zu Conrings eigener Zeit handelte es sich bei dieser Frage auch nicht etwa um eine bloße historische Einschätzung. Vielmehr konnte der jeweilige Geltungsgrund und Geltungsrang des gelehrten Rechts erhebliche Auswirkungen darauf haben, wie man die vielfältig vorhandenen Rechtsquellen ganz unterschiedlicher Herkunft und Reichweite ordnen und anwenden sollte[12].

Im historischen Rückblick, gerade im 19. Jahrhundert, diskutierte man diese Rezeption leidenschaftlich und rechtspolitisch. Manch einer, vor allem *Georg Beseler* 1843, hielt sie für ein „nationales Unglück"[13]. Auch *Heinrich Brunner*, der Klassiker der deutschen Rechtsgeschichte schlechthin[14], sah in seinem verbreiteten Kurzlehrbuch bis ins 20. Jahrhundert hinein in deutlicher und wörtlicher Anlehnung an *Georg Beseler* die Rezeption weiterhin als „nationales Unglück" an, kritisierte die Herrschaft eines „unsäglich bornierten Juristenstandes" und bedauerte „jenes engherzige Ignorieren des deutschen Rechtes"[15]. Diese Deutung der Rezeption als Verfremdung, Überfremdung oder neutraler als Romanisierung[16] des Rechts mochte man politisch bedauern oder begrüßen, sie blieb jedenfalls lange Zeit das anhaltende Forschungsparadigma. Vor allem *Franz Wieacker* setzte sich dann dafür ein, bei der Beurteilung der Rezeption den Schwerpunkt nicht auf die Frage zu richten, inwieweit sich der Inhalt des Rechts selbst veränderte oder nicht. Für ihn stand vielmehr der Übergang von einer ungelehrten zu einer gelehrten Rechtskultur im Mittelpunkt der Überlegung. Rezeption wurde auf diese Weise nahezu gleichbedeutend mit Verwissenschaftlichung des Rechts[17]. Das stieß vielfach auf Zustimmung. Ergänzt hat man diese Sichtweise

---

[11] *P. Oestmann*, Lotharische Legende, in: Enzyklopädie der Neuzeit, Bd. 7 (2008), Sp. 1009–1011; *M. Schmoeckel*, Lotharische Legende, in: HRG (^{2}2008 ff.), Bd. III (2016), Sp. 1056–1058.

[12] *P. Oestmann*, Kontinuität oder Zäsur? Zum Geltungsrang des gemeinen Rechts vor und nach Hermann Conring, in: A. Thier *et al.* (Hg.), Kontinuitäten und Zäsuren in der Europäischen Rechtsgeschichte (1999), 191–210.

[13] *G. Beseler*, Volksrecht und Juristenrecht (1843), 55.

[14] Umfassend zu ihm inzwischen *J. Liebrecht*, Brunners Wissenschaft. Heinrich Brunner (1840–1915) im Spiegel seiner Rechtsgeschichte (2014).

[15] *H. Brunner*, Grundzüge der deutschen Rechtsgeschichte (^{5}1912), § 61, S. 265.

[16] „Romanisierung" zweimal wörtlich bei *M. Schmoeckel*, Auf der Suche nach der verlorenen Ordnung. 2000 Jahre Recht in Europa. Ein Überblick (2005), 262, 264, statt des von ihm als „im gängigen Verständnis unglücklich" angesehenen Rezeptionsbegriffs.

[17] *F. Wieacker*, Privatrechtsgeschichte der Neuzeit (^{2}1967), 131; zu seinem Konzept *M. Avenarius*, Verwissenschaftlichung als „sinnhafter" Kern der Rezeption: eine Konsequenz aus Wieackers rechtshistorischer Hermeneutik, in: O. Behrends und E. Schumann (Hg.), Franz Wieacker. Historiker des modernen Privatrechts (2010), 119–180; *J. Rückert*, Privatrechtsgeschichte der Neuzeit. Genese und Zukunft eines Faches?, ebd., 75–118 (bes. 92–97); umfassend monographisch *V. Winkler*, Der Kampf gegen die Rechtswissenschaft. Franz Wieackers „Privatrechtsgeschichte der Neuzeit" und die deutsche Rechtswissenschaft des 20. Jahrhunderts (2014), 32–34.

auch aus der spezielleren Warte der deutschen Rechtsgeschichte mit Hinweisen auf Professionalisierung, Bürokratisierung und Modernisierung der Justiz[18].

Als Oberbegriff kennzeichnet Rezeption also die umfassende Veränderung des Rechts und des Rechtsverständnisses etwa vom 12. bis zum 16. Jahrhundert[19]. Das ist ersichtlich ungenau. Deshalb gab es mehrfach Versuche, den Rezeptionsbegriff schärfer zu fassen oder verschiedene Arten der Rezeption voneinander gedanklich zu unterscheiden. Dazu zählt die Rede von einer theoretischen Rezeption und einer praktischen Rezeption, die zugleich zwei große Phasen der Rezeption kennzeichnen sollen. Die theoretische Rezeption steht hierbei als Schlagwort für die gelehrt-wissenschaftliche Umgestaltung des Rechtsdenkens. Für das Gebiet des Alten Reiches denkt man hierbei an die Gründung von Universitäten, beginnend in der Mitte des 14. Jahrhunderts mit Prag, Wien, Heidelberg und anderen Hochschulen. Spuren gelehrten Denkens zeigen sich allerdings schon erheblich früher. Schon Friedrich Barbarossa ließ sich auf dem Reichstag von Roncaglia 1158 von den sogenannten *quattuor doctores* beraten, von vier Bologneser Rechtsgelehrten, die mit ihrem speziellen Rechtswissen die Herrschaftsansprüche des Kaisers bzw. des Reiches untermauerten[20]. Die frühe rechtsgelehrte Literatur nördlich der Alpen[21] zählt ebenfalls zu dieser Form der theoretischen Rezeption. Die praktische Rezeption soll demgegenüber die Veränderung der Gerichtsbarkeit anzeigen. Die ältere dinggenossenschaftliche Rechtsfindung, getragen weithin vom Konsens aller Beteiligten[22], wurde mehr und mehr ergänzt und schließlich verdrängt vom Typ des studierten Berufsrichters, der auf der Grundlage des gelehrten Rechts Streitigkeiten selbst entschied und hierbei nicht auf die Zustimmung der Beteiligten angewiesen war. Selbst die Mitwirkung von Schöffen oder anderen Laien schien entbehrlich. Die Arbeitstechnik, die man von diesem neuen Richtertyp erwartete, ließ sich nämlich nicht durch praktische Erfahrung lernen, sondern nur durch universitäres Studium begreifen. Gerichtsordnungen und Prozessordnungen,

---

[18] *B. Diestelkamp*, Verwissenschaftlichung, Bürokratisierung, Professionalisierung und Verfahrensintensivierung als Merkmale frühneuzeitlicher Rechtsprechung, in: I. Scheurmann (Hg.), Frieden durch Recht. Das Reichskammergericht von 1495 bis 1806 (1994), 110–117; Hinweis auf die Professionalisierung auch bei *Schmoeckel*, Suche (Fn. 16), 263; zum Verhältnis von Professionalisierung und Juristenkritik *E. Schumann*, Von „Teuflischen Anwälten" und „Taschenrichtern" – Das Bild des Juristen im Zeitalter der Professionalisierung, in: A. Deutsch (Hg.), Ulrich Tenglers Laienspiegel. Ein Rechtsbuch zwischen Humanismus und Hexenwahn (2011), 431–473; allgemeinhistorisch *R. C. Schwinges*, Zur Professionalisierung gelehrter Tätigkeit im deutschen Spätmittelalter, in: H. Boockmann *et al.* (Hg.), Recht und Verfassung im Übergang vom Mittelalter zur Neuzeit, II. Teil (2001), 473–493.

[19] Überblick bei *H. Kiefner*, Rezeption (privatrechtlich), in: HRG (¹1990), Bd. IV, Sp. 970–984.

[20] *K. Pennington*, The Prince and the Law, 1200–1600. Sovereignty and Rights in the Western Legal Tradition (1993), 10–17, 36; klassisch weiterhin *F. Calasso*, Medioevo del diritto, I: Le fonti (1954), 414, 511–515; kurzer Hinweis auch bei *P. Weimar*, Quattuor doctores, in: Lexikon des Mittelalters, Bd. VII (1995), Sp. 358.

[21] Kurze Übersicht bei *N. Horn*, Die legistische Literatur der Kommentatoren und die Ausbreitung des gelehrten Rechts, in: H. Coing (Hg.), Handbuch der Quellen und Literatur der neueren europäischen Privatrechtsgeschichte. Erster Band: Mittelalter (1100–1500). Die gelehrten Rechte und die Gesetzgebung (1973), 261–364 (283–287); *W. Trusen*, Anfänge des gelehrten Rechts in Deutschland. Ein Beitrag zur Geschichte der Frührezeption (1962), 125–134.

[22] Umfassende Darstellung bei *J. Weitzel*, Dinggenossenschaft und Recht. Untersuchungen zum Rechtsverständnis im fränkisch-deutschen Mittelalter I–II (1985).

die vom Gericht erwarteten, römisch-kanonisches Recht anzuwenden, ergingen in großer Zahl[23]. Das rechtsgewohnheitlich geprägte Gerichtswesen mit seinen Oberhöfen und seinen Rechtshonoratioren verlor demgegenüber deutlich an Boden. Zum gelehrten Richtertum ist viel Forschungsliteratur vorhanden[24].

Praktisch dieselbe Unterscheidung ist gemeint, wenn andere Annäherungen von einer Frührezeption und einer Vollrezeption sprechen. Auch die Frührezeption entfaltete bei dieser Sichtweise nur geringe praktische Auswirkungen[25], weil sie eben nur auf wenige ausgewählte Veränderungen beschränkt blieb. Im Hintergrund steht hierbei die Vorstellung eines einheimischen materiellen Rechts oder einer Gerichtsstruktur als ganzer, die nur punktuell von fremdrechtlichen Einflüssen durchlöchert ist. Die Vollrezeption soll demgegenüber die Grundlagen der Rechtsordnung selbst ausgetauscht haben. Wo man hier eine Grenze ziehen kann oder soll, ist schwer zu sagen. Eine hohe Bedeutung in der Literatur besitzen seit langem sogenannte Rechtsanwendungsklauseln in Gerichts- und Prozessordnungen. Wenn dort hoheitlich die Geltung oder Anwendung des römisch-kanonischen Rechts vorgesehen war, ging es eben nicht mehr nur um einzelne Bausteine, sondern grundsätzlich um ein ganz anderes Recht, das jetzt das gesamte Zusammenleben bestimmte. Eine gewisse Relevanz besitzt hierbei das Stadtrecht für Lüneburg von 1401. Angeblich handelt es sich um die erste normative weltliche Rechtsquelle, die eindeutig die gelehrte Rechtsquellen- und Rechtsanwendungsdoktrin innerhalb Deutschlands in ein Partikularrecht aufnahm[26]. Es hieß dort ganz zu Anfang, bei Streitigkeiten solle man zunächst auf das Stadtrechtsbuch und die Stadtprivilegien sehen. Wenn sich dort keine Lösung finde, habe man das sächsische Landrecht zu Rate zu ziehen. Falls sich auch hier eine Lücke befinde, müsse man sich an das Kaiserrecht halten. Und wenn es dann immer noch Unklar-

---

[23] Klassische Darstellung bereits von *J. C. Schwartz*, Vierhundert Jahre deutscher Zivilprozeß-Gesetzgebung. Darstellungen und Studien zur deutschen Rechtsgeschichte (1898; ND 1986).

[24] Klassisch ist weiterhin die große Studie von *A. Stölzel*, Die Entwicklung des gelehrten Richtertums in den deutschen Territorien. Eine rechtsgeschichtliche Untersuchung mit vorzugsweiser Berücksichtigung der Verhältnisse im Gebiet des ehemaligen Kurfürstentums Hessen, 2 Bde. (1872; ND 1964); außerdem *E. Isenmann*, Gelehrte Juristen und das Prozeßgeschehen in Deutschland im 15. Jahrhundert, in: F.-J. Arlinghaus *et al.* (Hg.), Praxis der Gerichtsbarkeit in europäischen Städten des Spätmittelalters (2006), 305–417; kurzer Überblick auch bei *P. Oestmann*, Gelehrte Richter, in: HRG (^{2}2012), Bd. II, Sp. 27–31.

[25] Ganz deutlich *Kiefner*, Rezeption (Fn. 19), Sp. 974 unten.

[26] Darauf hat die Literatur mehrfach hingewiesen: *O. Stobbe*, Geschichte der deutschen Rechtsquellen, 2 Bde. (1860–1864), Bd. 1, 652; Bd. 2, 326; *W. Trusen*, Römisches und partikuläres Recht in der Rezeptionszeit, in: *Ders.*, Gelehrtes Recht im Mittelalter und in der frühen Neuzeit (1997), 97–120 (737*–760*), hier 102 (742*); *K. Luig*, Universales Recht und partikulares Recht in den „Meditationes ad pandectas" von Augustin Leyser, in: *Ders.*, Römisches Recht. Naturrecht. Nationales Recht (1998), 27–48 (109*–130*), hier 30–31 (112*–113*); *F. Ebel*, Wirkungen des Lüneburger Stadtrechts von 1401, in: *Ders.*, Unseren fruntliken grus zuvor. Deutsches Recht des Mittelalters im mittel- und osteuropäischen Raum. Kleine Schriften, hg. v. A. Fijal *et al.* (2004), 351–358; *K. Kroeschell*, recht unde unrecht der sassen. Rechtsgeschichte Niedersachsens (2005), 174–175; *K. Seidel*, Vorzeigen und nachschlagen. Zur Medialität und Materialität mittelalterlicher Rechtsbücher, Frühmittelalterliche Studien 42 (2009), 307–328; *P. Oestmann*, Gemeines Recht und Rechtseinheit. Zum Umgang mit Rechtszersplitterung und Rechtsvielfalt in Mittelalter und Neuzeit, in: E. Schumann (Hg.), Hierarchie, Kooperation und Integration im Europäischen Rechtsraum. 17. Symposion der Kommission „Die Funktion des Gesetzes in Geschichte und Gegenwart" (2015), 1–49, hier 15–17.

heiten gebe, solle man sich nach dem geistlichen Recht richten[27]. Diese Ordnung der Rechtsmassen war deutlich angelehnt an die aus Italien übernommene Statutentheorie. Das Recht des engeren Rechtskreises stand zwar an der Spitze der vielfältig zu beachtenden Rechtsquellen, aber bei Lücken und Unklarheiten sollte man die größerräumigen Rechte zur Interpretation und zur Entscheidung von ungeregelten Fällen immer heranziehen[28].

Aus der späteren Zeit sind derartige Quellen in großer Fülle überliefert. Eine besondere Rolle spielt hierbei die erste Reichskammergerichtsordnung von 1495[29]. Zum erstenmal in einer reichsweit gültigen normativen Quelle war hier die Beachtung des gelehrten römisch-kanonischen Rechts gesetzlich vorgeschrieben. Angesichts der hohen Ausstrahlungswirkung der Reichskammergerichtsordnung auf die Gerichtsorganisation der verschiedenen Territorien hat man es hier keineswegs nur mit der Spitze eines Eisbergs, sondern mit einem flächendeckenden Befund zu tun.

An dem Begriff der Rezeption und den damit verbundenen Vorstellungen gibt es Kritik aus ganz verschiedenen Richtungen[30]. Die Idee einer Rezeption klingt stark nach einer Übernahme oder viel schwächer nach dem bloßen Empfang von etwas, das von außen aufgepfropft wird. Dass man sich die Rechtsveränderung hin zu einem wissenschaftlich gelehrten Recht und einer gelehrten Rechtswissenschaft so vorzustellen habe, behauptet wahrscheinlich niemand mehr. Aber leicht lässt sich das Kon-

---

[27] W. T. Kraut (Hg.), Das alte Stadtrecht von Lüneburg (Göttingen, 1846), 2, im Wortlaut: „Dat me tovorn sik holden scal an dit ieghenwardighe buk und an de Stad priuilegia. Dar de to schedinge welker sake wes drepet wol, dat der utscrifte hir nicht in geschreuen weren, und wes me in dessem boke edder in den priuilegien nicht en vind, dar willet de Rat vnd borghere in allen saken vnd schelingen na desser tyd sik mer richten an mene sassech lantrecht. Vnde wes me dar nicht ane vind, dar schal me sik denne in den stucken richten vnd holden an dat keyserrecht. Vnd wes me dar uort nicht ane vind, dar scal me sik holden an dat gheistlike recht. Welke sake ok uor desser tyd wanner to luneborgh gherichtet sint, der me sik enkede uordenket, vnd de me bewisen magh, dat de mit rechte scheden sint, wanner denne na desser tyd der saken ghelyk mer vallen, so scal me sodane saken na dem rechte vordan scheden".

[28] Aus der großen Fülle von Literatur zur gemeinrechtlichen Rechtsquellen- und Rechtsanwendungslehre neben den Monographien von *W. Wiegand*, Studien zur Rechtsanwendungslehre der Rezeptionszeit (1977); und *P. Oestmann*, Rechtsvielfalt vor Gericht. Rechtsanwendung und Partikularrecht im Alten Reich (2002); außerdem z. B. *H. Coing*, Zur romanistischen Auslegung von Rezeptionsgesetzen, ZRG Rom. Abt. 56 (1936), 264–277; *F. Ranieri*, Gemeines und Partikulares Recht in der Rechtsprechung des Reichskammergerichts. Zugleich Analyse eines Stettiner Appellationsprozesses aus dem 16. Jahrhundert, ZRG Germ. Abt. 131 (2014), 89–127.

[29] Als zeitlicher Abschluss der gemeinrechtlichen Diskussion um die Rechtsanwendungsdoktrin noch ganz deutlich markiert bei *Wiegand*, Studien (Fn. 28), 162–180; Abdruck der Quelle auch bei *K. Zeumer*, Quellensammlung zur Geschichte der Deutschen Reichsverfassung in Mittelalter und Neuzeit (^{2}1913), Nr. 174, S. 285. Die Passage lautet: „Und nach des Reichs gemainen Rechten, auch nach redlichen, erbern und leidlichen Ordnungen, Statuten und Gewonhaiten der Fürstenthumb, Herrschaften und Gericht, die für sy pracht werden, dem Hohen und dem Nidern nach seinem besten Verstentnus gleich zurichten".

[30] So bereits *Trusen*, Anfänge (Fn. 21), 2: „Besser in Zukunft gar nicht verwenden"; außerdem *Schmoeckel*, Suche (Fn. 16), 262: „Begriff ist (...) unglücklich"; *H. Schlosser*, Neuere Europäische Rechtsgeschichte (^{2}2014), 7–8, Kap. 1, Rn. 15–16. Im Gegensatz zu ihren späteren Einschränkungen noch ganz unbefangen *E. Schumann*, Zur Rezeption frühmittelalterlichen Rechts im Spätmittelalter, in: B.-R. Kern *et al.* (Hg.), Humaniora. Medizin – Recht – Geschichte. Festschrift für Adolf Laufs zum 70. Geburtstag (2006), 337–386, allerdings zu einem anderen Rezeptionsphänomen und mit der Unterscheidung von Rezeption und praktischem Gebrauch (371).

zept derart schief verstehen und ist ja im 19. Jahrhundert aus rechtspolitisch entgegengesetzten Richtungen auch genau so benutzt worden. Vor allem Rechtshistoriker aus kleineren europäischen Ländern haben in den vergangenen Jahren dafür plädiert, die Rechtsveränderungen auf der Grenze von Mittelalter und Neuzeit mit anderen Begriffen zu bezeichnen. Es geht jetzt stärker um Transfer[31], Transplantation *(legal transplant)*, um Implantation[32] oder um andere terminologische Neuerungen. Solche oftmals skandinavischen Stimmen[33] werden in Deutschland ergänzt durch Hinweise von Thomas Duve oder Eva Schumann, die in eine ähnliche Richtung gehen[34]. Diese Debatte innerhalb der Rechtsgeschichte passt sehr gut zu allgemeinhistorischen Überlegungen, die ganz allgemein die Durchsetzung obrigkeitlicher Konzepte an der Grenze zur frühen Neuzeit mit Fragezeichen versehen. Nicht nur ein neues Rechtsverständnis als Ganzes konnte man keineswegs ohne Schwierigkeiten normativ einführen oder anordnen. Selbst einzelne hoheitliche Befehle, Erlasse, Policeyordnungen und anderes mehr ließen sich nicht einfach so durchsetzen[35]. Es gab insofern keine Einbahnstraße. Statt von Normdurchsetzung spricht man oftmals lieber von Implementationsversuchen und von Aushandlungsprozessen[36]. Tatsächlich dürften diejenigen europäischen Regionen, die das römisch-kanonische Recht „rezipiert" haben, hierbei keineswegs passive Rollen gespielt, gleichzeitig diesen Prozess aber auch nicht obrigkeitlich geplantermaßen gesteuert haben. Solche aus der Wirtschaftswissenschaft bekannten spontanen Ordnungen lassen sich in der Rechtsgeschichte mehrfach beobachten[37].

[31] So auch die Überschrift bei *Schlosser*, Rechtsgeschichte (Fn. 30), 6, Kap. 1, Rn. 12; mit Gegenwartsvergleich *S. Meder*, Rechtsgeschichte. Eine Einführung (^{5}2014), 243.

[32] Scharf ablehnend, da mit der Vorstellung von Fremdrecht verbunden und von der neueren Forschung angeblich widerlegt, *Schlosser*, Rechtsgeschichte (Fn. 30), 9, Kap. 1, Rn. 19.

[33] *H. Pihlajamäki*, The Court of Appeal as Legal Transfer. The Svea and Dorpat Courts Compared, in: M. Korpiola (Hg.), The Svea Court of Appeal in the Early Modern Period: Historical Reinterpretations and New Perspectives (2014), 217–260; abwägend im europäischen Vergleich *H. Pihlajamäki*, Conquest and the Law in Swedish Livonia (ca. 1630–1710). A Case of Legal Pluralism in Early Modern Europe (2017), 77.

[34] *T. Duve*, Von der Europäischen Rechtsgeschichte zu einer Rechtsgeschichte Europas in globalhistorischer Perspektive, Rechtsgeschichte 20 (2012), 18–71, hier 52–55; *E. Schumann*, Rechts- und Sprachtransfer am Beispiel der volkssprachlichen Praktikerliteratur, in: A. Deutsch (Hg.), Historische Rechtssprache des Deutschen (2013), 123–174, hier 158–161.

[35] *J. Schlumbohm*, Gesetze, die nicht durchgesetzt werden – ein Strukturmerkmal des frühmodernen Staates?, Geschichte und Gesellschaft 23 (1997), 647–663.

[36] *A. Landwehr*, Policey im Alltag. Die Implementation frühneuzeitlicher Policeyordnungen in Leonberg (2000); *ders.*, Policey vor Ort. Die Implementation von Policeyordnungen in der ländlichen Gesellschaft der frühen Neuzeit, in: K. Härter (Hg.), Policey und frühneuzeitliche Gesellschaft (2000), 47–70. Aus rechtshistorischer Perspektive *M. Stolleis*, Was bedeutet „Normdurchsetzung" bei Policeyordnungen der frühen Neuzeit?, in: R. H. Helmholz *et al.* (Hg.), Grundlagen des Rechts. Festschrift für Peter Landau zum 65. Geburtstag (2000), 739–757.

[37] Rechtshistorische Bezüge zu dem von Friedrich August von Hayek entwickelten Konzept bei *J. Rückert*, Methode und Zivilrecht beim Klassiker Savigny (1779–1861), in: Ders. und R. Seinecke (Hg.), Methodik des Zivilrechts – von Savigny bis Teubner (^{2}2012), Rn. 76–212, hier 167–179, vor allem 177; *P. Oestmann*, Blutrache und Fehde in isländischen Quellen, in: G. Dilcher und E. -M. Distler (Hg.), Leges – Gentes – Regna. Zur Rolle von germanischen Rechtsgewohnheiten und lateinischer Schrifttradition bei der Ausbildung der frühmittelalterlichen Rechtskultur (2006), 391–413, hier 408–409.

Es gibt also zahlreiche Fallstricke, und methodisch ist einiges unsicher, wenn man in traditioneller Weise die sogenannte Rezeptionsforschung einfach weiterhin betreibt. Ein zusätzlicher Punkt tritt hinzu. Die starken Veränderungen des Rechts im Hinblick auf Gelehrsamkeit, Umgestaltungen in der Gerichtsverfassung und anderes mehr gehen unausgesprochen immer vom weltlichen Recht aus. Im Bereich der Kirche sind die Gegensätze und Veränderungen, die der Rezeptionsbegriff markieren soll, aber erheblich geringer ausgeprägt. Es verwundert daher nicht, dass wissenschaftsgeschichtlich die großen Diskussionen um die Rechtsmodernisierung im späteren Mittelalter innerhalb der rechtshistorischen Germanistik stattfanden. Je weiter man den Bereich der Kirche einbezieht, umso deutlicher verschieben sich Zäsuren und angebliche Neuerungen historisch zurück. Überspitzt könnte man sagen, dass die Kirche von Beginn an das gelehrte Recht geradezu verkörperte. Der Merksatz „Ecclesia vivit lege Romana" weist weit zurück[38] und bezeichnet genau diesen Befund. Die Kirche brauchte das römisch-gelehrte Recht überhaupt nicht zu rezipieren, sondern sie selbst war geradezu die Kulturvermittlerin, die das römische Erbe ins Mittelalter überführte. Die dinggenossenschaftliche Rechtsfindung wurde hier vergleichsweise sehr früh durch gelehrte Einzelrichter, in der Praxis oftmals durch delegierte Richter ersetzt[39]. Die rechtshistorische Kanonistik spricht bereits für die Mitte des 12. Jahrhunderts von einem gesamteuropäischen Rechtssystem[40]. Je stärker man sich auf den Bereich der Kirche konzentriert, umso schneller verflüchtigt sich also die aufgeworfene Problemstellung[41]. Und hier war Deutschland auch keineswegs ein Nachzügler. Bereits für das 12. Jahrhundert lässt sich eine frühe Blüte der Kanonistik in Köln nachweisen[42]. Freilich gab es nicht allein das kirchliche Recht, auch wenn man seine Ausstrahlungskraft kaum überschätzen kann. Der Blick auf die Rechtsveränderungen im alltäglichen Gerichtsleben der Bevölkerung darf daneben nicht unterbleiben.

Wenn man sich speziell mit Rechtsliteratur befasst, gerät der eingebürgerte Begriff der populären Literatur ebenfalls schnell in die Kritik. Das Konzept als solches ist alt. Roderich von Stintzing veröffentlichte 1867 eine Monographie zur Geschichte der populären Literatur des römisch-kanonischen Rechts in Deutschland[43]. Die Bezeichnung „populär" soll eine Ausstrahlung dieser Werke über den engen Kreis der Universität und des Gelehrtentums hinaus andeuten und gleichzeitig den eher mittel-

---

[38] *A. Thier*, Ecclesia vivit lege Romana, in: HRG (^{2}2008), Bd. I, Sp. 1176–1177.

[39] Überblick bei *K. Nehlsen-von Stryk*, Der römisch-kanonische Zivilprozeß in der gesellschaftlichen Realität des 13. Jahrhunderts, in: *Dies.*, Rechtsnorm und Rechtspraxis in Mittelalter und früher Neuzeit. Ausgewählte Aufsätze (2012), 89–100; Hinweise aus der Rechtspraxis der ersten Hälfte des 14. Jahrhunderts bei *M. Taguchi*, Königliche Gerichtsbarkeit und regionale Konfliktbeilegung im deutschen Spätmittelalter: Die Regierungszeit Ludwigs des Bayern (1314–1347) (2017), 49–56.

[40] *R. H. Helmholz*, Kanonisches Recht und europäische Rechtskultur, übersetzt von J. Müller (2013), 1.

[41] Quellennahe Untersuchung zur gelehrten kirchlichen Rechtspraxis in Deutschland bei *H. J. Budischin*, Der gelehrte Zivilprozeß in der Praxis geistlicher Gerichte des 13. und 14. Jahrhunderts im deutschen Raum (1974).

[42] *P. Landau*, Die Kölner Kanonistik des 12. Jahrhunderts. Ein Höhepunkt der europäischen Rechtswissenschaft (2008).

[43] *R. Stintzing*, Geschichte der populären Literatur des römisch-kanonischen Rechts in Deutschland am Ende des fünfzehnten und im Anfang des sechszehnten Jahrhunderts (1867; ND 1959).

mäßigen wissenschaftlichen Wert der Gattung markieren. Doch genau solch eine Annahme ist nicht unproblematisch[44]. Der jeweilige Benutzer dieser Bücher musste auf jeden Fall lesen und schreiben können und durfte auf diese Weise nicht ganz ungebildet sein. Ob man die pure Sprachgrenze zwischen lateinischer und deutschsprachiger Literatur zum entscheidenden Kriterium erhebt, erscheint ebenfalls zweifelhaft. Es gab Autoren, die unzweifelhaft rechtsgelehrt waren, selbst im 16. Jahrhundert aber auf Deutsch veröffentlicht haben[45]. Noch andere Verfasser schrieben ihre Werke teilweise in lateinischer, teilweise in deutscher Sprache[46]. Es wäre sehr erstaunlich, wollte man allein aufgrund der lateinischen Sprache die entsprechende Literatur zur Wissenschaft rechnen, die deutschen Veröffentlichungen dagegen wegen fehlender Originalität nicht. Die Sprache allein dürfte wohl kaum ein Qualitätskriterium gewesen sein, selbst wenn bestimmte Formen der gelehrten Literatur nie in der Volkssprache verfasst wurden. *Eva Schumann* schlug vor einiger Zeit vor, statt von populärer Literatur lieber von Praktikerliteratur zu sprechen[47]. Das ist nicht exakt dasselbe, bezeichnet aber eine sehr geläufige Trennlinie. Oftmals verfolgten studierte Juristen mit ihren sogenannten populären Werken den Zweck, Rechtspraktikern die Grundlinien des gelehrten Rechts nahezubringen. Häufig richtete sich diese Literatur nicht nur an Praktiker, sondern stammte auch von Praktikern. Auch diejenigen Gerichtspersonen, die zwar kein Studium vorzuweisen hatten, kein oder eher wenig Latein sprachen oder lasen, aber in der Lage waren, praktisch ausgerichtete Handbücher zur Kenntnis zu nehmen, konnten sich auf diese Weise schnell über die wesentlichen Eckpunkte des gelehrten Rechts unterrichten. Besonders der sogenannte richterliche Klagspiegel aus den Jahren um 1436/1442[48] und etwas später der Laienspiegel von Ulrich Tengler[49] stehen für diese ganz spezifische Form der Rechtswissensvermittlung.

---

[44] Begriffliche und inhaltliche Kritik an Stintzing bei *Trusen*, Anfänge (Fn. 21), 128–130.

[45] *Andreas Perneder* und *Wolfgang Hunger*, Institutiones. Auszug und anzaigung etlicher geschriben Kaiserlichen unnd deß heiligen Reichs rechte (...) mit einführung Lateinischer allegation (...) Zu nutz unnd dienstlichem gebrauch aller iungen anfahenden schüler und anderer solcher rechtlichen satzung noch unerfarner personen: damit dieselben der gemainen täglichen sachen unnd fäll halber (...) ain kurtze anweisung (...) entpfahen mögen (Ingolstadt, 1544). Perneder war bayerischer Hofrat, Hunger Professor in Ingolstadt.

[46] Ein bekanntes Beispiel aus dem 17. Jahrhundert bilden die Werke von David Mevius; guter Überblick zu ihm bei N. Jörn (Hg.), David Mevius (1609–1670). Leben und Werk eines pommerschen Juristen von europäischem Rang (2007).

[47] *E. Schumann*, Beiträge studierter Juristen und anderer Rechtsexperten zur Rezeption des gelehrten Rechts, in: Jahrbuch der Akademie der Wissenschaften zu Göttingen 2007 (2008), 443–461, hier 450–456; *dies.*, Seltzsame Gerichtshändel – Fiktive Prozesse als Bestandteil der juristischen Praktikerliteratur, Zeitschrift für Literaturwissenschaft und Linguistik 163 (2011), 114–148; *dies.*, Wissensvermittlung leicht gemacht. Die Vermittlung gelehrten Rechts an ungelehrte Rechtspraktiker am Beispiel der volkssprachigen Teufelsprozesse, in: B. Reich *et al.* (Hg.), Wissen, maßgeschneidert. Experten und Expertenkulturen im Europa der Vormoderne (2012), 182–213, hier 183–184; ebenso *P. Wittmann*, „Der da sein Practic auß Teutschen Tractaten will lernen". Rechtspraktiker in deutschsprachiger Praktikerliteratur des 16. Jahrhunderts (2015), im Untertitel.

[48] Umfassend *A. Deutsch*, Der Klagspiegel und sein Autor Conrad Heyden. Ein Rechtsbuch des 15. Jahrhunderts als Wegbereiter der Rezeption (2004); missverständliche Datierung „um 1470" bei *Wittmann*, Practic (Fn. 47), 63, aufgrund des Erstdrucks.

[49] *Deutsch*, Ulrich Tenglers Laienspiegel (Fn. 18); bei *G. Burret*, Der Inquisitionsprozess im Laienspiegel des Ulrich Tengler. Rezeption des gelehrten Rechts in der städtischen Rechtspraxis (2010),

Alle Einwände und alle kritischen Diskussionen um die Konzepte von Rezeption und populärer Literatur können nicht überdecken, dass es die dahinter stehenden größeren Veränderungen gegeben hat, wie auch immer man sie begrifflich auf den Punkt bringen möchte. Hieraus folgen zwei Konsequenzen für diesen Überblicksbeitrag. Zum ersten stammen die folgenden Beispiele allesamt aus der Zeit vor 1500. Falls es sinnvoll ist, eine eher frühe von einer eher späten Phase der Rezeption zu unterscheiden, darf man seine Quellen nicht in einer zu späten Zeit ansiedeln, in der alle diese Vorgänge nichts weiter als bare Selbstverständlichkeiten waren. Gerade das Nebeneinander verschiedener rechtskultureller Vorstellungen lässt sich nur in der Übergangszeit greifen[50]. Zudem gehören die drei Beispiele, um die es vornehmlich gehen wird, drei sehr unterschiedlichen Literaturgattungen an. Zum einen geht es um einen rechtsgelehrten Kommentar aus dem 14. Jahrhundert zu einem rechtsgewohnheitlich geprägten Rechtsbuch. Zweitens gerät ein Auszug aus einem Anleitungsbuch für nicht studierte Gerichtspraktiker ins Visier. Und drittens zeigt eine umfangreiche Niederschrift einer Gerichtsverhandlung, wie in der Prozesspraxis die entgegengesetzten Vorstellungen über Gericht und Recht aufeinanderstießen.

Die ältere Literatur hat bei der Beschreibung der spätmittelalterlichen Rechtsquellensituation teilweise militärische Metaphern verwandt und in der Rezeptionszeit das gelehrte Recht als angreifenden Teil gedeutet, der das einheimische Recht in die Defensive drängte[51]. Die polemischen Formeln des 19. Jahrhunderts von einer Überfremdung sind bei solchen Sichtweisen nicht mehr fern. Derartige Wertungen müssen in der modernen Forschung selbstverständlich außen vor bleiben[52]. Es bleibt freilich ein weiteres Problem. Wie immer man die Rechtsveränderungen der Rezeptionszeit auch interpretiert, teilweise entsteht der Eindruck, als gingen diese Würdigungen wie selbstverständlich und unausgesprochen davon aus, das einheimische Recht hätte sich ohne die Berührung mit dem gelehrten Rechtsdenken in dieser gesamten Zeitspanne nicht weiter verändert. Die Auffassung allerdings, ein ungelehrtes Recht sei statisch und unveränderlich, kann nicht überzeugen[53]. Hier arbeiten einige rechtshistorische Lehrmeinungen mit Unterstellungen, die in keiner Weise an Quellen überprüfbar

46, ganz unbefangen als Zeugnis „der Rezeption" bezeichnet; biographisch ergänzend *P. Oestmann*, Ten(n)gler, Ulrich, in: Neue Deutsche Biographie 26 (2016), 30; inzwischen in diesem Punkt überholt *Stintzing*, Populäre Literatur (Fn. 43), 411–447.

[50] *Trusen*, Anfänge (Fn. 21), 2, nimmt ebenfalls 1495 als zeitliches Ende der sogenannnten Frührezeption.

[51] *R. Sohm*, Institutionen des römischen Rechts (⁴1889), 1, mit Hinweisen auf Eroberung, Verteidigung, Andrang; in diesem Punkt identisch mit den späteren Auflagen, etwa *ders. et al.*, Institutionen. Geschichte und System des römischen Privatrechts (¹⁷1923/1939), 1.

[52] Deutlich gegen den Eindruck der Überfremdung bei zeitgenössischen Juristen *R. Gramsch*, Erfurter Juristen im Spätmittelalter. Die Karrieremuster und Tätigkeitsfelder einer gelehrten Elite des 14. und 15. Jahrhunderts (2003), 465.

[53] Das zeigt etwa die Diskussion um den Rechtszug nach Lübeck. Möglicherweise entstand im lübischen Rechtskreis ein mehrinstanzliches Gerichtsverfahren unabhängig vom Vorbild des gelehrten Rechts; dazu *T. Kämpf*, Das Revaler Ratsurteilsbuch. Grundsätze und Regeln des Prozessverfahrens in der frühneuzeitlichen Hansestadt (2013); inzwischen klassisch aus dem Bereich der Allgemeingeschichte *H. Vollrath*, Das Mittelalter in der Typik oraler Gesellschaften, Historische Zeitschrift 233 (1981), 571–594.

sind. Autoren wie Christian Thomasius und andere, die um 1700 eine Geltungsvermutung zugunsten des Sachsenspiegels verkündeten, zielten damals genau in diese Richtung[54].

II. Drei Quellenbeispiele

Die drei Quellen sollen im folgenden anzeigen, wie man sich die Frührezeption des gelehrten Rechts in der Literatur und in der Praxis vorstellen kann. Es geht hierbei nicht nur um den konkreten rechtlichen Inhalt, sondern gerade auch um die Entstehungsbedingungen der Texte als solche. Alle Vorlagen sind in deutscher Sprache überliefert. Die jeweiligen Autoren waren allesamt Praktiker, selbst wenn zumindest einer von ihnen in Bologna Rechtswissenschaft studiert hatte. Zwei Quellen besaßen große Bedeutung und waren weit verbreitet. Der dritte Text entstand dagegen nur für den internen Gerichtsgebrauch.

1. Buch'sche Glosse

Die Buch'sche Glosse verbindet die einheimische rechtsgewohnheitliche Tradition in einzigartiger Weise mit dem gelehrten Rechtsdenken[55]. Das zeigt bereits die Person des Verfassers. Johann von Buch, ein altmärkischer Ritter aus dem heutigen Sachsen-Anhalt, studierte ab 1305 in Bologna Rechtswissenschaft[56]. Nach dem Abschluss seiner Studien kehrte er nach Deutschland zurück und wirkte insbesondere im Umkreis des brandenburgischen Markgrafen. In den Jahren zwischen 1325 und 1333 verfasste Johann von Buch eine Glosse zum Sachsenspiegel. Hierfür ist er bis heute berühmt. Der Sachsenspiegel aus der Zeit um 1220 war ein Rechtsbuch, also keine hoheitliche Aufzeichnung oder gar ein Gesetz[57]. Eike von Repgow, ein nicht studierter Praktiker, hatte aus seiner umfassenden praktischen Erfahrung heraus das Recht so in seinem Buch festgehalten, wie er es vor Gericht erlebt hatte. Genau daher stammt sogar der Name „Spiegel". Wie Frauen im Spiegel ihr eigenes Bild erblicken konnten, sollte es dem Leser möglich sein, beim Blick in das Rechtsbuch die eigenen Rechtsgewohnheiten wiederzufinden[58]. Gut einhundert Jahre später bemerkte der rechtsgelehrte

[54] Gute Übersicht bei *F. L. Schäfer*, Juristische Germanistik. Eine Geschichte der Wissenschaft vom einheimischen Privatrecht (2008), 84–92.

[55] Umfassend *B. Kannowski*, Die Umgestaltung des Sachsenspiegelrechts durch die Buch'sche Glosse (2007).

[56] Überblick zum Lebensweg bei *H. Lück*, Johann von Buch (ca. 1290 – ca. 1356) – Stationen einer juristisch-politischen Karriere, ZRG Germ. Abt. 124 (2007), 120–143; *ders.*, Johann von Buch (um 1290 – um 1356), in: HRG (^{2}2012), Bd. II, Sp. 1376–1377.

[57] Zum Problem der Quellentypologie *H. Lück*, Rechtsbücher als „private" Rechtsaufzeichnungen?, ZRG Germ. Abt. 131 (2014), 418–433, der allerdings nicht klar zwischen dem Forschungsbegriff und der zeitgenössischen Bezeichnung trennt.

[58] Sachsenspiegel (Fn. 4), hg. v. Ebel, Reimvorrede, 24, Vers 178–182. Zur Quellengattung der Spiegelliteratur auch im gelehrten Recht *G. Theuerkauf*, Lex, Speculum, Compendium iuris. Rechtsaufzeichnung und Rechtsbewußtsein in Norddeutschland vom 8. bis zum 16. Jahrhundert (1968), 104–

Jurist *Johann von Buch*, dass sich der Inhalt des Sachsenspiegels in ganz wesentlichen Punkten fundamental von den Lehren des römisch-kanonischen Rechts unterschied. In seinen umfangreichen Erläuterungen stellte *Johann* deswegen das sächsische Recht und die römisch-kanonischen Lehren einander gegenüber. Teilweise versuchte er auf diese Weise, römischrechtliche oder kanonistische Inhalte in das sächsische Recht hineinzulesen. Zum Teil ließ *Johann von Buch* die Gegensätze aber auch auf sich beruhen und listete vielmehr Argumente dafür auf, warum das sächsische Recht sich von den gelehrten Grundsätzen unterschied. Als Darstellungsweise wählte *Johann* die Glossenform. Das war die seit dem 12. Jahrhundert übliche Methode der gelehrten Textbearbeitung. Sowohl Legisten als auch Kanonisten hatten ihre Quellen auf diese Weise erschlossen, erläutert und fortgebildet[59]. Methodisch bewegte sich *Johann von Buch* mit seinem Werk also auf der Höhe der Zeit[60], auch wenn im 14. Jahrhundert die Glossatorenschule nach und nach von den sogenannten Kommentatoren bzw. Postglossatoren abgelöst wurde[61].

Im Gegensatz zu den italienischen Vorbildern verfasste *Johann* sein Werk allerdings nicht in lateinischer Sprache, sondern im niederdeutschen Dialekt seiner Heimat. Bereits dies markiert eine wichtige Weichenstellung im Hinblick auf seinen Adressatenkreis. Die Gelehrten an den italienischen Hochschulen oder anderen europäischen Universitäten verfassten ihre juristischen Werke nahezu ausschließlich auf Latein. Es gab zwar teilweise spöttische Bemerkungen, weil beispielsweise der angesehene Bartolus de Saxoferrato keinen besonders gepflegten lateinischen Stil beherrschte[62], aber Bücher in der Volkssprache waren doch weithin ungewöhnlich, wenn nicht nach dem gelehrten Selbstverständnis vollends ausgeschlossen. *Johann von Buch* richtete sich also mit seiner Glosse an lesekundige Praktiker in dem räumlichen Bereich, in dem das sächsische Landrecht galt[63]. Damit erzielte er freilich einen Erfolg, wie ihn zahlreiche andere Werke der mittelalterlichen Rechtswissenschaft niemals erringen konnten. Die Glosse und der Sachsenspiegel verschmolzen zunehmend miteinander, wurden in den Handschriften jeweils unmittelbar aneinander gereiht und gingen auch in dieser Verbindung in die frühen Druckausgaben des Sachsenspiegels ein[64]. Das

---

106; *D. Munzel*, Spiegel des Rechts, in: HRG (^{1}1990), Bd. IV, Sp. 1759–1761; *A. Wolf*, Gesetzgebung in Europa 1100–1500. Zur Entstehung der Territorialstaaten (^{2}1996), 101–102; *H. Lange* und *M. Kriechbaum*, Römisches Recht in Europa. Band II: Die Kommentatoren (2007), 415–419.

59 *H. Lange*, Römisches Recht im Mittelalter. Band I: Die Glossatoren (1997).

60 *R. Lieberwirth* und *F.-M. Kaufmann*, Einleitung, in: Ders. (Hg.), Glossen zum Sachsenspiegel-Landrecht. Buch'sche Glosse, 2 Bde. (2002), XVII–LXXII, hier XXIII, XXX–XXXI.

61 Zu den verschiedenen Arten der Kommentierung im gelehrten Recht *S. Lepsius*, Fließende Grenzen juristischer Kommentierungstätigkeit im Spätmittelalter. Glosse – Kommentar – Repetitio, in: D. Kästle und N. Jansen (Hg.), Kommentare in Recht und Religion (2014), 141–186.

62 Kleinheyer und Schröder, Juristen (Fn. 3), 46; spätmittelalterlich-komödiantischer Beleg zu Baldus und Bartolus bei *P. Lehmann*, Mittelalter und Küchenlatein, Historische Zeitschrift 137 (1928), 197–213, hier 209.

63 Die Lehenrechtsglossen zum Sachsenspiegel scheinen nicht von Johann von Buch zu stammen, dazu F.-M. Kaufmann (Hg.), Glossen zum Sachsenspiegel-Lehnrecht. Die längere Glosse, 3 Bde. (2013), Bd. 1, XXVIII–XXXIV; *Lück*, Johann von Buch (Fn. 56), Sp. 1377.

64 *B. Kannowski*, Landrechtsglossen, in: HRG (^{2}2016), Bd. III, Sp. 563–568, hier 566.

Sachsenrecht oder, wie man später oft sagte, das gemeine Sachsenrecht[65], war damit eine Mischung genau dieser beiden Quellen mit ihren jeweiligen späteren Veränderungen. Die große rechtliche Stabilität des sächsischen Rechtsraums über mehrere Jahrhunderte hindurch mag auch daran gelegen haben, dass bereits sehr früh gelehrtes und rechtsgewohnheitliches Denken aufeinander trafen und eine offenbar für die Praxis gut handhabbare Verbindung eingingen.

Der für die methodische und inhaltliche Analyse einschlägige Quellenauszug lautet wie folgt:

Proue[r] hire wat sunderlikes. Na keyserrechte sprickt de richter dat ordel zuluen, ut C. de sentencijs ex periculo recitandis[s] l. I (Cod. 7.44.1). Vnde hir vraget he des enem anderen. Dar vmme hetet vse recht des volkes vragende recht, dor dat me des dem volke vragen schal, ut Instit. de jure gencium § plebiscitum (Inst. 1.2.4), et II di. c. I (D. 2 c. 1).

Dit ist wedder[w] das keyserrecht. Dar steid, dat de richter scholle dat ordel zuluen vinden, ut C.[x] de sentencijs ex periculo recitandis[y] l. I (Cod. 7.44.1), et l. ult. (Cod. 7.44.3), et ff.[z] de arbitris l. Diem (Dig. 4.8.27), et l. non distingwemus § quod si hoc[a] modo[a] (Dig. 4.8.32.16), et extra de consuetudine c. ad audienciam (X 1.4.30). So secht vnse recht, vnse richter en schal[b] wer[c] ordel vinden edder schelden, ut supra ar. XXIX § ult. (Ssp.-LR, Buch III, c. 28 [III 30 § 2]). Dit were wedder de[d] rechte[d]. Dit loze zus vnde zegge: Dit[e] zy der Sassen sunderlike recht, dat se de richtere allene nicht vorordelen en mach, dat en vůlborde[f] de merere[g] meninge, edder de schepen, ut supra li. II ar. XII (Ssp.-LR, Buch II, c. 12 [II 12 § 10]). Wente dat ordel is alderloflikest[h], dat van velen luden wert ghevulbordet, ut extra de officio delegati c.[i] prudenciam (X 1.29.21), et extra de statu monachorum c. Monachi (X 3.35.2), et VII q. I c. Illud (C. 7 q. 1 c. 15), et XX di. c. de quibus causis *j* (D. 20 c. 3)[66].

Eine Übertragung in modernes Deutsch lautet:

Überprüfe hier etwas Besonderes: Nach Kaiserrecht spricht der Richter das Urteil selbst (Cod. 7.44.1). Und hier fragt er dafür einen anderen. Darum heißt unser Recht das Volkesfragenrecht, weil man das Volk dafür fragen soll (Inst. 1.2.4; D. 2 c. 1).

Das widerspricht dem Kaiserrecht. Dort steht, dass der Richter das Urteil selbst finden soll (Cod. 7.44.1; Cod. 7.44.3; Dig. 4.8.27; Dig. 4.8.32.16; X 1.4.3). So lautet unser Recht: Unser Richter „soll weder Urteil finden noch schelten (Ssp.-LR, Buch III, c. 28 [III 30 § 2])". Das sei gegen das Recht. Die Lösung lautet also: Das ist das besondere Sachsenrecht, dass sie der Richter allein nicht verurteilen kann, es sei denn mit Zustimmung der Mehrheit oder der Schöffen (Ssp.-LR, Buch II, c. 12 [II 12 § 10]). Denn allerlöblichst ist das Urteil, das von vielen Leuten beschlossen wird (X 1.29.21; X 3.35.2; C. 7 q. 1 c. 15; D. 20 c. 3)[67].

---

[65] Umfassender Überblick bei *H. Kümper*, Sachsenrecht. Studien zur Geschichte des sächsischen Landrechts in Mittelalter und früher Neuzeit (2009).

[66] *Kaufmann*, Glossen (Fn. 60), Buch 1, c. 61 (I 61 § 7), S. 448; ebd., Buch 3, c. 62 (III 62 § 3), S. 1390–1391 (mit textkritischen Angaben): r) weisende Hand am Rand W. s) aus *retractandis* korr. B; *retractandis* W. *w) ieghen* W. *x) C. li. VII* am Rand B. *y)* für unterpunktetes *retractandis* am Rand B; *retractandi* W. *z) ff. ve(teri) li. IIII* am Rand B. *a)* über unterpunktetem *homo* B; *homo* W. *b)* so W; *scholle* B. *c)* davor *ne* W. *d) den rechten* W. *e) nota* und weisende Hand am Rand B. *f)* so W; *vulbordede* B. *g) mere* W. *h) o* über *-o-* B. *i)* § W. *j)* über radiertem *dictum est* B; fehlt W (siehe aber Var. k [*Gheseght is*]). Auf diese Stelle machte mich vor vielen Jahren Joachim Rückert aufmerksam.

[67] Übertragung bei *P. Oestmann*, Wege zur Rechtsgeschichte: Gerichtsbarkeit und Verfahren (2015), 126–127.

In diesen beiden kurzen Auszügen behandelt *Johann von Buch* zwei verschiedene Arten des Gerichtsverfahrens, einmal nach dem Kaiserrecht, einmal nach dem sogenannten Volkesfragenrecht. Kaiserrecht war im Spätmittelalter ein schillernder Begriff[68], meint hier aber unzweifelhaft das römisch-kanonische Recht. Das Volkesfragenrecht kennzeichnet die einheimischen sächsischen Rechtsgewohnheiten. *Johann von Buch* unterscheidet den selbsturteilenden Richter im gelehrten Recht von der Rechtsfindung innerhalb des Schöffenkollegiums oder des Gerichtsumstands[69]. In diesem zweiten Verfahren sprach der Richter lediglich die Entscheidung aus, die andere Laienurteiler zuvor bereits gefunden hatten. Für ihn handelte es sich bei diesem zweiten Fall um das besondere Recht der Sachsen. Der eigene Wert eines sächsischen Gerichtsurteils sollte sich gerade darin zeigen, dass eine Vielzahl von Männern und nicht nur der Richter selbst sich über das Ergebnis einig waren. Die jeweils verschiedenen Grundsätze der Gerichtsverfassung sowie des Prozessrechts unterlegte *Johann von Buch* mit einer großen Zahl sogenannter Allegationen. Hierbei handelt es sich um stark abgekürzte Hinweise auf Belegstellen aus den einschlägigen großen Rechtscorpora[70]. Sowohl das römische und kanonische Recht tauchen auf, in zwei Fällen aber auch der Wortlaut des Sachsenspiegels. Insgesamt enthält sein Werk etwa 6.500 dieser gelehrtrechtlichen Allegationen[71]. Es geht hierbei nicht darum, ob *Johann von Buch* die antiken oder im Falle des kanonischen Rechts hochmittelalterlichen Quellen inhaltlich ordnungsgemäß zusammenfasste. Vielmehr ist sein methodisches Selbstverständnis bemerkenswert. Die Kenntnis der großen Corpora der römischen und kanonistischen Tradition ermöglichte es ihm nämlich, seine Ansicht auf Autoritäten zu stützen und damit als Teil des gelehrten Rechts darzustellen. Auf die Nachprüfbarkeit konnte es demgegenüber kaum ankommen. Ein Praktiker, der nicht selbst studiert hatte und lediglich die deutsche Fassung der Glosse benutzte, besaß ohnehin kaum die Möglichkeit, diese Belegstellen selbst nachzulesen, um sich ein eigenes Bild zu machen. Darum konnte es also von vornherein nicht gehen.

Das Zwischenergebnis liegt auf der Hand. *Johann von Buch* stellte in einem zentralen Bereich der Rechtspraxis die entgegengesetzten Maximen des einheimischen und des gelehrten Rechts gegenüber. Auf diese Weise verbreitete er zum einen die Kenntnis des römisch-kanonischen Rechts bei seinen Lesern, vornehmlich wohl bei Praktikern. Zum anderen stabilisierte er zugleich das überlieferte einheimische Recht, weil er es mit der gelehrten Methode bearbeitete und erläuterte. Die Rezeption, wie gerade dieses Beispiel zeigt, war weit mehr als eine bloße Übernahme römischrechtlicher Inhalte. Sie war auch und insbesondere eine veränderte Art der rechtlichen Argumentation und damit ein neuer wissenschaftlicher Stil. Um populäre Literatur

---

[68] Klassisch *H. Krause*, Kaiserrecht und Rezeption (1952); dazu *Trusen*, Anfänge (Fn. 21), 8.

[69] Zur Veränderung des Richterbildes sehr anschaulich *E. Döhring*, Geschichte der deutschen Rechtspflege seit 1500 (1953), 35–39; *G. Kocher*, Richter, in: HRG (^{1}1990), Bd. IV, Sp. 1033–1040, hier 1037; *G. Lingelbach*, Kollegialgericht, in: HRG (^{2}2012), Bd. II, Sp. 1942–1945, hier 1944 oben. Zum Umstand *J. Weitzel*, Umstand, in: HRG (^{1}1998), Bd. V, Sp. 437–442.

[70] *H. Kantorowicz*, Die Allegationen im späteren Mittelalter, Archiv für Urkundenforschung 13 (1935), 15–29.

[71] *Lück*, Johann von Buch (Fn. 56), Sp. 1377.

handelt es sich bei der Buch'schen Glosse insoweit, als sie von Beginn an mit ihrer weiten Verbreitung deutlich über den Kreis der studierten Juristen hinausging. Für mindestens drei bis vier Jahrhunderte schuf *Johann von Buch* eine wesentliche Grundlage für ein gemeines sächsisches Recht.

2. Klagspiegel

Das zweite Quellenbeispiel stammt aus dem Klagspiegel und verkörpert eine grundsätzlich andere Literaturgattung. Der Klagspiegel ist ein lehrbuchhaftes Anleitungswerk, das in deutscher Sprache die gelehrten Inhalte für die gerichtliche Praxis zusammenfasst und verbreitet. Im Gegensatz zur Buch'schen Glosse gibt es hier keinen älteren Ausgangstext, den der Verfasser des Klagspiegels mit Glossen oder anderen Anmerkungen versehen hätte. Von dieser partikularrechtlichen Rückbindung ist der Klagspiegel vielmehr völlig frei. Sein Anspruch ist deutlich übergreifender und allgemeiner. Die Literatur betont, es handele sich um „das älteste Rechtsbuch, das römischrechtliche Inhalte in deutscher Sprache" vermittele. Damit sei der Klagspiegel gleichzeitig „das älteste umfassende Kompendium des römischen Rechts in deutscher Sprache" überhaupt[72]. Das Werk ist gut einhundert Jahre jünger als die Buch'sche Glosse und entstand in den Jahren um 1436. Sein Verfasser ist wie Johann von Buch ebenfalls ein studierter Jurist, nämlich Conrad Heyden, der Stadtschreiber von Schwäbisch Hall[73]. Er hatte ein Studium in Erfurt begonnen, aber nicht abgeschlossen. Sein Werk sieht deutlich anders aus als dasjenige des älteren Johann von Buch.

Johann von Buch ging von einem festen Text aus. Seine Glosse folgte dem Gedankengang der Vorlage, passte das sächsische Recht in das gelehrte Recht ein, hielt Gemeinsamkeiten und Unterschiede fest. *Conrad Heyden*, der Autor des Klagspiegels, stand dagegen vor ganz anderen Fragen. Ihm ging es um eine Gesamtdarstellung. Daher schied eine bloße Übersetzung der gelehrten Corpora oder bloßer Teile von vornherein aus. Vielmehr stützte sich *Heyden* bei seiner Arbeit auf gelehrte Traktate, die ihrerseits bereits die römisch-kanonischen Inhalte in gedrängter Form zusammenfassten. Daraus folgte eine Zweiteilung in Zivilrecht und Strafrecht, jeweils mit den zugehörigen prozessualen Aspekten. Die Originalität des Verfassers war also begrenzt, seine Leistung als Kompilator und Vermittler der schwierigen Inhalte allerdings umso größer. *Conrad Heyden* fügte den überlieferten Stoff so zusammen, dass er etwa eine weitgehend vollständige Vertragstypenlehre[74] bieten konnte. Zu allen entscheidenden Weichenstellungen des gelehrten Rechts finden sich Ausführungen. Besonders ausführlich ist der Klagspiegel jeweils dort, wo die Regelungen des gelehrten Rechts kompliziert waren oder sich deutlich von den einheimischen Traditionen unterschie-

---

[72] *A. Deutsch*, Klagspiegel, in: HRG (^{2}2012), Bd. 2, Sp. 1864–1869; umfassend zum Klagspiegel *ders.*, Der Klagspiegel (Fn. 48); dadurch weitgehend überholt *Stintzing*, Populäre Literatur (Fn. 43), 337–407.

[73] *Deutsch*, Der Klagspiegel (Fn. 48), 127–222; *ders.*, Klagspiegel (Fn. 72), Sp. 1865.

[74] *Deutsch*, Der Klagspiegel (Fn. 48), 351–363; allgemein zur Geschichte von Vertragstypen *S. Hofer*, Die Systematik des besonderen Schuldrechts, in: M. Schmoeckel *et al.* (Hg.), Historisch-kritischer Kommentar zum BGB. Band II: Schuldrecht: Besonderer Teil §§ 433–853, 1. Teilband (2013), 1–35.

den. Als Lehrwerk erzielte der Klagspiegel einen riesigen Erfolg. Es gibt zwar eher wenige handschriftliche Zeugnisse aus dem 15. Jahrhundert[75], dafür jedoch die große Zahl von 24 Druckausgaben seit 1475 bis 1612. Vermutlich wurden insgesamt mehr als 20.000 Exemplare verlegt[76]. Allein an dieser großen Verbreitung lässt sich erkennen, wie stark der Klagspiegel in späterer Zeit die gerichtliche Praxis auch über den engeren Bereich der Universität hinaus prägen konnte. Was die Auflagenzahl anbelangt, übertraf der Klagspiegel sogar den ebenfalls berühmten Laienspiegel und stellt damit das auflagenstärkste Werk der sogenannten populären Literatur überhaupt dar[77].

Im Bereich des Erbrechts zeigen sich die Grundentscheidungen des Verfassers wie in den anderen Rechtsgebieten ebenfalls. Hier legte *Conrad Heyden* Wert auf Einzelheiten des Testaments und des damit eng verwandten Kodizills[78]. Genau aus dem Erbrecht stammt das Beispiel, das die Arbeitsweise des Klagspiegels besonders anschaulich verdeutlichen kann. Im ersten Teil liest man:

> Am sechsten / das der erb vrbüttig oder bereit sey zů verbürgen dem legatario, als bald er das vrteyl genommen het, daz er dem legatario daz verschafft geben vnd volgen lassen wölle. Dise sachen seind schwer vnd übel zů teütsch zů machen, wo es aber not sein würde, frag einen legisten draumb.
>
> Herr richter ich clag eüch von M. der N. hauß im testament das Ticius hat gemacht vnd geschafft, des selben Ti. ich erbe bin, sage wie etc. fräuelichen etc. mit seinem eygen gewalt besessen, ee dann ich das erbe rechtlich besaß. Bit etc. erkennen, das er mir das hauß soll wider geben [Am Rand: ff. c. l. j]. Es ist billich, daz ein yeglicher nit selbs eingehe in den besitz des, das jm gebürt, sunder er soll söllichen besitz vorderen von dem richter[79].

Die dogmengeschichtlichen Einzelheiten der Quellen sind an dieser Stelle nicht entscheidend. Es geht um das Verhältnis zwischen einem Erben und einem Vermächtnisnehmer, dem im Text genannten Legatar. Da es im römischen Recht verschiedene Vermächtnisarten gab und das Problem ohnehin nur bei testamentarischer Erbfolge auftreten konnte[80], handelte es sich hierbei um Rechtsfragen, die nur im gelehrten Recht überhaupt vorhanden waren. Das ungelehrte Recht kannte keine Testamente[81].

---

[75] *Deutsch*, Der Klagspiegel (Fn. 48), 9.

[76] *Deutsch*, Der Klagspiegel (Fn. 48), 15–16; allgemein und skeptisch zur Bedeutung von Drucken für die Relevanz sogenannter populärer Literatur *Trusen*, Anfänge (Fn. 21), 129–131.

[77] *Deutsch*, Der Klagspiegel (Fn. 48), 15 (mit Anm. 100).

[78] Hinweise auch bei *Deutsch*, Der Klagspiegel (Fn. 48), 383–388; *ders.*, Klagspiegel (Fn. 72), Sp. 1867; zur Unterscheidung von Testament und Kodizill *U. Floßmann et al.*, Österreichische Privatrechtsgeschichte (⁷2014), 412–413.

[79] Sebastian Brant (Hg.), Der Richterlich Clagspiegel. Ein nutzbarlicher begriff, Wie man setzen und formiren sol nach ordnung der Rechten eyn yede Clag, Antwort, unnd außsprechene Urteylen. Gezogen auß Geystlichen und Weltlichen Rechten (...) wider durchsichtiget und mit mererm fleiß von newem zum teyl gebessert (Strassburg, 1536), Teil 1, Titel: Quorum legatorum, fol. XV*v* (zuerst 1516 in dieser Neuausgabe).

[80] *U. Babusiaux*, Wege zur Rechtsgeschichte: Römisches Erbrecht (2015), 235–293; ergänzend *Kaser et al.*, Römisches Privatrecht (Fn. 2), 429–435.

[81] *P. Landau*, Die Testierfreiheit in der Geschichte des Deutschen Rechts im späten Mittelalter und in der frühen Neuzeit, ZRG Germ. Abt. 114 (1997), 56–72; *U. Seif*, Römisch-kanonisches Erbrecht in mittelalterlichen deutschen Rechtsaufzeichnungen, ZRG Germ. Abt. 122 (2005), 87–112; umfassende Quellenerschließungen zu verschiedenen Verfügungsarten bei *A. Schmidt-Recla*, Kalte oder warme Hand. Verfügungen von Todes wegen in mittelalterlichen Referenzrechtsquellen (2011).

Der Klagspiegel geriet damit an seine Darstellungsgrenzen. Schwer und übel seien diese Sachen in deutscher Sprache zu machen, bekannte der Autor ganz ehrlich. Offenbar empfanden es Zeitgenossen wie der Verfasser des Klagspiegels als schwierig, die lateinischen Rechtsregeln einer gänzlich anderen juristischen Denkwelt in die deutschen spätmittelalterlichen Zustände zu übertragen. Bereits *Eike von Repgow*, der Verfasser des Sachenspiegels, hatte über 200 Jahre zuvor darauf hingewiesen, wie schwer es ihm gefallen sei, sein ursprünglich in lateinischer Sprache abgefasstes Rechtsbuch auf Drängen des Grafen Hoyers von Falkenstein in den deutschen Dialekt zu übersetzen[82]. *Conrad Heyden* stand mit seinem Werk vor einem ähnlichen Problem. Es gab zwar keine lateinische Fassung des Klagspiegels, wohl aber die lateinischen Vorlagen aus der gelehrten Literatur. Für zahlreiche Fachbegriffe scheint es keine üblichen deutschen Übersetzungen gegeben zu haben. Jedenfalls behalf sich der Klagspiegel weiterhin mit dem lateinischen Begriff *legatarius*, weil das einheimische Recht offenbar die Stellung eines Vermächtnisnehmers gar nicht vorsah[83]. An dieser Stelle erkannte der Verfasser für sich keine Möglichkeit, die schwierigen erbrechtlichen Fragen in verständlicher Weise darzulegen. Damit versagte nicht nur die deutsche Sprache, sondern zugleich auch die Schrift als Kommunikationsmittel. Wer tatsächlich die Einzelheiten erfahren wollte, kam nicht umhin, einen Legisten zu fragen. Nachlesen konnte er es ohne Lateinkenntnisse nicht.

Die sogenannte populäre Literatur des gelehrten Rechts, das zeigt dieses Beispiel überdeutlich, konnte nicht einfach die Inhalte der römisch-kanonischen Rechtswissenschaft in schlichten Worten und in der Volkssprache formulieren und dann hoffen, dass sich die Praktiker an diese Lehren halten würden. Für die Vermittlung des wissenschaftlich gelehrten Rechts in der Praxis benötigte man neben den Büchern immer auch studierte Juristen, die im Einzelfall Rechtsberatung anboten und rechtssuchende Untertanen oder Stadtbürger informierten. Der Textauszug aus dem Klagspiegel zeigt ungeschminkt praktische Hürden bei der sogenannten Rezeption des gelehrten Rechts. Die Übernahme der gelehrten Dogmatik war kompliziert und langwierig. Im Gegensatz zu einigen älteren, teilweise sehr polemischen oder nationalen Literaturmeinungen geht es in dem Beispiel, mit dem der Klagspiegel sich befasst, in keiner Weise um den Widerstand der einfachen Bevölkerung gegen die angebliche Überfremdung des liebgewonnenen alten Rechts. Schwierigkeiten im Aufeinandertreffen der sehr unterschiedlichen erbrechtlichen Vorstellungen gab es durchaus. Diese lagen aber angeblich daran, dass es kaum möglich war, den nicht studierten Praktikern die komplizierten Feinheiten des römisch-kanonischen Rechts wirklich zu vermitteln. Deswegen enthält der Textauszug zugleich eine musterhafte Klageformel, wie man solche Erbauseinandersetzungen in der Praxis führen sollte. Der Sache nach geht es hier nicht nur um die materiell-erbrechtlichen Fragen zum Verhältnis von Erbe und Vermächtnisnehmer. Vielmehr steht im Hintergrund zugleich das Verbot eigenmächtiger Gewalt. Rechtsstreitigkeiten sollte die Bevölkerung nicht auf eigene Faust gewaltsam lösen, sondern hierfür gerichtliche Hilfe in Anspruch nehmen. Der Klagspiegel

---

[82] Ebel (Hg.), Sachsenspiegel (Fn. 4), 27, Reimvorrede, Vers 261–280.

[83] Überblick bei *D. Werkmüller*, Vermächtnis, in: HRG ([1]1998), Bd. V, Sp. 768–769.

bezeichnet dieses Selbsthilfeverbot als billige Rechtsregel. An solchen Stellen sieht man, wie deutlich und ausschließlich der Klagspiegel sich rein auf die Vermittlung der gelehrten Rechtsinhalte konzentriert. Das Gewaltverbot war nämlich keine Besonderheit des gelehrten Privatrechts, sondern in der einheimischen Tradition seit langer Zeit Kern der Landfriedensbewegung. Im 15. Jahrhundert hat man es mit einer bereits mehrhundertjährigen deutschen Rechtsentwicklung zu tun[84]. Von diesen verschiedenen und sehr bekannten Landfrieden ist aber im Klagspiegel keine Rede. Während die Glosse zum Sachsenspiegel ihrerseits versuchte, das rechtsgewohnheitlich überlieferte Sachsenrecht und die gelehrte Tradition miteinander zu verbinden, ist der Klagspiegel ausschließlich am römisch-kanonischen Recht interessiert.

In einem Punkt entspricht der im Klagspiegel enthaltene Verweis auf den Legisten vollauf den aus anderen Regionen bekannten Befunden zur sogenannten praktischen Rezeption. Es waren nämlich vielerorts tatsächlich Anwälte, also studierte Advokaten, die in weltlichen rechtlichen Auseinandersetzungen eine Vorreiterrolle für gelehrtrechtliche Argumentationen einnahmen. Für Frankfurt am Main steht dieser Befund bereits seit langem fest[85]. Eine bekannte Erzählung aus dem schweizerischen Kanton Thurgau, die Frauenfelder Anekdote, besagt dasselbe. Auch hier war es ein rechtsgelehrter Advokat, ein Doktor aus Konstanz, der in einer erbrechtlichen Auseinandersetzung die Autoritäten des gelehrten Rechts bemühte, um für seine Partei ein günstiges Ergebnis zu erreichen[86]. In Frauenfeld lehnten die noch ungelehrten Schöffen die Argumente des Konstanzer Advokaten ab. Aber das Nebeneinander beider Rechtswelten wird in der Quelle überdeutlich greifbar. Das leitet zum dritten Quellenbeispiel über.

3. Kammergericht

Der dritte Fall stammt aus der Rechtspraxis des Königlichen Kammergerichts. Hierbei handelt es sich um das oberste Reichsgericht in der Mitte des 15. Jahrhunderts. Ein älteres, noch dem ungelehrten Recht verhaftetes Reichshofgericht war 1451 erloschen[87]. 1495, also einige Jahrzehnte später, reformierte das Alte Reich im Zu-

---

84 Überblick über den Forschungsstand bei A. Buschmann und E. Wadle (Hg.), Landfrieden. Anspruch und Wirklichkeit (2002); Literaturübersicht auch bei *Oestmann*, Wege zur Rechtsgeschichte (Fn. 67), 307–309; speziell zum dauerhaften Fehdeverbot *E. Isenmann*, Weshalb wurde die Fehde im römisch-deutschen Reich seit 1467 reichsgesetzlich verboten? Der Diskurs über Fehde, Friede und Gewaltmonopol im 15. Jahrhundert, in: J. Eulenstein *et al.* (Hg.), Fehdeführung im spätmittelalterlichen Reich. Zwischen adliger Handlungslogik und territorialer Verdichtung (2013), 335–474.

85 *H. Coing*, Die Rezeption des römischen Rechts in Frankfurt am Main (1939), 152–166.

86 Zu dieser Episode und auch zur schwierigen Überlieferungslage *C. Schott*, Wir Eidgenossen fragen nicht nach Bartele und Baldele, in: K. Kroeschell (Hg.), Gerichtslauben-Vorträge. Freiburger Festkolloquium zum 75. Geburtstag von Hans Thieme (1983), 17–45; kurz auch bei *Oestmann*, Wege zur Rechtsgeschichte (Fn. 67), 134–136.

87 Zum Reichshofgericht Überblick von *F. Battenberg*, Reichshofgericht, in: HRG (¹1990), Bd. IV, Sp. 615–626; jüngste Monographie von *Taguchi*, Königliche Gerichtsbarkeit (Fn. 39); großes Quellenerschließungsprojekt von B. Diestelkamp (Hg.), Urkundenregesten zur Tätigkeit des deutschen Königs- und Hofgerichts bis 1451, inzwischen 16 Bde. (1986–2013), hier Schlusswort, Bd. 16 (2013), VII–XI.

sammenhang mit dem Ewigen Landfrieden zugleich seine Gerichtsverfassung und führte unter anderem das gelehrte römisch-kanonische Recht ausdrücklich als Entscheidungsgrundlage am Reichskammergericht ein. Insofern bildet die Mitte des 15. Jahrhunderts eine Übergangsphase. Das Königliche Kammergericht folgte teilweise bereits den Grundsätzen des gelehrten Rechts, teilweise war es aber noch den ungelehrten rechtsgewohnheitlichen Traditionen verhaftet[88]. Die unterschiedlichen Arten, in Rechtsstreitigkeiten auf der Grundlage des gelehrten Rechts oder der einheimischen Rechtsgewohnheiten zu argumentieren, lassen sich in der Überlieferung des Kammergerichts sehr genau erkennen. Der Fall, der hier exemplarisch die Praxis beleuchten soll, stammt vermutlich von 1467 und betrifft einen Streit zwischen dem kaiserlichen Fiskal und der Stadt Magdeburg. Ganz traditionell saß Kaiser Friedrich III. als Gerichtsvorsitzender selbst an der Spitze des Kammergerichts, und zwar zusammen mit seinen Räten und Rechtsgelehrten.

Als Kläger trat der kaiserliche Fiskal in Erscheinung. Er warf der Stadt Magdeburg vor, sie habe kaiserliche Gebotsbriefe für einen Grafen Günther von Mühlingen verletzt. Die Einzelheiten brauchen hier nicht zu interessieren. Allerdings verteidigte sich die Stadt Magdeburg in einer besonders erstaunlichen Weise. Sie berief sich nämlich auf althergebrachte Privilegien, angeblich weit zurückreichend bis in die Zeit Ottos des Großen, wonach die Stadt von jedweder auswärtigen Gerichtsgewalt befreit sei und sich lediglich vor dem Hofgericht verantworten müsse. Dieses Reichshofgericht müsse allerdings „nach alter gewonheit des reichs auss den vier lannden Swaben, Sachsen, Frannncken und Beyren mit ritternn, die in des reichs rechten kundig weren", besetzt sein[89]. Kaiser Sigismund habe angeblich dieses Gerichtsstandsprivileg der Stadt nochmals bestätigt. Genau mit diesem Argument lehnten es die Magdeburger Vertreter ab, sich der Gerichtsgewalt des Königlichen Kammergerichts zu unterwerfen, weil es eben „in obgeschribem mass nit besetzt were". Der Fiskal ging dagegen doppelspurig vor. Zum einen meinte er, die Stadt habe die angeblichen Besonderheiten ihres Stadtrechts lediglich durch „plosse wortt" behauptet, aber nicht ordnungsgemäß „furbracht". Zum anderen sei das „keyserlich camergericht höher dann das hoffgericht (…), wann man von dann in das camergericht appellier; das nit beschehen möcht, so das nit höher wer". Dieses Argument, wonach das Kammergericht über dem Hofgericht stehe, begründete der kaiserliche Fiskal ausdrücklich damit, dass nicht nur Kaiser Friedrich III. persönlich, sondern auch seine geistlichen und weltlichen Fürsten, Grafen, Ritter, Knechte und „der recht gelerten auss allen lannden" dort versammelt seien. Dieses Argument zum Rangverhältnis der kaiserli-

---

[88] Guter Überblick bei *F. Battenberg*, Königliche Kammergerichtsbarkeit im späteren 15. Jahrhundert, in: R. Lieberwirth und H. Lück (Hg.), Akten des 36. Deutschen Rechtshistorikertages Halle an der Saale 2006 (2008), 525–543.

[89] Fallschilderung und Quellenbeleg bei F. Battenberg und B. Diestelkamp (Hg.), Die Protokoll- und Urteilsbücher des Königlichen Kammergerichts aus den Jahren 1465 bis 1480. Mit Vaganten und Ergänzungen (2004), 868–872; auf diesen Fall habe ich bereits hingewiesen, *P. Oestmann*, Lübisch und sächsisch-magdeburgisches Recht in der Rechtspraxis des spätmittelalterlichen Reiches, in: H. Lück *et al.* (Hg.), Grundlagen für ein neues Europa. Das Magdeburger und Lübecker Recht in Spätmittelalter und Früher Neuzeit (2009), 183–222, hier 194–201; ebenso in *Oestmann*, Wege zur Rechtsgeschichte (Fn. 67), 139–152.

chen Gerichte ließ die Stadt Magdeburg ihrerseits nicht gelten. Es werde zwar „ytz nit hoffgericht gehalten", meinte der städtische Vertreter, aber es „sey doch das in seiner keyserlichen gnaden gewalt, das halten zu lassen nach altem herkomen des reichs". Um den Unterschied zwischen dem Reichshofgericht und dem Kammergericht klar zu machen, sei „kain gloss" nötig. Nach diesem wenig versöhnlichen Schlagabtausch fällte das Königliche Kammergericht sein Urteil. Auf den ersten Blick handelt es sich lediglich um eine prozessuale Entscheidung. Die Stadt Magdeburg war nämlich „schuldig", auf die Klage des Fiskals in der Sache zu antworten[90]. Die Einwände gegen die Gerichtsbesetzung des Kammergerichts sowie die Hinweise auf einige Magdeburger Privilegien waren insofern also wirkungslos verpufft. Ein Endurteil ist zwar nicht erhalten, aber das Interlokut des Königlichen Kammergerichts unterstützte ganz eindeutig die rechtliche Argumentation des kaiserlichen Fiskals.

Für unseren Zusammenhang erlaubt die Quelle weitreichende Schlussfolgerungen. In dem Konflikt zwischen dem kaiserlichen Fiskal und dem Vertreter der Stadt Magdeburg prallten nämlich das römisch-gelehrte Recht und die althergebrachten einheimischen Rechtsgewohnheiten unvermittelt aufeinander. Der Fiskal stand der Sache nach klar auf dem Boden der gemeinrechtlichen Rechtsanwendungslehre. Die Stadt Magdeburg hatte sich auf spezielle stadtrechtliche Besonderheiten berufen, und der Fiskal verlangte dafür jetzt eine ordnungsgemäße Allegation und einen Beweis. Genau diese prozessuale Behandlung partikularrechtlicher Rechtsquellen entsprach den ausgefeilten Lehren der zeitgenössischen Rechtswissenschaft[91]. Auch die Frage nach der ordnungsgemäßen Gerichtsbesetzung erweiterte sich hier ins Grundsätzliche. Das mit studierten Juristen besetzte Kammergericht verkörperte den zukunftsweisenden modernen Typ des Kollegialgerichts am Herrscherhof. Die Stadt Magdeburg erkannte den typologischen Unterschied zwischen dem älteren Reichshofgericht und dem neuen Kammergericht genau. Geradezu scheinheilig betonte sie, der Kaiser habe ja die Macht, das rechtsgelehrte Kammergericht jederzeit wieder durch ein dinggenossenschaftliches Adelsgericht mit Urteilern aus allen deutschen Landen zu ersetzen. An dieser Stelle sieht man tatsächlich den Widerstand einer deutschen Stadt gegen ein mit studierten Richtern besetztes Gericht. Der Ausgang des Falles allerdings verwundert nicht, denn die Ablehnung der modernisierten Gerichtsverfassung blieb erfolglos.

Im Ergebnis ging es in dieser praktischen Auseinandersetzung nicht um materiellrechtliche Fragen. Ob der Inhalt des römisch-gelehrten Rechts oder der einheimischen Gewohnheiten voneinander abwichen, spielte ersichtlich keine Rolle. Das materielle Problem, ob die Stadt Magdeburg Schiffe kontrollieren und Zölle erheben durfte, löste zwar die Streitigkeit aus, verblasste dann aber ganz hinter den prozessualen und gerichtsverfassungsrechtlichen Fragen. Zugleich sieht man, wie das zumindest teilweise mit studierten Juristen besetzte Kammergericht bestimmte rechtliche Argumente prinzipiell anerkannte, andere dagegen aus ebenso grundsätzlichen

---

[90] Zur Antwortpflicht im Spätmittelalter *S. Schlinker*, Litis Contestatio. Eine Untersuchung über die Grundlagen des gelehrten Zivilprozesses in der Zeit vom 12. bis zum 19. Jahrhundert (2008), 296–297.

[91] Zur spätmittelalterlichen Theorie *Wiegand*, Studien (Fn. 28); frühneuzeitliche Praxis bei *Oestmann*, Rechtsvielfalt (Fn. 28).

Erwägungen heraus verwarf. Äußerungen aus der gelehrten Literatur tauchen in der Quelle nicht auf, wenn man vom Seitenhieb der Stadt Magdeburg auf die Glosse absieht. Allein die Beteiligung studierter Beisitzer änderte den Verfahrensablauf komplett. Der Streit zwischen dem kaiserlichen Fiskal und der Stadt Magdeburg liefert damit einen anschaulichen Beleg, wie sich die Rechtspraxis unter dem Einfluss des gelehrten Rechts veränderte. Eine Gerichtsordnung, die verbindlich vorschrieb, den römisch-kanonischen Maximen zu folgen, gab es zu diesem Zeitpunkt noch nicht[92]. Die Verschiebungen in der Gerichtsbesetzung vollzogen sich ebenfalls nach und nach eher schleichend und nicht durch eine bewusste Entscheidung[93]. Dennoch bewegt man sich hier in der Zeit, die sich mit dem hergebrachten Begriff Frührezeption kennzeichnen lässt. Einer der Beteiligten stand nämlich weiterhin konsequent auf dem hergebrachten Standpunkt eines gewohnheitlich überlieferten einheimischen Rechts. Durchaus historisch zutreffend erkannte dieser Vertreter der Stadt Magdeburg sogar, dass der Kaiserhof die Romanisierung der Rechtspraxis unterstützte und dass noch wenige Jahrzehnte zuvor das Gerichtswesen ganz anders beschaffen war[94]. Die Auseinandersetzungen um die grundsätzlichen Weichenstellungen belegen sehr klar, dass die Beteiligten sich selbst als Teilnehmer dieses Veränderungsprozesses wahrnahmen. In der späteren Zeit sah man das römisch-kanonische Recht mitsamt der modernisierten Gerichtsverfassung schlechthin als Selbstverständlichkeit an. Genau dies ist im Magdeburger Beispiel von 1467 überhaupt nicht der Fall. Bezeichnenderweise setzten sich die Lehren des rezipierten Rechts aber im Ergebnis durch. Auch das passt ins Bild. Mit der Art und Weise, wie sie argumentierten, waren studierte Juristen in der Praxis erfolgreich. Auf diese Weise beschleunigte sich zugleich der Wandel der juristischen Berufe. Die angestammten Fürsprecher im ungelehrten Gerichtsverfahren mussten nach und nach weichen. An ihre Stelle traten studierte Advokaten und Prokuratoren. Die Laienurteiler der hergebrachten Schöffengerichte wurden in derselben Weise durch studierte Assessoren verdrängt[95]. Übergangsformen gab es zuhauf bis hin zu Schöffenstühlen im sächsischen Bereich, die zuletzt mit Universitätsprofessoren als Urteilern besetzt waren[96]. Aber der große Rahmen hatte sich verschoben. Einen festen Zeitpunkt anzugeben, zu dem das ältere von dem neueren Modell überlagert wurde, ist nicht möglich. Auf der Reichsebene spielte die erste Reichskammergerichtsordnung von 1495 eine wichtige Rolle, mit erheblicher Ausstrahlungswirkung in die einzelnen Territorien[97].

---

92 Kammergerichtsordnung von 1471 bei *Zeumer*, Quellensammlung (Fn. 29), 270–274, Nr. 170; ständischer Entwurf von 1486 ebd., 276–280, Nr. 172.

93 *Battenberg*, Königliche Kammergerichtsbarkeit (Fn. 88), 538–541.

94 Zu dem geflügelten Satz, wonach das Recht den Doktoren angeblich härter verschlossen sei als den Laien, *Oestmann*, Wege zur Rechtsgeschichte (Fn. 67), 151.

95 Anschaulich zum grundsätzlichen Wandel *H. Liermann*, Richter, Schreiber, Advokaten (1957).

96 Zur Professionalisierung der Schöffenstühle und zum Unterschied zu den Oberhöfen *F. Battenberg*, Schöffenstuhl, in: HRG ([1]1990), Bd. IV, Sp. 1474–1478, hier 1477–1478; zur Spätzeit eines Schöffenstuhls im 19. Jahrhundert *G. Buchda*, Zur Geschichte des hallischen Schöppenstuhls, ZRG Germ. Abt. 67 (1950), 416–440.

97 Sehr quellennah *W. Prange*, Schleswig-Holstein und das Reichskammergericht in dessen ersten fünfzig Jahren (1998), 39–41, am Beispiel der Verschriftlichung des territorialen Prozessrechts.

III. Zusammenfassung

Der Überblick über die Frührezeption des gelehrten Rechts in der populären Literatur und in der Gerichtspraxis wirkt auf den ersten Blick wie eine Grenzwanderung. Die Rezeption des römisch-kanonischen Rechts ist als Konzept und als Begriff fragwürdig geworden. Frühe und späte Phasen, theoretische und praktische Erscheinungen der Rezeption sind viel schwieriger zu greifen, als es die ältere rechtshistorische Germanistik gehofft hatte. Auch die populäre Literatur ist als Quellengattung nicht leicht von anderen Werken zu unterscheiden und mit unguten Untertönen behaftet. Für die Leitfrage des vorliegenden Bandes nach spezifischen Merkmalen der jeweiligen Rechtswissenschaft ergeben sich dennoch einige Antworten. Es geht hierbei jeweils um die Ausstrahlung der Rechtswissenschaft über den Bereich der Universitäten hinaus. Gelehrte Juristen wie Johann von Buch erschlossen und kommentierten einheimische Rechtsgewohnheiten mit der Methode der zeitgenössischen Rechtswissenschaft. Andere Verfasser schufen Kompendien in deutscher Sprache, um die Inhalte des römisch-kanonischen Rechts auch für Praktiker an den Gerichten verfügbar zu machen. In der Gerichtspraxis zeigt sich, wie im 15. Jahrhundert auch außerhalb des kirchlich-kanonischen Rechts die Maximen der Rechtsgelehrten zunehmend in die Argumentation der Anwälte und die Rechtsanwendung der Gerichte eingingen. Das führte langfristig zu einer Annäherung von Theorie und Praxis. Auf der einen Seite prägten gelehrte Juristen zunehmend auch die Gerichte. Auf der anderen Seite öffnete sich die Rechtslehre mehr und mehr den Fragen der Rechtswirklichkeit. Wie man diese Begegnung nennen soll, wird streitig diskutiert. Verwissenschaftlichung des Rechtsdenkens, Transfer, *legal transplant*, Rezeption kennzeichnen jeweils Aspekte, auf die es ankommt. Vielleicht sollte die Rechtsgeschichte auch über das in der Islamwissenschaft diskutierte Konzept der „epistemischen Autorität“[98] nachdenken, wenn sie fragt, warum eine neue Art des Rechtsdenkens ohne obrigkeitlichen Befehl sich immer mehr durchzusetzen begann. Auch hat man es mit einer ein- bis zweihundertjährigen Phase zu tun. Deswegen kann es hilfreich sein, einzelne Ausschnitte hieraus herauszugreifen und gesondert zu betrachten. Genau dies war der Zweck des kleinen Überblicks.

---

[98] Hinweise dazu in der Einleitung von *W. Müller*, oben, S. 3, Anm. 6.

Die Tiefenstruktur des Rechts

Zu Wesen und Funktion juristischer „Maximen“ (*qawāʿid*) im klassischen Islam

Norbert Oberauer

I. Einleitung 147
II. Maximen als Definitionen, Aufzählungen, Kategorisierungen und Merksätze 150
III. Synoptische und indexikalisierende Maximen 152
IV. „Rationale“ Maximen 155
1. Maximen zur Erfassung des Dissens (*iḫtilāf*) 155
2. Die rationale Tiefenstruktur des Rechts 156
3. Meta-Maximen 158
4. Die erkenntnistheoretische Einordnung der „rationalen“ Maximen 160
V. Schluss 166

I. Einleitung

Das Phänomen, das in diesem Beitrag beleuchtet werden soll, ist einigermaßen diffus, und eine wesentliche Aufgabe wird darin bestehen, seine Konturen genauer zu bestimmen. Schon auf terminologischer Ebene lässt es sich nicht ganz scharf erfassen. In der europäischsprachigen Literatur hat sich zu seiner Bezeichnung der Begriff „rechtliche Maximen“ etabliert[1], doch suggeriert das eine Geschlossenheit, die das Phänomen in Wahrheit nicht aufweist. Zum Einen existiert keine eindeutige arabische Entsprechung für den Begriff „Maxime“, denn die Quellen ziehen unterschiedliche Bezeichnungen heran. Meist ist das der Terminus *qawāʿid* (Sg. *qāʿida*), was sich mit „Grundsatz“ übersetzen lässt. Doch finden sich auch die Bezeichnungen *uṣūl* (Wurzeln) oder *ḍawābiṭ* (Regeln). Wichtiger noch als diese Vielfalt von Bezeichnungen ist, dass auch das Bezeichnete sehr viel heterogener ist, als es der Begriff „Maxime“ suggeriert. Viele *qawāʿid* sind zwar in der Tat so beschaffen, dass man sie mit Fug und Recht als Maximen bezeichnen kann. Sie sind knappe Aussagen mit dem Cha-

[1] Vgl. den nach wie vor wichtigsten europäischsprachigen Beitrag zum Thema von *W. Heinrichs*, Qawāʿid as a Genre of Legal Literature, in: B. G. Weiss (Hg.), Studies in Islamic Legal Theory (2002), 365–384, bes. 367, wo immerhin auf die Problematik des Begriffs verwiesen wird; sowie *M. H. Kamali*, Legal Maxims and Other Genres of Literature in Islamic Jurisprudence, Arab Law Quartely 20 (2006), 77–101; *I. A. Rabb*, Islamic Legal Maxims as Substantive Canons of Construction. Ḥudūd-Avoidance in Cases of Doubt, Islamic Law and Society 17 (2010), 63–125; *M. Khaleel*, The Islamic Law Maxims, Islamic Studies 44 (2005), 191–207; *M. A. Mughal*, Islamic Legal Maxims. Consisting of al-Karkhi's Al-ʿUsul. Arabic Text, English Transliteration and English Translation, Notes and a Short Historical and Biographical Introduction (1990).

rakter von Faustregeln oder generellen Prinzipien. Häufig haben *qawāʿid* aber auch subtile und entlegene Aspekte des Rechts zum Gegenstand, und also gerade nicht die „ganz großen Aussagen", die Maximen dem lateinischen Wortsinn nach auszeichnen, denn der Begriff ist von *maxima propositio*, „höchster Grundsatz" hergeleitet[2]. Wieder andere *qawāʿid* haben eher den Charakter von Aufzählungen oder Merksätzen, und bisweilen wird der Begriff auch in derselben Weise verwendet wie *bāb* (Kapitel) oder *faṣl* (Abschnitt), also zu Gliederungszwecken. In dieser Verwendung wäre *qāʿida* dann schlicht mit „wichtiger Punkt" zu übersetzen[3]. Das Phänomen der „Maximen" ist also, kurz gesagt, sehr viel breiter gestreut als es der Begriff in seinem strengen Wortsinn einzufangen vermag.

Bei aller Heterogenität ist den Maximen aber doch etwas gemein, das es rechtfertigt, sie als zusammenhängendes Phänomen aufzufassen. Sie sind eine besondere, neuartige Form der Aufbereitung juristischen Wissens. Konventionelle literarische Darstellungsformen des Rechts tendieren zu einer Aufbereitung juristischer Inhalte, die sich als „kasuistisch" beschreiben lässt. Es werden Sequenzen paradigmatischer Fälle erörtert, also Sachverhalte, die sich jeweils durch rechtsrelevante Aspekte voneinander unterscheiden. Die „Logik", die der Distinktion oder Gleichbehandlung zugrunde liegt, wird dabei meist nicht explizit ausgewiesen und liegt auch nicht immer offen zutage. Wir haben es also mit einer Darstellungsform zu tun, die die einzelfallübergreifende innere Struktur des Rechtsmaterials eher verbirgt als sie gezielt herauszustellen. Zu dieser kasuistischen Aufbereitung rechtlichen Wissens tritt in konventionellen Darstellungsformaten meist eine Fragmentierung nach sächlichen Bereichen hinzu. So wird etwa – um nur ein Beispiel zu nennen – das Eherecht trotz seines im Wesentlichen vertragsrechtlichen Charakters vom Recht anderer Verträge getrennt dargestellt. Auch eine beide Bereiche überwölbende allgemeine Vertragsrechtstheorie hat das islamische Recht nicht entwickelt, jedenfalls nicht in Form einer gesonderten, abstrakten Darstellung des „Vertrags an sich"[4]. Diese sächlich gegliederte Aufbereitung führt aber dazu, dass bereichsübergreifende Strukturmerkmale innerhalb des dogmatischen Gefüges wenig sichtbar werden[5].

---

2 Vgl. den Eintrag „Maxime" in *R. Eisler*, Wörterbuch der philosophischen Begriffe (²1904); sowie den gleichnamigen Eintrag in der Brockhaus-Enzyklopädie-online.

3 Die Verwendung des Begriffs *qāʿida* zu reinen Gliederungszwecken findet sich beispielsweise in der Abhandlung von *Ibn Taimiyya* (gestorben 728/1328), al-Qawāʿid an-nūraniyya, die deshalb bisweilen der Maximenliteratur zugeordnet wird; vgl. etwa *Kamali*, Legal Maxims (Fn. 1), 98; *Rabb*, Islamic Legal Maxims (Fn. 1), 110, aber auch im Werk al-Qawāʿid wal-fawāʾid al-uṣūliyya des *Ibn al-Laḥḥām* (gestorben 803/1401).

4 Vgl. *M. Rohe*, Das Islamische Recht. Geschichte und Gegenwart (²2009), 103, wo aber zu Recht darauf verwiesen wird, dass viele allgemeine Aspekte des Vertragsrechts in paradigmatischer Weise am Beispiel des Kaufvertrags erörtert werden.

5 Die schwierige Frage nach den Gründen für die hier beschriebene Art der Aufbereitung rechtlichen Wissens muss im Rahmen dieses Beitrags ausgeklammert bleiben, ebenso wie die damit verbundene Frage, ob der unsystematischen Aufbereitung nicht vielleicht ein tatsächlicher Mangel an Systematik zugrunde liegt, das Recht selbst also fragmentarisch ist und eine geringe logische Kohärenz aufweist. Zu dieser Diskussion siehe *M. Weber*, Wirtschaft und Gesellschaft (1922), 458 und 474, sowie *B. Johansen*, Casuistry. Between Legal Concept and Social Practice, Islamic Law and Society 2 (1995), 135–156, hier 137–140, mit weiteren Verweisen.

Insgesamt herrscht also in der klassischen Literatur eine Aufarbeitung rechtlicher Inhalte vor, die Informationen stark fragmentiert und die logische Struktur des Rechts wenig erkennbar werden lässt. Für Maximen gilt nun das genaue Gegenteil. Sie lenken das Augenmerk gerade auf die systematischen Zusammenhänge oder nehmen eine synoptische Perspektive ein auf Gegenstände, die sonst verstreut behandelt werden. Dadurch kommt ihnen innerhalb der rechtlichen Wissensproduktion eine komplementäre, ja vielleicht auch kompensatorische Rolle zu.

Wo aber findet man Maximen, und ab wann haben sie sich als literarische Ausdrucksform entwickelt? Manche Maximen sind als Prophetenüberlieferungen tradiert, und das deutet auf ein relativ frühes Entstehungsdatum hin. Ein Beispiel ist die Maxime „Ertrag geht mit Gefahrtragung einher (*al-ḫarāǧ biḍ-ḍamān*)", die den Grundsatz zum Ausdruck bringt, dass der zufällige Untergang einer Sache stets zulasten desjenigen geht, der aus ihr Gewinn zieht. Diesem Grundsatz zufolge steht beispielsweise die Wolle, die ein Schaf zwischen seinem Verkauf und der Inbesitznahme durch den Käufer produziert, letzterem zu, weil er in dieser Zeit auch die Gefahr des Untergangs trägt[6]. Vereinzelte maximenhafte Formulierungen finden sich auch in der frühen Rechtsliteratur, etwa der „Mudawwana" des Saḥnūn (gestorben 240/854)[7]. Aus dem 11. Jahrhundert schließlich ist uns sogar ein Gerichtsstreit überliefert, in dessen Rahmen auf eine Maxime verwiesen wurde. Es ging um die Frage, ob bei Ernteausfällen infolge von Naturkatastrophen der Pachtzins zu mindern sei. Einer der beteiligten Richter bejahte das. Er argumentierte, eine solche Minderung entspreche dem lokalen Usus, und im malikitischen Recht gelte der Grundsatz „der Usus ist wie eine (implizite) Vertragsbedingung (*al-ʿurf kaš-šarṭ*)"[8]. Derselbe Grundsatz wird ab dem 9./15. Jahrhundert von mehreren Autoren als Maxime (*qāʿida*) an-

---

[6] Vgl. *Ibn Rušd* (gestorben 595/1198), Bidāyat al-muǧtahid wa-nihāyat al-muqtaṣid, hg. v. Ḫālid al-ʿAṭṭār (2008), Teil II, 149, Z. 15 ff.; *Ibn Qudāma* (gestorben 620/1223), al-Muġnī, hg. v. ʿAbdallāh b. ʿAbd al-Muḥsin at-Turkī und ʿAbd al-Fattāḥ Muḥammad al-Ḥalawī, 15 Bde. (³1417/1997), Bd. VI, 186, Z. 4 ff. Die Position der Schafiiten und der Hanafiten weicht allerdings davon ab. Ihrer Auffassung nach geht die Gefahr bereits mit dem Vertragsschluss über; vgl. *Kāsānī*, Badāʾiʿ aṣ-ṣanāʾiʿ fī tartīb aš-šarāʾiʿ (Beirut, 1406/1986), Bd. V, 238 f.; *Nawawī* (gestorben 676/1278), Rauḍat aṭ-ṭālibīn wa-ʿumdat al-muftīn, hg. v. Zuhair aš-Šāwīš, 12 Bde. (³1412/1991), Bd. III, 501 f.; *Ibn Rušd*, Bidāya (Fn. 6), Bd. II, 149, Z. 18 ff. Zur Überlieferung der Maxime in Gestalt eines Hadith siehe *Kamali*, Legal Maxims (Fn. 1), 90.

[7] Vgl. die Beispiele, die Aḥmad b. ʿAbdallāh b. Ḥumaid in der Studie anführt, die er seiner Edition der Maximensammlung Maqqarīs vorangestellt hat: *Maqqarī* (gestorben 758/1357), al-Qawāʿid, hg. v. Aḥmad b. ʿAbdallāh b. Ḥumaid, 2 Bde. (Mekka, o. J.), Bd. I, 121. Eine stark maximenhafte Formulierung findet sich auch im K. al-Kāfī fī fiqh ahl al-madīna des malikitischen Gelehrten *Ibn ʿAbd al-Barr* (gestorben 463/1070). Der Autor referiert dort die Ansicht, dass ein testamentarisch eingesetzter Vormund im Hinblick auf die Verheiratung seines Mündels keine Entscheidungsgewalt habe, weil das in die Zuständigkeit des Ehevormunds (*walī*) falle. Nach der Darstellung Ibn ʿAbd al-Barrs sagen die Vertreter dieser Auffassung: „al-buḍʿ ilā l-auliyāʾ wal-māl ilā l-auṣiyāʾ (die Vulva dem Ehevormund und das Vermögen dem testamentarischen Vormund)", vgl. *Ibn ʿAbd al-Barr*, al-Kāfī fī fiqh ahl al-madīna al-mālikī (Beirut, 1413/1992), 234, Z. 2 ff.; eine Paraphrase des Passus bei *R. Lohlker*, Islamisches Familienrecht. Methodologische Studien zum Recht mālikitischer Schule in Vergangenheit und Gegenwart (2002), 27.

[8] Vgl. *C. Müller*, Sitte, Brauch und Gewohnheitsrecht im mālikitischen fiqh, in: M. Kemper und M. Reinkowski (Hg.), Rechtspluralismus in der islamischen Welt. Gewohnheitsrecht zwischen Staat und Gesellschaft (2005), 17–38, bes. 29; und *C. Müller*, Gerichtspraxis im Stadtstaat Córdoba. Zum Recht der Gesellschaft in einer mālikitischen Rechtstradition des 5./11. Jahrhunderts (1999), 399.

geführt[9]. Im 4./10. und 5./11. Jahrhundert entstehen schließlich auch die ältesten erhaltenen Schriften, in denen Maximen systematisch gesammelt werden. Das früheste Werk dieser Art ist eine Zusammenstellung von 40 Maximen unter dem Titel „al-Uṣūl waḍ-ḍawābiṭ". Sie wird dem hanafitischen Gelehrten Karḫī (gestorben 340/951) zugeschrieben, ist aber nur in einer Bearbeitung des späteren Schulgenossen Nasafī (gestorben 537/1329) erhalten[10]. Eine weitere frühe Maximensammlung ist das Werk „Ta'sīs an-naẓar" des hanafitischen Gelehrten Dabūsī (gestorben 430/1039), von dem unten noch ausgiebiger die Rede sein wird. Ab der zweiten Hälfte des 7./13. und vor allem im 8./14. Jahrhundert entsteht dann eine ganze Vielzahl von Maximenwerken, so dass sich ab dieser Zeit mit Fug und Recht von einem eigenen Genre innerhalb der rechtswissenschaftlichen Literatur sprechen lässt[11].

Im Folgenden werde ich eine Reihe von Maximen vorstellen und analysieren. Dabei werde ich gezielt unterschiedliche Typen von Maximen beleuchten. Diese Vorgehensweise zielt nicht auf einen repräsentativen Querschnitt, denn es werden keine Aussagen über die relative Häufigkeit einzelner Typen getroffen. Ebensowenig soll eine eventuelle Entwicklungschronologie herausgearbeitet werden. Die Beispiele sind vielmehr so ausgewählt, dass sie die Heterogenität der Maximen abbilden und das Phänomen in seiner gesamten Breite wiedergeben. Auf der Grundlage dieser Analyse werde ich versuchen, einige Aussagen über die Funktion der Maximen im rechtswissenschaftlichen Diskurs zu treffen.

II. „Maximen" als Definitionen, Aufzählungen, Kategorisierungen und Merksätze

Die erste Gruppe von Maximen, die ich hier vorstellen will, besteht aus solchen *qawā'id*, zu denen die Bezeichnung „Maxime" eigentlich nicht recht passen will. Das liegt daran, dass sie kein übergeordnetes Prinzip zum Ausdruck bringen, wie man es von einer Maxime erwarten würde. Vielmehr haben sie den Charakter von Definitionen, Aufzählungen, oder Kategorisierungen, oder sind komprimierte Zusammenstellungen wichtiger Informationen zu einem bestimmten Sachverhalt.

Zu dieser Gruppe gehört etwa eine *qā'ida*, die sich in der Sammlung des schafiitischen Gelehrten Zarkašī (gestorben 794/1392) findet. Sie ist schlicht eine knappe Erläuterung der sogenannten *ibāḥa*, einer bestimmten Form der einseitigen Willenserklärung. Dabei handelt es sich um die Ermächtigung durch den Eigentümer einer

[9] *Suyūṭī* (gestorben 911/1505), al-Ašbāh wan-naẓā'ir fī qawā'id wa-furū' fiqh aš-Šāfi'ī, hg. v. Muḥammad Ḥasan Ismā'īl aš-Šāfi'ī (1419/1998), Bd. I, 213, Z. 2 ff.; *Ibn Nuǧaim* (gestorben 970/1563), al-Ašbāh wan-naẓā'ir, hg. v. 'Abd al-'Azīz Muḥammad al-Wakīl (1387/1968), 98, Z. 2 ff. Bei diesen beiden Autoren wird die Maxime jedoch als Frage formuliert: „al-'āda al-muṭṭarida hal tanzilu manzilat aš-šarṭ?"; hier zitiert nach *Ibn Nuǧaim*.

[10] Karḫī ist eine sehr bedeutende Autorität innerhalb der hanafitischen Rechtsschule, und es ist nicht auszuschließen, dass die Zuschreibung des Werks fiktiv ist. Eine Übersetzung der Maxime ins Englische bietet *Mughal*, Islamic Legal Maxims (Fn. 1).

[11] Eine umfangreiche Zusammenstellung erhaltener Titel findet sich als Anhang bei *Heinrichs*, Qawā'id (Fn. 1).

Sache, sie zu benutzen oder aufzubrauchen, ohne dass es dabei zu einer Eigentumsübertragung kommt[12]. Diese Rechtsfigur kommt beispielsweise bei der Bewirtung von Gästen zum Tragen. Sie dürfen die angebotenen Speisen nach Herzenslust essen, dürfen sie aber zum Beispiel nicht verkaufen[13]. Die *qāʿida* beginnt nun mit einer knappen Definition der *ibāḥa*, auf die dann auf mehreren Seiten eine Erörterung der wichtigsten Fragestellungen rund um diese Rechtsfigur folgt. Insgesamt erinnert diese „Maxime" an einen Eintrag in einer Enzyklopädie, in der sich die wichtigsten Informationen zu einem bestimmten Stichwort in komprimierter Form nachlesen lassen. Dem entspricht auch der Umstand, dass die *qawāʿid* im Werk Zarkašīs alphabetisch angeordnet sind. Allerdings weisen durchaus nicht alle dort enthaltenen Maximen jenen enzyklopädischen Charakter auf, sondern das Werk versammelt – wie es für das Genre charakteristisch ist – *qawāʿid* sehr unterschiedlichen Typs.

Ein Beispiel für eine Maxime mit Aufzählungscharakter lässt sich dem Werk „al-Uṣūl waḍ-ḍawābiṭ" entnehmen, einer kurzen Abhandlung des schafiitischen Gelehrten Nawawī (gestorben 676/1277). Die Maxime lautet: „Es gibt nur sieben Gründe, aus denen ein gültig zustande gekommener Kaufvertrag wieder aufgelöst werden kann"[14]. Darauf folgt die knappe Nennung dieser sieben Gründe. Dazu gehören etwa Mängel an der Ware, aber auch die Vereinbarung von Widerrufsrechten oder der Untergang der Kaufsache vor ihrer Inbesitznahme durch den Käufer. Wieder gilt hier, dass durchaus nicht alle Maximen in Nawawīs Sammlung diesen aufzählenden Charakter aufweisen, sondern wir es mit einer Zusammenstellung sehr heterogener Formen zu tun haben.

Ein Beispiel für eine Maxime, mit der eine Kategorisierung vorgenommen wird, findet sich in der „Ḏaḫīra" des *Qarāfī* (gestorben 684/1258). Dieses Werk ist eigentlich keine Maximensammlung, sondern eine Gesamtdarstellung des malikitischen Rechts. Der Autor streut jedoch in seine Ausführungen zahlreiche kurze Exkurse ein, in denen er *qawāʿid* präsentiert, die er zur Erläuterung der dargestellten dogmatischen Inhalte heranzieht. Eine dieser Maximen besagt, dass sich gesetzliche Hinderungsgründe (*mawāniʿ*) in drei Gruppen einteilen lassen: (a) solche, die nur zu Beginn eines Rechtsverhältnisses ein Hindernis sind; (b) solche, die dies auch bei späterem Hinzutreten sind; (c) solche, bei denen umstritten ist, ob sie der ersten oder der zweiten Gruppe zugehören. *Qarāfī* illustriert diese Dreiteilung mit Beispielen. Eine Konkubine darf nicht verheiratet werden ohne ein vorhergehendes *istibrāʾ*, d. h. eine Karenzzeit ohne Sexualkontakte, durch die eine bestehende Schwangerschaft ausgeschlossen werden kann. Ein solches *istibrāʾ* wird erneut erforderlich, falls die Konkubine nach ihrer Verheiratung außerehelichen Verkehr hat, denn auch dann muss eine außereheliche Schwangerschaft ausgeschlossen werden[15]. Während aber die Möglichkeit

[12] Vgl. *Zarkašī* (gestorben 794/1392), al-Manṯūr fī l-qawāʿid, hg. v. Muḥammad Ḥasan Ismāʿīl, 2 Bde. (1421/2000), Bd. I, 14, Z. 4 f.

[13] Vgl. *Zarkašī*, Manṯūr (Fn. 12), Bd. I, 14, Z. 12 ff. Dies entspricht jedoch nur der Rechtsauffassung des Qaffāl, während die Mehrheit der Gelehrten die Bewirtung als Übereignung bewertet.

[14] *Nawawī* (gestorben 676/1277), al-Uṣūl waḍ-ḍawābiṭ, hg. v. Muḥammad Ḥasan Haitū (1406/1986), 28, Z. 1 ff.: „iḏā inʿaqada l-baiʿ lam yataṭarraq ilaihi l-fasḫ illā bi-aḥad sabʿa asbāb".

[15] Zu den hier geschilderten Regelungen zum *istibrāʾ* vgl. Al-Mausūʿa al-fiqhiyya, 40 Bde. (Kuwait, 1983 ff.), Bd. III, 170–171.

einer solchen Schwangerschaft die Schließung der Ehe verhindert, macht sie die schon bestehende Ehe nicht nichtig. Der Hinderungsgrund wirkt also nur zu Beginn des Rechtsverhältnisses. Anders verhält es sich bei einem Statusunterschied zwischen den Ehepartnern. Ist einer der beiden Sklave, der andere aber frei, so ist das ein Ehehindernis. Es verhindert aber nicht nur die Schließung der Ehe, sondern führt auch zur Auflösung einer schon bestehenden Ehe, etwa dann, wenn einer der Partner versklavt wird. Ein umstrittener Fall schließlich ist die rituelle Waschung mit Staub statt Wasser (*tayammum*). Sie ist statthaft, wenn kein Wasser zur Verfügung steht. Was aber, wenn während des Gebets Wasser verfügbar wird? Ist dann die Waschung feucht zu wiederholen[16]? Der Hinderungsgrund ist hier die Verfügbarkeit von Wasser. Sie verhindert die Gültigkeit der „trockenen Waschung", tritt aber im geschilderten Fallszenario erst im Verlauf des Rechtsverhältnisses auf.

Qarāfī teilt also mit seiner Maxime gesetzliche Hinderungsgründe in verschiedene Kategorien ein. Der Zweck dieser Einteilung ist es, zu verdeutlichen, dass solche Hinderungsgründe unterschiedlichen Wirkungsbedingungen unterliegen. Der Leser wird dadurch für eine wichtige Differenzierung sensibilisiert. Ein übergeordnetes Prinzip bringt die Maxime indessen ebensowenig zum Ausdruck wie die vorangegangenen Beispiele.

III. Synoptische und indexikalisierende Maximen

Auch der nächste Typ von *qawāʿid*, den ich vorstellen will, bringt kein übergeordnetes Prinzip zum Ausdruck, und ist also keine „Maxime" im strengen Wortsinn. Er lässt sich als „synoptische Maxime" charakterisieren. Solche *qawāʿid* dienen dazu, Informationen, die in der Rechtsliteratur gewöhnlich nicht in geschlossener Form präsentiert werden, zusammenzuführen. Der Fokus liegt dabei oft auf bestimmten sächlichen Gegenständen und Problemstellungen, wie etwa besonderen Personengruppen und Situationen. So auch in unserem Beispiel, das einem Werk des hanbalitischen Gelehrten Ibn Raǧab (gestorben 795/1393) entnommen ist. Es geht in dieser *qāʿida* um eine Größe, die sich mit dem Begriff des „Existenzminimums" umschreiben ließe, auch wenn der Autor keinen vergleichbar griffigen Terminus verwendet. Die Maxime lautet: „Wohnung, Diener und ein benötigtes Reittier stellen kein überschüssiges Vermögen dar. Sie dürfen nicht steuerlich angetastet oder zur Begleichung von Schulden oder Unterhaltsverpflichtungen requiriert werden; noch muss der Eigentümer sie veräußern, um die Wallfahrt oder eine ihm obliegende Sühneleistung (*kaffāra*)[17] zu finanzieren"[18]. Auf diese Aussage folgen dann zahlreiche Zitate aus Werken früherer Schulautoritäten, die hier offenbar die Funktion von „Belegstellen" erfüllen, die sich

[16] Vgl. *Qarāfī* (gestorben 684/1285), ad-Ḏaḫīra fī furūʿ al-mālikiyya, 10 Bde., hg. v. Abū Isḥāq Aḥmad ʿAbdarraḥmān (1422/2001), Bd. IV, 133, Z. 3 ff.

[17] Die *kaffāra* ist eine Sühneleistung, die bei bestimmten Vergehen vom Schuldigen erbracht werden muss; siehe dazu den gleichnamigen Artikel von *J. Chelhod* in: Encyclopaedia of Islam, New Edition, hg. v. C. E. Bosworth *et al.* (1960–2005), Bd. 4, 406b–407b.

[18] *Ibn Raǧab* (gestorben 795/1393), al-Qawāʿid al-fiqhiyya, hg. v. Muḥammad ʿAlī al-Bannā

aber immer nur auf einen Teilaspekt der Maxime beziehen, etwa auf die Freiheit der Wohnung von Besteuerung, die des Reittiers vor Pfändung etc. Was die Maxime also leistet, ist die Auswertung des überlieferten Rechtsmaterials nach sachbezogenen Informationen und deren Bündelung in einem möglichst kompakten Satz.

Eine Sonderform synoptischer Maximen sind *qawāʿid*, die sich als „indexikalisierende" Maximen beschreiben ließen. Auch sie zielen auf eine Zusammenstellung von Fallmaterial aus unterschiedlichen Kontexten ab, doch erfolgt diese nicht aufgrund eines gemeinsamen sachlichen Bezugs, sondern aufgrund äußerlicher oder struktureller Ähnlichkeitsmomente. Verdeutlichen lässt sich das anhand einer *qāʿida* aus der Sammlung des schafiitischen Gelehrten Ibn Wakīl (gestorben 716/1317). Sie ist als Frage formuliert: „Ist das, was schwindet und wiederkehrt, wie das nie Geschwundene oder wie das nie Wiedergekehrte?[19]" Gemeint ist mit dieser etwas rätselhaften Formulierung, ob Rechtseffekte wieder aufleben, wenn ihre Ursachen vorübergehend weggefallen sind. *Ibn Wakīl* führt nun zahlreiche konkrete Fallszenarien an, die sich durch einen solchen vorübergehenden Wegfall auszeichnen, und referiert die in der Schultradition dazu überlieferten Meinungsäußerungen. Zu diesen Szenarien zählt etwa die Entlassung und spätere Wiedereinsetzung eines Richters. Müssen in einem solchen Fall die Zeugen, die schon vor der Amtsenthebung gehört wurden, erneut gehört werden? Sie müssen. Ein anderes Szenario betrifft Schenkungen. Nach schafiitischem Recht können sie widerrufen werden, wenn der Schenkende zum Kreis der Eltern und Großeltern des Beschenkten gehört[20]. Gilt das aber auch dann noch, wenn die geschenkte Sache vorübergehend das Eigentum des Beschenkten verlassen hat, etwa indem er es weiterverschenkt und anschließend wieder ererbt hat? Die vorherrschende Ansicht verneint das[21]. Ein drittes Szenario schließlich fällt in den Bereich des Eherechts. Die frisch Vermählte hat in der Hochzeitsnacht und den darauffolgenden zwei (oder – wenn es ihre erste Ehe ist – sechs) Nächten ein Anrecht auf Beiwohnung. Wenn nun der Ehemann die Scheidung ausspricht, bevor er dieser Verpflichtung nachgekommen ist, muss er dies dann im Fall einer erneuten Ehe mit dieser Frau nachholen[22]? Nach vorherrschender Ansicht muss er das nicht, sondern die Schuld erlischt und es entsteht eine neue Beiwohnungspflicht[23].

Ibn Wakīl diskutiert noch zahlreiche weitere Fallszenarien, doch reichen die hier angeführten aus, um den Charakter der Maxime zu verdeutlichen. Die Einzelfälle sind ganz unterschiedlichen Rechtsbereichen entnommen und zeichnen sich auch

(1429/2008), 359, Z. 19 ff.: „al-maskan wal-ḫādim wal-markab al-muḥtāǧ ilaihi laisa bi-māl fāḍil yumnaʿu aḫḏ az-zakawāt wa-lā yaǧibu fīhi al-ḥaǧǧ wal-kaffārāt wa-lā yūfā minhu ad-duyūn wan-nafaqāt".

[19] *Ibn al-Wakīl* (gestorben 716/1317), al-Ašbāh wan-naẓāʾir, Bd. 1, hg. v. Aḥmad b. Muḥammad al-ʿAnqarī; Bd. 2, hg. v. ʿĀdil b. ʿAbdallāh aš-Šuwaiḫ (1413/1993), Bd. II, 377, Z. 1f: „az-zāʾil al-ʿādī kal-laḏī lam yazal au kal-laḏī lam yaʿud?".

[20] Vgl. *Nawawī*, Rauḍa (Fn. 6), Bd. V, 379, Z. 7 ff.

[21] Vgl. ebd., 381, Z. 9 ff.; sowie *Ibn Wakīl*, Ašbāh (Fn. 19), Bd. II, 377, Z. 5 ff.

[22] Vgl. *Ibn Wakīl*, Ašbāh (Fn. 19), Bd. II, 380, Z. 9 ff. Nach islamischem Recht ist es möglich, dieselbe Frau mehrmals zu heiraten.

[23] Dies geht aus der Diskussion des Szenarios bei *Nawawī* hervor, vgl. *dens.*, Rauḍa (Fn. 6), Bd. VII, 356, Z. 2. *Ibn Wakīl* selbst beantwortet die von ihm angeführte Frage gar nicht, sondern begnügt sich mit dem Verweis, dass es „dazu zwei Ansichten gibt".

durch keinen sächlichen Zusammenhang aus. Ihre Gemeinsamkeit ist rein äußerlicher Natur – die vorübergehende Unterbrechung der Ursache einer Rechtsfolge. Dieser äußerliche Zusammenhang ist gewissermaßen der „Filter", mit dem Ibn Wakīl das tradierte Rechtsschulmaterial „gescannt" hat. Einen übergreifenden Sinnzusammenhang weisen die Einzelfälle dagegen nicht auf, denn sie werden ja nicht nach einem gemeinsamen Grundsatz entschieden, der sich als die allen Fällen zugrunde liegende Ratio ausweisen ließe.

Ein weiteres Beispiel für eine „indexikalisierende" Maxime findet sich in dem bereits erwähnten „K. al-Uṣūl waḍ-ḍawābit" des Nawawī. Sie beginnt mit dem Satz: „Fälle, in denen ein Geschlechtsakt wie eine explizite Willensäußerung bewertet wird"[24]. Darauf folgt die Aufzählung solcher Fälle. Einer von ihnen betrifft den Verkauf einer Konkubine. Wenn sich der Verkäufer eine Widerrufsfrist für die Transaktion ausbedingt, und dann während dieser Frist mit der Sklavin Verkehr hat, dann wird dieser Akt rechtlich als Widerruf gewertet[25]. Ähnliches gilt nach der Auffassung mancher Rechtsschulen im Fall einer widerruflich Geschiedenen (*raǧʿiyya*). Nach islamischem Recht kann diese Form der Scheidung binnen einer dreimonatigen Wartefrist (der sogenannten *ʿidda*) durch eine einseitige Willenserklärung des Mannes widerrufen werden. Wenn die Partner nun in dieser Frist miteinander Verkehr haben, ist dies dann als eine solche Willenserklärung zu deuten? *Nawawī* verneint das, doch werde dies in anderen Rechtsschulen so gesehen. Ein drittes Fallszenario betrifft erneut Konkubinen. Wenn jemand verfügt, dass eine seiner beiden Sklavinnen fortan frei sei, aber nicht konkretisiert, welche – ist dann der Beischlaf mit einer der beiden als konkludente Konkretisierung zu verstehen, dahingehend, dass er eben diese *nicht* freiließ? Die Antwort ist innerhalb der Rechtsschule umstritten. Auch in einem vierten Szenario geht es um eine Konkubine, diesmal um eine, die der Eigentümer testamentarisch vermacht hat (*al-mūṣā bihā*). Ist der Verkehr mit einer solchen wie ein Widerruf der testamentarischen Verfügung zu werten? Der Hintergrund dieser Fragestellung ist eine spezifische Regelung zu Sklavinnen, die ein Kind ihres Eigentümers zur Welt bringen. Eine solche Sklavin darf nicht mehr veräußert werden und wird nach dem Tod ihres Eigentümers frei[26]. Sie kann folglich auch nicht Gegenstand einer wirksamen testamentarischen Verfügung sein. Muss also der Beischlaf mit der testamentarisch vermachten Konkubine als Widerruf des Testaments gewertet werden? *Nawawī* führt aus, dass das zumindest dann zu bejahen sei, wenn der Akt zu einer Schwangerschaft führt. Ist das nicht der Fall, so sei der Casus umstritten, wobei aber Einigkeit bestehe, dass ein *coitus interruptus* (*ʿazl*) nicht als Widerruf zu werten sei[27].

Wie im vorangegangenen Beispiel liegt bei dieser Maxime das Gemeinsame der unter ihr versammelten Fallszenarien zunächst in einem rein äußerlichen Zusammen-

---

[24] *Nawawī*, Uṣūl, (Fn. 14), 29, Z. 2: „mā yaqūmu fīhi al-waṭʾ maqām al-lafẓ".

[25] Ebd., Z. 3: „waṭʾ al-bāʾiʿ fī muddat al-ḫiyār fa-yakūnu fasḫ".

[26] Vgl. *J. Schacht*, „Umm al-walad", in: Encyclopaedia of Islam (Fn. 17), Bd. 10, 857a–859b. Die Regelung greift auch bei einer Totgeburt. Ob sie auch im Falle eines Aborts wirksam wird, ist umstritten. Kommt das Kind lebend zur Welt, ist es ebenfalls frei.

[27] Vgl. *Nawawī*, Uṣūl (Fn. 14), 30, Z. 1 ff.

hang. Ein Geschlechtsakt wird jeweils rechtlich wie eine implizite Willenserklärung behandelt. Anders als im vorangegangenen Beispiel beruht diese äußerliche Gemeinsamkeit aber in drei der vier Fallszenarien auf einem gemeinsamen Sinnzusammenhang, einer „Ratio", die in allen drei Fällen die Entscheidung regiert. Sie besteht darin, dass jeweils zugunsten des Handelnden angenommen wird, dass er keinen unrechtmäßigen Verkehr intendiert hat. Nichts anderes wäre es nämlich, wenn jemand seine geschiedene Frau beschläft, oder eine Konkubine, die ihm nicht mehr gehört, weil er sie verkauft oder freigelassen hat. Die Einzelfallentscheidungen folgen also einer Art „Schutzgedanken", der Rechtssubjekte in zweifelhaften Fällen davor bewahrt, sich der Unzucht schuldig zu machen.

Die drei Fallszenarien machen deutlich, dass eine synoptische Anordnung des Rechtsmaterials prinzipiell auch darin bestehen kann, Fälle zu versammeln, die von einer gemeinsamen Ratio regiert werden. Im vorliegenden Beispiel ist das offenbar nicht das Anliegen des Autors, denn das vierte Fallszenario – der Verkehr mit der testamentarisch Vermachten – folgt einer ganz anderen Ratio. Dort geht es darum, der faktischen Unwirksamkeit eines Testaments vorzugreifen, indem man einen konkludenten Widerruf annimmt. Die übergeordnete Klammer bleibt also der rein äußerliche Zusammenhang zwischen Geschlechtsakt und einseitigem Rechtsgeschäft.

Viele Maximen zielen aber tatsächlich darauf ab, Fälle zu versammeln, die eine gemeinsame Ratio aufweisen. In solchen Fällen wird die Maxime dann zur Formulierung der sinnhaften Quintessenz der unter ihr versammelten Einzelregelungen. Die Maxime bringt damit auch ein übergeordnetes Prinzip zum Ausdruck, weshalb sie dann tatsächlich eine „Maxime" im engeren Wortsinn ist. Ich werde diesen Typus im Folgenden als „rationale" Maximen bezeichnen, was hier wohlgemerkt nicht auf eine Herleitung aus der „Vernunft" verweisen soll, sondern lediglich auf eine sinnhafte Binnenstruktur. Um solche Maximen soll es im nächsten Abschnitt gehen.

IV. „Rationale" Maximen

1. Maximen zur Erfassung des Dissens (*iḫtilāf*)

Ein besonders frühes Werk, in dem sich viele „rationale" Maximen finden, ist die Abhandlung „Ta'sīs an-naẓar" des hanafitischen Gelehrten Dabūsī (gestorben 430/1039). Das ist insofern interessant, als dieses Werk einem spezifischen Zweck dient. Sein Fokus ist der Dissens, und zwar sowohl der innerschulische als auch der zwischen den Hanafiten und anderen Rechtsschulen. Dabūsī bildet diesen Dissens aber nicht einfach ab, sondern leistet eine analytische Aufarbeitung. Er zeigt auf, dass die unterschiedliche Bewertung vieler Einzelfragen oft auf einen Dissens hinsichtlich eines übergeordneten Zusammenhangs zurückgeht. Solche Zusammenhänge identifiziert er und stellt sie in der Art von Maximen dar. Zuerst wird der übergeordnete Zusammenhang angeführt, dann werden die Einzelfälle aufgezählt, die durch ihn regiert werden.

Ein Beispiel für *Dabūsīs* Vorgehensweise ist die folgende Maxime: „Abū Ḥanīfa folgt dem Grundsatz (...), dass alles, was eine rituelle Pflichtleistung zu ihrem Beginn beeinträchtigt, sie auch dann beeinträchtigt, wenn es zu ihrem Ende hin auftritt“[28]. Abū Yūsuf und Šaibānī, die beiden wichtigsten Schulautoritäten nach Abū Ḥanīfa, folgen diesem Prinzip nicht, und daraus ergibt sich ein Dissens in zahlreichen Einzelfragen. Eine davon betrifft die schon oben angesprochene rituelle Waschung mit Staub. Sie ist nur dann statthaft, wenn kein Wasser zur Verfügung steht. Was nun, wenn jemand, der sich in dieser Weise gewaschen hat, gegen Ende seines Gebets Wasser entdeckt? Wird sein Gebet dann ungültig? Abū Ḥanīfa bejaht das, denn die Sichtung des Wassers zu Beginn des Gebets hätte diese Wirkung, und das gelte folglich auch zum Ende des Gebets. Die beiden anderen Autoritäten vertreten die entgegengesetzte Auffassung. Derselbe Dissens betrifft das Auftreten einer postmenstruellen Blutung (*istiḥāḍa*) gegen Ende des Gebets, oder auch eines unwillkürlichen Harnflusses (*salas*) wie auch weitere Geschehnisse, die eine rituelle Verunreinigung nach sich ziehen. Er erstreckt sich aber auch auf den Fall einer Person, die das Morgengebet nicht vor Sonnenaufgang zu Ende bringt, so dass das Ende des Gebets aus dem vorgeschriebenen Zeitfenster herausfällt.

Ein weiteres Beispiel aus dem Werk *Dabūsīs* ist eine Maxime zur Schadenshaftung. Abū Yūsuf und Šaibānī seien dem Prinzip gefolgt, dass jede von Rechts wegen erlaubte Handlung haftungsrechtlich so zu behandeln sei, als hätten die Geschädigten sie gebilligt, so dass keine Haftung entsteht. Wenn also jemand sich zum Zeitvertreib in eine Moschee setzt, und dann ein anderer über ihn stolpert und zu Schaden kommt, dann erwächst daraus nach Ansicht der beiden Gelehrten keine Haftung, denn es ist erlaubt, in einer Moschee zu sitzen. Dasselbe gilt, wenn jemand im Rahmen des Talionsrechts (*qiṣāṣ*) einem Täter die Hand abtrennt und dieser dann der Verletzung erliegt. Weil das Recht die Wiedervergeltung gestattet, haftet der Vergeltende nicht für die weiteren Folgen seines Handelns. Abū Ḥanīfa folgt hingegen einem anderen Prinzip. Die vom Recht erteilte Erlaubnis zu einer Handlung stehe stets unter dem stillschweigenden Vorbehalt der „Unversehrtheit“ (*salāma*). Man darf also in einer Moschee sitzen, aber nur, solange dadurch niemand zu Schaden kommt, und ebenso darf man Wiedervergeltung nur üben, solange dadurch niemand über das gestattete Maß hinaus geschädigt wird. Ansonsten haftet man[29].

2. Die rationale Tiefenstruktur des Rechts

Dabūsīs Werk blieb nicht das einzige seiner Art. Gut drei Jahrhunderte später verfasste auch der malikitische Gelehrte Maqqarī (gestorben 758/1357) eine Maximensammlung, die auf den Dissens fokussiert war, und ein entsprechendes Kapitel findet sich auch in der Sammlung des Subkī (gestorben 771/1370)[30]. Diese Werke enthalten

[28] *Dabūsī* (gestorben 430/1039), Taʾsīs an-naẓar (zusammen mit *Karḫī*, Uṣūl) (Kairo, o. J.), 6, Z. 16 ff.

[29] Vgl. *Dabūsī*, Taʾsīs (Fn. 28), 25, Z. 11 ff.

[30] Vgl. *Subkī* (gestorben 771/1370), al-Ašbāh wan-naẓāʾir, hg. v. ʿĀdil Aḥmad b. Mauǧūd und ʿAlī Muḥammad ʿIwaḍ, 2 Bde. (1411/1991), Bd. II, 254–301.

besonders viele „rationale" Maximen. Das hat mit ihrem spezifischen Anliegen zu tun. Es geht den Autoren darum, die „Tiefenstruktur" des Dissens zu ergründen, und das führt sie fast zwangsläufig zu übergeordneten Sinnzusammenhängen. Tatsächlich sind es ja oft divergierende Entscheidungen auf einer logischen Metaebene des Dogmengefüges, aus denen sich dann ganze Felder divergierender Einzelfallentscheidungen ergeben.

Der Versuch, durch Maximen die rationale „Tiefenstruktur" des Rechts zu ergründen, blieb jedoch nicht auf eine Analyse des Dissens beschränkt. In den zahlreichen Maximensammlungen, die ab der Mitte des 7./13. Jahrhunderts entstehen, ist der Fokus auf dem Dissens die Ausnahme, und auch dort finden sich zahlreiche „rationale" Maximen.

Ein Beispiel ist die folgende *qāʿida* aus der Sammlung des Schafiiten *Suyūṭī* (gestorben 911/1505): „Die Zustimmung zu einer Sache ist die Zustimmung zu allem, was aus ihr hervorgeht"[31]. Wenn man also beispielsweise einen Sklaven verpfändet und dem Gläubiger die Erlaubnis gibt, ihn zu schlagen, dann haftet der nicht, wenn der Sklave an den Folgen der Schläge verstirbt. Derselben Logik folgt der Fall einer Braut, die einen Mann heiratet, von dem sie weiß, dass er bestimmte Mängel aufweist, wie etwa Impotenz, Wahnsinn oder Lepra. Wenn sich der Mangel dann später verschlimmert, kann sie dies nicht als Scheidungsgrund geltend machen, obgleich diese Defekte, wenn sie erst nach der Hochzeit bekannt werden, einen rechtlichen Scheidungsgrund darstellen[32]. Die Maxime gilt aber auch Fällen, in denen die Zustimmung vom göttlichen Gesetzgeber ausgeht, insofern er nämlich ein bestimmtes Handeln billigt oder gar vorschreibt. Die Folgen aus diesem Handeln werden dann ebenfalls gebilligt. So darf man während des Fastens kein Wasser zu sich nehmen, muss aber beten und vorher die rituelle Waschung vollziehen. Wenn nun dabei versehentlich etwas Wasser ins Körperinnere dringt, macht das das Fasten nicht ungültig, denn dieser Lapsus ist die Folge einer erlaubten Handlung. Anders ist es, wenn man zur Waschung unnötig viel Wasser verwendet und dadurch die versehentliche Einnahme provoziert hat[33].

Ihrer Struktur nach gleicht diese *qāʿida* den oben vorgestellten Maximen aus dem Werk Dabūsīs. Es wird ein übergeordneter Sinnzusammenhang identifiziert, der sich in einer Anzahl von Einzelregelungen konkretisiert. Der Unterschied zu den Maximen Dabūsīs besteht lediglich darin, dass dieser Sinnzusammenhang nicht umstritten ist. Die Suche nach der rationalen „Tiefenstruktur" gilt also nicht dem Dissens, sondern dem Recht als Ganzem.

---

[31] *Suyūṭī*, Ašbāh (Fn. 9), Bd. I, 305, Z. 4 ff. (*qāʿida* Nr. 16): „ar-riḍā bi-šaiʾ riḍā bi-mā yatawalladu minhu". Dieselbe *qāʿida* führt auch *Zarkašī* an, vgl. Manṯūr (Fn. 12), Bd. I, 377.

[32] Zu diesen Scheidungsgründen vgl. *Šīrāzī* (gestorben 476/1083), al-Muhaḏḏab, hg. v. Muḥammad az-Zuḥaylī (1413/1993), Bd. IV, 165 f.

[33] Vgl. *Suyūṭī*, Ašbāh (Fn. 9), Bd. I, 305, Z. 14 f. *Suyūṭī* nennt allerdings auch Ausnahmen, in denen eine Handlung zwar von Rechts wegen statthaft ist, der Handelnde aber für bestimmte Folgen gegebenenfalls zur Verantwortung gezogen wird. Das gilt etwa für Lehrer und Ehemänner, die ihre Schüler bzw. Frauen prügeln, ebd., 305, Z. 2 ff.

3. Meta-Maximen

In einigen Werken des 8./14. und 10./16. Jahrhunderts gewinnt diese Suche schließlich eine neue Qualität. Die rationale Struktur von Maximen erlaubt es in vielen Fällen, sie in einen hierarchischen Bezug zueinander zu setzen, so dass mehrstöckige Strukturen aus Meta- und Sub-Maximen entstehen. Ein Beispiel für eine solche Meta-Maxime ist die *qāʿida* „Schaden wird aufgehoben (*aḍ-ḍarar yuzālu*)", die in ganz allgemeinem Sinn den Grundsatz der Schadensabwehr zum Ausdruck bringt. Sie ist in verschiedenen Sammlungen enthalten, soll hier jedoch auf der Grundlage der Darstellung bei *Ibn Nuǧaim* (gestorben 970/1563) vorgestellt werden[34].

Eine Konkretisierung – so *Ibn Nuǧaim* – findet diese Maxime beispielsweise im Rechtsanspruch eines Käufers, mangelhafte Ware zurückzugeben, oder auch im Näherrecht, dem vorrangigen Erwerbsrecht von Nachbarn oder Gesellschaftern bei der Veräußerung einer Immobilie, denn dieses Recht ermöglicht den Schutz vor übler Nachbarschaft. Die Einzelregelungen, die dieser Maxime folgen, subsumiert *Ibn Nuǧaim* aber zugleich unter noch spezifischere *qawāʿid*, die er als Sub-Maximen ausweist. Dazu gehört etwa der Grundsatz, dass „Notlagen Verbotenes erlaubt machen (*aḍ-ḍarūrāt tubīḥu l-maḥẓūrāt*)"[35]. So darf ein Verdurstender zu seiner Rettung notfalls auch alkoholische Getränke zu sich nehmen. Ebenso darf man sich unter Zwang äußerlich zum Unglauben bekennen, und auch die Notwehr folgt diesem Grundsatz. Die Schadensabwehr erfolgt in diesen Fällen durch die Aussetzung eines Verbots, dessen Befolgung in der konkreten Situation eine Schädigung nach sich zöge. Diese Aussetzung ist aber auf das notwendige Maß begrenzt. So darf der Verdurstende nicht mehr Alkohol zu sich nehmen als zu seiner Rettung erforderlich ist. Diese Einschränkung formuliert *Ibn Nuǧaim* mittels einer weiteren Sub-Maxime: „Das aufgrund einer Notlage Erlaubte ist durch ihren Umfang bemessen (*mā yubīḥu li-ḍarūra yuqaddaru bi-qadrihā*)"[36]. Eine dritte Sub-Maxime schließlich lautet: „Ein dringendes Bedürfnis ist wie eine Notlage zu werten (*al-ḥāǧa tanzilu manzilat aḍ-ḍarūra*)"[37]. Diese Maxime weitet den Begriff der Notlage auf alles Unzumutbare aus. Diesem Grundsatz folgend – so *Ibn Nuǧaim* – hätten viele Gelehrte zum Beispiel das sogenannte *baiʿ al-wafāʾ* für statthaft erklärt, eine Transaktion, mit der sich das Zinsverbot bis zu einem gewissen Grade umgehen lässt, wie auch einige weitere Vertragsformen, die nach strikter Anwendung vertragsrechtlicher Grundsätze nicht statthaft sein dürften, aber eben im Geschäftsalltag unverzichtbar seien[38].

---

[34] Vgl. *Ibn Nuǧaim*, Ašbāh (Fn. 9), 85, Z. 1 ff.

[35] Ebd., 85, Z. 17 ff.

[36] Ebd., 86, Z. 5 f.

[37] Ebd., 91, Z. 17.

[38] Vgl. Ebd., 91, Z. 17 ff. Konkret erwähnt werden unter anderem die Miete (*iǧāra*), der Terminkauf (*salam*) und der Werkslieferungsvertrag (*istiṣnāʿ*). Zum *baiʿ al-wafāʾ*, siehe *L. Boxberger*, Avoiding Ribā: Credit and Custodianship in Nineteenth- and Early-Twentieth Century Ḥaḍramawt, Islamic Law and Society 5 (1998), 196–213.

Als eine weitere Sub-Maxime führt *Ibn Nuǧaim* schließlich den Grundsatz an, dass „Schaden nicht durch Schaden behoben wird (*aḍ-ḍarar lā yuzālu biḍ-ḍarar*)“[39], also die Maßnahme zur Schadensabwehr nicht selbst eine Schädigung darstellen darf. So darf man sich in einer Hungersnot nicht dadurch retten, dass man dem anderen sein letztes Brot wegnimmt. Ebenso darf niemand dazu gezwungen werden, seine Sklaven und Sklavinnen zu verheiraten, denn wenngleich das die Betroffenen vor dem Schaden der Ehelosigkeit bewahren würde, so würde es doch zugleich die Verfügbarkeit der Sklaven für ihren Eigentümer beeinträchtigen. Auch diese Sub-Maxime ist aber wieder durch eine weitere begrenzt. Das Recht wählt immer das geringere Übel[40]. Ein Schaden muss also in Kauf genommen werden, wenn er der Abwehr eines größeren dient, oder wenn es sich um die Schädigung eines Einzelnen zum Schutz der Allgemeinheit handelt[41]. Wenn zum Beispiel ein Huhn eine Perle verschluckt, dann hängt sein Leben daran, ob es mehr wert ist als die Perle. Ist das nicht der Fall, wird ihm der Garaus gemacht und sein Wert durch den Eigentümer der Perle ersetzt. Ist die Perle billiger, darf das Huhn leben und die Perle muss ersetzt werden[42]. Und wenn eine Mauer sich gefährlich auf einen öffentlichen Weg hinneigt, dann ist der Eigentümer von Rechts wegen verpflichtet, sie zum Schutz der Passanten einzureißen[43].

Bei den Meta-Maximen haben wir es also mit ganzen Gebäuden von *qawāʿid* zu tun, die in hierarchischen Bezügen zueinander stehen oder sich auch gegenseitig begrenzen und erweitern. Die Kombination von Maximen zu solchen Feldern wird vor allem dann möglich, wenn sie einen rationalen Gehalt aufweisen, denn dann lassen sich oft auch sinnhafte Bezüge zwischen den Maximen herstellen.

Der früheste Autor, bei dem sich Meta-Maximen finden, ist Subkī (gestorben 771/1370), der insgesamt fünf davon anführt. Dieselbe Fünfergruppe findet sich dann bei Suyūṭī (gestorben 911/1505) und Ibn Nuǧaim (gestorben 970/1563), deren Sammlungen allerdings an die Subkīs angelehnt sind[44]. Sie findet sich aber auch schon im Werk eines Zeitgenossen Subkīs, des schiitischen Gelehrten aš-Šahīd al-Awwal (gestorben 782/1380)[45]. *Subkī* berichtet zudem, dass diese Fünfergruppe auf frühere Schulgenossen zurückgehe, und zwar vornehmlich auf einen „Qaḍī al-Ḥusain“ (vermutlich der 1069 verstorbene al-Ḥusain al-Marwarūḏī)[46], der vier Meta-Maximen

---

39 *Ibn Nuǧaim*, Ašbāh (Fn. 9), 87, Z. 1 ff.

40 Vgl. Ebd., 89, Z. 4 ff.: „Iḏā taʿāraḍa mafsadatān rūʿā aʿẓamuhumā ḍararan bi-irtikāb aḫaffihimā“.

41 Vgl. Ebd., 87, Z. 10 ff., 88, Z. 2 ff.

42 Vgl. Ebd., 88, Z. 9 ff.

43 Vgl. Ebd., 87, Z. 13.

44 Die fünf Meta-Maximen sind (hier in der Formulierung Suyūṭīs): 1. Dinge und Handlungen sind nach ihren Intentionen zu beurteilen (*al-umūr bi-maqāṣidihā wal-aʿmāl bin-niyyāt*); 2. Gewissheit wird nicht durch Zweifel aufgehoben (*al-yaqīn lā yuzālu biš-šakk*); 3. Härte zieht Erleichterung nach sich (*al-mašaqqa taǧlibu at-taisīr*); 4. Schaden wird aufgehoben (*aḍ-ḍarar yuzālu*); 5. Der Usus ist zum Schiedsrichter bestellt (*al-ʿāda muḥakkama*).

45 Vgl. *Heinrichs*, Qawāʿid (Fn. 1), 371. Die Fünfergruppe beginnt unvermittelt inmitten des Werkes bei *Āmilī* (gestorben 782/1389), al-Qawāʿid wal-fawāʾid, hg. v. as-Sayyid ʿAbd al-Hādī al-Ḥakīm, 2 Bde. (1980), Bd. I, 74 ff.

46 Vgl. *Heinrichs*, Qawāʿid (Fn. 1), 371; sowie bei Subkī die Erläuterung des Herausgebers (*Subkī*, Ašbāh [Fn. 30], Bd. I, 12, Anm. 1).

zusammengestellt habe, die dann durch einen Späteren auf fünf erweitert wurden[47]. *Subkī* zufolge vertraten diese früheren Schulgenossen, dass sich das gesamte Recht auf diese Meta-Maximen zurückführen lasse, und ein weiterer Schafiit, ʿIzz ad-Dīn b. ʿAbd as-Salām as-Sulamī (gestorben 660/1262), soll gar alle Normen auf eine einzige Maxime zurückgeführt haben, nämlich die der „Wahrnehmung von Nutzen und der Abwehr von Schaden" (*iʿtibār al-maṣāliḥ wa-darʾ al-mafāsid*)[48].

Subkī selbst steht diesem radikal reduktionistischen Ansatz skeptisch gegenüber. Ein solcher Grad der Verkürzung sei gekünstelt und gezwungen. Eine klare Darstellung erfordere deutlich mehr Maximen, wie *Subkī* es in seinem Werk auch umsetzt. Gleichwohl weisen Subkīs Aussagen darauf hin, dass die Identifikation von Maximen bei manchen Gelehrten in einen Ehrgeiz mündete, das Recht auf möglichst wenige Prinzipien zurückzuführen. Das rückt die Formulierung von Maximen in die Nähe eines anderen Phänomens, das sich ab dem 5./11. Jahrhundert im islamischen Rechtsdiskurs beobachten lässt, die Identifikation sogenannter „Ziele des Rechts (*maqāṣid aš-šarīʿa*)". Unter diesem Begriff fassten Gelehrte fünf elementare Schutzgüter zusammen, deren Bewahrung das Recht anstrebe: Die Religion (*dīn*), die körperliche Unversehrtheit (*nafs*), die Zurechnungsfähigkeit (*ʿaql*), die Nachkommenschaft (*nasl*) und das Eigentum (*māl*)[49]. Wie die Maximen benennen auch diese „Ziele" übergeordnete Sinnzusammenhänge des Rechts, und die Begrenzung auf fünf lässt auch in ihrem Fall ein reduktionistisches Anliegen erkennen.

4. Die erkenntnistheoretische Einordnung der „rationalen" Maximen

Die „rationalen" Maximen werfen die Frage auf, wie sie erkenntnistheoretisch einzuordnen sind. Wie sind sie hergeleitet? Und was lässt sich wiederum aus ihnen herleiten? In manchen Fällen führen die Autoren Prophetenüberlieferungen an, die sie als „Ursprung" (*aṣl*) der Maxime ausweisen[50]. Diese Überlieferungen könnten jedoch auch nachträglich entstanden sein, um die Maximen zu legitimieren. Tatsächlich ist es unwahrscheinlich, dass Maximen ihren Ursprung im Hadith haben, zumal die Verweise auf Überlieferungen ohnehin die Ausnahme sind. Wahrscheinlicher ist, dass sie aus der analytischen Beobachtung des tradierten Rechtsmaterials erwachsen sind. Bei den oben vorgestellten, nicht-rationalen Maximen ist das ganz offensichtlich, und es gilt wohl auch für die meisten ihrer rationalen „Geschwister". Sie sind auf dem Wege der Abstraktion aus den unter ihnen versammelten Einzelregelungen hergeleitet.

---

[47] Vgl. *Subkī*, Ašbāh (Fn. 30), Bd. I, 12, Z. 5 ff. Dasselbe berichtet *Suyūṭī*, Ašbāh (Fn. 9), Bd. I, 33, Z. 1 ff.

[48] *Subkī*, Ašbāh (Fn. 30), Bd. I, 12, Z. 10 f. Subkī nimmt hier vermutlich Bezug auf *Sulamīs* Abhandlung, Qawāʿid al-aḥkām fī maṣāliḥ al-anām.

[49] Zu den „Zielen des Rechts", siehe ausgiebig *N. Oberauer*, Gottes Recht und menschliche Sinnvermutung. istiṣlāḥ, munāsaba und maqāṣid aš-šarʿ im rechtstheoretischen Denken Ġazzālīs (gestorben 1111), Asiatische Studien 64 (2010), 649–679; zudem *F. Opwis*, Maṣlaḥa and the Purpose of the Law. Islamic Discourse on Legal Change from the 4th/10th to 8th/14th Century (2010).

[50] Vgl. etwa *Ibn Nuǧaim*, Ašbāh (Fn. 9), 56, Z. 2; ebd., 85, Z. 2 f.; ebd., 93, Z. 2 f.

Wie aber lassen sie sich dann anwenden? Handelt es sich um induktiv hergeleitete Regeln, aus denen dann – deduktiv – auf wieder neue Einzelfälle geschlossen werden kann? Weisen die „rationalen" Maximen also, mit anderen Worten, eine normative Eigenständigkeit auf, die es erlaubt, aus ihnen unmittelbar Recht zu schöpfen? Zu den erstaunlichen Aspekten der Maximenliteratur gehört es, dass die Frage der Anwendbarkeit der *qawāʿid* nie explizit thematisiert wird. Sie lässt sich nur auf der Grundlage verstreuter Indizien beantworten.

Fest steht, dass die Maximen jedenfalls keine uneingeschränkte Gültigkeit aufweisen. Das ergibt sich schon allein daraus, dass viele Autoren neben den Einzelregelungen, die sie als Konkretisierungen der Maxime anführen, auch solche Regelungen ansprechen, die der Maxime gerade nicht entsprechen. Eine Erläuterung zu dieser eingeschränkten Gültigkeit findet man bei *Subkī*[51]. Ausnahmen können durch willkürliche Setzungen Gottes entstehen, die als reine Gehorsamsverpflichtungen (*taʿabbud*) aufzufassen sind und keinen spezifischen Sinn (*maʿnā*) erkennen lassen. Solche Setzungen führen zwar zu Unregelmäßigkeiten im logischen Gefüge des Rechts, bleiben aber, *so Subkī*, in ihrer Bedeutung isoliert und seien daher leicht zu überblicken. Andere Ausnahmen lassen einen Sinn erkennen. Sie sind dann dem Umstand geschuldet, dass die Maxime im fraglichen Fall eben mit einem anderen Grundsatz (*aṣl*) konkurriert, der sich durchsetzt, so dass die Ausnahme in Wahrheit aus einer Kollision übergeordneter Grundsätze resultiert.

Subkī verdeutlicht seine Ausführungen mit einem Beispiel. An sich gelte der Grundsatz, dass niemand für die Rechtsübertretung eines Anderen haften muss. Diese Maxime gelte aber nicht im Fall von Tötungs- oder Körperverletzungsdelikten, denn für das Wergeld (*diya*), das die Angehörigen des Opfers bei solchen Delikten fordern können, muss unter bestimmten Umständen die sogenannte *ʿāqila*, aufkommen, d. h. die gesamte Solidaritätsgruppe[52] des Täters. Diese Ausnahme zur Regel beruht auf einem Hadith[53] und ist laut *Subkī* ein Beispiel für eine reine Gehorsamspflicht. Anders eine weitere Ausnahme. Wenn ein Minderjähriger mit Erlaubnis seines gesetzlichen Vormunds Wild erlegt, dann haftet der Vormund. Diese Ausnahme ist einem konkurrierenden Grundsatz gezollt, nämlich dem Prinzip, dass ein Vormund unter bestimmten Voraussetzungen für sein Mündel haftet[54].

Die eingeschränkte Gültigkeit von Maximen lässt vermuten, dass Rechtsfindung nach dem Verständnis klassischer Juristen nicht allein auf der Grundlage einer *qāʿida* erfolgen durfte, man also neu auftretende Rechtsprobleme nicht einfach mit einem umstandslosen Verweis auf eine Maxime lösen konnte. In diese Richtung weist auch eine Aussage in der *Mecelle*, einem osmanischen Rechtskodex aus den 1870er Jahren,

---

[51] Vgl. *Subkī*, Ašbāh (Fn. 30), Bd. II, 302, Z. 21 ff.

[52] Zum Konzept der *ʿāqila* siehe *R. Peters*, Crime and Punishment in Islamic Law. Theory and Practice from the Sixteenth to the Twenty-First Century (2005), 50; sowie *H. Brunschvig*, „ʿĀḳila", in: Encyclopaedia of Islam (Fn. 17), Bd. 1, 337b–340a. In den meisten Rechtsschulen herrschte die Ansicht vor, dass diese „Solidaritätsgruppe" aus den agnatischen Verwandten besteht, doch gibt es auch andere Auffassungen.

[53] Vgl. *Ibn Qudāma* (gestorben 620/1223), al-Kāfī, hg. v. ʿAbdallāh b. ʿAbd al-Muḥsin at-Turkī, 6 Bde. (1417/1997), Bd. V, 269, Z. 3 ff.

[54] Vgl. *Subkī*, Ašbāh (Fn. 30), Bd. II, 303, Z. 17 ff.

dem als Appendix 99 Maximen angehängt sind. Im Vorwort zu diesem Gesetzestext heißt es, die Richter dürften nie allein auf der Grundlage dieser *qawāʿid* urteilen, sondern müssten sich stets auf eine eindeutig überlieferte Rechtsmeinung (*naql-ı ṣariḥ*) stützen[55].

In eine ähnliche Richtung weist eine Aussage bei dem schon erwähnten *Subkī*. Der Jurist wisse, dass zwei Sachverhalte völlig gleichgelagert erscheinen können, und sich dennoch in Nuancen unterscheiden, die eine unterschiedliche Beurteilung erfordern. Bei der Anwendung von Maximen müsse man deshalb in jedem Einzelfall genauestens prüfen, ob nicht ein Aspekt vorliegt, der eine abweichende Bewertung erzwingt[56].

Maximen lassen sich also – das ist die Konsequenz aus den Ausführungen Subkīs – nie isoliert zur Rechtsfindung heranziehen, sondern immer nur im Konzert mit anderen rechtshermeneutischen Indizien und Verfahren. Dort haben sie allerdings ihren festen, ja sogar zentralen Platz. Das jedenfalls geht aus einer Aussage des malikitischen Rechtsgelehrten *Qarāfī* hervor. Er führt aus, dass ein richterliches Urteil zu widerrufen sei, wenn es einer Maxime zuwiderlaufe, ohne dass dafür ein konkreter Grund bestehe[57]. Das Gewicht dieser Aussage lässt sich nur ermessen, wenn man sich vor Augen führt, dass die Kassation eines richterlichen Urteils nach klassischem islamischem Recht nur bei ganz schwerwiegenden methodologischen Verfehlungen vorgesehen ist[58]. Die Missachtung einer *qāʿida* zählte *Qarāfī* offenbar dazu.

Wie aber muss man die Maximen gegenüber dem Spektrum der traditionellen Rechtsfindungsmethoden verorten? Sind sie Teil dieses Spektrums, oder eine Erwei-

---

[55] Vgl. *Mecelle-i aḥkām-i ʿadliye* (Istanbul, 1300/1883), 8, Z. 16. Dort heißt es mit Bezug auf die *qawāʿid*: „ḥükkām-i šerʿ bir naql-ı ṣarīḥ bulmadıkča yalñız bunlarla ḥükm edemez".

[56] *Subkī*, Ašbāh (Fn. 30), Bd. II, 302, Z. 8 ff. Es handelt sich bei dem Passus um ein Zitat aus dem Werk „Takmilat šarḥ al-Muhaḏḏab", das der Vater des Autors, *Tāqī ad-Dīn as-Subkī*, verfasst hat. Er wird im Text schlicht als „al-wālid", d. h. „der Vater" bezeichnet; zu ihm vgl. das Vorwort des Herausgebers des Ašbāh (Fn. 30), Bd. 1, S. „ṭ".

[57] Vgl. *Qarāfī* (gestorben 684/1285), al-Furūq, hg. v. ʿUmar Ḥasan al-Qayyām, 4 Bde. (1424/2003), Bd. IV, 78, Z. 14 ff.: „iḏā ḥakama ʿalā ḫilāf (...) qāʿida min al-qawāʿid as-sālima ʿan al-muʿāriḍ". Ähnliche Ausführungen finden sich zudem in *Qarāfī*, al-Iḥkām fī tamyīz al-fatāwā ʿan al-aḥkām, hg. v. Muḥammad ʿAbdarraḥmān aš-Šāġūl (Kairo, o. J.), 36 f. und 40 f. Aus diesen Textstellen geht eindeutig hervor, dass mit „sālima ʿan al-maʿāriḍ" nicht etwa „generally accepted" gemeint ist, wie Kamali es interpretiert, vgl. *Kamali*, Legal Maxims (Fn. 1), 86, sondern die Voraussetzung, dass der Anwendung einer Maxime kein konkurrierendes rechtliches Indiz entgegensteht.

[58] Zu den Revisionsgründen im islamischen Recht siehe *D. S. Powers*, On Judicial Review in Islamic Law, Law & Society Review 26 (1992), 315–341, bes. 322; *M. K. Masud*, *R. Peters* und *D. S. Powers*, Qāḍīs and Their Courts. An Historical Survey, in: Dies. (Hg.), Dispensing Justice in Islam. Qāḍīs and their Judgements (2006), 1–44, bes. 31 f. *Qarāfī* nennt als weitere Revisionsgründe neben der Missachtung einer *qāʿida* die eines Gelehrtenkonsenses (*iǧmāʿ*), eines eindeutigen Texts in der Offenbarung (*naṣṣ*), oder eines *„qiyās ǧalī"*. Dieser Begriff wird in der Rechtshermeneutik teils als Bezeichnung für das *argumentum a fortiori* verwendet, teils als Bezeichnung für einen Analogieschluss auf Grundlage einer eindeutig identifizierbaren *ratio legis* (vgl. *Šīrāzī*, al-Lumaʿ [Kairo, ³1377/1957], 55, Z. 14 ff.; *Māwardī*, al-Ḥāwī al-Kabīr, hg. v. ʿAlī Muḥammad Muʿawwaḍ und ʿĀdil Aḥmad ʿAbd al-Mauǧūd [1414/1994], Bd. XVI, 144, Z. 21 ff.; *W. B. Hallaq*, A History of Islamic Legal Theories, [1997], 102 f.). In *Qarāfīs* Terminologie wird das *a fortiori*-Argument jedoch mit *„faḥwā l-ḫiṭāb"* bezeichnet (vgl. *Qarāfī*, Šarḥ Tanqīḥ al-Fuṣūl [Beirut, 1424/2004], 49, Z. 16 ff.), so dass *Qarāfī* hier vermutlich die andere oben genannte Bedeutung im Sinn hat.

terung? Stellen sie am Ende gar einen Bruch mit der etablierten Rechtshermeneutik dar? Auch diese Fragen werden in der Maximenliteratur nicht explizit angesprochen. Es finden sich aber doch Indizien, wie sich die Autoren die Anwendung von Maximen konkret vorstellten, und auf dieser Grundlage lassen sich auch vorsichtige Aussagen über den innovativen Gehalt der Maximen treffen.

Das wichtigste Instrument, das die traditionelle Rechtshermeneutik (*uṣūl al-fiqh*) zur Rechtsfindung bereithält, ist neben dem Verweis auf Offenbarungstexte der Analogieschluss (*qiyās*). Er besteht in einer Übertragung der rechtlichen Bewertung (*ḥukm*) eines Ausgangssachverhalts (*aṣl*) auf einen neuen Sachverhalt (*far'*) aufgrund einer Gemeinsamkeit, die die Juristen als „Ursache" (*'illa*) für die Bewertung identifizierten. So wird etwa als Ursache für das im Koran verfügte Verbot des Weins die berauschende Wirkung angenommen und so per Analogie auf das Verbot auch anderer berauschender Substanzen geschlossen.

Ein ganz entscheidender Schritt beim Analogieschluss liegt nun in der Bestimmung jener „Ursache", denn davon hängt ab, in welche Richtung die fragliche Norm per Analogie ausgeweitet wird. Würde man etwa als Ursache des Weinverbots die Herstellung aus Trauben annehmen, so würde das zu einem Verbot von Traubensaft führen, während Whiskey erlaubt bliebe. Das Beispiel macht zugleich deutlich, dass der „Ursachenbestimmung", dem *ta'līl*, wie die Juristen es nannten, meist eine implizite Annahme hinsichtlich des Sinns einer Regelung zugrunde liegt. Als Ursache des Weinverbots die berauschende Wirkung zu identifizieren wird dann plausibel, wenn man annimmt, dass das Verbot auf die Unterbindung des Rauschs zielt. Dieser angenommene Sinn ist zwar als Kategorie mit der „Ursache" nicht identisch, denn er ist ein teleologischer Zusammenhang, während die „Ursache" immer nur eine Eigenschaft ist (hier: „berauschend"). Sinn und Ursache stehen aber in einem offenkundigen Bezug zueinander. Seit dem frühen 5./11. Jahrhundert haben Rechtstheoretiker daher ganz explizit vertreten, dass Mutmaßungen über den Sinn einer offenbarten Rechtsverfügung in die Bestimmung ihrer „Ursache" einfließen müssen[59]. Die Analogiebildung wird damit ganz maßgeblich zu einem Prozess der sinnhaften Deutung des Rechts.

Vor diesem Hintergrund wird das rechtshermeneutische Potential rationaler Maximen erkennbar. Sie identifizieren Sinnzusammenhänge, die ganzen Gruppen von Einzelfallregelungen zugrunde liegen, und die dadurch als relevante Größe innerhalb der Sinnstruktur des Rechts ausgewiesen werden. Es liegt daher nahe, auch bei der Beurteilung neu auftretender Sachverhalte auf diese Maximen Bezug zu nehmen. Technisch gesehen lässt sich diese Bezugnahme als Analogieschluss auffassen, denn sie ist immer zugleich eine stillschweigende Bezugnahme auf die Einzelregelungen, aus denen die Maxime hergeleitet ist, und die sie gewissermaßen „repräsentiert". Der Verweis auf die Maxime bedeutet so gesehen eine implizite „Ursachenbestimmung", freilich eine, die *en gros* erfolgt, bezogen auf eine ganze Reihe von Einzelfällen, der nun mit dem Analogieschluss ein weiterer, neuer Fall zugeordnet wird.

Dass die Juristen die Anwendung von Maximen in der hier geschilderten Weise auffassten, geht aus den Quellen nicht klar hervor. Es gibt aber doch Indizien. So

[59] Dazu ausführlich *Oberauer*, Gottes Recht (Fn. 49).

schreiben manche Autoren ganz explizit, dass sich die von ihnen zusammengestellten Maximen zur Bildung von Analogieschlüssen heranziehen lassen[60]. Aber auch außerhalb der Maximenliteratur finden sich Hinweise, dass sich die *qawāʿid* in dieser Weise nutzen ließen. *Qarāfī* etwa diskutiert in seiner schon erwähnten *Ḏaḫīra* die sogenannte *ʿariyya*, eine Praxis, bei der getrocknete Datteln gegen frische am Baum getauscht werden[61]. Ein solcher Tausch verstößt zwar gegen zentrale Prinzipien des islamischen Vertragsrechts, ist aber dennoch statthaft, weil die *ʿariyya* in einer Prophetenüberlieferung gebilligt wird[62]. *Qarāfī* erörtert nun, welche „Ursachen" dieser Ausnahmeregelung zugrunde liegen könnten und nennt als eine Möglichkeit die Abwehr von Schaden (*at-taʿlīl bi-dafʿ aḍ-ḍarar*)[63]. Hier wird also bei der Ursachenbestimmung auf einen Sinnzusammenhang verwiesen, der in Maximenwerken in abstrakter Form als *qāʿida* präsentiert wird.

Beispiele für eine Ursachenbestimmung unter Bezugnahme auf Maximen finden sich auch im „K. al-Mustaṣfā" des *Ġazzālī* (gestorben 505/1111), einem rechtsmethodologischen Werk. Wein, so erörtert der Autor dort an einer Stelle, sei selbst in geringen Mengen verboten, obgleich die zu keinem Rausch führen. Die „Ursache" liege darin, dass wenig Wein zu mehr einlade, und weil dieselbe Eigenschaft auch anderen Alkoholika innewohne, gelte das Verbot per Analogie auch für sie. Ein ähnlicher Sinnzusammenhang, so *Ġazzālī* weiter, liege dem Verbot der sogenannten *ḫalwa* zugrunde, des abgeschiedenen Beisammenseins nicht miteinander verheirateter Männer

[60] Vgl. etwa *Dabūsī*, Taʾsīs (Fn. 29), 5, Z. 10 f. Ähnlich im Ergebnis *Suyūṭī*, Ašbāh (Fn. 9), Bd. I, 31, Z. 3 f. Auch der schiitische Gelehrte *aš-Šahīd al-Awwal* schreibt mit Bezug auf die fünf „Meta-Maximen", dass sich „die Rechtsnormen auf sie zurückführen lassen und sich anhand ihrer die ‚Ursachen' dieser Normen identifizieren lassen (*wa-hunā qawāʿid ḫamsa (…) yumkinu radd al-aḥkām ilaihā wa-taʿlīluhā bihā*)", siehe *aš-Šahīd al-Awwal*, al-Qawāʿid wal-fawāʾid (Fn. 45), Bd. I, 74, Z. 9 f.

[61] Zu dieser Praxis und ihren Hintergründen siehe *J. Schacht*, An Introduction to Islamic Law (²1965; ND, 1982), 40; *B. Jokisch*, Islamic Imperial Law. Harun-Al-Rashid's Codification Project (2007), 120 ff.; Al-Mausūʿa al-fiqhiyya (Fn. 15), Bd. IX, 91 ff.; *Ibn Rušd*, Bidāya (Fn. 6), Bd. II, 175 ff.; *Saḥnūn* (gestorben 240/854), al-Mudawwana al-kubrā (zusammen mit den Muqaddimāt des *Ibn Rušd*), 4 Bde. (1415/1994), Bd. III, 284 ff.

[62] Gattungsgleiche Güter dürfen aufgrund des sogenannten *ribā*-Verbots nur unmittelbar und in gleichen Mengen getauscht werden, vgl. *J. Schacht*, „Ribā", in: Encyclopaedia of Islam (Fn. 17), Bd. 8, 491a–493b.; *N. Oberauer*, Das islamische ribā-Verbot, in: M. Casper *et al.* (Hg.), Was vom Wucher übrigbleibt. Zinsverbote im historischen und kulturellen Vergleich (2014), 111–123, 114. Die *ʿariyya* ist aber ein Tausch von Datteln jetzt gegen Datteln in der Zukunft, und zudem lassen sich die Früchte am Baum nicht wiegen, so dass die Mengenäquivalenz nicht gewährleistet ist, vgl. *Ibn Rušd*, Bidāya (Fn. 6), Bd. II, 175, Z. 9 f. Zu den Hadithen, aufgrund derer die *ʿariyya* dennoch statthaft ist, siehe ebd., 176, Z. 12 ff.

[63] Vgl. *Qarāfī*, Ḏaḫīra (Fn. 16), Bd. IV, 409, Z. 11 ff. Der Sinn der Ausnahmeregelung für die *ʿariyya* liegt nach der Auffassung vieler malikitischer Gelehrter darin, dass sie den Eigentümern von Pflanzungen, in deren Mitte sich Bäume anderer Eigentümer befinden, ermöglicht, ein alleiniges Zutrittsrecht zu erhalten. Dazu kaufen sie den anderen Eigentümern das Recht auf die Ernte der frischen Datteln gegen getrocknete ab. Der abgewehrte Schaden liegt in der Beeinträchtigung des Eigentums durch fremde Zutrittsrechte, vgl. *Qarāfī*, Ḏaḫīra (Fn. 16), Bd. IV, 409, Z. 22; *Saḥnūn*, Mudawwana (Fn. 61), Bd. III, 285, Z. 4 ff.; Al-Mausūʿa al-fiqhiyya (Fn. 15), Bd. IX, 192b. Als alternative „Ursache" für die Statthaftigkeit der *ʿariyya* nennt *Qarāfī* den Umstand, dass sie nicht den Charakter eines gewinnorientierten Geschäfts hat, sondern den eines angemessenen Ausgleichs (*maʿrūf*). Je nachdem, welche *ʿilla* man annimmt, ergeben sich für bestimmte Szenarien unterschiedliche rechtliche Beurteilungen, denn nicht in allen Szenarien liegt eine Schädigung vor.

und Frauen. Auch sie berge das Potential, zu Verbotenem zu verführen, weshalb sie selbst verboten worden sei[64]. *Ġazzālī* verweist also auf einen Sinnzusammenhang, der mehreren offenbarten Einzelregelungen zugrunde liegt, und bestimmt aus ihm deren „Ursache". Auf dieser Grundlage weitet er dann eine dieser Regelungen per Analogie aus, nämlich das Verbot der geringen Menge auf alle Alkoholika. Als „Maxime" weist Ġazzālī jenen Sinnzusammenhang zwar nicht aus, doch tut das knapp zwei Jahrhunderte später der bereits erwähnte *Qarāfī*. Handlungen, so schreibt er, seien oft Mittel zum Zweck, und dann müsse man sie wie diese Zwecke beurteilen. Als Beispiel nennt *Qarāfī* eben jene schon von *Ġazzālī* angesprochene *ḫalwa*. Sie sei ein Mittel (*wasīla*) zu einem verbotenen Zweck (*maqṣad*) und deshalb selbst verboten. *Qarāfī* zieht diese Maxime nun seinerseits heran, um ein wieder anderes Rechtsproblem zu lösen. Geschiedene Frauen müssen vor einer Neuverheiratung eine dreimonatige Wartefrist (die sogenannte *ʿidda*) einhalten. Darf man nun schon während dieser Zeit um sie werben? Man darf, so *Qarāfī*, vorausgesetzt man macht nur entfernte Andeutungen. Allzu explizite Avancen seien dagegen als Mittel zu einem verbotenen Zweck zu werten, nämlich der vorzeitigen Neuvermählung, die dann ihrerseits Mittel zu etwas Verbotenem sein kann, nämlich der Zeugung von Kindern ohne klar bestimmbaren Vater[65]. *Qarāfī* führt also, mit einem Wort, eine Verkettung von Ursachen und Wirkungen ins Feld, die ein „Wehren der Anfänge" erforderlich macht, ganz so wie beim Wein und der *ḫalwa*.

Die angeführten Beispiele bestätigen die oben getroffene Annahme über die rechtsmethodologische Anwendbarkeit von Maximen. Sie sind ein Indiz dafür, dass die Juristen die *qawāʿid* als Orientierungspunkte bei der Bildung von Analogieschlüssen heranzogen. Maximen, jedenfalls die „rationalen" unter ihnen, verweisen auf Sinnzusammenhänge innerhalb des Rechts, auf die sich bei der „Ursachenbestimmung" Bezug nehmen lässt.

Damit stellen die Maximen keinen Bruch mit der traditionellen Rechtshermeneutik dar, sondern bewegen sich strikt im Rahmen des *qiyās* als einer etablierten Methode. Sie können jedoch den Prozess der Analogiebildung deutlich abkürzen, und eben darin liegt ihr innovatives Potential. Zum einen bilden sie eine Art sinnhafter Metastruktur innerhalb der Rechtsdogmatik, die es dem Juristen erleichtert, in der Fülle des überlieferten Materials zu „navigieren". Vor allem aber nehmen sie die Deutung der Einzelfälle, die sie repräsentieren, schon vorweg. Sie bündeln das überlieferte Fallmaterial und generieren daraus fertige „Ursachen"-Angebote, auf die der Jurist bei seiner Analogienbildung rasch und unmittelbar zugreifen kann.

---

[64] Vgl. *Ġazzālī* (gestorben 505/1111), al-Mustaṣfā min ʿilm al-uṣūl, 2 Bde. (1322/1904), Bd. II, 298, Z. 1 ff.

[65] Vgl. *Qarāfī*, Ḏaḫīra (Fn. 16), Bd. IV, 6, Z. 17. Die Rechtsauffassung, die Qarāfī hier per Analogie herleitet, entspricht der von Mālik überlieferten Position, steht aber in einem gewissen Widerspruch zu einer wörtlichen Auslegung von Koran 2:235. Qarāfī, ein Malikit, zieht die Maxime also nicht zuletzt dazu heran, die Position des „Gründervaters" seiner Schule zu rechtfertigen.

V. Schluss

Die Vielgestaltigkeit von Maximen erschwert es, Aussagen über ihre Funktion zu treffen. Als größter gemeinsamer Nenner lässt sich aber funktional gesprochen ein wissensorganisatorisches Anliegen ausmachen. Maximen zielen darauf ab, die Fülle des tradierten Rechtsmaterials beherrschbarer zu machen. Dies erklärt auch, warum die klassischen Autoren ohne große Bedenken Maximen von ganz unterschiedlichem Charakter nebeneinander versammelten. Ob eine *qāʿida* nun eine Synopse liefert oder einen Sinnzusammenhang benennt, ob sie eine Definition ist oder ein Merksatz, in all diesen Erscheinungsformen können Maximen dazu beitragen, einen klareren Überblick über das Recht zu gewinnen oder seine Regelungen besser zu verstehen.

Damit haben die Maximen einen hohen didaktischen Wert. Das bestätigen nicht zuletzt zahlreiche Aussagen in den Einleitungen zu Maximenwerken. Das Leben ist kurz, die Kunst ist lang, so etwa ließe sich der Tenor der Ausführungen zusammenfassen, die *Subkī* seiner Sammlung voranstellt. Mithilfe der Maximen könne jedoch auch derjenige die Jurisprudenz meistern, dessen Zeitressourcen begrenzt sind[66]. Ähnlich äußert sich *Nawawī*. Niemand, der in der Wissenschaft ein gewisses Niveau erreichen wolle, käme ohne etwas in der Art von Maximen aus[67]. Und schon *Dabūsī* schreibt zu Eingang seines Werks, was ihn zur Zusammenstellung der Maximen bewegt habe, sei die Beobachtung gewesen, wie schwer sich der juristische Nachwuchs (*al-mutafaqqiha*) mit der Fülle divergierender Positionen in der Rechtsschultradition tue[68].

Ein Indiz dafür, dass man den Maximen einen didaktischen Wert zumaß, ist auch der Umstand, dass manche Autoren sie Seite an Seite mit anderen Formaten juristischer Wissensaufbereitung präsentierten, und zwar speziell solchen, die ebenfalls ein hohes didaktisches Potential aufwiesen. Einige Werke enthalten beispielsweise neben Abschnitten zu den *qawāʿid* auch solche zu den sogenannten *furūq*. Mit diesem Begriff, der sich als „Distinktionen" übersetzen ließe, bezeichneten Juristen Nuancen, durch die sich Fälle unterschieden und aufgrund derer sie unterschiedlich zu beurteilen waren. Abhandlungen über die *furūq* zeigen diese Nuancen auf, und zwar in der Regel anhand von Fällen, die auf den ersten Blick nach einer analogen Beurteilung rufen[69]. In gewisser Hinsicht stellen die *furuq* damit das Gegenstück zu den *qawāʿid* dar, denn sie nehmen eine inverse Perspektive ein. Nicht das Gemeinsame im Verstreuten wird identifiziert, sondern das Trennende im scheinbar Gleichen. Der didaktische Wert der *furūq* ist offenkundig. Sie schulen den Blick für die feinen, aber wesentlichen Unterschiede. Wohl auch deshalb hat sich ähnlich wie im Fall der *qawāʿid* aus der Auseinandersetzung mit den *furūq* ein eigenes Genre entwickelt. In manchen Werken werden aber beide Genres zusammengeführt, und bisweilen werden auch noch weitere Formate integriert. Das gilt etwa für juristische Rätsel (*alġāz*), oder auch für

---

66 Vgl. *Subkī*, Ašbāh (Fn. 30), Bd. I, 10, Z. 15 ff.

67 Vgl. *Nawawī*, Uṣūl (Fn. 14), 21, Z. 12 ff.

68 Vgl. *Dabūsī*, Taʾsīs (Fn. 29), 5, Z. 4 ff.

69 Zur *furūq*-Literatur siehe *Schacht*, Introduction (Fn. 61), 114 und 205; sowie ausgiebiger *W. Heinrichs*, Structuring the Law. Remarks on the Furūq-Literature, in: I. R. Netton (Hg.), Studies in Honour of Clifford Edmund Bosworth, Vol. 1: Hunter of the East. Arabic and Semitic Studies (2000), 332–344.

sogenannte „Kniffe“ (*ḥiyal*)[70], der trickreichen Nutzung formalrechtlicher Schliche zur Erzielung von Effekten, die das Recht *prima facie* nicht gestattet[71]. Der Grund für die Zusammenführung dieser Formate liegt darin, dass sie Eines gemeinsam haben: Wer sie meistert, gewinnt die Fähigkeit, sich im juristischen Wissenssystem souverän zu bewegen.

Wissensorganisation entfaltet ihre Relevanz jedoch nicht allein auf didaktischer Ebene. Die Art und Weise, wie Wissen aufbereitet wird, welche Problem- und Sinnzusammenhänge dabei in den Vordergrund gerückt werden, und welche Informationsbestände als zentral ausgewiesen werden, all dies strukturiert auch die Anwendung des Wissens, wie auch seine Erweiterung durch die Integration neuer Sachverhalte in das Wissenssystem. Besonders deutlich wird dieser Aspekt von Wissensorganisation am Beispiel der „rationalen“ Maximen. Auch sie weisen zunächst einen rein didaktischen Nutzen auf, denn sie ordnen das tradierte Rechtsmaterial in logische Sinneinheiten und erleichtern dadurch dessen kognitive Erfassung. Diese sinnhafte Strukturierung des Rechtsmaterials ist aber immer auch schon eine Deutung, und zwar eine, die zugleich eine „Handreichung“ beinhaltet, wie sich das Recht durch Analogiebildung auf neue Fallszenarien ausweiten lässt. Dadurch gewinnen die rationalen Maximen den Charakter einer eigenständigen rechtshermeneutischen Größe. Sie sind zwar keine Quelle des Rechts, denn sie sind ja selbst induktiv aus anderem Recht hergeleitet. Sie bündeln das Rechtsmaterial aber in fertige Sinneinheiten, auf die sich bei der Rechtsfortbildung unmittelbar zugreifen lässt.

Man kann sich vorstellen, dass Maximen dadurch auch in der alltäglichen Gedankenarbeit von Juristen eine wichtige Rolle spielten. In diesem Sinne muss man vielleicht eine Aussage interpretieren, die sich bei *Zarkašī* und dann in ähnlicher Form bei *Ibn Nuǧaim* findet. Die Maximen werden dort als „die wahren Wurzeln des Rechts (*uṣul al-fiqh ʿalā l-ḥaqīqa*)“ bezeichnet[72]. Diese Feststellung lässt einen aufhorchen, denn der Begriff „Wurzeln des Rechts“ bezeichnet in der juristischen Fachterminologie die durch die traditionelle Hermeneutik definierten Quellen des Rechts, also Koran, Hadith, Gelehrtenkonsens und Analogieschluss. Wollten Zarkašī und Ibn Nuǧaim diesen traditionellen Quellenkanon in Frage stellen? Einen derart revolutionären Sinn wird man ihren Worten wohl nicht beimessen dürfen, denn die *qawāʿid* standen ja, wie oben ausgeführt wurde, in keinem Konflikt mit der traditionellen Hermeneutik, sondern knüpften an die bestehende *qiyās*-Theorie an[73]. Die beiden Gelehrten woll-

---

[70] Zu den „Kniffen“ siehe *U. Rebstock*, Die Rolle der „Kniffe“ in der islamischen Rechtsentwicklung, in: H. von Senger (Hg.), Die List (1999), 241–246; sowie *S. Horii*, Die gesetzlichen Umgehungen (ḥiyal) im islamischen Recht. Unter besonderer Berücksichtigung der ǧannat al-aḥkām wa-ǧunnat al-ḫuṣṣām des Ḥanafiten Saʿīd b. ʿAlī as-Samarqandī (gest. 12. Jhdt.) (2001).

[71] Alle vier Formate – Maximen, Distinktionen, Rätsel und Kniffe – enthält z. B. *Ibn Nuǧaims* Werk Ašbāh (Fn. 9). Maximen und Distinktionen enthält das gleichnamige Werk *Suyūṭīs* (Fn. 9). Das „K. al-Furūq“ des *Nīsābūrī* wiederum enthält zwar keine Maximen, aber Distinktionen, Rätsel (die dort als *masāʾil mutašābiha* bezeichnet werden) und Kniffe; vgl. *J. Schacht*, Aus zwei arabischen *Furūq*-Büchern, Islamica 2 (1926), 505–537.

[72] Vgl. *Zarkašī*, Manṯūr (Fn. 12), Bd. I, 13, Z. 14 f.; *Ibn Nuǧaim*, Ašbāh (Fn. 9), 15, Z. 10 f.

[73] Besonders deutlich wird diese Sichtweise in einem Passus aus der Maximensammlung des schiitischen Gelehrten *aš-Šahīd al-Awwal*, Qawāʿid (Fn. 45), Bd. I, 74, Z. 7 ff. Der Autor sieht offenkundig

ten aber möglicherweise zum Ausdruck bringen, dass in der alltäglichen juristischen Kognition die Bezugnahme auf Maximen eine sehr viel größere Rolle spielte als die Deduktion des Rechts aus den Offenbarungstexten. Deutet man die Aussage in diesem Sinne, dann war sie zwar keine Absage an die traditionelle Hermeneutik, aber doch Ausdruck einer Gewichtungsverschiebung innerhalb des juristischen Denkens. Die traditionelle Rechtsquellenlehre ist in hohem Maße dem Anliegen verpflichtet, Recht auf Offenbarungstexte zurückzuführen und es so als Ausdruck des göttlichen Willens auszuweisen. Das ist in erster Linie ein theologisches Anliegen, dem *Zarkašī* und *Ibn Nuǧaim* nun ein anderes, stärker juristisches entgegenhalten: Die Rückführung des Rechts auf übergeordnete Sinnzusammenhänge, aus denen sich die systematische Kohärenz des Normengefüges ergibt. Die Gewichtung, die die beiden Gelehrten zugunsten der Maximen vornehmen, ist insofern auch ein selbstbewusstes Beharren von Juristen auf der disziplinären Eigenständigkeit ihres Fachs gegenüber der Theologie, und dasselbe lässt sich vielleicht für das gesamte Phänomen der Maximenliteratur sagen. Mit ihr begründen Rechtswissenschaftler eine Art „Metadiskurs", der sich – anders als die traditionelle Rechtshermeneutik – dem Einfluss theologischer Prioritätensetzungen weitestgehend entzieht.

keinen Widerspruch zwischen den *qawāʿid* und den Rechtsquellen, die er als Schiit etwas anders fasst als sunnitische Autoren: „Die Quellen für die Normen sind nach unserer Lehre vier: Koran, Sunna, Gelehrtenkonsens und die rationale Deduktion. Und es gibt fünf *qawāʿid*, die aus ihnen hergeleitet sind, und auf die sich die Normen zurückführen lassen, und anhand derer man die ‚Ursachen' der Normen bestimmen kann (*madārik al-aḥkām ʿindanā arbaʿ al-kitāb was-sunna wal-iǧmāʿ wa-dalīl al-ʿaql wa-hunā qawāʿid ḫamsa mustanbaṭa minhā yumkinu radd al-aḥkām ilaihā wa-taʿlīluhā bihā*)".

Das spätmittelalterliche Kirchenrecht

Andreas Meyer[1]

Die päpstliche Kanzlei war im Spätmittelalter das produktivste Schreibbüro des ganzen Abendlandes. Keine andere herrschaftliche Kanzlei produzierte so viele Schriftstücke wie die *Cancellaria apostolica*. Bereits im 13. Jahrhundert waren es mehrere Tausend *litterae apostolicae* pro Jahr und in den folgenden Jahrhunderten stiegen diese Zahlen ungebremst weiter an[2].

Warum produzierte die päpstliche Kanzlei überhaupt so viele Urkunden? Der Grund dafür liegt in der Besonderheit der päpstlichen Herrschaft über die seit dem Investiturstreit streng hierarchisierte Amtskirche. Das Verbot, Kirchenbesitz zu veräußern, das im Laufe des Hochmittelalters entstandene kirchliche *beneficium*, das einem Weltgeistlichen den Lebensunterhalt sichern sollte, sowie das Patronatsrecht, das sich in der Folge des Investiturstreites herausbildete[3], ließen eine ökonomische Verfügungsmasse entstehen, die in ihrer Zeit einzigartig war[4]. Der Zölibat verhinderte außerdem zuverlässig, dass an diesem Gut Erbansprüche entstanden. Das bedeutete nichts Anderes, als dass dieses unermesslich große Vermögen in jeder Generation neu verteilt werden musste, was eine ungeheure Aufgabe darstellte. Aus diesem Grund befasst sich ein nicht unwesentlicher Teil des spätmittelalterlichen Kirchenrechts mit diesem Aspekt. Zudem erklärt dies auch die große Akzeptanz dieses Rechtes, das mit der Exkommunikation und dem Interdikt nur über wenige Zwangsmittel verfügte[5].

Gemäß der im *Liber Sextus* enthaltenen Konstitution *Licet ecclesiarum* Clemens' IV. (1265–1268) erstreckte sich die päpstliche Verfügungsgewalt nicht nur über alle frei gewordenen kirchlichen Pfründen, sondern schloss auch Optionen oder Anwartschaften auf noch nicht erledigte Benefizienkorpora ein[6]. Damit war aber keineswegs

---

[1] Der vorliegende Aufsatz entspricht genau der Fassung, die der Autor im März 2016 bei den Herausgebern eingereicht hat. Die Gelegenheit zu einer erneuten Durchsicht ergab sich durch den unerwarteten Tod von Andreas Meyer am 6. Februar 2017 nicht mehr.

[2] Genaue Zahlen finden sich bei *A. Meyer*, Regieren mit Urkunden im Spätmittelalter. Päpstliche Kanzlei und weltliche Kanzleien im Vergleich, in: W. Maleczek (Hg.), Urkunden und ihre Erforschung. Zum Gedenken an Heinrich Appelt (2014), 71–91.

[3] *P. Landau*, Ius patronatus. Studien zur Entwicklung des Patronats im Dekretalenrecht und der Kanonistik des 12. und 13. Jahrhunderts (1975).

[4] Vgl. dazu *A. Meyer*, Das Aufkommen des *Numerus certus* an Dom- und Stiftskirchen, in: S. Lorenz *et al.* (Hg.), Stift und Wirtschaft. Die Finanzierung geistlichen Lebens im Mittelalter (2007), 1–17.

[5] *E. Vodola*, Excommunication in the Middle Ages (1986); *M. Weiwoda*, Exkommunikation: ein unterschätztes Mittel geistlicher Politik und Herrschaft? Zur Wirksamkeit der Sanktionspraxis der Bischöfe von Meißen im 12. und 13. Jahrhundert, ZRG Kan. Abt. 124 (2007), 182–219; *P. D. Clarke*, The Interdict in the Thirteenth Century. A Question of Collective Guilt (2007).

[6] VI 3.4.2, in: E. Friedberg (Hg.), Corpus iuris canonici 2 (1879), Sp. 1021.

gemeint, dass der Papst alle Benefizien in der Weltkirche, also vom Erzbistum an der Spitze bis hinunter zum Altarbenefizium in irgendeiner entlegenen Pfarrkirche, aus eigenem Antrieb besetzen wollte, sondern nur, dass er sie rechtmäßig verleihen konnte, wenn er einen Grund dafür hatte[7]. Mittels Bittschriften konnte man ihm solche guten Gründe suggerieren – und dieser Weg wurde in der von uns in Betracht genommenen Zeit sehr oft eingeschlagen. Tausende von großformatigen Supplikenregistern im Vatikanischen Archiv und im Archiv der apostolischen Pönitentiarie zeugen noch heute davon[8].

Zudem ist eine weitere Besonderheit zu beachten. Während in den weltlichen Reichen die Lehen schon im Hochmittelalter erblich wurden, ein Herrscher also nur im Ausnahmefall über Herzogtümer, Grafschaften oder andere Teilherrschaften verfügen konnte, einmal verliehene Regalien wie etwa Markt- oder Münzrechte auch kaum mehr an ihn zurückfielen und schließlich irgendwann das letzte Königsgut verschenkt oder entfremdet war, füllte Gevatter Tod die päpstliche Schatulle auf ganz natürliche Weise immer wieder von neuem auf.

Was zur päpstlichen Herrschaft über die kirchlichen Benefizien – also über den real existierenden Kirchenschatz – gesagt wurde, gilt *mutatis mutandis* auch für jene über die Laien. Wegen der umfassenden päpstlichen Absolutions- und Dispensgewalt erstreckte sie sich kurzerhand über alle katholischen Christen. Immer wieder verliebten sich beispielsweise Männer und Frauen ineinander, die miteinander zu nahe verwandt waren, als dass sie eine rechtsgültige Ehe hätten schließen können. Oder es stellte sich Nachwuchs schon vor der Hochzeit ein oder er hätte sich erst gar nicht einstellen dürfen, weil die Eltern bereits, wenn auch nicht aneinander, gebunden waren[9]. Das Leben mit seinen chaotischen Zügen schuf immer wieder Sanierungsbedarf und angesichts der menschlichen Schwächen selbstverständlich auch reichlich. Daher wuchs das auf den päpstlichen Feldern zu erntende Getreide wie im Schlaraffenland jedes Jahr von alleine nach. Außerdem schuf der Lauf der Geschichte immer wieder neue Geschäftsbereiche – in der Folge der Kreuzzüge etwa den vollständigen Ablass, dessen zunehmend problematische Verkündigung und Verteilung 1517 Martin Luther zu seinem berühmten Thesenanschlag bewog[10]. Neben das ständig neu zu verteilende

[7] Ausgenommen waren Pfründen, deren Patronatsrecht in Laienhand war, vgl. *A. Meyer*, Zürich und Rom. Ordentliche Kollatur und päpstliche Provisionen am Frau- und Großmünster 1316–1523 (1986), 127; *dens.*, Arme Kleriker auf Pfründensuche. Eine Studie über das *in forma-pauperum*-Register Gregors XII. von 1407 und über päpstliche Anwartschaften im Spätmittelalter (1990), 58.

[8] *B. Katterbach*, Inventario dei registri delle suppliche (1932); G. Gualdo (Hg.), Sussidi per la consultazione dell'Archivio Vaticano. Lo Schedario Garampi – I Registri Vaticani – I Registri Lateranensi – Le „Rationes Camerae" – L'archivio concistoriale (1989); für die Pönitentiarie liegt kein gedrucktes Inventar vor, vgl. aber die Angaben bei *L. Schmugge*, Kirche, Kinder, Karrieren. Päpstliche Dispense von der unehelichen Geburt im Spätmittelalter (1995), 11–12 und 474–486.

[9] Vgl. etwa L. Schmugge *et al.* (Hg.), Illegitimität im Spätmittelalter (1994).

[10] *P. Zutshi*, Petitioners, Popes, Proctors: The Development of Curial Institutions, c. 1150–1250, in: G. Andenna (Hg.), Pensiero e sperimentazioni istituzionali nella „Societas christiana" (1046–1250). Atti della sedicesima Settimana di studio, Mendola, 26–31 agosto 2004 (2007), 265–293; *A. Meyer*, Kirchlicher und religiöser Alltag im Spätmittelalter. Einführung in das Thema, in: Ders. (Hg.), Kirchlicher und religiöser Alltag im Spätmittelalter, Akten der internationalen Tagung in Weingarten, 4.–

reale Kirchenvermögen trat also im Spätmittelalter der ideale *thesaurus ecclesiae*, den die Heiligen einst im Himmel geöffnet hatten und weiterhin öffneten. Welcher weltliche Herrscher verfügte auch nur im Ansatz über Ähnliches?

Das Kirchenrecht wird traditionell in drei Epochen geteilt: Die vorklassische Zeit bis zum *Decretum Gratiani* von ca. 1150, in dem das bis zu diesem Zeitpunkt entstandene Kirchenrecht systematisiert ist, in die klassische Zeit bis zu den Dekretalen Gregors IX. von 1234, die man auch als *Liber Extra* bezeichnet und die das seit Gratian neu entstandene Recht enthalten, und die nachklassische Zeit, zu der etwa der 1298 von Bonifaz VIII. promulgierte *Liber Sextus* und die Klementinen von 1317 gehören, die vor allem die Beschlüsse des Konzils von Vienne 1311/1312 enthalten. Für die Folgezeit verweisen die einschlägigen Handbücher auf zwei Privatsammlungen, nämlich auf die *Extravagantes Iohannis XXII* von 1325/1327 und die *Extravagantes communes* von 1503, die seit 1582 offiziell zum *Corpus iuris canonici* zählten[11]. Demzufolge stünden das 14. und 15. Jahrhundert, auf die ich mich im Folgenden konzentriere, weitgehend ohne Kodifizierungen des Kirchenrechts da. Doch dem ist – Gott sei Dank – nicht so.

Johannes XXII. verschickte am 26. November 1324 vier den Armutsstreit betreffende Konstitutionen, die er seit 1322 erlassen hatte, an die Universitäten von Paris, Toulouse, Bologna, Rom, Neapel, Perugia und Oxford, damit sie dort gelehrt werden. Diese letzte authentische päpstliche Sammlung stieß jedoch nur auf geringes Echo, wenn wir die Anzahl der Textzeugen – ein einziges erhalten gebliebenes Manuskript – betrachten. Jesselinus de Cassanis, der an der Universität von Montpellier Recht unterrichtet sowie zwei Glossenapparate zum *Liber Sextus* bzw. zu den Klementinen geschrieben hatte und inzwischen als Familiar des Papstneffen und Kardinals Arnaldus de Via in Avignon lebte, integrierte diese vier Texte in seinen Kommentar zu zwanzig chronologisch angeordneten Konstitutionen Johannes' XXII., den er am 24. April 1325 abschloss[12]. Auf diese Weise sicherte er den vier Texten eine breite Rezeption. Da Jesselinus seinen Kommentar bis zum 27. März 1327 überarbeitete und ergänzte, die Sammlung der zwanzig Konstitutionen aber ausschließlich zusammen mit dem jüngeren Kommentar überliefert ist, begann die Sammlung vermutlich auch erst danach zu zirkulieren[13]. Im Jahre 1478 ließ Giovanni Francesco Pavini, Richter an der *Rota Romana*, dem höchsten kirchlichen Gericht, diese zwanzig Texte als Anhang zu den

---

7. Oktober 2007 (2010), 1–16; *ders.*, Der Ablass vor der päpstlichen Kanzlei. Beobachtungen zu den spätmittelalterlichen Ablass- und Beichtbriefen, in: A. Rehberg (Hg.), Ablasskampagnen des Spätmittelalters: Luthers Thesen von 1517 im Kontext (2017), 127–168.

[11] *K. W. Nörr*, Die Entwicklung des Corpus iuris canonici, in: H. Coing (Hg.), Handbuch der Quellen und Literatur der neueren europäischen Privatrechtsgeschichte, 1. Band: Mittelalter (1100–1500). Die gelehrten Rechte und die Gesetzgebung (1973), 835–846; *H.-J. Becker*, Das kanonische Recht im vorreformatorischen Zeitalter, in: H. Boockmann *et al.* (Hg.), Recht und Verfassung im Übergang vom Mittelalter zur Neuzeit, 1. Teil: Bericht über Kolloquien der Kommission zur Erforschung der Kultur des Spätmittelalters 1994–1995 (1998), 9–24, hier 11–13.

[12] *Extravagantes Johannis XXII* 14.2–5, in: Friedberg (Hg.), Corpus 2 (Fn. 5), Sp. 1224–1236. Als *extravagantes* bezeichnete man in der spätmittelalterlichen Kanonistik Rechtstexte, die zunächst außerhalb der bereits existierenden Rechtssammlungen kreisten; viele davon wurden zu einem späteren Zeitpunkt in eine neue Sammlung integriert.

[13] *J. Tarrant* (Hg.), Extravagantes Iohannis XXII (1983); *J. Brown*, The Extravagantes communes

Klementinen drucken. Diesem Römer Druck von Johannes Bulle folgten 1488 in Lyon von Johannes Siber und 1497 in Venedig von Baptista de Tortis zwei weitere Drucke der *Extravagantes Iohannis XXII*, nun aber zusammen mit dem Apparat des Jesselinus de Cassanis, den *Additiones* von Pavini und einer Auswahl von weiteren 18 Extravaganten[14]. Dem studierten Juristen und Pariser Verleger Jean Chappuis, der lange als der Urheber des ersten Druckes dieser Sammlung gegolten hat, kommt deshalb bloß das Verdienst zu, die zwanzig Texte thematisch geordnet und der Sammlung den bis heute üblichen Namen *Extravagantes Iohannis XXII* gegeben zu haben. In den mittelalterlichen Manuskripten erscheint sie hingegen genauso wie eine größere, 51 Konstitutionen umfassende Sammlung als *Constitutiones Iohannis XXII*. Diesen Namen trägt in den Manuskripten aber oft auch der sogenannte *Clementinische Anhang*, was nicht erstaunt, weil dessen drei Texte in den beiden anderen hier genannten Sammlungen enthalten sind.

Die 51 Konstitutionen umfassende Sammlung Johannes' XXII. hingegen, die wohl erst nach dem Tod des namengebenden Papstes zu zirkulieren begann, blieb in der Folgezeit ohne juristischen Kommentar. Trotz ihres Namens enthält sie auch vier Texte, die sich bereits in den sogenannten *Constitutiones Bonifatii VIII* finden und die von Bonifaz VIII. selber (*Extravagantes communes* 2.3.1) respektive von seinen beiden Nachfolgern Benedikt XI. (*Extravagantes communes* 1.3.2; 5.3.1) und Clemens V. (*Extravagantes communes* 5.7.2) stammen. Zudem enthält sie den *Clementinischen Anhang* und mit Ausnahme von zweien die zwanzig *Extravagantes Iohannis XXII*[15].

Unter dem Namen *Extravagantes Benedicti XII* existiert eine Sammlung von 16 Konstitutionen des zweiten in Avignon residierenden Papstes, die ebenfalls in zahlreichen Handschriften überliefert ist, ohne dass sie aber je kommentiert wurde[16]. Mit Benedikt XII. endet, wenn auch nicht das Sammeln von Konstitutionen an sich, so doch wenigstens die gezielte Verbreitung solcher Privatsammlungen.

Päpstliche Konstitutionen weckten aber weiterhin das Interesse von Kommentatoren. Aegidius Bellemara beispielsweise, einst Auditor an der Rota, dann unter Clemens VII. *Auditor litterarum contradictarum* und *Regens* der päpstlichen Kanzlei[17], schließlich Bischof von Avignon, glossierte zwischen 1402 und 1404 116 Extravaganten aus den Jahren 1298 bis 1378. Dieser Kommentar, der in nur drei Manuskripten überliefert ist, wurde nie gedruckt und erhielt bis heute auch kaum Aufmerksamkeit seitens der Wissenschaft[18].

---

and Its Medieval Predecessors, in: Dies. und W. P. Stoneman (Hg.), A Distinct Voice. Medieval Studies in Honor of Leonard E. Boyle, O. P. (1997), 373–436, hier 386–402 (Tabelle 3 umfasst beide Sammlungen).

[14] *S. Di Paolo*, Le *Extravagantes communes* nell'età dell'incunabolo: la Bolla Unam Sanctam da Francesco Pavini a Jean Chappuis, ZRG K. A. 91 (2005), 355–407, hier 368–375.

[15] *Brown*, Extravagantes communes (Fn. 13), 402–406 (zu den Hss. vgl. die davorstehende Tabelle 3). Es fehlt *Ad nostri apostolatus*; von *Dierum crescente* wird eine andere Fassung geboten.

[16] *Brown*, Extravagantes communes (Fn. 13), 406–411.

[17] Zu den Funktionen an der römischen Kurie vgl. *A. Meyer*, Die päpstliche Kanzlei im Mittelalter – ein Versuch, Archiv für Diplomatik, Schriftgeschichte, Siegel- und Wappenkunde 61 (2015), 291–342, hier 316–329.

[18] *Tarrant*, Extravagantes (Fn. 13), 2 f.; *Di Paolo*, Extravagantes (Fn. 14), 358; *H. Gilles*, Gilles Bel-

Mit dem Tode Johannes' XXII. 1334 endete die Zeit endgültig, in der Päpste ihre neuen Gesetze jeweils in autorisierter Form den Universitäten zusandten. Gleichzeitig kamen an der Kurie neue Lösungsansätze dafür auf, um trotz der unermüdlichen Produktion von Konstitutionen die Übersicht über das geltende Recht nicht völlig zu verlieren. In die ersten Jahre des Avignoneser Papsttums lassen sich nämlich die Anfänge des *Liber Cancellariae apostolicae* zurückverfolgen.

Der *Liber Cancellariae* besteht im Wesentlichen aus dem sogenannten *Provinciale*, das die Hierarchie der Erzbistümer und Bistümer und damit die ganze damals bekannte Welt abbildet, aus Eidformeln, aus Formularen für *litterae apostolicae* und aus Konstitutionen und aus sogenannten Kanzleiregeln. Er ist eine Weiterentwicklung des *Liber provincialis* des 13. Jahrhunderts. Zunächst dürfte das Kanzleibuch nur für den internen Gebrauch der Kurie angelegt worden sein. Doch hatte das, was es enthielt, seit je auch weiterreichende Auswirkungen. Das älteste überlieferte Exemplar beispielsweise, der *Codex Ottobon. Lat. 778* der Vatikanischen Bibliothek aus der Mitte der 1350er Jahre, beginnt mit einer Reihe von Konstitutionen, in denen sich Johannes XXII. die Vergabe der Prälaturen im Kirchenstaat und in Oberitalien reservierte. Benedikt XII. ließ sie aus Gründen, die hier nicht interessieren, aus den päpstlichen Registern ausziehen[19]. In der Folgezeit wurden weitere als wichtig erachtete Konstitutionen in den *Liber Cancellariae* eingetragen. So enthält er beispielsweise etwas mehr als die Hälfte der *Constitutiones Benedicti XII.*

Der ursprüngliche Charakter des *Liber Cancellariae* als internes Hilfsmittel für die päpstliche Kirchenherrschaft zeigt sich auch darin, dass der älteste Textzeuge *Ottobon. Lat. 778* die *Regulae Cancellariae apostolicae* der ersten drei Avignoneser Päpste enthält. Kanzleiregeln legten im weitesten Sinne das Prozedere fest, mit dem die Kurie die stetig steigende Nachfrage nach allen Arten von geistlichen Privilegien, Indulten, Benefizien und Dispensen zu stillen versuchte. Sie interpretierten unter anderem die päpstliche Signatur auf den eingereichten Bittschriften und bestimmten die Form der ausgehenden päpstlichen *litterae.* Kanzleiregeln sind erstmals unter Bonifaz VIII. und Clemens V. greifbar und zwar im Kontext mit den Formularien der *Audientia litterarum contradictarum*[20], einem Konvolut, das seine Gestalt unter Guido de Baysio erhalten haben dürfte, der unter Clemens V. *Auditor litterarum contradictarum* war, und das Muster für sogenannte Justizbriefe *(litterae minoris iustitiae)* enthielt[21].

---

lemère et le tribunal de la Rote à la fin du XIVe siècle, Mélanges d'archéologie et d'histoire 67 (1955), 281–319.

[19] *A. Meyer*, Kirchenherrschaft im Angesicht des Todes. Johannes XXII., Benedikt XII. und die *Regulae Cancellariae apostolicae,* in: H.-J. Schmidt und M. Rohde (Hg.), Papst Johannes XXII. Konzepte und Verfahren seines Pontifikats. Freiburger Kolloquium 2012 (2014), 177–197, hier 188–190.

[20] Vgl. zu dieser Institution *Meyer*, Die päpstliche Kanzlei (Fn. 17), 329–331.

[21] *P. Herde*, Audientia litterarum contradictarum. Untersuchungen über die päpstlichen Justizbriefe und die päpstliche Delegationsgerichtsbarkeit vom 13. bis zum Beginn des 16. Jahrhunderts (1970), Bd. 2, 5–15. Die ältesten Kanzleiregeln Johannes' XXII. sind im sogenannten *Liber Cancellariae I* überliefert.

Seit dem Pontifikat Gregors XI. besteht der konkret existierende *Liber Cancellariae* aus drei unterschiedlichen Büchern[22]. Zwei davon kopierte der deutsche Kuriale Dietrich von Nieheim im Frühjahr 1380 auf Befehl Urbans VI. Im April schrieb er den sogenannten *Liber Cancellariae I* aus einem alten und beschädigten Kanzleibuch ab, das wohl unter Johannes XXII. angelegt worden war. Davon sind drei Exemplare, die sich nicht völlig entsprechen, sowie ein Fragment auf uns gekommen[23]. Einen Monat später zog Dietrich den sogenannten *Quaternus albus* der päpstlichen Kanzlei aus. Sein Werk, heute der erste Teil des Codex *Barb. Lat. 2825* der Vatikanischen Bibliothek, wurde sodann bis zum Konzil von Trient als authentisches Kanzleibuch fortgeführt. Von diesem Band, fortan als *Liber Cancellariae II* bezeichnet, sind 13 Exemplare von unterschiedlichem Umfang sowie ein Fragment erhalten geblieben[24]; ein weiteres ist im zweiten Weltkrieg verbrannt[25]. Der *Liber Cancellariae II* ist als jüngere Variante zum bereits genannten Codex *Ottobon. Lat. 778* zu betrachten, dessen Vorlage wiederum auf Benedikt XII. zurückgeht.

Gregor XI. dürfte das mittlerweile unübersichtlich gewordene Konvolut der Kanzleiregeln aus ihrem bisherigen Kontext herausgelöst haben, denn seither wurden sie in einen speziellen *Liber, Quaternus* oder *Quinternus regularum* bzw. in einem *Liber constitutionum Cancellarie* eingetragen, den ich im Folgenden als *Liber Cancellariae III* bezeichne. Auf Gregor XI. geht auch die Redaktion der Kanzleiregeln seiner Vorgänger zurück, die in rund achtzig Manuskripten auf uns gekommen ist[26].

---

[22] *B. Hotz*, Libri cancellariae spätmittelalterlicher Päpste, in: P. Erdö und A. Szuromi (Hg.), Proceedings of the Thirteenth International Congress of Medieval Canon Law, Esztergom, 3–8 August 2008 (2010), 397–417.

[23] Vatikanstadt, Biblioteca Apostolica Vaticana, Ottobon. Lat. 911, fol. 1r–100v; Mainz, Stadtbibliothek, Hs. II 39, fol. 118r–207v; Paris, Bibliothèque Nationale de France, Ms. lat. 4169; Sevilla, Biblioteca Colombina, Ms. 7-6-9, fol. 59r–72v. Die Pariser Handschrift liegt gedruckt vor in: *Dietrich von Nieheim*, Der Liber cancellariae apostolicae vom Jahre 1380 und der Stilus palatii abbreviatus, hg. v. G. Erler (Leipzig, 1888; ND 1971), 1–214.

[24] Vatikanstadt, Archivio Segreto Vaticano, Arm. XXXI tom. 82; Biblioteca Apostolica Vaticana, Ottobon. Lat. 778; ebd., Barb. Lat. 2825; ebd., Barb. Lat. 2850; ebd., Vat. Lat. 3984, fol. 43r–146v; ebd., Vat. Lat. 6343; Florenz, Biblioteca Medicea Laurenziana, Cod. Edili 45, fol. 6ra-25ra (nur Konstitutionen); Mainz, Stadtbibliothek, Hs. II 39, fol. 255r–339r; Neapel, Biblioteca Nazionale Vittorio Emanuele III, Ms. XII. A. 12, fol. 19r–97v; Paris, Bibliothèque Nationale de France, Ms. lat. 4171; Sevilla, Biblioteca Colombina, Ms. 7-6-9, fol. Ir und 51r–58r; Stuttgart, Württembergische Landesbibliothek, HB VI 61, fol. 415v–473r (nur Konstitutionen); Trier, Stadtbibliothek, Hs. 987/1856 2°, fol. 1–57v; Wolfenbüttel, Herzog August Bibliothek, Codex Guelferbytanus 75.2 Aug. 2°, fol. 1r–76v. Der vatikanische Codex Barb. Lat. 2825 ist in Auszügen gedruckt von *M. Tangl*, Die päpstlichen Kanzleiordnungen von 1200–1500 (Innsbruck, 1894; ND 1959), der auch Biblioteca Apostolica Vaticana, Ottobon. Lat. 911; ebd., Vat. Lat. 3984; und Paris, Ms. lat. 4169 heranzog; sowie von *C. Lux*, Constitutionum Apostolicarum de generali beneficiorum reservatione ab a. 1265 usque ad a. 1378 emissarum, tam intra quam extra corpus iuris exstantium, collectio et interpretatio. Una cum documentis ex Tabulariis Vaticanis et Bibliotheca Barberiniana desumptis (Diss.; Bratislava, 1904), der auch die Briefregister des Vatikanischen Archivs benutzte.

[25] Der von E. Steffenhagen (Hg.), Catalogus codicum manuscriptorum Bibliothecae Regiae et Universitatis Regimontane I: Libri iuris (Königsberg, 1861; ND 1975), 58, Nr. 128, erwähnte Codex entspricht Stuttgart, Württembergische Landesbibliothek, HB VI 61, fol. 415r–472v; vgl. J. Autenrieth (Hg.), Die Handschriften der ehemaligen Hofbibliothek Stuttgart 3: Codices iuridici et politici (HB VI 1–139) und Patres (HB VII 1–71) (1963), 53–57, hier 55.

[26] Im Volltext bzw. als Regesten gedruckt von *E. von Ottenthal*, Regulae cancellariae apostolicae.

Während die Kanzleiregeln ihren unscheinbaren Namen beibehielten, wandelte sich ihr Charakter recht schnell. Obwohl sie ursprünglich nur die inhaltliche Gestaltung der *litterae apostolicae* bestimmten, ergänzte bereits Johannes XXII. sie mit Prärogativen (Vorrechten) für bestimmte Bittstellergruppen. Seit Urban V. gehörten auch päpstliche Reservatsrechte und die Kompetenzen des Vizekanzlers zu ihrem festen Bestand. Seit dem 15. Jahrhundert finden sich auch Bezüge auf die damals geschlossenen sogenannten Konkordate zwischen der päpstlichen Kurie und den einzelnen Nationen bzw. einzelnen Herrschern in den Kanzleiregeln[27]. Wir haben es hier also mit einer offiziösen Sammlung des jeweils aktuellen Kirchenrechts zu tun.

Clemens VII. war der erste Papst, der die unter ihm geltenden Kanzleiregeln promulgierte, indem er sie am 6. Februar 1379 an die Pforten der Kathedrale von Fondi, wo er damals residierte, schlagen ließ[28]. Auf diese Weise versuchte er offensichtlich, seine Anhängerschaft im eben ausgebrochenen Schisma zu vergrößern. Diesem Vorbild folgte sodann Alexander V., der dem Druck der Pisaner Konzilsväter nachgab und seine Regeln 1409 in der päpstlichen Kanzlei veröffentlichte. Seit Martin V. wurden die Kanzleiregeln jeweils in der päpstlichen Kanzlei und in der *Audientia litterarum contradictarum* publiziert und anschließend in den *Liber Cancellariae* eingetragen, von dem vermutlich ein Exemplar in der Kanzlei auflag[29]. Von einer Versendung an die Universitäten hören wir nichts. Genausowenig existiert heute noch eine authentische Fassung der Kanzleiregeln. Der sogenannte *Liber Cancellariae III* ist nur abschriftlich, jedoch in rund 180 Handschriften und zahlreichen Inkunabeln auf uns gekommen und bietet ein wenig einheitliches Bild, denn viele Textzeugen sind mit weiteren Konstitutionen, die thematisch Verwandtes regeln, angereichert. Man könnte gewissermaßen von einem juristischen Erinnerungsraum sprechen, der sich in diesen Manuskripten manifestiert und den ich mit meiner Edition abzubilden versuche[30].

Weil Clemens VII. zu Beginn seines Pontifikates kein Exemplar des *Liber Cancellariae* zur Verfügung stand, konnte er die Kanzleiregeln seiner Vorgänger nicht kommentierend weiterentwickeln bzw. ergänzen, wie es bis dahin üblich gewesen war, sondern musste redaktionell neu ansetzen. Benedikt XIII. und Martin V., der den aus der avignonesischen Obödienz stammenden Vizekanzler und damit auch deren Gewohnheiten übernommen hatte, sowie dessen römische Nachfolger blieben bei diesem Verfahren. Auf Benedikt XIII. gehen auch die Ansätze zu einer Systema-

---

Die päpstlichen Kanzleiregeln von Johannes XXII. bis Nikolaus V. (Innsbruck, 1888; ND 1968). Eine neue Edition von mir ist in Vorbereitung, vgl. den Link unten (Fn. 30).

[27] A. Mercati (Hg.), Raccolta di concordati su materie ecclesiastiche tra la santa sede e le autorità civili (1919).

[28] Clemens VII., Nr. 1; siehe den Link unten (Fn. 30).

[29] *A. Meyer*, „Dominus noster vult". Anmerkungen zur päpstlichen Gesetzgebung im Spätmittelalter, Historische Zeitschrift 289 (2009), 607–626, hier 618. Um mehr Leute zu erreichen, ließ Sixtus IV. die Konstitution *Romanus pontifex* vom 10. August 1478 nicht nur in der *Audientia litterarum contradictarum* verlesen und in den *Liber Cancellariae* eintragen, sondern auch in St. Peter und in S. Maria Rotunda, dem Pantheon, anschlagen, vgl. Vatikanstadt, Bibliotheca Apostolica Vaticana, Barb. Lat. 2825, fol. 236r–237r. Bei anderen Konstitutionen legte Sixtus fest, dass einer notariellen Kopie, die das Siegel eines bischöflichen Gerichts trage, die gleiche Rechtskraft erwachse wie einer päpstlichen Ausfertigung, vgl. Kanzleiregeln 180 und 189, beide im Link unten (Fn. 30).

[30] http://www.uni-marburg.de/fb06/forschung/webpubl/magpubl/paepstlkanzl.

tisierung der Kanzleiregeln zurück. Sie beginnen mit *De reservationibus*, darauf folgen *De concernentibus expeditionem litterarum, De forma pauperum, De tangentibus dominos cardinales, De prerogativis, De diversis, De iustitia, De potestate domini vicecancellarii, De Clementis VII tangentibus familiares dominorum cardinalium et ipsius domini nostri*, bevor es dann mit *Nove constitutiones edite anno decimo* chronologisch weitergeht[31].

Unklar ist, warum im 15. Jahrhundert gewisse Konstitutionen im *Liber Cancellariae II*, andere hingegen in den *Liber Cancellariae III*, also unter die *Regulae Cancellariae apostolicae*, eingetragen wurden. Der päpstliche Befehl *Publicetur et describatur in Cancellaria* bzw. *Describatur in libro*, dem jeweils der Signierbuchstabe des Papstes folgt, erklärt die unterschiedliche Behandlung jedenfalls nicht. Das Festhalten einer Konstitution im *Liber Cancellariae* scheint jedoch ihre Autorität gestärkt zu haben. Zumindest vergaß man sie an der Kurie weniger schnell. Hob ein Papst eine Konstitution eines Vorgängers auf, ließ er sie daher auch aus dem Kanzleibuch streichen[32].

Nicht wenige Kanzleiregeln lassen sich auf päpstliche Konstitutionen zurückführen. Einige sind bloß Exzerpte aus ihnen, andere hingegen sind echte Trennstücke[33]. Bezüglich ihres Rechtsgehaltes unterschied Gregor XI. Regeln, die die Rechtskraft einer Konstitution *(vim constitutionis)* hatten, von solchen, die nur das Ausfertigen der *litterae* betrafen[34]. Von ersteren konnte jeder Interessierte eine beglaubigte Abschrift erhalten, wenn er sie etwa zur gerichtlichen Durchsetzung seiner Ansprüche vor Ort benötigte.

Päpste konnten Konstitutionen ihrer Vorgänger aufheben oder in ihrem Rechtsgehalt verändern. In den Kanzleiregeln perfektionierte sich diese Wandelbarkeit des Rechts insofern, als dass jeder Papst zu Beginn seines Pontifikates die Regeln seiner Vorgänger durchsah und das, was ihm nicht gefiel, aufhob oder abänderte. Auch eigene Regeln wurden gelegentlich nach einer gewissen Zeit aufgehoben oder revidiert. Römischrechtlich gesehen stellten die Kanzleiregeln ein *Edictum perpetuum* dar, „das in manchen Teilen Geltung als *ius commune* für die Gesamtkirche beanspruchte"[35].

Seit 1469 wurden die jeweils gültigen *Regulae Cancellariae apostolicae* regelmäßig auch gedruckt. Doch enthalten die Drucke nie alle Regeln eines Papstes. Bis zum Ende des Mittelalters hält sich auch die Standardisierung der Regeln in Grenzen.

Der Buchdruck gab der Entwicklung der Extravaganten-Sammlungen ebenfalls eine neue Richtung. Adam Rot und Sixtus Riessinger, zwei römische Drucker der ersten Generation, druckten um 1469/1471 je drei damals aktuelle päpstliche Kon-

---

31 Vgl. die Kanzleiregeln Benedikts XIII. im Link oben (Fn. 30).

32 Vgl. Pius II., Nr. 172 f. und 175; Paul II., Nr. 89 und 91; Sixtus IV., Nr. 176; alle im Link oben (Fn. 30).

33 Die Konstitution Bonifaz' IX. *Intenta salutis* beispielsweise, vgl. *von Ottenthal*, Regulae cancellariae apostolicae (Fn. 26), 73–79, Nr. 67–81.

34 Gregor XI., Nr. 87, im Link oben (Fn. 30).

35 *H.-J. Becker*, Päpstliche Gesetzgebung und Kodifikationspläne für das kanonische Recht im 15. und 16. Jahrhundert, in: H. Boockmann *et al.* (Hg.), Recht und Verfassung im Übergang vom Mittelalter zur Neuzeit, II. Teil: Bericht über Kolloquien der Kommission zur Erforschung der Kultur des Spätmittelalters 1996 und 1997 (2001), 277–295, hier 287.

stitutionen[36]. Zwischen 1470 und 1495 erschienen in Rom neun titellose Drucke von Konstitutionen, die zunächst nur sechs Stücke Johannes' XXII., Benedikts XII., Eugens IV. und Pauls II. enthielten, dann aber in vier Schritten mit weiteren sieben Texten Martins V., Nikolaus' V., Pauls II. und Innozenz' VIII. angereichert wurden. Viele davon finden sich später in den *Extravagantes communes* wieder[37].

Bereits Manuskripte des *Liber Sextus* oder der Klementinen enthalten oft einen Anhang von Extravaganten, die dort nicht selten sogar nach den in den authentischen Sammlungen vorkommenden Titeln geordnet sind[38]. Das gleiche gilt auch für die Frühdrucke. Der *Incunabula Short Title Catalogue* (ISTC) weist 18 Drucke des *Liber Sextus* mit einem Extravagantenanhang nach, von denen zwischen 1479 und 1500 zehn in Venedig und zwischen 1494 und 1500 weitere sechs in Lyon entstanden.

Von den 19 in dieser Datenbank nachgewiesenen Drucken der Klementinen mit Extravagantenanhang erschienen zwischen 1476 und 1491 elf in der Lagunenstadt und drei in Lyon[39]. Der Vorrang des Druckortes Venedig geht wohl auf den in Padua wirkenden Rechtsprofessor Alexander de Nevo zurück, dessen nach Titeln geordnete Sammlung von zwanzig Extravaganten Bonifaz' VIII., Benedikts XI., Clemens' V. und Johannes' XXII. zwischen 1471 und 1491 zehnmal aufgelegt wurde. Der in Padua ausgebildete Jurist Pietro Albignani ergänzte sodann Nevos Sammlung mit *Ad regimen* von Benedikt XII. und acht Konstitutionen aus dem 15. Jahrhundert und ersetzte dabei auch einige der tradierten Titel durch neue. Seine Sammlung erschien seit 1479 neun Mal als Anhang zu den Klementinen und neunzehn Mal zusammen mit dem *Liber Sextus*[40]. Weitere Drucke folgten, bis 1503 dann die von Jean Chappuis angelegte und 1582 in das *Corpus iuris canonici* übernommene Sammlung von 74 Konstitutionen erschien.

Sebastian Brant schließlich ergänzte 1494 Albignanis Sammlung mit fünf bzw. für die zweite Auflage vom 1. Dezember 1500 mit neun Extravaganten aus dem 14. und 15. Jahrhundert, ließ dafür aber die Konstitution Clemens' V. *Meruit* weg. Zukunftsweisend war, was *Brant* im Vorwort zum zweiten Druck, der in der Basler Offizin Froben-Amerbach erschien und wie zuvor auch den *Liber Sextus* und die *Constitutiones Clementinae* enthielt, vermerkte. Da er bereits das *Decretum Gratiani* und die *Decretales Gregorii IX* herausgegeben habe, liege nun das ganze *Corpus iuris canonici* aus einer Hand vor[41].

---

36 Gesamtkatalog der Wiegendrucke (GW) M27137 enthält Nicolaus' V. *Ad sacram Petri*, also die Bestätigung des Wiener Konkordates, sowie die dort erwähnten Konstitutionen *Execrabilis* Johannes' XXII. und *Ad regimen* Benedikts XII. GW M29920 vereinigt drei Texte Pauls II., die Gründonnerstagsbulle *Consueverunt* vom 30. März 1469, *Etsi dominici gregis* vom 3. März 1469 und *Cum detestabile scelus* vom 23. November 1463; alle unter dem Link: http://www.gesamtkatalogderwiegendrucke.de/.

37 GW (Fn. 36) 5728–5736.

38 Vgl. die Übersicht bei *Brown*, Extravagantes communes (Fn. 13), 407–423.

39 *Di Paolo*, Extravagantes (Fn. 14), 367 f.

40 *Brown*, Extravagantes communes (Fn. 13), 406–423.

41 *B. Halporn*, Sebastian Brant as an Editor of Juristic Texts, Gutenberg Jahrbuch 59 (1984), 36–51,

Diesen Titel erhielt aber erst die vom Pariser Verleger Jean Chappuis in Auftrag gegebene und in den Jahren 1500 und 1501 von der Offizin Ulrich Gering und Berthold Remboldt in Paris gedruckte Edition des *Decretum Gratiani*, des *Liber Extra*, des *Liber Sextus*, der Klementinen, der *Extravagantes Iohannis XXII* und weiterer siebzig Konstitutionen, die hier erstmals die Überschrift *Extravagantes communes* tragen. In der Neuauflage von 1503 erhöhte sich ihre Zahl auf 74. Chappuis' Auswahl der Konstitutionen wie auch seine Vorlagen bieten der Forschung noch einige Probleme. Für 19 bzw. 21 Stücke lassen sich keine früheren Drucke nachweisen, einige von ihnen sind auch in Manuskripten nur ganz selten enthalten und eines – *Andronicum* von Clemens V. – überhaupt nicht[42].

Papst Gregor XIII. behielt für die autorisierte Ausgabe des *Corpus iuris canonici* von 1582, die von den *Correctores Romani* vorbereitete *Editio Romana*, nicht nur Chappuis' Zusammenstellung der Rechtsbücher, sondern eben auch den Titel des Gesamtwerkes bei[43]. Die private Sammeltätigkeit hat also noch ein weiteres Mal den Gesetzgeber beeinflusst. Die Entwicklungsgeschichte dessen, was ungeachtet der unterschiedlichen Rechtsnatur seiner Teile von 1582 bis 1917 offiziell als *Corpus iuris canonici* galt, ist daher von vielen Zufälligkeiten geprägt.

Das enorme Wachstum der Quellen des Kirchenrechts im 14. und 15. Jahrhundert und seine Heterogenität verunmöglichten, dass der von Gregor IX., Bonifaz VIII. oder Johannes XXII. verfolgte Weg einer autorisierten und – außer im letzten Fall – auch exklusiven Sammlung gangbar blieb. Dazu kam, dass nicht nur die Päpste das Gesetzgebungsrecht sehr intensiv ausübten – während des Schismas von 1378 bis 1417 waren es sogar bis zu drei gleichzeitig –, sondern dass auch die Reformkonzilien von Konstanz und Basel und das 5. Laterankonzil (1512–1517) eine Fülle von *canones* hervorbrachten, deren allgemeine Geltung aber umstritten blieb. Seit 1418 trat zudem mit den Konkordaten zwischen Papst und einzelnen Nationen bzw. Staaten eine Quellengattung ganz anderer Art auf. Der faktische Widerstand der sich verfestigenden Staaten und Herrschaften gegen eine einheitliche, gesamteuropäische kirchliche Gesetzgebung erwies sich ebenfalls als unüberwindbar[44]. Dennoch entstand im Umfeld der päpstlichen Kanzlei, vermutlich unter Paul II., nochmals eine systematische Sammlung des neuen Rechts nach dem Vorbild des *Liber Extra*, die aber nur in einer einzigen Handschrift überliefert ist und somit keine Wirkung zeitigte[45].

Der Grund, weshalb die Sammlungen von päpstlichen Konstitutionen in der Regel um die Mitte des 14. Jahrhunderts enden, liegt gemäß Jacqueline Tarrant daran, dass sich die gelehrte Jurisprudenz seither verstärkt um die Anwendung des geltenden

---

hier 42; GW (Fn. 36) 04905; ebenso im *Incunabula Short Title Catalogue* (ISTC) ib01015000, unter dem Link: http://www.bl.uk/catalogues/istc/.

42 *Brown*, Extravagantes communes (Fn. 13), 423–433; vgl. dazu auch *A. Meyer*, Spätmittelalterliche kanonistische Sammlungen im Buchdruck, in: Inkunabeln und Überlieferungsgeschichte (im Druck).

43 *Becker*, Gesetzgebung (Fn. 35).

44 *Becker*, Das kanonische Recht (Fn. 11), 20 f.; *ders.*, Gesetzgebung (Fn. 35), 286–290.

45 Vatikanstadt, Biblioteca Apostolica Vaticana, Vat. Lat. 12571; vgl. auch ebd., Vat. Lat. 12570 und 12572. Ich danke Martin Bertram, Rom/Hamburg, für diesen Hinweis.

Rechts kümmerte, was beispielsweise die verschiedenen Sammlungen der *Decisiones Rotae* deutlich zeigen[46].

An die Stelle der „anspruchsvollen systematischen Aufarbeitung der Rechtsquellen in Form von gegliederten Gesetzbüchern" bzw. von Sammlungen für den universitären Unterricht trat fortan die chronologische Sammlung[47], die bereits im 14. Jahrhundert in den *Extravagantes Iohannis XXII* und im *Liber Cancellariae* ihre Vorläufer hatte. 1550 erschien in Rom unter dem Titel *Bullae diversorum pontificum incipientes a Joanne XXII usque ad Julium papam III* eine 68 Konstitutionen umfassende Sammlung, der bald umfangreichere folgten. Seit 1586 heißt diese Gattung *Bullarium*[48].

Der Plan, den überreichen Stoff der kirchlichen Gesetzgebung des 15. und 16. Jahrhunderts in ein neues Gesetzbuch zu integrieren, führte nach dem Konzil von Trient zu zwei unterschiedlichen Unternehmen. 1590 erschien in Frankfurt unter dem sperrigen Titel *Septimus. Decretalium, constitutionum apostolicarum post Sextum, Clementinas et Extravagantes usque ad hodiernum diem editarum, continuatio. Universi corporis canonici libris, titulis & canonibus accurata locorum & materiarum distinctione respondens opus novum & necessarium* eine Rechtssammlung des Lyoner Juristen Pierre Matthieu mit Konstitutionen von Alexander IV. bis Sixtus V. sowie den Beschlüssen der Reformkonzilien des 15. Jahrhunderts und des 5. Laterankonzils. Dabei ließ sich nicht alles in die überkommene Ordnung einfügen, weshalb Matthieu neue Titel schuf, etwa *De insulis novi orbis* (Buch I, Titel 14). Da dieser *Liber Septimus* 1623 auf dem Index der verbotenen Bücher landete, blieb ihm trotz mehrerer Nachdrucke ein durchschlagender Erfolg verwehrt.

Kehren wir nach diesem chronologischen Abriss zu den von den Herausgebern vorgegebenen Leitideen zurück. Die päpstlichen Briefe – seien es nun Gnaden- oder Justizbriefe – waren Antworten auf eingereichte Bittschriften. In ihren *dispositiones* drückte sich der päpstliche Gestaltungswille jedoch kaum aus[49]. Weil die meisten *litterae* Antworten auf eingereichte Fragen bzw. Bitten waren, war der Papst in diesem Spiel nicht der Jäger, sondern vielmehr der Gejagte[50]. Wie hätte er die Zahl der ein-

---

[46] *Tarrant*, Extravagantes (Fn. 13), 16 f.

[47] *Becker*, Gesetzgebung (Fn. 35), 288 f.

[48] *Becker*, Gesetzgebung (Fn. 35), 289.

[49] Der päpstliche Gestaltungswille drückt sich in der (gegebenenfalls einschränkenden oder gar verweigerten) Signatur, in den Klauseln und seit dem 14. Jahrhundert hauptsächlich in den Kanzleiregeln aus, vgl. etwa *P. Kehr*, Bemerkungen zu den päpstlichen Supplikenregistern des 14. Jh., Mitteilungen des Instituts für österreichische Geschichtsforschung 8 (1887), 84–102, hier 98–102; *T. Schmidt*, Benefizialpolitik im Spiegel päpstlicher Supplikenregister von Clemens VI. bis Urban V., in: Aux origines de l'état moderne. Le fonctionnement administratif de la papauté d'Avignon (1990), 351–369; *M. Maillard-Luypaert*, Papautè, clercs et laics. Le diocèse du Cambrai à l'époque du Grand Schisme (1378–1417) (2001), 194 f.; *P. Zutshi*, Petitions to the Pope in the Fourteenth Century, in: W. M. Ormrod *et al.* (Hg.), Medieval Petitions. Grace and Grievance (2009), 82–98, hier 92–95; *A. Meyer*, Fulda und Rom im Spätmittelalter oder: Warum in einer Papsturkunde oft nur wenig „Papst" steckt, in: S. Zwies (Hg.), Das Kloster Fulda und seine Urkunden. Moderne archivische Erschließung und ihre Perspektiven für die historische Forschung (2014), 101–118.

[50] Vgl. dazu auch *E. Pitz*, Erschleichung und Anfechtung von Herrscher- und Papsturkunden vom 4. bis 10. Jh., in: H. Fuhrmann (Hg.), Fälschungen im Mittelalter 3: Diplomatische Fälschungen (I) (1988), 69–113, hier 102–110; *F. J. Felten*, Päpstliche Personalpolitik? Über Handlungsspielräume

gereichten Bittschriften begrenzen können? Auch wenn er sich nicht selten über die *importuna improbitas petentium* beklagte, war nach seinem Amtsverständnis antragsberechtigt, wer zwischen Galway oder Lissabon im Westen und Riga oder Limassol im Osten bzw. zwischen Bergen im Norden und Sevilla im Süden lebte. Mit diesen geographischen Eckpunkten übertraf das päpstlich-kirchliche Reich zweifellos jedes weltliche um ein Mehrfaches. Zur Durchsetzung der gewährten Ansprüche wurden delegierte Richter eingesetzt, die in den ihnen übertragenen Fällen oft quasipäpstliche Vollmachten hatten. Da jeder Prälat delegierter Richter werden konnte, lag das nächste päpstliche Gericht also direkt um die Ecke, was für die Betroffenen sehr praktisch war. Es lag daher im Interesse fast aller, die päpstlichen Gnadenbriefe zu verwirklichen bzw. den päpstlichen Mandaten Geltung zu verschaffen. Die seit 1215 vorgeschriebene schriftliche Prozessführung trug das Ihre dazu bei.

Die gesellschaftliche Durchdringung erfolgte jeweils von oben nach unten – was der Papst im 13. Jahrhundert gekrönten Häuptern gewährte, erreichte im 14. den Adel und die akademisch gebildeten Schichten und im 15. das Bürgertum und die reichen Bauern. Zudem delegierten die Päpste einen Teil ihrer Machtmittel mittels sogenannter Fakultäten *(facultates)* an die Bischöfe, was die nächstuntere kirchliche Hierarchiestufe an sie band[51], oder sie schickten Legaten und Nuntien in alle Teil der Welt[52].

Was für die päpstlichen Briefe gesagt wurde, nämlich dass sie von den Begünstigten angeregt wurden, gilt *mutatis mutandis* auch für die Konstitutionen oder Kanzleiregeln, von denen nicht wenige ihren Anfang im Innern der päpstlichen Kirchenverwaltung nahmen. Seit den Reformkonzilien des 15. Jahrhunderts stieg der Anteil des neuen Rechtes – vor allem Prärogativen beim Erlangen von kirchlichen Benefizien und weitere Gnaden –, das sich eigentlich nur an Kurienangehörige wandte, immer stärker[53]. Es lässt sich daher auch eine zunehmende Entfremdung zwischen Zentrum und Peripherie feststellen.

Die um die Mitte des 13. Jahrhunderts geschaffene, adressatenlose päpstliche Konstitution kann wohl als Versuch betrachtet werden, der das ältere Kirchenrecht stark prägenden Kasuistik gewisse Schranken zu setzen, indem man abstraktere Normen schuf, die allgemein und unbeschränkt (*ad perpetuam* bzw. *ad futuram rei memoriam)* Geltung beanspruchten[54].

---

des Papstes in der ersten Hälfte des 14. Jahrhunderts, in: Historisches Jahrbuch 122 (2002), 43–86, hier 62–83.

[51] Vgl. etwa Johannes XXII., Nr. 77 (256)-(272), mit den unter Eugen IV. überarbeiteten *Taxe Cancellarie apostolice* (166)-(211), im Link oben (Fn. 30).

[52] Vgl. etwa *W. Maleczek*, Die päpstlichen Legaten im 14. und 15. Jahrhundert, in: R. Schwinges und K. Wriedt (Hg.), Gesandtschafts- und Botenwesen im europäischen Spätmittelalter (2003), 33–86; Aus der Frühzeit der europäischen Diplomatie. Zum geistlichen und weltlichen Gesandtschaftswesen vom 12. bis zum 15. Jahrhundert, hg. v. C. Zey (2008).

[53] Vgl. etwa *Meyer*, „Dominus noster vult" (Fn. 29), 623–625; *dens.*, Konfliktvermeidung durch Hierarchisierung der Ansprüche. Prärogativen im Kampf um kirchliche Benefizien im Spätmittelalter, Saeculum 64 (2014), 155–165.

[54] *M. Bertram*, Die Konstitutionen Alexanders IV. (1255/56) und Clemens' IV. (1265/67). Eine neue Form päpstlicher Gesetzgebung, ZRG Kan. Abt. 88 (2002), 70–109.

Die Kanzleiregeln als solche hatten ursprünglich zum Zweck, dass gleichlautende Bittschriften, wenn sie vom Papst im gleichen Ausmaß bewilligt wurden, zu analogen Briefen führten. Ihre Adressaten waren daher auch der Vizekanzler und die Abbreviatoren, denen der Entwurf und die Kontrolle der Konzepte oblag. Der Papst musste daher nicht mehr jeden einzelnen Fall beurteilen, sondern ließ seine Referendare Bittschriften-Kategorien bilden, um den ständig wachsenden Geschäftsanfall zu bewältigen. Dennoch konnte er *ex certis causis* jederzeit anders entscheiden, als es die Normen vorgaben, und er machte es auch. Keine Norm war vor dem Papst sicher[55]!

---

[55] Alles, was die folgende Formel erwähnt, war zuvor anderen Bittstellern als positives, verstärkendes Recht gewährt worden: „*Non obstantibus constitutionibus, litteris seu privilegiis apostolicis vel aliis nec non statutis et consuetudinibus ecclesiarum, monasteriorum et ordinum quorumcumque contrariis, iuramento, confirmatione apostolica vel quacumque firmitate alia roboratis seu, si aliquibus communiter vel divisim ab eadem sit sede indultum, quod interdici, suspendi vel excommunicari non possit per litteras apostolicas non facientes plenam et expressam ac de verbo ad verbum de indulto huiusmodi ac eorum nominibus et locis propriis mentionem*“.

Rechtsgewohnheit als Mechanismus der Innovation im arabischen Recht

Beispiele aus der malikitischen Richtung in Nordwestafrika

Rüdiger Lohlker

I. Rechtsgewohnheit ... 183
II. Gewohnheitsrecht, Brauch und Sitte in der Islamrechtsforschung ... 184
III. Fallstudien ... 188
1. Fünftelpacht ... 189
2. Gewichte und Münzeinheiten ... 196
3. Verbot von Zucker ... 197
IV. Schlussbemerkung ... 198

Lassen Sie mich mit einigen terminologischen Erwägungen beginnen. Selber habe ich lange die gängige Unterscheidung zwischen Gewohnheitsrecht und Rechtsbrauch benutzt, wohl wissend, dass sie nur eine sehr grobe Annäherung an die in muslimisch geprägten Gesellschaften polyseme Terminologie ist[1]. Die Unterscheidung geht einerseits auf die beiden arabischen Begriffe *ʿurf* und *ʿāda* und anderseits auf die Existenz unterschiedlicher Aspekte des Rechts muslimisch geprägter Gesellschaften wie dem der traditionalisierten Rechtsformen, die aus bestimmten sozialen Gebilden wie städtischen Gilden, seßhaften ruralen Gemeinschaften oder solchen tribaler Art produziert werden, oder professionellen Gemeinschaften wie der der Kaufleute im Mittelmeerraum.

I. Rechtsgewohnheit

Beziehen wir nun ein, dass insbesondere in der deutschsprachigen rechtsgeschichtlichen Diskussion der Begriff des Gewohnheitsrechts – nicht zuletzt von den deutschen Pandektisten im 19. Jahrhundert geprägt – als vormodernen Gesellschaften nicht adäquat problematisiert worden ist[2]. Als Alternative zum gängigen Begriff des

[1] So in *R. Lohlker*, Islamisches Recht (2012). Auch Rohe schließt beispielsweise an diese Unterscheidungen an, vgl. *M. Rohe*, Das islamische Recht. Geschichte und Gegenwart (^{2}2009), 68 ff.

[2] Grundsätzlich *M. Pilch*, Rechtsgewohnheiten aus rechtshistorischer und rechtstheoretischer Perspektive, Rechtsgeschichte: Zeitschrift des Max-Planck-Instituts für Europäische Rechtsgeschichte 17 (2010), 17–39. Siehe erhellend unter Einschluss der Rolle der Oralität, des Zwangs und der Normativität z. B. *G. Dilcher*, Noch einmal: Rechtsgewohnheit, Oralität, Normativität, Konflikt und Zwang, Rechtsgeschichte: Zeitschrift des Max-Planck-Instituts für Europäische Rechtsgeschichte 17 (2010), 67–73.

Gewohnheitsrechts, das eher modernrechtlich konnotiert ist, hat bereits 1973 Karl Kroeschell den Begriff der Rechtsgewohnheit vorgeschlagen[3], der in der Rechtsgeschichte breit aufgenommen wurde. In der Interpretation von *Dilcher* möchte ich diesen Begriff aufnehmen[4], der zum Begriff der Rechtsgewohnheit sagt[5]:

> Er soll eine Verfremdung gegenüber dem modernrechtlichen „Gewohnheitsrecht" bewirken und durch diese Distanzierung eine differenziertere Erfassung andersartiger mittelalterlicher Phänomene ermöglichen. Die Frage etwa, die mir öfter vorgelegt wurde, wie man denn Rechtsgewohnheiten von anderen Gewohnheiten unterscheiden könne, ist damit falsch gestellt. Gewohnheiten sind Herkommen, unreflektierte soziale Traditionen im Gewand von Mentalitäten; dies gilt vor allem in der Welt der mündlichen Kultur, des Mediums der Oralität; sie werden zu Recht, wo und auf welche Weise immer sie rechtlich verwendet werden. Gerade diese unreflektierte Verwandlung von tatsächlicher Gewohnheit in normative Regeln soll der Begriff Rechtsgewohnheit anzeigen und gleichzeitig von Gewohnheitsrecht, das nach der gelehrten Doktrin auf langer Dauer, Geltungsüberzeugung (*opinio necessitatis*) und Rationalität(!) beruht, abgrenzen. … Das Wort und der Begriff „Gewohnheitsrecht" haben ihren Platz erst in einem Schriftrecht mit umfassendem Geltungsanspruch, wie ihn in gewisser Weise das *Ius commune*, vor allem aber das Prinzip der modernen Kodifikationsidee entwickelt.

II. Gewohnheitsrecht, Brauch und Sitte in der Islamrechtsforschung

Natürlich ließe sich mit Gräf[6] auf die Unterscheidung zwischen Brauch und Sitte zurückgreifen; allerdings entfällt dann zu sehr der Bezug auf das Recht, den die Rechtsgewohnheit aufrechterhält und der mir sehr wichtig erscheint. Weitere Differenzierungen muss ich für den Moment unbeachtet lassen. Johansen unterscheidet so ja zwischen *ʿāda* als „normativem Brauch" und *ʿurf* als „sozialer Praxis"[7].

Recht genau reflektiert sind die Unterscheidungen von *Christian Müller*[8]. Er unterscheidet zuerst einmal zwischen sozialem Fakt und rechtlichen Diskursen. Sitten, Gebräuche und auch angewandtes Recht kategorisiert er als sozialen Fakt, dem er die „normative Sollensordnung" des von den islamischen Rechtsexperten gepflegten und tradierten Rechtsdiskurses gegenüberstellt, die den sozialen Fakten gegenüber ein gewisses Eigenleben führt[9]. Im Rahmen des letzteren Diskurses diskutiert er dann auch

---

3 *K. Kroeschell*, Deutsche Rechtsgeschichte, Bd. 2 (1973), 86.

4 Insofern bin ich den Organisatoren der Tagung, für die dieser Beitrag zuerst verfasst wurde, zu großem Dank verpflichtet, dass sie mich dem heilsamen Zwang ausgesetzt haben, auch für die islamrechtliche Forschung Begriffe neu zu reflektieren.

5 *Dilcher*, Noch einmal (Fn. 2), 67.

6 *E. Gräf*, Brauch/ʿUrf und Sitte/ʿĀda in der islamischen Jurisprudenz, in: Festschrift für Helmut Petri (1973), 122–144; sowie *ders.* und *A. Falaturi*, Brauch/Sitte und Recht in der traditionellen islamischen Jurisprudenz, in: R. Mey (Hg.), Beiträge zu islamischem Rechtsdenken (1986), 29–45.

7 *B. Johansen*, Casuistry. Between Legal Concept and Social Praxis, Islamic Law and Society 2 (1995), 135–156, bes. 152; vgl. mit Varianten *dens.*, The Islamic Law of Land Tax and Rent (1988), 54.

8 *C. Müller*, Sitte, Brauch und Gewohnheitsrecht im mālikitischen *fiqh*, in: M. Kemper und M. Reinkowski (Hg.), Rechtspluralismus in der islamischen Welt. Gewohnheitsrecht zwischen Staat und Gesellschaft (2005), 17–38.

9 Ebd., 19; hier wäre zu fragen, ob denn nicht das Eigenleben der gelehrten malikitischen Jurisprudenz durch eben deren Eigenleben ein soziales Feld schafft, in dem institutionalisiert und – in

ʿurf und *ʿāda* als sich historisch wandelnde Begriffe, die einen umgrenzten Inhalt bzw. auch spezielle rechtliche Funktionen haben können[10]:

> Aus der Sicht des malikitischen Rechts sind Brauch, Sitte und Gewohnheit als soziale Fakten Teile einer Lebenswelt, die es gilt, in Bezug auf Rechtsnorm zu setzen. Damit ist noch kein Nebeneinander oder Konflikt verschiedener Normensysteme gegeben. Ein qualitativer Sprung wäre jedoch dann erreicht, wenn der malikitische Rechtsdiskurs dem „Gewohnheitsrecht" einen eigenen Stellenwert zuweist, weil damit die Existenz einer anderen „normativen Sollensordnung" akzeptiert wäre.

Dieser Problematik geht *Müller* im weiteren Verlauf seiner Studie nach. Er unterscheidet sehr genau und in der Perspektive der historischen Entwicklung zwischen *ʿurf* als juristischer Präsumption und *ʿāda* als normativem Brauch. Ergänzend fügt er noch die insbesondere für die malikitische Richtung des islamischen Rechts wichtige lokale Praxis (*ʿamal*) hinzu, über die „Elemente lokaler Gewohnheitsrechte in die Rechtsprechung der *fuqahāʾ* aufzunehmen[11]" gewesen wären. Allerdings ist diese lokale Praxis von Rechtsgelehrten entwickelt worden und damit von den beiden anderen Fällen zu unterscheiden.

Müller vermerkt treffend, dass *ʿurf* und *ʿāda* außerhalb der Rechtslehre der malikitischen Rechtsgelehrten angesiedelt, aber zugleich durch die Kommentarliteratur in die Rechtslehre einbezogen worden seien. Dabei spielte die lokale Praxis unter Umständen eine intermediäre Rolle.

Die Betonung der „tradierten, unveränderlichen, ‚sakralrechtlichen' Normen[12]" durch *Müller* deutet darauf hin, dass er von einem bestimmend normativen Charakter der gelehrten Rechtslehre ausgeht, der gegenüber sich die Einbeziehung von Elementen anderer „Sollensordnungen" zu rechtfertigen hat, und damit auch von einer legal-normativen Suprematie in muslimischen Gesellschaften. Ob diese Suprematie für muslimische Gesellschaften unbefragt hingenommen werden kann, wird gleich noch angesprochen.

Tilman Hannemann identifiziert verschiedene Aggregatzustände, in denen sich die Annäherung von islamischem Gelehrtenrecht und Rechtsgewohnheit oder Brauch einigermassen beschreiben lässt[13]. Seine Hoffnung, dass sich die verschiedenen Konfigurationen des Rechts der muslimischen Gesellschaften in Zukunft besser verstehen lassen, ist nur zu teilen[14]. Die genauere Bestimmung der Rolle des herrscherlichen Rechts ist eines der Desiderate der weiteren Erforschung des Rechts muslimischer Gesellschaften.

Form der verschiedenen rechtlichen Richtungen wie z. B. der malikitischen – auf Kontinuität gestellt, wiederum soziale Fakten in Form der Strukturen des Feldes geschaffen werden, so dass die getroffene Unterscheidung zwischen Fakt und Diskurs etwas zu sehr einem *discursive turn* verpflichet wäre.

[10] Ebd., 19–20.

[11] Ebd., 36.

[12] Ebd., 38.

[13] *T. Hannemann*, Gewohnheitsrechte in einer islamischen Rechtsumgebung. Theoretische Vergleichsperspektiven aus der Großen Kabylei, in: M. Kemper und M. Reinkowski (Hg.), Rechtspluralismus (Fn. 8), 47–66.

[14] *Hannemann*, Gewohnheitsrechte (Fn. 13), 66.

Gideon Libson spricht schließlich für das Verhältnis von Rechtsgewohnheit und Gewohnheitsrecht davon, dass es eine *de facto* Anerkennung des Brauchs und der Rechtsgewohnheit durch verschiedene Methoden gebe[15].

Ralf Elger hat anhand einer Stichprobe in einem Werk eines modernen marokkanischen Autoren, al-Muḫtār as-Sūsī (gestorben 1963)[16], auch mit Bezug auf Dilcher darauf hingewiesen, dass für die vormoderne Zeit durchaus vom Bestehen von Rechtsgewohnheiten in Südmarokko ausgegangen werden kann. Gewohnheitsrecht wäre angemessen in einem Schriftrecht, das einen umfassenden Geltungsanspruch erhebe, was seit dem neunzehnten Jahrhundert auch für Südmarokko gelte[17].

Folgen wir diesem Hinweis, können wir sagen, dass wir uns für die uns betreffende Zeit in einem bimedialen Kommunikationssystem[18] des Rechts bewegen, das im täglichen Verkehr die Oralität prämiert und im Bereich des Schariarechts die Literalität, so dass ein Begriff, der die Oralität ebenfalls berücksichtigt, analytisch ohne Zweifel hilfreich ist.

Wir müssen uns zugleich bewusst sein, dass wir uns im Bereich der praktischen Logik aufhalten, die sich ohne Probleme im Bereich der Unbestimmtheit[19] bewegt und den sauberen Kategorisierungen der rechtsgeschichtlichen Forschung etliche Probleme bereitet.

Besim Hakim hat, gestützt auf Muṣṭafā Aḥmad Zarqā', also einen modernen Autoren und ohne Versuche der Systematisierung durch die Rechtsmethodiker der Neuzeit detailliert zu berücksichtigen[20], für den urbanen Kontext folgende Liste von Bedingungen aufgeführt, denen *'urf* genügen muss, um den Rechtsgelehrten als legitim zu erscheinen[21]:

1. *'Urf* muss weitverbreitet und immer wieder von der Mehrheit der Gemeinschaft befolgt werden.
2. *'Urf* muss gegenwärtig lebendig sein. Wenn es sich wandelt, kann es nicht benutzt werden, um vorherige Entscheidungen oder Handlungen zu legitimieren oder zu verwerfen. Die Legitimität des *'urf* wird durch seine jeweils gegenwärtige Gültigkeit bestimmt.
3. Wenn *'urf* benutzt wird als Bedingung oder Grundlage für ein Urteil oder eine Entscheidung, darf es einer zuvor existierenden Klausel oder Übereinkunft nicht widersprechen, da dies seine Legitimität aufheben kann.

---

15 *G. Libson*, On the Development of Custom as a Source of Law in Islamic Law, Islamic Law and Society 4 (1997), 131–155, hier 138; Libson bezieht sich hauptsächlich auf das hanafitische Recht. *Müller*, Sitte, Brauch und Gewohnheitsrecht (Fn. 8), 37 verweist darauf, dass dies für das malikitische Recht nicht gelte.

16 *Sūsī*, al-Ma'sūl, 20 Bde. (Casablanca, 1960–1963).

17 *R. Elger*, 'Urf und šarī'a im Südmarokko des 19. Jahrhunderts: al-Muḫtār al-Sūsīs Biographiensammlung al-Ma'sūl als Quelle, in: Kemper und Reinkowski (Hg.), Rechtspluralismus (Fn. 8), 39–46.

18 Ich greife hier auf Manfred Gieseckes einschlägige Forschungen zurück.

19 Siehe dazu *P. Bourdieu*, The Logic of Practice (1990), 262 ff.

20 Siehe dazu *B. Krawietz*, Hierarchie der Rechtsquellen im tradierten sunnitischen Islam (2002).

21 *B. S. Hakim*, The Role of 'Urf in Shaping the Traditional Islamic City, in: C. Mallat (Hg.), Islam and Public Law: Classical and Contemporary Studies (1993), 141–155; Übersetzung, wie auch sonst, durch den Autor dieses Beitrags.

4. *ʿUrf* darf durch seinen Gebrauch keine aus den Rechtstexten oder aus einer Grundregel der Scharia gewonnene Bestimmung abschaffen oder aufheben. Dies könnte in drei Situationen der Fall sein:
   (a) Es könnte mit einer spezifischen Scharia-Bestimmung aus dem Koran oder der Sunna im Konflikt stehen.
   (b) Es könnte einer allgemeinen Regel aus den niedergeschriebenen Quellen der Scharia widersprechen.
   (c) Es könnte sich von Meinungen unterscheiden, die durch *iǧtihād* abgeleitet wurden.

Inwieweit ist nun eine solche Definition tragfähig? Ist sie vielleicht auch dem professionellen Interesse der Gelehrten geschuldet, andere Rechtsformen zwar einzubinden[22], aber den Zutrittsbedingungen zum Feld des islamischen gelehrten Rechtes zu unterwerfen, um sie als Recht – von Gelehrten – anzuerkennen, was nichts über die historische Bedeutung dieser Formen der Rechtsgewohnheit aussagt? Ist es nicht problematisch, sich bei der Erforschung des islamischen Rechts auf die *idéologie professionelle* der (Rechts-)Gelehrten zu stützen? Wird dabei nicht diesen Vorstellungen eine absolute Suprematie zugemessen, wie wir sie so häufig in Definitionen des Islams finden[23]? Können wir in muslimischen Gesellschaften nicht auch andere Ordnungen finden, die normative Geltungskraft beanspruchen?

Shahab Ahmed schreibt treffend[24]:

> The notion of „Islam“ that gives normative and constitutive primacy to legal discourse is, I venture, the „default“ conceptualization of the majority of scholars today (even if it is often unacknowledged by them), and is certainly the habitual one in the popular consciousness of the majority of contemporary Muslims and non-Muslims alike.

Diese explizit und implizit herrschende Meinung führe zu einer *legal-supremacist* Konzeptionalisierung des Islams als gelehrtem Recht, die zu einer Totalisierung des gelehrten Rechtsdiskurses führt, der den Kern des Islams ausmachen soll. Wenn das gelehrte Recht so zu einem totalisierenden Diskurs wird, der seinen Ausdruck in den Büchern der Rechtsdoktrin der Rechtsgelehrten findet, können andere islamische Praxen nur in Form dieses Rechtsdiskurses Ausdruck finden oder gar normative Kraft gewinnen[25]. Und dies gilt auch für die Rechtsgewohnheit, die ja erst dem gelehrten Rechtsdiskurs einverleibt werden muss, um – beschränkte – Geltung zu gewinnen.

Die *legal-supremacist* Konzeptionalisierung des Islams hat weitreichende Folgen[26]:

> The primacy that is given to the constitutive determinacy of legal discourse over other discourses serves to distort our perspective and effectively prevents us even from recognizing – let alone understanding – that, historically, Muslims have constructed normative meaning for Islam in terms that allowed them to live by and/or with norms other than, and at odds with, those put forward by legal discourse. Trapped within the parameters of our selective conceptualization (…)

---

[22] Sie „in Bezug auf Rechtsnorm zu setzen“, wie *Müller*, Sittte, Brauch und Gewohnheitsrecht (Fn. 8), anmerkt.

[23] Reichliche Belege für diese Tendenz bietet jetzt *S. Ahmed*, What Is Islam? The Importance of Being Islamic (2016), 117 ff.

[24] Ebd., 117.

[25] Ebd., 120.

[26] Ebd., 121.

they/we cannot understand, indeed, cannot imagine how Muslims can have thought and lived by norms that are apparently so at odds with the legal, while simultaneously understanding those other norms to be somehow compatible with and/or expressive of Islam, and hence Islamic.

Ohne hier *Ahmeds* Argumente weiter verfolgen zu können, sei vermerkt, dass er von einer Pluralität normativer Ordnungen – z. B. Mystik, Philosophie, Theologie – ausgeht, die um vieles umfangreicher in ihrem Geltungsanspruch war, als es dem Recht und den Rechtsgelehrten möglich schien. Der Anspruch des gelehrten islamischen Rechts ist eher als ein Produkt der entstehenden Dominanz des entstehenden Nationalstaates auch in der muslimischen Welt zu verstehen, die nach einer rechtlichen Begründung strebte.

Wenn wir in der Gesamtschau muslimischer Gesellschaften denken und für den Moment die Fokussierung auf das Recht aufgeben, sind also neben der gelehrtrechtlichen „Sollensordnung" andere vorhanden gewesen. Kehren wir zum Recht zurück, können wir das gelehrte Recht, das ja in sich selber unterschiedliche Logiken rechtlicher und religiös-ethischer Art birgt[27], aus der Position der Suprematie entlassen und nicht mehr die Vereinbarkeit oder Einführung der Rechtsgewohnheit mit dem gelehrten Recht in den Mittelpunkt unserer Überlegungen stellen, vielmehr den Eigensinn und die eigene Kraft derjenigen, die die Rechtsgewohnheiten pflegten, anerkennen.

Wenn wir nun noch bedenken, dass ein wichtiger Autor und Wesir des Nasriden-Reiches von Granada, den eine nüchterne Sicht der gesellschaftlichen Verhältnisse seines Landes auszeichnet, die Rechts- und Religionsgelehrten nur als eine der vielen um Einfluss ringenden Gruppen sieht[28], erscheint dieser Perspektivwechsel nicht mehr ganz so verwegen.

III. Fallstudien

Ich möchte diesen Fragen anhand einiger Beispiele aus der malikitischen Richtung des Rechts nachgehen[29]. Terminologisch halte ich mich an die Unbestimmtheit des Gebrauchs von *'urf* und *'āda* in den Quellen[30] und verwende zur Übersetzung beider Phänomene den Begriff „Rechtsgewohnheit". Wir können allerdings eine gewisse Präferenz der Quellen für den Begriff *'urf* in verschiedenen Varianten bemerken[31]. Auch wenn es eine interessante und divergierende Begriffsentwicklung gegeben hat,

27 *Lohlker*, Islamisches Recht (Fn. 1), 18 ff.

28 *W. Hoenerbach*, Was verspricht sich das Volk von seinem Herrscher?, Oriens 16 (1963), 61–78, hier 71 f. und 74 ff.

29 Das heisst natürlich auch, dass wir eigentlich der linguistischen Genauigkeit halber teilweise vom arabisch-berberischen Recht sprechen müssten, auch wenn der berberische Teil seinen schriftlichen Ausdruck in arabisch formulierten Texten findet.

30 Hier folge ich *J. Berque*, Opera minora, Bd. I: Anthropologie juridique du Maghreb (2001), 219, Anm. 4.

31 Für weitere Betrachtungen zum Thema siehe auch *J. Chelhod*, Le droit dans la société bédouine. Recherches ethnologiques sur le orf ou Droit Coutumier des Bédouins (1971); und die Beispiele aus der westlichen Sahararegion in *R. Oßwald*, Schichtengesellschaft und islamisches Recht (1993).

solange wir vom gelehrten Recht ausgehen, scheint mir eine dem untechnischen Gebrauch der praktischen Logik folgende Unbestimmtheit zielführender, die eben nicht die gelehrten Begriffe voraussetzt und damit dem Eigensinn der Rechtsgewohnheiten mehr entspricht.

1. Fünftelpacht

Eine wichtige Form der landwirtschaftlichen Beziehungen im Maghreb ist die Fünftelpacht, französisch: *Khammessat*; arabisch: *ḫimāsa*[32]. Der Grundeigentümer stellt im Rahmen dieser Leistungsvereinbarung neben dem Boden auch Saatgut, Arbeitstiere und -geräte. Der Bauer bringt lediglich seine Arbeitskraft in dieses Verhältnis ein und erhält dafür unter anderem ein Fünftel der Ernte. Zurückgeführt wird dieses Verhältnis von *Jacques Berque* auf die autochthonen agrarischen Gesellschaften des Maghreb; es sei also nicht vom islamischen Gelehrtenrecht eingeführt worden und mit diesem schwer in Einklang zu bringen[33].

Grundsätzlich werde eine solche Konstruktion, so der tunesische Gelehrte *al-Burzulī* (gestorben 1438), in der *Mālikīya* als Gesellschaftsvertrag (*širka*) erlaubt; als Dienstvertrag (*iǧāra*) sei sie dagegen verboten. Mit anderem Namen benannte Vereinbarungen werden von den malikitischen Gelehrten einem der beiden Vertragstypen zugeordnet und dementsprechend erlaubt bzw. nicht. Generell wird von *al-Burzulī* konstatiert, dass unter den führenden malikitischen Gelehrten kein Konsens über rechtliche Fragen hinsichtlich der Landbearbeitung besteht. Die Bezeugung solch irregulärer Verhältnisse durch die beteiligten Personen wird strikt abgelehnt, da dadurch eine Sünde begangen werde[34].

Für die *ḫimāsa* heißt es so auch, dass sie aufgrund der ihr innewohnenden Unbestimmtheiten nicht rechtsgültig sein könne, da in ihr die Nichtigkeit (*fasād*) überwiege. Sollte dies von den beteiligten Personen aus welchen Gründen auch immer ignoriert werden, wird noch einmal betont, dass es keinen Entschuldigungsgrund (*ʿuḏr*) gebe, der verbotene Handlungen erlaubt machen könne, wobei letztere mit schwersten Sünden (*kabīra*) assoziiert werden[35]. Wenn dazu ein Verstoßen gegen Scharia und *dīn* konstatiert wird[36], ist deutlich, dass hier der normative Sollensanspruch des gelehrten Rechts gegen andere normative Ansprüche ins Feld geführt und mit theologischen Drohformeln gestützt werden soll.

[32] Siehe dazu *L. Milliot*, Introduction à l'étude de droit musulman (1953), 660 f.; und insbs. *Berque*, Opera minora I (Fn. 30), 140 ff.; *Müller*, Sitte, Brauch und Gewohnheit (Fn. 8), 20 ff., bietet einen guten Überblick über diese Beziehung.

[33] *Berque*, Opera minora I (Fn. 30), 237 f.

[34] *Burzulī*, Fatāwa l-Burzulī ǧāmiʿ masāʾil al-aḥkām li-mā nazala min al-qaḍāyā bi'l-muftīn wa'l-ḥukkām, hg. v. Muḥammad al-Ḥabīb al-Hīla (2002), Bd. 3, 405 f. Auf die vermittelnden Positionen einzelner Gelehrter sei hier nicht weiter eingegangen.

[35] Ebd., 406 f.

[36] Ebd., 406.

Al-Burzulī geht dann zu einem lokalen Fall in Qayrawan über[37]. Die Fünftelpacht sei ein Problem, das schon von altersher in Qayrawan aufgetreten sei. Ein Gelehrter habe nun den Anspruch des Fünftelpächters (*ḫammās*) auf etwas, das über die üblichen Elemente eines Gesellschaftsvertrages (*širka*) hinausgehe, z. B. Gewand, Speisen und ähnliche Dinge, nicht für erlaubt erklärt, da er dieses Problem im Rahmen des Gesellschaftsvertrages betrachtete. *Al-Burzulī* verweist aber auf die ältere malikitische Literatur und insbesondere auf Ibn Rušd al-ǧadd (gestorben 1126)[38], der eine Meinung anführte, die eine solche Zusatzleistung für erlaubt erklärte, da sie das Problem in den Rahmen des Dienstvertrages (*iǧāra*) stellte[39]. Dann habe einer von al-Burzulīs Lehrern dies für rechtlich erlaubt erklärt und einen Dispens erteilt, was zur Folge hatte, dass diese Praxis in und um Qayrawan in hohem Maße geübt wurde.

Als nun *al-Burzulī* das Amt des Mufti in Qayrawan innehatte, verbot er diese Praxis und folgte damit der Meinung anderer führender Gelehrter. Die kleinen Leute (*ḍuʿafāʾ*) gerieten darüber in Unruhe und *al-Burzulī* mutmaßte, sie könnten klagen, wer er denn sei, dass er das verbiete, was sein Lehrer aufgrund der Notwendigkeit der Zeit (*li-ḍarūrat az-zamān*) für erlaubt erklärt hatte. *Al-Burzulī* äußerte sich doktrinär, der Gelehrte, auf den er sich hauptsächlich bezog, habe für diese Notwendigkeit keinen Dispens gefunden. Aus Tunis habe er gehört – und dies nennt er als Beispiel für die verderblichen Effekte der Fünftelpacht, was ihm ein zusätzliches Argument für ihr Verbot liefert –, dass dort der Fünftelpächter auf seinen ihm zustehenden Anteil am Stroh verzichten müsse und sogar zu Diensten mit seinem Vieh zum Brennholz- und Wasserholen herangezogen werde[40]. Der Rechtsgelehrte sieht sich also gegen die Proteste der kleinen Leute eigentlich als deren Fürsprecher, ein interessanter Einblick in die *idéologie professionelle* der Rechtsgelehrten.

Das längliche Beispiel zeigt deutlich die Schwierigkeiten, die sich aus einer rein konzeptionellen Betrachtungsweise ergeben. Folgen wir dieser, erkennen wir nur die divergierenden Versuche der Rechtsgelehrten, die abweichende Praxis der „kleinen Leute" mit ihrem Instrumentarium in Einklang zu bringen. Brechen wir mit dieser Sichtweise, können wir einen sozialen Aushandlungsprozess erkennen, in dem die Rechtsgewohnheit dem gelehrten Recht gegenüber als gleichwertig erscheint, ja dieses sogar infrage stellen kann: „Wer ist dieser neue Mufti überhaupt?". Durch die von *al-Burzulī* imaginierte klagende Frage wird zugleich die Weltsicht des Gelehrten deutlich, der den Konflikt zwischen den sozialen Geltungsansprüchen zweier normativer Ordnungen in einen innerhalb des gelehrten Diskurses transformiert: „Mein Lehrer hat zwar so entschieden, aber andere gelehrte Meinungen scheinen mir angemessener".

---

[37] Siehe auch *Müller*, Sitte, Brauch und Gewohnheitsrecht (Fn. 8), 23 f.

[38] Siehe zu ihm *D. Serrano Ruano*, Ibn Rushd al-Jadd (gestorben 520/1126), in: O. Arabi *et al.* (Hg.), Islamic Legal Thought: A Compendium of Muslim Jurists (2013), 295–322.

[39] Es sei daran erinnert, dass zuvor vermerkt wurde, dass Erlaubtheit und Verbot sich genau umgekehrt zueinander verhielten. Für eine Nichtzulässigkeit der Zurechnung zum Gesellschaftsvertrag siehe auch *Burzulī*, Fatāwa (Fn. 30), 408.

[40] Für all diese Punkte siehe *Burzulī*, Fatāwa (Fn. 30), 407.

Das Beispiel der Fünftelpacht sei mit einem Beispiel weiter verfolgt, in dem der Begriff *ʿāda* eine Rolle spielt[41]:

Einer von ihnen (d. h. den malikitischen Rechtsgelehrten)[42] wurde gefragt, was dem Fünftelpächter (*ḫammās*) an Arbeitsleistung obliegt, wenn er von seinem Partner entfernt ist und nicht zusammen mit ihm arbeitet. Entspricht sie seinem Anteil an der Ernte, also einem Tag von vieren (seines Partners), oder der halben Arbeitsleistung von Tag zu Tag?

Er antwortete darauf: Der Fünftelpächter muss die Arbeitsleistung im Umfang seines Anteils (an der Ernte) erbringen, wie es in der Rechtsgewohnheit (*āda*) üblich ist, weil die Rechtsgewohnheit eine Norm (*ḥukm*) der Regeln der Scharia ist, solange sie nicht der Sunna widerspricht".

Hier scheint die grundsätzliche Struktur des schariarechtlichen Pachtvertrages der *muzāraʿa* gewahrt[43]; allerdings wird die dort übliche proportionale Teilung des Ertrages entscheidend modifiziert. Legitimiert wird dies durch die besondere Rolle der Rechtsgewohnheit im Rechtsgefüge. Hier bewegen wir uns also weg von der oben beschriebenen, zwiespältigen Haltung zu einer eher akzeptierenden. Dadurch wird die Komplexität der rechtsgelehrten Reaktion auf die Rechtsgewohnheit noch erhöht, was auf die Dringlichkeit der Adaptierung an diese andere Sollensordnung verweist.

Nehmen wir ein weiteres Beispiel, das von dem häufig zitierten andalusischen Rechtsgelehrten *ʿĪsā b. Dīnār* (gestorben 827)[44] stammt[45]:

Für die Frau (eine Witwe), die das Land ihres Gatten mit seinem Saatgut und Ochsengespann bearbeitet (gilt), dass die Ernte ihr gehört, wenn sie sagt, dass sie das Land für sich alleine bearbeitet hat. Wenn etwas vom Ochsengespann zugrundegeht, wenn sie arbeitet, haftet sie dafür; wenn es nicht während der Arbeit zugrundegeht, haftet sie nicht. Würden wir annehmen, dass die Frau das Ochsengespann bestimmungsgemäß zur Feldbestellung einsetzt[46], haftet sie für das Gespann, um das Erbe zu erhalten. Außerhalb dieses Rahmens gilt diese Annahme nicht.

Ein malikitischer Gelehrter des 9. Jahrhunderts christlicher Zeitrechnung wird mit der Aussage zitiert, es sei dies die allgemeine Rechtsgewohnheit (*ʿamal*)[47]; ein anderer meint, dies sei ein Fehler[48]. Hier wird die Rechtsgewohnheit in ihrer verallgemeinerten Form eingesetzt, um eine fiktive Beauftragung der Witwe mit der Landbearbeitung zu konstruieren, die einigen Gesellschafts-, Vertrags- und Erbrechtsregelungen des gelehrten Rechts eher nicht entspricht. Damit wird eine Regelung geschaffen, die

[41] *Wazzānī*, an-Nawāzil al-ǧadīda al-kubrā, fīmā li-ahl Fās wa-ġairihim min al-badw wa'l-qurā, hg. v. ʿUmar b. ʿAbbād (1996–2000), Bd. 6, 571. Es handelt sich um ein neues Werk, das aber jahrhundertealtes Material enthält.

[42] Jacques Berque bezieht diese Aussage falsch in: *Ders.*, Opera minora I (Fn. 30), 246.

[43] Siehe *D. Santillana*, Istituzioni di diritto musulmano malichita con riguardo anche al sistema sciafiita, Bd. 2 (1938), 307.

[44] Dazu *M. Marín*, La transmisión del saber en al-Andalus (hasta 300–912), Al-Qanṭara 8 (1987), 87–97, hier 91 ff., hinsichtlich seines Einflusses.

[45] *Wazzānī*, an-Nawāzil (Fn. 41), Bd. 6, 579.

[46] Der Ehemann ist noch nicht lange verstorben, da sowohl Saatgut als auch Ochsengespann vorhanden sind und im Sinne des Verstorbenen eingesetzt werden können (auch dies üblich im Sinne der Rechtsgewohnheit).

[47] Zum Begriff *Müller*, Sitte, Brauch und Gewohnheitsrecht (Fn. 8), 33 ff.; und *D. Serrana Ruano*, La práctica legal (ʿamal) en al-Andalus durante los siglos X–XII, Qurṭuba 1 (1996), 171–192.

[48] *Serrana Ruano*, La práctica legal (Fn. 47).

später in der Endphase des muslimischen Granada eine stärkere ökonomische Rolle von Frauen ermöglichte[49].

Nehmen wir einen weiteren Fall. Jüngere Gelehrte seien befragt worden über einen Fünftelpächter, „der mit dem Grundeigentümer die Bedingung vereinbart, dass dieser für alles, wobei er jenem hilft, kein Entgelt erhält. Dann hilft der Grundeigentümer ihm und verlangt vom Fünftelpächter dennoch sein Entgelt“[50].

Die Antwort lautet: „Wenn seine Bedingung beweisbar ist, ist sie bindend. Wenn er (der Grundeigentümer) nun schwört, er habe dies nur getan, wenn er ein Entgelt erhält, wird ihm der Gegenwert seiner Arbeit gegeben“[51].

Es werden einige Varianten diskutiert, in denen der Eigentümer letztlich einräumt, der Unentgeltlichkeit zugestimmt zu haben. Für uns interessant ist, dass über das Bestehen eines Gesellschaftsvertrages, der hier vorliegt, bei Entfallen des Entgeltes positiv beschieden wird. Hier wird also ein durchaus strittiges Verfahren durch die Rechtsgewohnheit legitimiert, das z. B. elementaren Prinzipien des nahen Vertrages der *ǧuʿāla*, einer Art Gedinge, die häufig als der Fünftelpacht nahestehend angesehen wird, widerspricht. Verglichen mit dem obigen Zitat von al-Burzulī wird die stärkere Akzeptanz der Rechtsgewohnheit deutlicher sichtbar.

Nehmen wir ein weiteres Beispiel aus dem Sūs[52], einer Region in Südmarokko. Es betrifft die viel geübte Praxis des Verzehrs des Fleisches von an Gräbern von Gottesfreunden (*auliyāʾ*) geopferten Tieren, eine Praxis, die bis in die Gegenwart immer wieder für Auseinandersetzungen gesorgt hat[53]. Wir bewegen uns in einem eher ruralen Milieu[54]. Mit Berque zu sprechen[55], ist es nicht verwunderlich, dass Entwicklungen, wie sie schon oben beschrieben wurden, hauptsächlich in zwei Bereichen festzustellen sind, die zentral für das Funktionieren der maghrebinischen Gesellschaft sind, dem der Stiftung und der Landwirtschaft als dominanten wirtschaftlichen Sektoren.

Die Antwort auf eine dementsprechende Anfrage lautet, dass den autoritativen Texten folgend, die hier nicht benannt werden, das Opfern für einen Gottesfreund zwecks Erfüllung unmittelbarer Bedürfnisse im Licht der Überzeugung des Opfernden betrachtet werden müsse[56]:

---

49 Dazu mit zahlreichen weiteren Beispielen *M. Shatzmiller*, Her Day in Court. Women's Property Rights in Fifteenth-Century Granada (2007). Die Studie belegt einen durch Rechtsgewohnheit bis hin zum Gewohnheitsrecht erfolgenden Wandel in der rechtlichen Regelung von Geschlechterbeziehungen. Eine genderbasierte Untersuchung der Quellen zur Rechtsgewohnheit ist sicherlich ein Desiderat.

50 *Wazzānī*, an-Nawāzil (Fn. 41), Bd. 6, 580.

51 Ebd.

52 Zum Verhältnis von Rechtsgewohnheit und Schariarecht in dieser Region *Berque*, Opera minora I (Fn. 30), 447 ff.

53 Über die ökonomischen Aspekte eines solchen Heiligtums in Marokko, vgl. *K. Naamouni*, Le culte de Bouya Omar (1994).

54 Das islamische Recht kann auch die Zerstörung ruraler kollektiver Eigentums- und Bewässerungsformen bedeuten und eine Individualisierung von Eigentumsrechten befördern. Siehe mit einer Fallstudie *G. Grandguillaume*, De la coutûme à la loi. Droit de l'eau et statut des communautés locales dans le Touat précolonial, Peuples méditerranéens/Mediterranean Peoples 2 (1978), 119–132.

55 *Berque*, Opera minora I (Fn. 30), 225.

56 *Sūsī*, al-Maǧmūʿa al-fiqhīya fi ʾl-Fatāwa ʾs-sūsīya (Casablanca, 1995), 121.

Nimmt er an, dass die Wirksamkeit seiner Verrichtung (des Opfers) nur auf jenen Gottesfreund zurückgeht, dann ist sein Opfern verboten (*ḥarām*). Nimmt er an, dass die Wirksamkeit auf Gott und jenen Gottesfreund zurückgeht, ist sein Opfern tadelnswert (*makrūh*). Wenn er annimmt, dass dessen Wirksamkeit auf Gott allein zurückgeht, aber in Wahrheit mit Bezug auf jenen Gottesfreund und in Erwartung der Belohnung für sein Opfern in der Art und Weise des (üblichen) Ablaufes der Gewohnheit Gottes in der Erfüllung von Bedürfnissen infolge einer solchen Handlung, ist es erlaubt, vom Geopferten zu essen.

Die weiteren Erwägungen seien hier ausgelassen und zum zweiten Teil der Fatwa übergegangen. Hier geht es um Opfer am Grab eines Gottesfreundes durch einen Stamm, um Freundschaft mit einem anderen Stamm zu stiften. Es werden zwei malikitische Gelehrte zitiert, die dies für ablehnenswert halten. Der Verfasser hält entgegen, wenn der Name Gottes darüber (d. h. über dem Opfervorgang) gesprochen werde, sei es richtig, davon zu essen"[57]. Es werden dann die drei oben genannten Möglichkeiten, die auf die Intention der Opfernden abstellen, erwähnt.

Der entscheidende Satz beschließt die Fatwa vor den Endformeln: „Überwiegend ist es so, dass derjenige, dessen Glauben recht ist und der weiß, dass es keine Wirksamkeit einer geschaffenen Sache auf (irgend)eine (andere) Sache gibt, nicht annimmt, es gebe eine Wirksamkeit bei der Opferung oder etwas Anderem außer durch Gott"[58].

Durchaus zweifelhafte Handlungen, die gängigem Brauch entsprechen und der gelehrten Auffassung widersprechen, werden – das ist der Sinn der Erwähnung der einen Meinung – durch das Aussprechen des Namens Gottes bzw. durch die Annahme der grundsätzlichen Kenntnis der Auswirkungen der Wirkmacht Gottes zu legitimen Handlungen. Dies wird zusätzlich legitimiert durch den Bezug auf einige autoritative malikitische Gelehrte wie al-Laḫmī (gestorben 1092)[59] und ermöglicht die Einbeziehung dieser Bräuche als Rechtsgewohnheit in die Sphäre des gelehrten Rechts bzw. dessen Adaptierung an die geübte Praxis.

Dies führt mich mit *Berque* (und Milliot) dazu zu sagen, dass wir die rechtsgelehrte Tätigkeit in dieser Region „vor allem als einen Prozess der Integration der Rechtsgewohnheit (*coutume du droit*) und das Resultat dieses Prozesses[60]" ansehen können. Die Scharnierstelle ist hier die Literaturgattung der Rechtspraxis bestimmter Regionen, arabisch: *ʿamal*[61]. Allerdings nimmt *Berque* hier die gelehrte Perspektive ein. Wir können in unserer veränderten Perspektive auch von einer Anpassung des gelehrten Rechts an die regionalen Rechtsgewohnheiten sprechen.

Nehmen wir noch eine weitere malikitische Perspektive hinzu. Dieses Mal aus Ägypten, aber von einem Autoren, der auch im Maghreb rezipiert wurde[62]. *Šihāb ad-*

---

57 Ebd.

58 Ebd.

59 In Form seines Hauptwerkes, siehe *Laḫmī*, al-Tabṣira, hg. v. Aḥmad ʿAbdalkarīm Naǧīb (2011).

60 *Berque*, Opera minora I (Fn. 30), 218.

61 Für kurze Informationen und eine immer noch gute Bibliographie siehe *dens.*, Opera minora I (Fn. 30), 490–492; vgl. für al-Andalus *P. Chalmeta*, Acerca del ʿAmal en al-Andalus. Algunos casos concretos, Anuario de historia del derecho español 57 (1987), 339–364; und natürlich *Müller*, Sitte, Brauch und Gewohnheitsrecht (Fn. 8), 33 ff.

62 Dazu kommt noch seine genealogische Verbindung in den Maghreb durch seine Herkunft unter den Ṣanhāǧa-Berbern.

dīn al-Qarāfī (gestorben 1285)[63] spricht nicht nur von *ʿurf*. In seinem *Iḥkām* finden wir, dass sich die rechtlichen Beurteilungen (*aḥkām*: Sg. *ḥukm*) bei den Schafiiten, Malikiten und anderen auf die gängigen Sitten (*ʿawāʾid*) oder die Gewohnheit (*ʿurf*) zu der Zeit stützten, als die Beurteilungen endgültig formuliert wurden. Wenn sich nun die Sitten (*ʿawāʾid*)[64] änderten und gar auf den entgegengesetzten Sachverhalt deuteten, wären dann die Sätze „in den Büchern der Rechtsgelehrten" und in den Fatwas durch diesen Sittenwandel nichtig? Oder müsse man diesen folgen, weil sie eine endgültige Autorität haben?

Al-Qarāfīs Antwort auf diese Fragen ist recht kategorisch: „Alles, was es in der Scharia (an rechtlichen Beurteilungen) gibt, folgt den Sitten (*ʿawāʾid*). Die rechtliche Beurteilung des Sachverhalts ändert sich mit der Sitte entsprechend dem, was die erneuerte Sitte erfordert"[65]. Es handele sich dabei um keine neue eigenständige Rechtsformulierung (*iǧtihād*), lediglich um die Befolgung einer Rechtsmaxime (*qāʿida*), gemäß derer die älteren Rechtsgelehrten entschieden hätten und über die ein Konsens bestehe[66].

So verhalte es sich z. B. im Falle einer Bezugnahme auf eine bestimmte Münzsorte, mit der umzugehen zum Zeitpunkt der Beurteilung Sitte war. Die Beurteilung ändere sich, wenn andere Münzen der Sitte entsprechend benutzt werden. Dies gelte auch für andere Sachverhalte, so auch bei Klagen, die sich darauf stützten, dass etwas Sitte sei und diese sich dann ändere. Der Anspruch des Klägers verwandele sich in sein Gegenteil. Oder jemand bewege sich von einem Land in ein anderes, in dem sich die Sitte von der in seinem Herkunftsland unterscheide. Auch dann gelte die letztere Sitte[67].

Al-Qarāfī kann uns auch als Anknüpfungspunkt für weitere Reflektionen über das Verhältnis von Gelehrtenrecht und Rechtsgewohnheit dienen. Wir lesen bei ihm:

> Der Mufti muß, wenn zu ihm jemand kommt, der um eine Fatwa nachsucht, und wenn er (der Mufti) nicht weiß, ob dieser zu den Einwohnern des Ortes gehört, aus dem er selber kommt, oder aus dem Ort, an dem die Fatwa erteilt wird, keine Fatwa entsprechend seiner Gewohnheit (*ʿāda*)[68] erteilen, nach der er sonst eine Fatwa erteilt, ja diesen sogar nach dem Ort fragen, aus dem er kommt: Gibt es bei ihnen in jenem Ort einen Brauch bzw. eine Rechtsgewohnheit (*ʿurf*) im Gebrauch dieses sprachlichen Ausdruckes (*lafẓ*) oder nicht? Wenn dieser sprachliche Ausdruck gebräuchlich ist bzw. der Rechtsgewohnheit entsprechend: Stimmt der Brauch bzw. die Rechtsgewohnheit jenes Ortes mit dem bzw. der in diesem überein oder nicht[69]?

---

[63] Siehe zu ihm z. B. *S. A. Jackson*, Islamic Law and the State. The Constitutional Jurisprudence of Shihāb al-Dīn al-Qarāfī (d. 684/1285) (1996); und *D. R. Sarrió Cucarella*, Muslim-Christian Polemics Across the Mediterranean. The Splendid Replies of Shihāb al-Dīn al-Qarāfī (d. 684/1285) (2015).

[64] Hier wird nicht mehr von *ʿurf* gesprochen, was darauf hindeutet, dass bei diesem Autoren keine klare Trennung vorliegt.

[65] *Qarāfī*, al-Iḥkām fī tamyīz al-fatāwā ʿan al-aḥkām wa-taṣarrufāt al-qāḍī waʾl-imām, hg. v. ʿA. Abū Ġudda (^{2}1995), 218.

[66] Ebd., 218 f.; damit wird der Vorwurf entkräftet, es werde grundsätzlich die Autorität der führenden Köpfe der einzelnen Rechtsströmungen angegriffen. Zu den Rechtsmaximen im islamischen Recht vgl. den Beitrag von *Norbert Oberauer* in diesem Band.

[67] Ebd.

[68] Hier nicht im technischen Sinne gebraucht.

[69] Ebd., 232 ff.

Al-Qarāfī fährt fort, es gebe keinen Meinungsstreit unter den Gelehrten darüber, dass, wenn es zwei unterschiedliche Gewohnheiten (*ʿādatain*) in zwei unterschiedlichen Orten gebe, die gelehrt-rechtliche Beurteilung (*ḥukm*) dieser Rechtsgewohnheiten auch unterschiedlich sein müsse. Es gebe allerdings einen Meinungsstreit unter den Gelehrten darüber, ob der Brauch bzw. die Rechtsgewohnheit (*ʿurf*) der Sprache vorangehe, also sie bestimme, oder nicht. *Al-Qarāfīs* Position ist eindeutig: „Richtig ist, dass er (der *ʿurf*) voranzustellen ist, weil er der Abrogierende (*nāsiḫ*) ist. Der Abrogierende hat nun aber nach allgemeiner Meinung den Vorrang gegenüber dem Abrogierten (*mansūḫ*). Und genauso verhält es sich hier“[70].

Neben dem interessanten Moment, dass hier der unterschiedliche Sprachgebrauch von *ʿurf* bzw. *ʿāda*[71] sehr gut zu beobachten ist, können wir den Übergang vom gemeinsprachlichen Gebrauch zum technischen, den wir hier durch eine Doppelübersetzung zum Ausdruck bringen, verfolgen. Für unser Thema interessanter ist aber der Vorrang des Brauches bzw. der Rechtsgewohnheit dem sprachlichen Ausdruck gegenüber – ein wichtiges Thema der sunnitischen Rechtstheorie[72] –, der von den Gelehrten anerkannt wird und von *al-Qarāfī* in seinem epistemischen Rahmen in den Kontext der Abrogation (*nasḫ*) eingebettet wird, um diese Vorstellung verstehbar zu machen. Die Bedeutung des sprachlichen Ausdrucks für *al-Qarāfī* wird deutlicher[73], wenn wir an seine Formulierung denken, dass die sprachliche Formulierung des Richters, also das Urteil, nicht mit anderen sprachlichen Formulierungen zu vergleichen ist[74].

Nicht nur erhält der Brauch bzw. die Rechtsgewohnheit eine bestimmende Funktion im Rahmen der sprachlichen Formulierung von Recht, wir können auch erkennen, in welcher Weise beide für islamische Rechtsgelehrte verstehbar und unschädlich gemacht werden – ohne allerdings domestizierbar zu sein. Als letzteres ist dieser Vorgang nur interpretierbar, wenn wir die *illusio* (Bourdieu) der Gelehrten teilen. Wir formulieren es im Bruch damit: Die Normativität des islamischen Gelehrtenrechts wird durch Anerkennung der Rechtsgewohnheit bzw. des Brauches oder auch der Sitte gesichert.

---

70 Ebd., 232 ff.

71 Wie weit das semantische Feld der *ʿāda* sich spannt, zeigt sich, wenn es in einer Passage, in der es um die Beurteilungen (*ḥukm*) geht, heißt, dies sei letztlich Ausfluss der göttlichen Rede (*kalām*), die vom Propheten übermittelt worden sei, was der „gängigen Sitte Gottes“ entspreche; siehe *Yūsī*, al-Buḏūr al-lawāmiʿ fī šarḥ ǧamʿ ǧawāmiʿ fī uṣūl al-fiqh, Bd. 1, hg. v. Ḥamīd Ḥamānī al-Yūsī (2002), 195. Wie dieses Beispiel zeigt, ist das Desiderat, rechtliche Begriffe im weiteren Rahmen zu kontextualisieren, dringlich.

72 Siehe im Überblick *Lohlker*, Islamisches Recht (Fn. 1).

73 Dazu auch *Qarāfī*, al-Furūq, mit der Glosse Idrār aš-šurūq ʿalā anwāʾ al-furūq des *Ibn aš-Šāṭ*, hg. v. ʿUmar Ḥasan al-Qiyām (2003), Bd. 3, 134 ff.

74 *Qarāfī*, al-Iḥkām (Fn. 64), 71. Denken wir daran, dass z. B. *Yūsī*, al-Buḏūr (Fn. 70), Bd. 4, 110, im rechtstheoretischen Zusammenhang auch von „Ursprungsbedeutung dem Brauch entsprechend (*al-ḥaqīqa al-ʿurfīya*)“ spricht, so zeigt sich ein weiteres Desiderat, nämlich das der Analyse des sprachtheoretischen Einflusses des Brauches (hier: *ʿurf*) im Rahmen der Rechtsmethodik.

2. Gewichte und Münzeinheiten

Eher indirekt innovativ wirken Veränderungen im Bereich der Gewohnheit, die ihren Niederschlag später im Bereich der Rechtsgewohnheit finden. In mehreren Abhandlungen über Gewichte und Münzeinheiten im Sūs, die auch frühere Zeiten mit einschließen, finden sich vielerlei unterschiedliche Angaben je nach Region. Deren Herausgeber fasst den uns hier interessierenden Teil so zusammen: „Was für die Urkunden aus dem Sūs besonders ist, ist, dass sie unterscheiden zwischen dem *dirham aš-šarʿī* (schariatischer Dirham) – auch *dirham as-sunna* oder *dirham al-kail* (d. h. Hohlmaß) genannt – und dem *dirham al-ʿurfī*"[75].

In einer der von ihm edierten Abhandlungen finden wir demgemäß auch die Beobachtung: „Was nun die *ʿurfī*-Unze (*al-ūqīya al-urfī*)[76] (für Silber) betrifft, so unterscheidet sie sich je nach den unterschiedlichen Gebräuchen und Prägungen in den jeweiligen Zeiten und Orten"[77]. Da ein Teildirham in zeitlich und lokal unterschiedlicher Beziehung zum *dirham aš-šarʿī* gesehen wird – so auch nach der Münzreform zur Mitte des 18. Jahrhunderts[78], die aus unserem zeitlichen Rahmen fällt –, können wir hier ein Paradigma der Beziehung zwischen rechtsgewohnheitlichem und schariarechtlichem Bereich sehen. Indem die entsprechenden Urkunden auf bekanntem Wege unter anderem über Fatwas in die schariarechtliche Literatur eingehen[79], erzeugen Veränderungen der entsprechenden rechtsgewohnheitlichen Praxis und die Anerkennung bzw. Nichtanerkennung bestimmter Gewichte innovativen Druck, genauso wie umgekehrt schariarechtliche Normierungen normativen Druck auf das rechtsgewohnheitliche Handeln ausüben.

Was heißt dies? Wenn wir den Kommentar des Marokkaners *Abu ʾl-Ḥasan ʿAlī at-Tasūlī* (gestorben 1842), der auch älteres Material enthält, zum versifizierten Richterhandbuch des Ibn ʿĀṣim (gestorben 1426) heranziehen, finden wir beispielsweise folgende Passage[80]:

Aber die breite Masse (*ʿāmma*) heutzutage benutzt dafür (d. h. für den Ausdruck: *mubādala*, Austausch, Wechsel) den Ausdruck *ṣarf*. Sie sagen: Wechsele mir diese Dirhams gegen ihr Äquivalent oder z. B. für *riyāl*[81]. Es ist klar, dass dies (der Ausdruck Wechseln [*ṣarf*]) ihren Vertragsschluss nicht mangelhaft macht aufgrund der erwähnten Bedingung (dass ein anderer sprachlicher Ausdruck gewählt werden muss), weil der Dreh- und Angelpunkt der Verträge die Absichten (*maqāṣid*) und Bedeutungen (*maʿānī*) der sprachlichen Ausdrücke sind.

75 *Afā*, an-Nuqūd al-maġribīya fi ʾl-qarn aṯ-ṯāmin ʿašar (1993), 55.

76 Zur Unze (*ūqīya)* allgemein *W. Hinz*, Islamische Maße und Gewichte umgerechnet ins metrische System (²1970), 34 f.; die Angaben wären natürlich für den vorliegenden Fall zu korrigieren.

77 *Afā*, an-Nuqūd (Fn. 74), 161.

78 Ebd., 54.

79 *W. B. Hallaq*, Murder in Cordoba: Ijtihād, Iftāʾ and the Evolution of Substantive Law in Medieval Islam, Acta Orientalia 55 (1994), 55–83; und *ders.*, From Fatwas to Furūʿ. Growth and Change in Islamic Substantive Law, Islamic Law and Society 1 (1994), 17–56.

80 *Tasūlī*, al-Bahǧa fī šarḥ at-Tuḥfa, mit der Glosse Ḥulā al-maʿāṣim li-fikr Ibn ʿĀṣim des Abū ʿAbdallāh Muḥammad at-Tāwudī (Beirut, 1991), Bd. 2, 53.

81 *Riyāl* ist zu dieser Zeit eine bestimmte kleinere Münzeinheit.

Abgesehen davon, dass dies ein schönes Beispiel für die Oralität der Rechtsgewohnheit bis in das 19. Jahrhundert ist, finden wir die Aufhebung des Form- und Formulierungszwangs des Gelehrtenrechts und eine zwanglose Anerkennung dieses Faktums durch einen führenden malikitischen Gelehrten seiner Zeit. *At-Tasūlī* bemerkt weiter[82]: „Im ‚Miʿyār' finden wir nach at-Tūnisī[83]: ‚Es ist der Austausch (*murāṭala*) alter Dirhams erlaubt, wobei sie einen höheren Silbergehalt haben als die neuen, (basierend) auf der Aussage, dass derjenige, der die neuen gibt, einen Überschuss gebend keinen Nutzen aus dem zieht, was die alten mehr an Silber beinhalten'." Wir könnten die Beispiele solcher Erwägungen vermehren, aber es ist deutlich, dass der höchst kreative Marktverkehr mit unterschiedlich gewichteten Münzen den *fiqh* malikitischer Richtung deutlich beeinflusst hat. Das ganze Kapitel, aus dem hier zitiert wurde, zeugt von der intensiven Auseinandersetzung mit den monetären Praktiken der Zeit und den damit einhergehenden Rechtsgewohnheiten.

3. Verbot von Zucker

Beschließen und versüßen wir unsere Erwägungen noch mit einem anderen Beispiel aus dem Sūs! In einer Sammlung von Rechtstexten aus der Region findet sich diese Fatwa[84]:

Eine Frage von unseren hochangesehenen Herren aus Alexandria, ägyptischen Landen und anderen Einwohnern des (arabischen) Ostens (*mašāriqa*) und eine Antwort auf ein Problem, das zu lösen notwendig wurde in unserer Region des *Sūs* unter den Angesehenen und der breiten Bevölkerung. Es handelt sich um den weißen Zucker, der bei uns als der höchste der Genüsse angesehen wird und verbreitet ist unter den Menschen, ihren Gelehrten (*fuqahā'*)[85], Richtern, Emiren und Kaufleuten, ganz zu schweigen von anderen. Am meisten wird er benutzt für Tee (*atāy*), so dass einige darüber sagen: „Der Tee ist eine Wohltat, deren bessere es keine gibt unter dem, was man erwählen könnte, denn die Glückseligkeit des Paradieses".

Obwohl nun sein Konsum von alters her bis heute, ja sogar jetzt, gepflegt wird, treten heute einige sufische Herren auf und sprechen sich für sein Verbot aus mit der Behauptung, bei seiner Verarbeitung werden Schweineblut oder die Knochen toter Tiere verwendet.

Über die Zulässigkeit eines solchen Verbotes würde angefragt, da die Fragesteller keinerlei Kenntnis über diese Dinge hätten, denn „die Behauptung dessen, der dies sagt, ist in unseren Landen noch nicht gehört worden". Die Antwort ist klar[86]:

Es ist unbedenklich, den Zucker zu verzehren, der durch das Entfernen von Knochenmehl und von Blut, das sich daran befindet, gereinigt wird, weil dem Zucker nichts davon anhaftet oder vermischt ist. Vielmehr schwimmt der Zucker oben und das, was an Verschmutzung an ihm ist

---

82 *Tasūlī*, al-Bahǧa (Fn. 79), 53.

83 Die Stelle konnte bis jetzt nicht eindeutig nachgewiesen werden. Es wird auf jeden Fall der „Miʿyār" von *Wanšarīsī* (gestorben 1505 oder 1508) zitiert, siehe *Wanšarīsī*, al-Miʿyār al-muʿrib wa'l-ǧāmiʿ al-muġrib ʿan fatāwī ʿulamā' Ifrīqiya wa'l-Andalus wa'l-Maġrib, hg. v. Muḥammad Ḥaǧǧī, 13 Bde. (1981).

84 *Sūsī*, al-Maǧmūʿa al-fiqhīya (Fn. 55), 261.

85 Hier liegt ein Druckfehler im Text der Edition vor.

86 *Sūsī*, al-Maǧmūʿa al-fiqhīya (Fn. 55), 262.

aus Knochenmehl und Blut, setzt sich ab. Der Zucker wird rein abgeschöpft und die Verschmutzungen und das, was in ihnen an Knochenmehl und Blut übrig ist, beiseite gelassen.

Dies wird verglichen mit der Reinigung von Silber oder Kupfer von Verunreinigungen unter Benutzung von Knochenmehl. Diese Metalle würden von der malikitischen Richtung als rein angesehen[87].

Welch besseres Beispiel für die normative Kraft des Faktischen in der Rechtsgewohnheit könnte es geben, die eine mögliche Systematisierung des Verbotes des Kontaktes mit als unrein erachteten Stoffen verhindert! Zugleich ist es natürlich sozialgeschichtlich sehr interessant. Einen aktuellen Ausblick erlaubt dieser Fall auch, da eine solche Argumentation heute schwierig wäre.

IV. Schlussbemerkung

Ist dies nun ein rein malikitisch-nordafrikanisches Problem? Ich denke, dass sich weitere Forschung auf dem Gebiet der Beziehungen zwischen Rechtsgewohnheit und gelehrtem Recht beginnend in regionalen Kontexten – unter Berücksichtigung auch linguistischer Kontexte (!) – als lohnenswert erweisen wird, um eine Stratigraphie des islamischen Rechts zu beschreiben, die die Zentriertheit auf das gelehrte Recht allgemein aufhebt. Ich schließe mich also in gewissem Maße *Johansens* Auffassung an, die er anhand hanafitischer Quellen entwickelt hat[88]:

> Selbst wenn viele der hanafitischen Juristen die spezifische soziale Praxis (*ʿurf ḫāṣṣ*) als Quelle für eine lokale und beschränkte Rechtsregel ansehen, kann allein die allgemeine Praxis als Quelle für juridische Normen mit universeller Gültigkeit dienen. Die normative Dimension der spezifischen Praxis wird als notwendige Form der Adaptierung des Rechts an die besonderen sozialen Realitäten anerkannt.

Die Beziehung zwischen Rechtsgewohnheit und gelehrtem Recht in der islamischen Welt sollte als die einer Auseinandersetzung um die normativen Geltungsansprüche von Sollensordnungen verstanden werden, die nicht den Primat des gelehrten Rechts zur Folge haben muss – was auch für andere normative Ordnungen gilt. Um diesen Perspektivwechsel zu erreichen, muss allerdings mit der *illusio* der Rechtsgelehrten gebrochen werden.

---

87 Ebd.

88 *B. Johansen*, Coutumes locales et coutumes universelles aux sources des règles juridiques en droit musulman hanéfite, Annales Islamologiques 27 (1993), 29–35, hier 35.

Juristische Consilia im Spätmittelalter zwischen Kommerzialisierung und Rechtsfortbildung

Thomas Woelki

I. Geschichtliche Entwicklung 200
II. Forschungstraditionen 205
III. Verlässlichkeit und wissenschaftlicher Wert 207
1. Sanktionen gegen falsche Consilia 208
2. Serielle Begutachtung 210
3. Die Formalien der Consilia 210
IV. Zusammenfassung 213

In den Novellen des Florentiner Kaufmanns *Franco Sacchetti* (gestorben um 1400) hat die Rechtswissenschaft einen schweren Stand. Jurastudium sei Zeitverschwendung, das *Ius commune* ein toter Körper, „un corpo morto", der nur an der Universität gelehrt werde und in der Praxis keine Rolle spiele, wo Macht und Einfluss über Recht und Unrecht entscheiden[1]. Seine Angriffe richten sich ganz konkret gegen das Genre der Consilia, wie die folgende Episode zeigt, die sich in Florenz im Jahre 1350 zugetragen haben soll[2].

Aghinolfo de' Bardi bittet seinen Nachbarn Francesco da Entica, ihm ein Pferd zu leihen. Francesco lehnt ab, denn er braucht das Pferd gerade selbst. Daraufhin leiht sich Aghinolfo das Pferd seines Verwandten Doffo dei Bardi, genannt „il calonaco", der Kanoniker. Aghinolfo bringt das Pferd in desaströsem Zustand zurück. Der Calonaco klagt daraufhin beim Podestà auf Schadensersatz – aber nicht gegen Aghinolfo, sondern gegen Francesco, weil dieser ja sein Pferd nicht verleihen wollte. Francesco wundert sich über diesen wahnwitzig konstruierten Anspruch und sieht dem Ge-

[1] *Franco Sacchetti*, Il Trecentonovelle, hg. v. V. Marucci (1996), hier bes. Nr. 40, 126 f.: Messer Ridolfo da Camerino (Rodolfo Varano da Camerino, gestorben 1384, Florentiner Heerführer im Krieg der Otto Santi, 1375–1378) erklärt seinem Neffen, der gerade aus Bologna vom Rechtsstudium zurückgekehrt ist, dass er seine Zeit vergeudet habe, da man das dort Gelernte in der Praxis gar nicht anwende: „Sí che per certo ella ci ha poco corso; e abbia ragione chi vuole, che se un poco di forza piú è ne l'altra parte, la ragione non v'ha a fare nulla. E però si vede oggi che sopra poveri e impotenti tosti si dà iudizio e corporale e pecuniale; contra i ricchi e potenti rade volte, perché tristo chi poco ci puote". Zu dieser Stelle vgl. auch *J. Kirshner*, Consilia as Authority in Late Medieval Italy: The Case of Florence, in: M. Ascheri *et al.* (Hg.), Legal Consulting in the Civil Law Tradition (1999), 107–140, hier 116. Außerdem *Sacchetti*, Trecentonovelle (Fn. 1), Nr. 124, 373–375: Ein heimgekehrter Jurastudent tranchiert einen Truthahn und teilt sich selbst den ganzen Körper zu, denn das Studium sei „un corpo morto". Ähnlich auch *ders.*, Trencentnovelle (Fn. 1), Nr. 137, 416 f.: Rechtsunkundige Frauen bringen Argumente gegen eine Kleiderordnung, gegen welche die gesamte Rechtsgelehrsamkeit nichts ausrichten kann. Zu literaturgeschichtlicher Einordnung und Hintergründen der Novellensammlung vgl. *A. Tartaro*, Franco Sacchetti e i novellieri, in: Letteratura italiana. Storia e testi (1972), Bd. II/2, 565–627.

[2] *Sachetti*, Trecentonovelle (Fn. 1), Nr. 197, 679–682.

richtstag beim Podestà gelassen entgegen. Aber auch der Calonaco ist optimistisch, denn er hat ausgezeichnete Beziehungen zum Podestà und zu den örtlichen Juristen. Vor dem Podestà fährt der rechtskundige Francesco gleich das schwerste Geschütz des *Ius commune* auf: Die Autorität des Bartolo da Sassoferrato. Der Calonaco stellt sich erst einmal dumm und entgegnet: „Io non dico che 'l ronzino sia sferrato". Der Gaul habe ja nicht nur die Hufeisen verloren[3]. Das Wortspiel mit dem Herkunftsort des großen Bartolo wird zum Sinnbild für das zahnlose *Ius commune*. Als Francesco nämlich das vermeintliche Missverständnis auflöst, bringt nicht nur der Anwalt der Gegenseite, sondern auch der Podestà und dessen Assessor so viele Allegationen vor, dass Francesco unsicher wird und zustimmt, den Fall durch die Rechtsgutachten mehrerer Doktoren entscheiden zu lassen. Da diese aber alle mit dem Calonaco verbändelt sind, verliert er den Fall.

Der Schlusssatz fasst die Unsinnigkeit dieser Kultur der Rechtsfindung zusammen: „Egli allegava al calonaco Sassoferrato, e 'l calonaco sapea lo 'Nforzato, con quello vinse la questione"[4]. „'Nforzato" – das im Wortspiel mit „forza", politischer Macht, verballhornte *Infortiatum*, also der mittlere Teil der Digesten – siegt über den „Sassoferrato". Politischer Einfluss schlägt das *Ius commune* – und das Mittel dazu sind die Consilia[5].

I. Geschichtliche Entwicklung

Anspruch und gesellschaftliche Funktion dieses Genres waren das genaue Gegenteil. Schon als im 11. und 12. Jahrhundert ausgehend vom Bologneser Gelehrtenkreis um den legendären Irnerius eine systematische Aufarbeitung des römischen Rechts einsetzte, hatten die Consilia ihren Platz gefunden[6]. Gelehrte Stellungnahmen von Experten hatten eine lange Tradition bis in die römische Antike als Garant für eine

[3] *Sachetti*, Trecentonovelle (Fn. 1), Nr. 197, 682.

[4] *Sachetti*, Trecentonovelle (Fn. 1), Nr. 197, 682.

[5] Definition des Genres und Einordnung in die juristische Literaturgeschichte bei *N. Horn*, Die legistische Literatur der Kommentatoren und die Ausbreitung des gelehrten Rechts, in: H. Coing (Hg.), Handbuch der Quellen und Literatur der neueren europäischen Privatrechtsgeschichte. Bd. 1: Mittelalter (1100–1500). Die gelehrten Rechte und die Gesetzgebung (1973), 261–364, hier 336–341; *M. Ascheri*, I consilia dei giuristi: una fonte per il tardo Medioevo, in: Bullettino dell'Istituto storico italiano 105 (2003), 305–334; *T. Woelki*, Lodovico Pontano (ca. 1409–1439). Eine Juristenkarriere an Universität, Fürstenhof, Kurie und Konzil (2011), 36–50.

[6] Zu den frühen Consilia vgl. *G. Rossi*, Consilium sapientis iudiciale. Studi e ricerche per la storia del processo romano-canonico (1958), 7–68; *A. Belloni*, Quaestiones et consilia. Agli inizi della prassi consigliare, in: I. Baumgärtner (Hg.), Consilia im späten Mittelalter. Zum historischen Aussagewert einer Quellengattung (1995), 13–32; *M. Ascheri*, Le fonti e la flessibilità del diritto comune: il paradosso del consilium sapientis, in: Ders. *et al.* (Hg.), Legal Consulting (Fn. 1), 11–53, hier 58; *I. Baumgärtner*, Rat bei der Rechtsprechung. Die Anfänge der juristischen Gutachterpraxis zwischen römischer Kommune und päpstlicher Kurie im 12. und beginnenden 13. Jahrhundert, in: Dies. *et al.* (Hg.), Legal Consulting (Fn. 1), 55–106; *M. Ascheri*, Il consilium dei giuristi medievali, in: C. Casagrande *et al.* (Hg.), Consilium. Teorie e pratiche del consigliare nella cultura medievale (2004), 243–258, wiederabgedruckt in: *M. Ascheri*, Giuristi e istituzioni dal medioevo all'età moderna (secoli X–XVIII) (2009), 263–278, hier 247–249.

legale und wissenschaftlichen Prinzipien verbundene Gerichtspraxis[7]. Die allgemeine Etablierung dieses Genres war nun Ausdruck der typisch urbanen Rechtskultur der italienischen Kommunen des Hochmittelalters, welche das gesellschaftliche Zusammenleben nicht mehr aufgrund von vererbten seigneurialen Abhängigkeiten und individuellen Privilegien organisierten, sondern Rechtsbeziehungen, die auf der Basis des freien Willens entstanden, in einem abstrakten Normensystem regulierten[8]. Consilia machten es überhaupt erst möglich, soziale Konflikte nicht mehr auf der Basis von gewachsenen Macht- und Sozialstrukturen auszuhandeln, sondern im Rahmen des legalen Systems durch dialektische Konfrontation von Argumenten zu lösen[9].

Der ganz große Durchbruch dieses Genres erfolgte im 13. Jahrhundert, als die italienischen Stadtkommunen quasi flächendeckend dazu übergingen, ihre Rechtsordnung durch jeweils eigene Statuten zu kodifizieren und gleichzeitig zentrale Ämter der Rechtsprechung und Administration, vor allem das Amt des Podestà, mit auswärtigen Personen zu besetzen, die nicht in interne Familien- und Freundschaftsbindungen eingeflochten waren[10]. Die oft nur für einige Monate oder ein Jahr angestellten Fremden waren schon aus purem Selbsterhaltungstrieb auf die Ratschläge der ortsansässigen Fachleute angewiesen, denn am Ende ihrer Amtszeit drohte das strenge Syndikationsverfahren[11]. Zumindest ungelehrten Richtern oder Schiedsrichtern wurde daher im Allgemeinen das Recht zugestanden, Consilia über die Rechtslage einzuholen und den Parteien die Kosten hierfür aufzuerlegen[12]. Oft einigten sich die Prozessparteien auch freiwillig auf die Einholung von Consilia[13]. Darüber hinaus sahen viele Statuten vor, dass bei wichtigen Gerichtsverfahren oder bei richtungsweisenden politischen Entscheidungen zur Sicherstellung von Professionalität und Kompetenz der Ratschluss eines Gelehrten, ein „consilium sapientis", einzubeziehen sei und erklärten diese Consilia oft für verbindlich, ersetzten also die Entscheidung des

---

[7] Zur antiken Praxis siehe *Rossi*, Consilium (Fn. 6), 30; *Ascheri*, Il consilium (Fn. 6), 245 f.

[8] So mit Blick auf die soziale Funktion des römischen Rechts *M. Bellomo*, Elogio delle regole. Crisi sociale e scienza del diritto alle origini dell'Europa moderna (2012), insbs. 13 f., 34 f., 59, 70.

[9] Vgl. *M. Vallerani*, Consilia iudicialia. Sapienza giuridica e processo nelle città comunali italiane, in: Mélanges de l'École française de Rome. Moyen Âge 123 (2011), 129–150, hier 146 f.

[10] Zu diesem Prozess vgl. *S. Menzinger*, Consilium sapientum: Lawmen and the Italian Popular Communes, in: L. Armstrong und J. Kirshner (Hg.), The Politics of Law in Late Medieval and Renaissance Italy. Essays in Honour of Lauro Martines (2011), 40–54, hier 42–44; *Ascheri*, Il consilium (Fn. 6), 250–252. Exemplarisch für die Consilia der Stadt San Gimignano *M. Chiantini*, Il consilium sapientis nel processo del secolo XIII. San Gimignano 1246–1312 (1996).

[11] Dazu jetzt umfassend *M. Isenmann*, Legalität und Herrschaftskontrolle (1200–1600). Eine vergleichende Studie zum Syndikatsprozess: Florenz, Kastilien und Valencia (2010). Vgl. auch *S. Lepsius*, Kontrolle von Amtsträgern durch Schrift: Luccheser Notare und Richter im Syndikatsprozeß, in: Dies. und T. Wetzstein (Hg.), Als die Welt in die Akten kam: Prozeßschriftgut im europäischen Mittelalter (2008), 389–473.

[12] So etwa *Baldus de Ubaldis*, Super VII, VIII et IX Codicis Commentaria, (Lyon, 1539), ad Cod. 7.44.2 (Hac lege), f. 50ra: „Nam idiote vel arbiter super puncto iuris bene possunt mandare partibus, quod darent sibi aliquem consultorem et mandare partibus quod deponerent salarium pro consultore".

[13] Vgl. *M. Ascheri*, Diritto medievale e moderno. Problemi del processo, della cultura e delle fonti giuridiche (1991), 204; *A. Romano*, Letteratura consiliare e formazione dei diritti privati europei: l'esperienza del diritto di famiglia siciliano tardomedievale, in: Ascheri *et al.* (Hg.), Legal Consulting (Fn. 1), 255–291, hier 260.

Richters[14]. Auch am päpstlichen Gericht, der *Rota Romana*, waren die Richter an die Gutachten ihrer Kollegen gebunden[15].

Trotz der schon früh geäußerten Vorbehalte gegen die Aushöhlung der richterlichen Unabhängigkeit, welche für Guillaume Durand allein auf der Habgier der Advokaten beruhte („propter lucrum advocatorum"[16]) und die bereits Innozenz III. für den Bereich des kanonischen Rechts mit der Dekretale *Ad nostram* (1199) verhindern wollte[17], wurde das Consilium zur standardisierten juristischen Massenware[18]. Nicht wenige Juristen gründeten ihren zum Teil enormen Wohlstand auf der Serienproduktion von gut bezahlten Gutachten[19]. Über die immensen Besitztümer des berühmten Legisten Baldo degli Ubaldi, des unumstrittenen Rekordhalters unter den Consilia-Produzenten, sind wir durch die Peruginer Steuerkataster hervorragend informiert, ebenso über seine jüngeren Brüder Pietro und Angelo[20]. Ihr Reichtum gründete zum großen Teil auf den Gutachten. Selbst kurze und informelle Rechtsauskünfte brachten zum Teil erhebliche Gewinne ein, die ein Lodovico Pontano (gestorben 1439) seinen Schülern in Siena stolz auflistet[21]. Versuche der Objektivierung, etwa nach Anzahl der

---

[14] *Kirshner*, Consilia as Authority (Fn. 2), 107–109, 112 f., mit Beispielen aus den Florentiner Statuten; *Ascheri*, Il consilium (Fn. 6), 251, mit Verweisen auf die Diskussion zur Gültigkeit derartiger Statuten; *M. Ascheri*, Dottrine universitarie, pensiero politico e istituzioni comunali: alcuni problemi, in: J. Krynen und M. Stolleis (Hg.), Science politique et droit public dans les facultés européennes (XIIIe–XVIIIe siècle) (2008), 283–298; wiederabgedruckt in: *Ascheri*, Giuristi e istituzioni (Fn. 6), 247–261, hier 294; *Vallerani*, Consilia giudiziaria (Fn. 9), 129.

[15] *Woelki*, Lodovico Pontano (Fn. 5), 100–107 (Literatur).

[16] Zitat bei *Rossi*, Consilium sapientis (Fn. 6), 122; *Ascheri*, Le fonti (Fn. 6), 27.

[17] Zur Dekretale *Ad nostram* (X 1.4.3), in: E. Friedberg (Hg.), Corpus iuris canonici, Bd. 2 (1881), Sp. 36 f., vgl. *Ascheri*, Diritto medievale (Fn. 13), 198; *Ascheri*, Le fonti (Fn. 6), 25–27; *Ascheri*, Il consilium (Fn. 6), 249; *Ascheri*, Dottrine universitarie (Fn. 14), 294.

[18] *Ascheri*, I consilia dei giuristi (Fn. 5), 307, 325.

[19] Zu den Kosten für Consilia vgl. *I. Baumgärtner*, Stadtgeschichte und Consilia im italienischen Spätmittelalter. Eine Quellengattung und ihre Möglichkeiten, Zeitschrift für Historische Forschung 17 (1990), 129–154, hier 232; *M. Bellomo*, The Common Legal Past of Europe, 1000–1800 (1995), 213 f.; *J. A. Brundage*, The Medieval Origins of the Legal Profession: Canonists, Civilians, and Courts (2008), 200, 456–458.

[20] Aufstellung des Katasters bei *A. Grohmann*, Città e territorio tra medioevo ed età moderna (Perugia, secc. XIII–XVI), Bd. I: La città (1981), 217–221. Biographische Auswertung bei *P. Monacchia*, „La casa che habitiamo". Riflessioni patrimoniali su Baldo e sua famiglia, Ius commune 27 (2000), 3–25; *ders.*: Vicende patrimoniali degli Ubaldi a Perugia tra Tre e Quattrocento, in: VI Centenario della morte di Baldo degli Ubaldi (1400–2000), hg. v. C. Frova *et al.* (2005), 101–114; *M. Bistoni Colangeli*, La famiglia Baldeschi nel contesto socio-politico cittadino, in: VI Centenario, hg. v. Frova *et al.*, 539–553. Zum Wohlstand Baldos vgl. auch *Horn*, Legistische Literatur (Fn. 5), 337.

[21] *Lodovico Pontano*, Singularia (Paris: Nicolaus de Pratis, 1508), Nr. 436: „Et hoc mihi obvenit de facto Florencie et ita consului per duas leges, et habui quattuor ducatos pro unaquaque. Ita vendo leges. Scias in eodem vendere!"; ebd., Nr. 489: „Et propter hoc lucratus sum sex florenos et quedam alia"; ebd., Nr. 487: „Et lucratus sum plus quam LX ducatos"; ebd., Nr. 538: „Et lucratus sum florenos L". Ähnliche Aussagen bei *Franciscus Cremensis*, Singularia sive notabilia dicta (Bologna: Andreas Portilia, ca. 1475; vgl. GW 10265), Nr. 73: „Et lucratus fui sex ducatos in civitate Bononie"; *Franciscus Cremensis*, Singularia, Nr. 127: „Et lucratus fui duos ducatos". Zur Gattung der Singularia s. *Woelki*, Lodovico Pontano (Fn. 5), 30–36; *ders.*, Singularia. Eine fast vergessene Gattung der juristischen Literatur, in: Honos alit artes. Studi per il settantesimo compleanno di Mario Ascheri, Bd. 1: La formazione del diritto comune. Giuristi e diritti in Europa (secoli XII–XVIII), hg. v. P. Maffei und G. M. Varanini (2014), 281–290; erneut in: Bulletin of Medieval Canon Law 34 (2017), 225–247.

durchblätterten Rechtsbücher (Johannes Teutonicus), oder der Begrenzung der Honorare vor allem für ärmere Klienten (Guillaume Durand) konnten sich nicht durchsetzen. Immerhin müsse man stets auch den immensen Studienaufwand der Juristen berücksichtigen, so der berühmte Bologneser Kanonist Johannes Andreae[22].

Zunftartige Korporationen, Doktorenkollegien, monopolisierten vielerorts die Produktion von bindenden Gerichtsconsilia[23]. Die korporativ organisierten städtischen Eliten zogen einen Teil der eigentlich an die auswärtigen Beamten ausgelagerten Kompetenzen wieder an sich. Der Einfluss städtischer Eliten auf die Jurisprudenz riss nie ganz ab[24]. Soziale Verflechtungen und Loyalitätsbindungen blieben weiterhin maßgeblich für die juristische Entscheidungsfindung. Mitunter wurden daher die von einheimischen Doktoren eingeholten Consilia nochmals einer Kontrolle unterzogen, indem man berühmte Doktoren auswärtiger Universitäten mit der Prüfung beauftragte[25].

Die formalisierte Inanspruchnahme professioneller Expertise wurde zu einer weit über den juristischen Bereich hinaus praktizierten Kulturtechnik. Consilia anzufordern und zu den Akten zu nehmen wurde zu einem legitimitätsstiftenden Verfahren. Nach juristischem Vorbild entstanden ab der zweiten Hälfte des 13. Jahrhunderts Sammlungen der Consilia berühmter Mediziner, welche analog zu den juristischen Consilia eine normierte Struktur ausbildeten und zu einem Standardtext der medizinischen Fachliteratur wurden[26]. Wegweisend wirkten vor allem die Aufzeichnungen zu individuellen Krankheitsbildern und Therapien des Taddeo Alderotti (gestorben 1295)[27]. Weit verbreitete Sammlungen hinterließen in der Folgezeit Gentile da Foligno (gestorben 1348), Antonio Cermisone (gestorben 1441) und Bartolomeo Montagnana (gestorben 1452)[28]. Eine ähnliche Entwicklung lässt sich für den Bereich der Architektur beobachten[29].

Noch weitgehend unerforscht ist das Problem theologischer Gutachten, welche beim Vergleich mit der islamischen Fatwa-Praxis ebenso zu berücksichtigen wären. Theologische Expertise wurde in zahlreichen Streitfällen systematisch eingeholt, sei es zur Absicherung des eigenen Gewissens oder der publizistischen Abwehr politi-

---

22 Nachweise bei *Brundage*, Medieval Origins (Fn. 19), 458. Weiteres Material zu den Honoraren für Consilia bei *Rossi*, Consilium sapientis (Fn. 1), 118, 229–234.

23 *Ascheri*, Il consilium (Fn. 6), 250; *P. Gilli*, Les consilia collectifs des collèges doctoraux italiens à la fin du Moyen Âge, in: M. Charageat (Hg.), Conseiller les juges au Moyen Âge (2014), 99–110.

24 Vgl. *Ascheri*, Diritto medievale (Fn. 13), 205; *Vallerani*, Consilia iudicialia (Fn. 9), 129.

25 So etwa in dem als Original-Dossier erhaltenen Fall jüdischer Geldverleiher in Cortona (1428); dazu *Woelki*, Lodovico Pontano (Fn. 5), 68–71.

26 Zu den medizinischen Gutachten umfassend *J. Agrimi* und *C. Crisciani*, Les Consilia médicaux (1994).

27 M. G. Nardi (Hg.), Taddeo Alderotti. I Consilia. Trascritti dai codici Vaticano lat. n. 2418 e Malatestiano D. XXIV. 3 (1937).

28 Zitiert seien nur die jeweiligen Erstdrucke: *Gentilis de Fulgineo*, Consilia (Pavia: Antonius Carcanus, ca. 1486; GW 10618); *Antonius Cermisonus*, Consilia medica (Brescia: Henricus de Colonia, 1476; GW 6514); *Bartolomeus Montagnana*, Consilia medica (Padua: Petrus Maufer de Maliferis, 1476; GW M25274).

29 Vgl. J. Renn *et al.* (Hg.), Wissensgeschichte der Architektur, Bd. 3: Vom Mittelalter bis zur frühen Neuzeit (2014).

scher Gegner. Unter Umständen wurden theologische Gutachten auch prozessrelevant; man denke etwa an den Streitfall um das Wunderblut von Wilsnack, der eine kaum überschaubare Masse an gelehrten Stellungnahmen hervorrief[30]. Im Zusammenhang der Observanzbewegungen des 15. Jahrhunderts entstanden umfangreiche Aufzeichnungen von systematisch eingeholten gelehrten Ratschlägen zu Einzelfragen des Klosterlebens[31]. Die Produkte theologischer Expertise zu praktischen Einzelfragen wurden mitunter auch als *consilium* bezeichnet[32]. Jedoch etablierten sich, soweit erkennbar, in diesem Bereich keine formalisierten Gattungskonventionen, welche mit den juristischen und medizinischen Consilia vergleichbar wären und eine typologische Abgrenzung etwa zum Traktat oder zur Predigt ermöglichen würden.

Zurück zu den juristischen Consilia. Neben die im Verlauf von Gerichtsprozessen eingeholten „Consilia sapientis" traten Gutachten, die nicht den Anspruch auf Überparteilichkeit erhoben, sondern während oder außerhalb des Prozesses von einer Seite zur Bekräftigung des eigenen Anspruchs vorgelegt wurden[33]. Derartige „Consilia pro parte" wurden auch in politischen Streitigkeiten als publizistische Waffe zur Einschüchterung der Gegner, mehr noch zur Rückversicherung der eigenen Gefolgsleute eingesetzt. Praktisch jeder spätmittelalterliche politische Konflikt, vom Großen Schisma bis zur Pazzi-Verschwörung in Florenz wurde von dröhnenden Propaganda-Schlachten begleitet, bei denen Consilia neben Traktaten und Appellationsschriften in vorderster Reihe vertreten waren[34].

---

[30] Übersicht bei *A.-K. Ziesak*, „Multa habeo vobis dicere …". Eine Bestandsaufnahme zur publizistischen Auseinandersetzung um das Heilige Blut von Wilsnack, in: Jahrbuch für Berlin-Brandenburgische Kirchengeschichte 59 (1993), 208–248. Zum Streit vgl. *H. Boockmann*, Der Streit um das Wilsnacker Blut. Zur Situation des deutschen Klerus in der Mitte des 15. Jahrhunderts, Zeitschrift für historische Forschung 9 (1982), 385–408; *C. Walker-Bynum*, Wonderful Blood: Theology and Practice in Late Medieval Northern Germany and Beyond (2007).

[31] Für die Benediktiner der Melker Observanz, welche unter anderem Gutachten der Wiener Theologie-Professoren Thomas Ebendorfer und Nikolaus von Dinkelsbühl sowie des Kardinals Nikolaus von Kues einholten, vgl. *M. Niederkorn-Bruck*, Die Melker Reform im Spiegel der Visitationen (1994), 53 f., 59 f., 63 f., 74–77; *A. Groiß*, Spätmittelalterliche Lebensformen der Benediktiner von der Melker Observanz vor dem Hintergrund ihrer Bräuche. Ein darstellender Kommentar zum Caeremoniale Mellicense des Jahres 1460 (1999), 306–356; *T. Woelki*, Nicholas of Cusa as Reform Bishop: The Potential for Legitimacy of Late Medieval Ecclesiastical Reform, American Cusanus Society Newsletter 32 (2015), 37–49.

[32] Vgl. etwa das „Consilium de auctoritate papae et concilii generalis" des Heinrich Kalteisen; dazu *T. Prügl*, Die Ekklesiologie Heinrich Kalteisens OP in der Auseinandersetzung mit dem Basler Konziliarismus. Mit einem Textanhang (1995).

[33] Zu den Consilia *pro parte* vgl. *Ascheri*, Diritto medievale (Fn. 5), 207, 220; *Romano*, Letteratura consiliare (Fn. 13), 264. Zu den Vorbehalten gegen diese Parteigutachten vgl. *Kirshner*, Consilia as Authority (Fn. 2), 115 (Literatur). Eine differenzierte Typologie der Consilia bietet *Ascheri*, I consilia dei giuristi (Fn. 5), 314–319; *Ascheri*, Le fonti (Fn. 6), 15–17. Eine etwas vereinfachte Systematisierung bei *Vallerani*, Consilia iudicialia (Fn. 9), 130–137.

[34] Zahlreiche Beispiele und Hinweise auf einschlägige Einzelstudien bei *Baumgärtner*, Stadtgeschichte und Consilia (Fn. 19), 132; *Ascheri*, Le fonti (Fn. 6), 50. Consilia zum großen abendländischen Schisma bei *N. Del Re*, Il „Consilium pro Urbano VI" di Bartolomeo da Saliceto (Vat. lat. 5608), in: Collectanea Vaticana in honorem A. Albareda, Bd. I (1962), 213–263; *H. G. Walther*, Baldus als Gutachter für die päpstliche Kurie im Großen Schisma, ZRG Kan. Abt. 92 (2006), 392–409; *Vallerani*, Consilia iudicialia (Fn. 9), 137; *A. Padovani*, Consilia e Tractatus di giuristi italiani negli anni del grande scisma (1405–1409), Glossae 10 (2013), 430–456. Zur Pazzi-Verschwörung siehe *T. Daniels*, La congiura dei

Wie selbstverständlich wurden Parteigutachten als Mittel der Politik eingesetzt. Im Jahre 1437 wurde Alfons V., König von Aragon und Neapel-Sizilien, vom päpstlichen Legaten und Heerführer Giovanni Vitelleschi bedroht. Als dieser den Baronen des Königreichs Neapel Bann und Interdikt androhte, falls sie dem aragonesischen König weiterhin Gefolgschaft leisteten, befahl Alfons V. seinen beiden Spitzenjuristen, Niccolò Tudeschi und Lodovico Pontano, vorsorglich Gutachten gegen die Wirksamkeit dieser Kirchenstrafen zu verfassen[35]. Und als der Generalprokurator des Deutschen Ordens *Jodocus Hogenstein* 1454 an der Kurie versuchte, eine päpstliche Legation gegen die Angriffe des polnischen Königs zu organisieren, ließ er „en gantczen sak ful" Transsumpte und Instrumente alter Privilegien und eben auch zahlreiche Consilia anfertigen, in denen „cum allegacione omnium iurium" die Position des Ordens verteidigt wurde. Diese Dokumente legte er im päpstlichen Consistorium vor und schickte sie sogleich nach Frankfurt zum bald stattfindenden Reichstag[36]. Virtueller Schutzschild gegen den Bannstrahl des Papstes und Legitimitätsressource für die politische Lobbyarbeit – die Funktionen von Consilia waren vielfältig.

Kaum ein Zeitgenosse oder Rechtshistoriker würde im Ernst annehmen, dass die federführenden Juristen hier aus innerster Überzeugung argumentierten. Kommerzieller und politischer Opportunismus sind in diesem goldenen Zeitalter der Starjuristen selbstverständlich, auch wenn man nicht allenthalben eine korrupte Vetternwirtschaft à la Sacchetti zu vermuten braucht.

II. Forschungstraditionen

Die Forschung sieht in diesen massenhaft überlieferten Consilia seit langem eine großartige historische Quelle, und das nicht erst seit Beginn der 1990er Jahre, als eine wahre Lawine an Einzelforschungen einsetzte, welche sich häufig auf einzelne

---

Pazzi. I documenti del conflitto fra Lorenzo de' Medici e Sisto IV: le bolle di scomunica, la „Florentina Synodus" e la „Dissentio" insorta tra la santità del papa e i fiorentini. Edizione critica e commento (2013). Politische Consilia sind bereits aus dem späten 12. Jahrhundert bekannt; vgl. *W. Ullmann*, Arthur's Homage to King John, English Historical Review 94 (1979), 356–364; wiederabgedruckt in: *Ders.*, Jurisprudence in the Middle Ages. Collected Studies (1980), Nr. VII.

[35] Alfons V. an seine Gesandten auf dem Basler Konzil (1437 Juni 11), hg. v. J. Ametller y Vinyas, in: Alonso V de Aragón en Italia y la crisis religiosa del siglo XV. Obra postuma, hg. v. José Roca Heras, Bd. III (1928), 617 f. Zum Kontext vgl. *M. Fois*, Il pensiero cristiano di Lorenzo Valla nel quadro storico-culturale del suo ambiente (1964), 296–350; *W. Küchler*, Alfons V. von Aragon und das Basler Konzil, in: Johannes Vincke (Hg.), Gesammelte Aufsätze zur Kulturgeschichte Spaniens, Bd. 23 (1967), 131–146; *A. Ryder*, Alfonso the Magnanimous. King of Aragon, Naples and Sicily 1396–1458 (1990), 210–251; *J. E. Law*, Giovanni Vitelleschi, „prelato guerriero", Renaissance Studies 12 (1998), 40–66.

[36] Jodocus Hogenstein, Generalprokurator des Deutschen Ordens in Rom, an den Hochmeister Ludwig von Erlichshausen (3. Mai 1455), hg. v. J. Helmrath, in: Deutsche Reichstagsakten. Ältere Reihe, Bd. XIX 2 (2013), Nr. 22/1, 706–713, hier 707 f.: „Ich lies ouch ußsetczet consilia wedir der Polen sentencien, das hern und fursten hette mogen horen und irkennen der Polen unrechtikkeit. Dabey lies ich anzeichen per modum directoris et summarie informacionis cum allegacione omnium iurium alle unsers ordens privilegia noch ordenunge, alcz men die sache vornemlichen hette mogen vorbrengen und ane arbeit vorczellen".

Beispiele aus der unüberschaubaren Gesamtmasse der Überlieferung beschränkten[37]. Gerade bei Allgemeinhistorikern sind die Texte sehr beliebt. Wo sonst könnte man solche Mengen an vollkommen unberührten Quellen finden, welche mikroskopisch detaillierte Momentaufnahmen zu verschiedensten Aspekten der städtischen Sozial- und Wirtschaftsgeschichte, der Geschlechter- und Kulturgeschichte, der Politik- und Frömmigkeitsgeschichte und vielem mehr versprechen[38]? Juristisch sozialisierte Rechtshistoriker äußerten dagegen eher Misstrauen und suchten ihre eigentliche Rechtsgeschichte, also die ideengeschichtliche Evolution von Dogmen und Lehrsätzen, doch lieber in den Kommentarwerken[39].

Aber es dürfte dennoch unbestritten sein, dass gerade diese dogmatische Entwicklung in vielen Bereichen ihren Weg über die Consilia nahm, etwa für die Entwicklung des inquisitorischen Strafverfahrens oder der Pfründenkollatur[40]. Oder man denke an die vielen Studien zum Florentiner Privatrecht von Julius Kirshner, Thomas Kuehn und anderen, die maßgeblich aus den Consilia schöpften[41]. Auslegung und Anwendung der regelmäßig reformierten Statuten wurden zunächst in den Consilia diskutiert und gelangten auch in die akademische Theorie. Denn die Consilia wurden als wissenschaftliches Literaturgenre durchaus ernstgenommen. Consilia waren voll zitierfähig, und zwar lange bevor die Sammlungen im Druckzeitalter allgemein verfügbar waren und autoritätsprägende Prozesse der Glossierung, Rubrizierung und Indizierung durchlaufen hatten[42]. Juristen verwendeten viel Energie auf die Sammlung und Veröffentlichung der eigenen Gutachten[43]. Universitäten machten es zur Auflage

---

[37] Pionierwerke zu den Consilia waren bereits *W. Engelmann*, Die Wiedergeburt der Rechtskultur in Italien durch die wissenschaftliche Lehre (1938); *Rossi*, Consilium sapientis (Fn. 6).

[38] Vgl. die geradezu euphorische Einschätzung des Quellenwerts bei *Baumgärtner*, Stadtgeschichte und Consilia (Fn. 19), 130: „Jedes Consilium spiegelt ein Stück Lebenswirklichkeit". Ähnlich *dies.*, Consilia – Quellen zur Familie in Krise und Kontinuität, in: P.-J. Schuler (Hg.), Die Familie als sozialer und historischer Verband. Untersuchungen zum Spätmittelalter und zur frühen Neuzeit (1987), 43–66; *I. Baumgärtner*, Einführung, in: Consilia im späten Mittelalter (Fn. 6), 9–15, hier 9. Beobachtungen zur Beliebtheit der Consilia auch bei *Ascheri*, Le fonti (Fn. 6), 19; *T. Kuehn*, Lawyers and Housecraft in Renaissance Florence: The Politics of Private Consilia, in: The Politics of Law (Fn. 10), 124–140, hier 125 f.

[39] Vgl. die skeptische Einschätzung des rechtshistorischen Quellenwerts bei *M. Bellomo*, I fatti e il diritto tra le certezze e i dubbi dei giuristi medievali (secoli XIII–XIV) (2000), 465 f., 470, 654–660; *dems.*, Elogio delle regole (Fn. 8), 49.

[40] Zum inquisitorischen Verfahren *R. Parmeggiani*, I consilia procedurali per l'inquisizione medievale, 1235–1330 (2011); *Ascheri*, Il consilium (Fn. 6), 253. Zu den Consilia des Oldrado da Ponte zur Pfründenvergabe *K. Hitzbleck*, Exekutoren. Die außerordentliche Kollatur von Benefizien im Pontifikat Johannes' XXII. (2009), 112–131. Vgl. auch *C. Valsecchi*, Oldrado da Ponte e i suoi consilia. Un' auctoritas del primo Trecento (2001).

[41] Siehe *T. Kuehn*, Conflicting Conceptions of Property in Quattrocento Florence: A Dispute over Ownership in 1425–26, Quaderni Fiorentini per la storia del pensiero giuridico moderno 14 (1985), 303–372; *Kirshner*, Consilia as Authority (Fn. 1); *Kuehn*, Lawyers and Housecraft (Fn. 38).

[42] *Kirshner*, Consilia as Authority (Fn. 1), 118.

[43] Die früheste bekannte Sammlung stammt von Dino del Mugello um 1300; vgl. *Ascheri*, Diritto medievale (Fn. 13), 203. Zu den Sammlungen vgl. *Ascheri*, Il consilium (Fn. 6), 252 f. Zur Entstehung der Sammlung des Bartolus vgl. *M. Ascheri*, The Formation of the Consilia Collection of Bartolus of Saxoferrato and Some of His Autographs, in: L. Mayali und S. Tibbetts (Hg.): The Two Laws. Studies in Medieval Legal History Dedicated to Stephan Kuttner (1990), 188–201; wiederabgedruckt in: *Ders.*, Giuristi e istituzioni (Fn. 6), 379–392. Zu autographen Sammlungen von *Minutae* der eigenen Consilia

für ihre Dozenten, ihre Consilia zur Archivierung einzureichen[44]. Oft besorgte man sich eigene Handexemplare, die man dann „ordine meo“ zitierte, ähnlich wie extravagante Dekretalen oder die Entscheidungen der päpstlichen *Rota*[45].

III. Verlässlichkeit und wissenschaftlicher Wert

Freilich bleiben die Consilia, allein was die Menge an Allegationen in juristischen Texten betrifft, praktisch immer hinter den Text-, Glossen- und Kommentarzitaten zurück, aber eine geringere wissenschaftliche Wertigkeit oder persuasive Schlagkraft scheint man den Consilia nicht zugeschrieben zu haben[46].

Überhaupt ist die explizite Differenzierung nach Aussagen „in consulendo“ und „in legendo“ im Mittelalter selten, anders als in der frühen Neuzeit[47]. Etwa ein *Federico Petrucci* differenziert, man solle sich „in scolis“ eher strikt an den Gesetzeswortlaut halten, auch wenn Doktoren in ihren Consilia durchaus auf der Basis der „Aequitas“ davon abweichen können[48].

Unterschiedliche Lösungen waren also je nach Genre akzeptabel. In Vorlesungen flochten Professoren gern prahlerische Verweise auf die eigenen Erfolge ein und dies auch dann, wenn die dort vertretene Auffassung eigentlich als falsch markiert wurde[49]. Es scheint fast ein besonderes Verdienst und Markenzeichen des Starjuristen

---

vgl. jüngst *G. Murano*, Una raccolta di minute autografe di consilia di Alessandro Tartagni (1423/24–1477), Bulletin of Medieval Canon Law 31 (2014), 237–248; *V. Colli*, Per uno studio della letteratura consiliare. Notizia del ms London, British Library, Arundel 497, autografo di Lapo da Castiglionchio il Vecchio, in: Honos alit artes (Fn. 21), 25–36.

[44] Vgl. G. Gatoni (Hg.), Statuti senesi dell'Arte dei giudici e dei notai del sec. XIV (1972), 100; *Chiantini*, Consilium sapientis (Fn. 10), XXI.

[45] Siehe *Woelki*, Lodovico Pontano (Fn. 5), 259, Anm. 60 (mit Nachweisen). Sogar extravagante Consilia waren zitierfähig; vgl. *Lodovico Pontano*, Consilia (Venedig: Bonetus Locatellus, 1500), Nr. 42, fol. 11r: „Oldradus de Ponte in quodam suo consilio extra volumina“.

[46] Zur Autorität der juristischen Consilia vgl. grundlegend anhand der Diskussion um die Anfechtbarkeit von Urteilen, die auf der Basis von Consilia ergangen sind *M. Ascheri*, „Consilium sapientis“, perizia medica e „res iudicata“. Diritto dei „dottori“ e istituzioni comunali, in: Proceedings of the Fifth International Congress of Medieval Canon Law. Salamanca, 21–25 September 1976, hg. v. S. Kuttner und K. Pennington (1980), 533–579; *Ascheri*, Diritto medievale (Fn. 13), 181–190, 209; *Ascheri*, Il consilium (Fn. 6), 355 f.

[47] Zu dieser Differenzierung grundlegend *Ascheri*, Il consilium (Fn. 6), 256. Ein Auseinanderfallen von dogmatischen Positionen in den Consilia und Kommentaren bzw. Traktaten einzelner Autoren wird durchaus festgestellt; vgl. für Francesco Zabarella: *Padovani*, Consilia e Tractatus (Fn. 34), 434–441; für Paolo di Castro jetzt *B. Pieri*, Le competenze canonistiche di un civilista. Usura, questione ebraica e conflitti di giurisdizione nei consilia di Paolo da Castro (Diss.; Mailand, 2016), 32, 170. Zur frühneuzeitlichen Differenzierung siehe unten bei Fn. 76–82.

[48] *Federico Petrucci*, Consilia sive maius Responsa, Quaestiones et Placita (Venedig: apud Johannem Antonium Bertanum, 1576), qu. 62, fol. 36rb-va, hier 36va: „Determinata fuit ista questio per dominum Guidonem de Albaysio decretorum doctorem, quod de iure stricto et de rigore et in scolis tenendum sit, quod optio habet locum. Sed de aequitate secus, et ita communiter pronunciatur per doctores in consiliis, scilicet quod non habet locum optio“. Vgl. *Ascheri*, Diritto medievale (Fn. 13), 225.

[49] *Pontano*, Singularia (Fn. 21), Nr. 87: „Ob hoc dictum obtinui questionem de facto Florentie propter grossiciem iudicis et mei memor tu eris“; *Lodovico Pontano*, In primam Digesti veteris partem,

gewesen zu sein, auch dann zu überzeugen, wenn man eigentlich im Unrecht war[50]. Die vielfältigen finanziellen, sozialen und politischen Impulse zum formal rechtswidrigen Gefälligkeitsgutachten scheinen noch nicht einmal durch den durchaus schon elaborierten Standesethos des Juristen eingebremst, den James Brundage in zahlreichen Studien rekonstruiert hat[51]. Immerhin war die Tätigkeit als Gutachter für viele Juristen der wichtigste Verdienst und begründete nicht selten einen beträchtlichen Wohlstand[52]. Wie also war es möglich, dass die in Consilia vertretenen Auffassungen zu dem konsensfähigen Medium der Rechtsfortbildung wurden, das sie zweifellos waren[53]. Woher der Glaube an das Wahrhafte im Consilium?

Eine mögliche Erklärung liegt auf der Hand: Die Einschätzungen eines Sacchetti und anderer könnten nichts als neidische Zerrbilder gewesen sein, die mit der durchaus seriösen Gerichtspraxis nichts zu tun hatten. Denn die Zeitgenossen hatten die Gefahr korrupter Gutachten längst erkannt und Sicherungsmaßnahmen eingebaut, die im Regelfall für Neutralität und Verlässlichkeit sorgten[54]. Derartige Kautelen waren in der Tat zahlreich. Nur drei Punkte seien genannt.

1. Sanktionen gegen falsche Consilia

Nach allgemeiner Auffassung war ein erkennbar ungerechtes „Consilium sapientis" für den Richter nicht verbindlich, auch wenn die Statuten das explizit vorsahen[55]. Das „Consilium pro parte" war ja ohnehin unverbindlich. Nachlässige Richter und

(Lyon, 1547), ad Dig. 2.1.1, fol. 6va, Nr. 17: „Florentie obtinui semel contra omnes doctores, sed forte habui amicum iudicem".

50 Zum Vorwurf der Käuflichkeit vgl. *Ascheri*, Le fonti (Fn. 6), 17.

51 *J. A. Brundage*, The Ethics of the Legal Profession: Medieval Canonists and Their Clients, in: The Jurist 33 (1973), 237–248; wiederabgedruckt in: *Ders.*, The Profession and Practice of Medieval Canon Law (2004); *ders.*, Legal Ethics. A Medieval Ghost Story, in: R. Mazo Karras (Hg.), Law and the Illicit in Medieval Europe (2008), 47–56; *J. A. Brundage*, Legal Ethics and Professionalism in the Ius commune, in: T. Dahlerup, (Hg.), New Approaches to the History of Late Medieval and Early Modern Europe. Selected Proceedings of Two International Conferences at the Royal Danish Academy of Sciences and Letters in Copenhagen 1997 and 1999 (2009), 231–250. Vgl. aber einige Beispiele für verweigerte Consilia *pro parte* bei *R. H. Helmholz*, Ethical Standards for Advocates and Proctors in Theory and Practice, in: S. Kuttner (Hg.), Proceedings of the Fourth International Congress of Medieval Canon Law, Toronto, 21–25 August 1972 (1976), 283–299, hier 295–297.

52 *Ascheri*, Diritto medievale (Fn. 13), 227, mit weiteren Nachweisen.

53 *Ascheri*, Il consilium (wie Fn. 6), 252; *Kuehn*, Lawyers and Housecraft (Fn. 38), 139, der die Consilia als „truly creative frontier of law in the fifteenth century" bezeichnet.

54 Umfangreiches Material dazu in einem „Tractatus de consiliis habendis", welcher zunächst Bartolus, dann Lambertinus de Ramponibus bzw. Albertus de Pavia zugeschrieben wurde; gedruckt in: *Bartolus de Saxoferrato*, Consilia, quaestiones et tractatus (Venedig, 1570), fol. 181ra-182ra; *ders.*, Opera omnia, Bd. XI (Basel, 1588), S. 503–505; Tractatus Universi Iuris, Bd. III/1 (Venedig, 1584), fol. 330va-331vb. Vgl. *Rossi*, Consilium sapientis (Fn. 6), 120 f.; *Horn*, Legistische Literatur (Fn. 5), 337. Sehr einflussreich auch *Guillaume Durand*, Speculum iudiciale, Bd. II (Lyon, 1531), fol. 233vb-236ra: „De requisitione consilii". Zur Kasuistik im Einzelnen *Ascheri*, Diritto medievale (Fn. 13), 212–223; *Rossi*, Consilium sapientis (Fn. 6), 575–579; *Ascheri*, Le fonti (Fn. 6), 42–46; *Ascheri*, Il consilium (Fn. 6), 251; *Ascheri*, Dottrine universitarie (Fn. 14), 294.

55 *Rossi*, Consilium sapientis (Fn. 6), 246 f.; *Ascheri*, Diritto medievale (Fn. 13), 215; *Ascheri*, Le fonti (Fn. 6), 46.

bestochene Consultoren machten sich unter Umständen strafbar und schadensersatzpflichtig; Guillaume Durand wollte sie außerdem exkommunizieren[56]. Für *Lodovico Pontano* führten sogar fahrlässig falsch erteilte Rechtsauskünfte zu Strafbarkeit und Schadensersatz, denn der als Experte auftretende Jurist könne sich nicht durch Unwissenheit entschuldigen[57]. Und dies gelte ebenso für rechtskundige Richter, auch wenn ihr Urteil auf einem fehlerhaften Consilium beruhe[58]. Allerdings ist aus dem wirklich intensiv erforschten Bestand der Florentiner Consilia kein Fall bekannt, bei dem wirklich einmal ein korrupter Gutachter bestraft worden wäre[59]. Darüber hinaus war den Beteiligten durchaus bewusst, dass die Consilia häufig unter großem Zeitdruck entstanden. Impulsive Äußerungen über die Arbeitsbelastung, Zweifel an der eigenen Lösung und auch höhnische Bemerkungen über die Leichtigkeit des Problems, welche eine Begutachtung eigentlich überflüssig machte, blieben selbst noch nach mehrmaliger Redaktion in den gedruckten Consilia-Sammlungen präsent[60]. Es scheint fast, als ob das Vorläufige und Skizzenhafte des Genres zur Gattungskonvention gehörte.

---

[56] *Durand*, Speculum iudiciale (Fn. 54), fol. 234vb. Zur Haftung für falsche Consilia vgl. auch *Rossi*, Consilium sapientis (Fn. 6), 239–254.

[57] *Pontano*, In primam Digesti veteris (Fn. 49), ad Dig. 2.2.2, fol. 15vb, Nr. 1: „Nota ultimo ad limitationem regulam l. Idemque § Si quis et l. II infra manda. (Dig. 17.1.2) nullum ex consilio obligari, nisi illud dolo dederit. Hoc tamen non est verum in assessore, quoniam etsi ille non dolo sed imperitia det iniquum consilium magistratui, nichilominus pena edicti obligatur, et ratio est quia imperitia eius qui se peritum asserit tanta culpa est ac si esset peritia".

[58] *Pontano*, In primam Digesti veteris (Fn. 49), ad Dig. 2.2.2, fol. 15vb, Nr. 3: „Sed pone quod magistratus sit peritus similiter et assessor tuleruntque sententiam ex iniquo consilio assessoris, an puniantur? Dic quod sic".

[59] *Kirshner*, Consilia as Authority (Fn. 1), 126.

[60] Zahlreiche Beispiele etwa in den Consilia des Lodovico Pontano (Fn. 45); zum Zeitdruck, Nr. 24, fol. 6v: „Et hec pro nunc sufficiant, quia aliis negotiis quamplurimis gravatus non potui ad hec perfecte attendere"; Nr. 214, fol. 68r: „Hec autem sunt, que sentio in proposito themate veniam postulans, si inepte ac succincte scripserim, quoniam ad id temporis brevitas coegit"; Nr. 281, fol. 88r: „Et hec pro paupere et miserabili persona sufficiant, que raptim et levato velo scripsi. Nec aliquid vidi tum apud peritos non sit necesse veritatem diligenti studio adiuvare, tum etiam quia per alios plene scriptum esse scio"; Nr. 289, fol. 89r: „Sed me impediunt et brevitas temporis, cum de proximo recessurus sim, et librorum omnimoda carentia eo presenti. … Et hec sine librorum revolutione dicta in presenti consultatione sufficiant confirmantia elegans consilium proximi doctoris clarissimi"; zur eigenen Unsicherheit und der Fehleranfälligkeit von Consilia, Nr. 77, fol. 23v (bezogen auf die Position eines Prozessgegners): „Advertendum enim dico hanc esse truffam [ital.: Schwindel] et quid ridiculum"; Nr. 176, fol. 53r: „Miror immensum, quomodo enormia hec scribantur a tanto doctore"; Nr. 438, fol. 148r: „In causa consultationis presentis, eo quia mihi dubitatissima est, breviter et substantialiter procedam, quia cognosco in multiloquio errorem deesse non posse"; zu unsinnigen Anfragen und Gutachten, Nr. 31, fol. 8r: „Cum ergo casus noster clarissimus reddatur ex ipsius testamenti verbis, ignoro quid opus sit dubietate cum quilibet sani capitis heredem teneri assereret ad solvendum dicte domine Bavilie prestantias sibi impositas respectu dicti crediti"; Nr. 75, fol. 22v: „Nescio, qua ex re tanta verborum superfluitate usi fuerint prefati domini consultores"; Nr. 346, fol. 113r: „Quoad primum et secundum respondeo mirandum, quod talia fiant dubia. Non igitur sint iudices vespertiliones (Fledermäuse), sed oculos aperiant compromissum perlegentes, ex quo aspiciunt legatum fuisse arbitratorem et primum compromissum in secundo totaliter repetitum neque merentur illa dubia iuris allegationes".

2. Serielle Begutachtung

Im Regelfall wurden gleich mehrere Consilia verschiedener Doktoren eingeholt, meist eine ungerade Zahl, denn bei Abweichungen entschied die Mehrheit, so *Johannes Andreae* in einer seiner „Quaestiones mercuriales", seinen Mittwochsdebatten[61]. Und damit die eingereichten Gutachter auch wirklich neutral waren, reichten beide Parteien im Regelfall beim Richter eine Liste suspekter Gutachter ein[62]. Dass das als Sicherungsmaßnahme gegen Korruption und Nachlässigkeit wirklich ernsthaft betrieben wurde, zeigt sich in den Consilia des Angelo degli Ubaldi des Älteren, in denen manchmal Listen der suspekten Doktoren wiedergegeben werden und in welchen die Frage diskutiert wird, unter welchen Voraussetzungen das Consilium eines mit der Gegenseite befreundeten Juristen dennoch gültig ist, nämlich (nach den Statuten von Ferrara) bei Versäumen des Gerichtstermins[63].

Was aber, wenn – wie im Fall des Calonaco von Florenz – alle am Ort verfügbaren Gutachter für suspekt erklärt werden müssten, weil die Gegenseite über immensen politischen Einfluss verfügt, so fragt *Guillaume Durand* Mitte des 13. Jh. im einflussreichsten Handbuch zum Gerichtsprozess, dem „Speculum iudiciale"[64]. Und er fügt hinzu, dass er das in seiner Praxis als Richter in Italien sehr häufig erlebt habe. Seine Gegenmaßnahme: Der Richter soll sich eine derartige Generalablehnung gut begründen und beschwören lassen und dann – ausnahmsweise – ohne Consilia urteilen[65].

3. Die Formalien der Consilia

Jedes Consilium eröffnet mit einer „Invocatio" und schließt mit einer eigenhändigen Unterfertigung[66]. Der Gutachter erklärt also jedes Mal unter Anrufung Gottes oder der heiligen Jungfrau, den Text nach bestem Wissen und Gewissen verfasst zu haben

---

[61] *Johannes Andreae*, Quaestiones mercuriales (Rouen, 1509), fol. 94ra-95ra (Nullus ex consilio), hier 94va. Die Praxis der Mehrheitsentscheidung ist auch für Florenz nachgewiesen; siehe *Kirshner*, Consilia as Authority (Fn. 1), 113 f. Zur Mehrfachbegutachtung vgl. im übrigen *Ascheri*, Il consilium (Fn. 6), 251; *Kuehn*, Lawyers and Housecraft (Fn. 38), 136.

[62] *Durand*, Speculum iudiciale (Fn. 54), fol. 234va. Vgl. mit Hinweis auf Prozessregister aus Perugia *Vallerani*, Consilia iudicialia (Fn. 9), 132.

[63] *Angelus de Ubaldis*, Consilia (Venedig: Johannes Baptista de Sancto Blasio, Jacobus Zenus, 1487), nicht foliiert, Nr. 216.

[64] *Durand*, Speculum iudiciale (Fn. 54), fol. 234va: „Scias igitur, quod si iuxta morem Italie partes in eligendis consiliariis nequeant concordare, tunc iudex partibus precipiet ut certo termino ad hoc eis assignato sibi dent in scriptis peritos, quos habent in aliquo loco suspectos et quos recusant".

[65] *Durand*, Speculum iudiciale (Fn. 54), fol. 234va: „Quod si forte pars alterutra dicat se omnes in civitate vel dyocesi sibi suspectos habuisse propter alterius partis potentiam, ut sepe vidi, tunc iudex faciat eam iurare, quod id non malitiose proponit, sicut hoc sepe feci in partibus Lombardie .... Sed nec passim et sine causa debet huius recusatio admitti, ex causa tamen potest". Vgl. *Rossi*, Consilium sapientis (Fn. 6), 152; *Ascheri*, Diritto medievale (Fn. 13), 204.

[66] Zahlreiche instruktive Beispiele autographer Consilia sind zusammengestellt bei G. Murano (Hg.), Autographa, Bd. I/1: Giuristi, giudici e notai (sec. XII–XVI med.) (2012); Bd. I/2: Giuristi, giudici e notai (sec. XII–XV) (2016). Vgl. auch *G. Murano*, I consilia giuridici dalla tradizione manoscritta alla stampa, Reti medievali 15 (2014), 241–277.

und verschafft seinem Werk Authentizität[67]. Ohne Unterschrift war das Consilium ungültig; das erklärten beispielsweise die Florentiner Statuten von 1344[68]. Oft ersetzte die Unterschrift aber auch einfach das Zweit- und Drittgutachten. Serielle Unterzeichnungen eines Leitconsilium wurden als Ausweis für den Konsens der Doktoren offenbar derart üblich, dass *Baldus* seine Kollegen ermahnen musste, das *consilium*, das man unterschreibt, doch bitte vorher zu lesen[69]. Zweifel an der Unparteilichkeit der städtischen Juristen konnten weder durch die Unterschrift, noch durch serielle Begutachtung ausgeräumt werden. Auch aus diesem Grund wurde es üblich, für viel Geld die Consilia der berühmten Juristen aus anderen Städten anzufordern[70].

All das mag dazu beigetragen haben, den freien Wildwuchs korrupter Consilia in der Jurisprudenz zu verhindern. Für die Rechtsfortbildung hilft das aber nur bedingt weiter. Denn den Texten, wie sie in den zunächst als Handschrift, dann im Druck verbreiteten Sammlungen überliefert sind, sah man gar nicht an, ob ihre Autoren von rein wissenschaftlicher Überzeugung oder doch eher kommerziellen und politischen Motiven geleitet wurden. Sogar die fundamentale Differenzierung in „Consilium sapientis" und „Consilium pro parte" ist in der Überlieferung meist nicht nachzuvollziehen[71].

Auf die Motive des Juristen kam es offenbar nicht an. Was zählte, war die argumentative Essenz. In den typischen Sammelhandschriften, welche die Juristen aus den Universitäten mitbrachten, ist die Trennung der Textgattungen vielfach aufgehoben. „Lectura", „Repetitio", „Quaestio", „Consilium", oder auch Notabiliensammlung und „Repertorium" finden sich nebeneinander und waren offenbar als Basistexte für die eigene Arbeit gleichermaßen relevant. Aspektivische Kompilationen bildeten Argumentationsreservoirs, aus denen die Rechtswissenschaft und Rechtspraxis schöpfen konnten. Erst ihre Rezeption und der Konsens der Juristen machte aus den verfügbaren Argumentationspotentialen Recht.

Im späten 15. und im 16. Jahrhundert änderten sich die Vorzeichen grundlegend. Die exponentiell anwachsende Stoffmenge steigerte das Bedürfnis nach perspektivischer Verengung. Etwa zwei Dutzend Autoren überstanden den Selektionsprozess der Inkunabelzeit und wurden zum Teil massenhaft verbreitet[72]. Die persönliche Autorität der Juristen gewann an Gewicht. Sammelbiographien wie die des Tommaso Diplovatazio oder des Roberto Mantova Benavides verfolgten nicht nur antiquarische, sondern eminent juristische Interessen, indem sie die individuelle Qualität und

[67] *Ascheri*, Diritto medievale (Fn. 13), 225.

[68] *Kirshner*, Consilia as Authority (Fn. 1), 114f.

[69] *Baldus de Ubaldis*, Lectura super Codice 4–9 (Mailand: Christoph Valdarfer für Petrus Antonius de Castelliono, 1476/1477 [GW M48512]), unfoliiert, ad Cod. 4.22.5: „Nota quod subscribens se scripture quam non vidit nec legit nec erat de sua intentione non videtur eam approbare. … Ista l. docet te esse cautum ut numquam te subscribas nisi legas scripturam et facit contra doctores subscribentes se consiliis et aliorum sine lectione scriptorum".

[70] Siehe oben, bei Fn. 33.

[71] *Kirshner*, Consilia as Authority (Fn. 1), 116. Zum Folgenden vgl. auch die idealtypische Differenzierung mittelalterlicher und neuzeitlicher Rechtswissenschaft in der Einleitung, oben, S. 20, Tabelle 2.

[72] Zu den Consilia-Drucken im Überblick, *V. Colli*, Consilia dei giuristi medievali e produzione libraria, in: M. Ascheri *et al.* (Hg.), Legal Consulting (Fn. 1), 173–225. Vgl. auch *Ascheri*, Il consilium (Fn. 6), 256.

Leistung der Juristen profilierten[73]. Verlässlichkeit und Integrität der Autoren wurden nun vermehrt diskutiert. Erst jetzt wurde systematisch nach vertrauenswürdigen und notorisch korrupten Autoren unterschieden[74].

Der französische Jurist *Guy Coquille* († 1603) forderte dazu auf, nur die Juristen heranzuziehen, die ihre Arbeit mit Gewissen und Ehrgefühl verrichtet haben und sich nicht durch Ruhm, Ehrungen und weltliche Güter dazu hinreißen ließen gegen ihre Überzeugung zu argumentieren. Im Ergebnis wurden Listen der guten und der schlechten Juristen diskutiert: Mit Bartolo und Paolo da Castro sei man gut beraten; Baldo, Alessandro Tartagno und Giasone del Maino seien zu meiden[75].

Eine ähnliche Liste bringt *Andrea Alciato*: Die Consilia von Andrea Barbazza und Giasone del Maino sind viel hilfreicher als die von Bartolomeo Sozzini und Filippo Decio; denn die ersteren seien geistig so beschränkt gewesen, dass man sofort merke, wenn sie falsche Gutachten abgeben[76]. Decio und Sozzini seien hingegen viel subtiler und gefährlicher für den ehrlichen Juristen[77]. Überhaupt waren Consilia für *Alciato* ein Schandfleck im Oeuvre der Rechtsgelehrten, die oftmals ihr Talent vergeudeten. Die Massenproduktion eines Baldus sei ja angesichts der mickrigen Professorengehälter im provinziellen Perugia gerade noch zu rechtfertigen[78]. Aber wie viel reiner wäre der Ruf eines Paolo da Castro oder Bartolomeo Sozzini, wenn nur die Consilia nicht wären[79]!

Solche Invektiven gegen die Consulenten waren im 16. Jahrhundert fast schon ein Gemeinplatz, aber es gab auch Verteidiger. *Tiberio Deciano* veröffentlichte 1579 eine

---

[73] *Tommaso Diplovatazio* (1468–1541), Liber de claris iuris consultis. Pars posterior, hg. v. Fritz Schulz *et al.* (1968). Zum Werk, siehe *Woelki*, Lodovico Pontano (Fn. 5), 23 f., Anm. 32 (mit Literatur). *Marco Mantova Benavides* (1489–1582), Epitomae. Virorum Illustrium qui vel scripserunt, vel Iurisprudentiam docuerunt in Scholis, & quo tempore etiam floruerunt. Ordine alphabetico constitutum (Padua, 1565). Vgl. auch *P. Arabeye*, Listes d'honneur méridionales de juristes médiévaux (France, fin XVe – début XVIe siècle), in: Honos alit artes (Fn. 21), 143–152.

[74] Zur Diskussion im 16. Jahrhundert vgl. umfassend *B. Brugi*, Un biasimo e un' apologia dei pareri legali dei nostri antichi professori, in: *Ders.*, Per la storia della giurisprudenza e delle Università italiane. Nuovi saggi (1921), 97–110; *U. Falk*, Consilia. Studien zur Praxis der Rechtsgutachten in der frühen Neuzeit (2006), 242–259; *ders.*, „Un reproche que font tous à Balde". Zur gemeinrechtlichen Diskussion um die Selbstwidersprüche der Konsiliatoren, in: Juristische Argumentation – Argumente der Juristen, hg. v. A. Cordes (2006), 29–54.

[75] *Falk*, Un reproche (Fn. 74), 29.

[76] *Andreas Alciatus*, Parergon iuris libri VII posteriores, XII 12; zitiert nach *Tiberius Decianus*, Apologia pro iuris prudentibus qui responsa sua edunt imprimenda adversus dicta per Alciatum (Venedig, 1579), fol. 3r: „Quanto honestior esset Castrensis et Bartholomaei Socini fama si eorum responsa non extarent, etenim qui malam causam habent, cum iudicii examen formident ad celeberrimi quemque nominis professorem accurrunt, et precibus pretioque exorant, ut suscipere causam suam velit; at ille omni ingenii acumine, summis viribus contendit, ut eum adiuvet …. Praetulerim ego Barbatiae, Iasonis, Parisii consilia iis, quae Socinus aut Decius edidit, quo illi crassiore Minerva viri, quotie[n]s male consulunt, tam aperte et palam, tam rudibus rationibus id faciant ut statim deprehendi fucus possit, oporteatque egregie bardum illum esse iudicem, qui non videat". Vgl. *Brugi*, Un biasimo (Fn. 74), 97.

[77] Vgl. *Brugi*, Un biasimo (Fn. 74), 100.

[78] Vgl. *Brugi*, Un biasimo (Fn. 74), 98. Zum Vermögen der Peruginer Familie Ubaldi vgl. auch oben, Fn. 20.

[79] Vgl. *Brugi*, Un biasimo (Fn. 74), 99.

„Apologia" zu Alciato, welche die Bedeutung der Consilia für die Fortbildung des Rechts resümierte: In den Consilia finden sich unzählige praktische Lehren, die man in den Kommentaren vergeblich suchen würde. Die Interpreten erfreuen sich nur an der Statik und Ästhetik der Dogmen und gehen nicht ausreichend auf die sich ständig ändernden Lebensumstände ein. Erst die Consilia haben das römische Recht modernisiert und der Lebenswelt angepasst. Die Interpreten behandeln die „universalia", die Consulenten die „specialia". Und was Opportunismus betrifft, sind Professoren ohnehin gefährlicher als Consulenten. Professoren wollen häufig ihren kreativen Scharfsinn unter Beweis stellen und präsentieren ständig Neuheiten, vernachlässigen dabei aber die *Communis opinio*. Der Consulent aber muss nicht brillant erscheinen, um Erfolg zu haben, sondern konsensfähig und solide[80].

Die Einschätzung Decianos ist nicht nur der Polemik geschuldet, sondern erfasst den ambivalenten Charakter dieses Genres durchaus treffend. Denn einerseits mussten insbesondere parteiische Consilia manchmal kreative Lösungen zugunsten des Klienten finden, andererseits kam es gerade bei diesen Consilia *pro parte* auf persuasive Anschlussfähigkeit an[81]. Ebenso musste das formal unparteiische „Consilium sapientis" dem eifersüchtigen Blick der örtlichen Doktorenkollegen und der auswärtigen Zweit- und Drittgutachter standhalten können. Argumentationswege mussten stets größtmögliche Konsenspotentiale beinhalten, um den Richter zu überzeugen und ihm eine tragfähige Basis des eigenen Urteils zu geben, auf die man sich zur Not im Syndikatsprozess zurückziehen konnte. Gerade die Consilia, mehr als die Kommentare, enthalten ausführliche Darlegungen des Diskussionsstandes und der *Communis opinio*[82]. Zweifellos gehörten sie zu den wertvollsten Argumentationsreservoirs für die Rechtspraxis.

IV. Zusammenfassung

Wenn wir nun zusammenfassend einen Blick auf die im Einleitungstext zitierten Idealtypen mittelalterlicher Jurisprudenz werfen, finden wir eine ganze Reihe von Punkten in den Consilia konkretisiert. Ihre soziale Funktion lag vor allem in der Durchsetzung einer typisch urbanen Rechtskultur. Die durchaus als ambivalent empfundene Abhängigkeit von den lokalen Eliten stand der Wirksamkeit der Consilia für die Rechtsfortbildung nicht entgegen, da sie als Argumentationsarsenal selektiv

---

80 *Decianus*, Apologia pro iuris prudentibus (Fn. 76), c. XV, Nr. 40 f., fol. 21va: „Has autem communes opiniones in scholis neglectas et contemptas esse, in iudiciis vero celebratas et excultas, et maxime a respondentibus de iure, et summa in veneratione habitas esse, nemo est, qui nesciat. Ut enim quisque cathedram ascendit vel etiam si levi sit ingenio non putat se eo suggestu dignum, si aliquando communes opiniones novis argumentis et argutiis tametsi sophisticis non convellat et laceret. … Quare necesse fuit consultori et iudici communes potius sequi opiniones, quam capitosas singulorum sententias, cum multitudo in idem consentientium erroris omnem suspicionem tollat". Vgl. *Brugi*, Un biasimo (Fn. 74), 106–108.

81 *Ascheri*, Diritto medievale (Fn. 13), 220; *T. Kuehn*, Consilia as Juristic Literature, in: Ascheri *et al.* (Hg.), Legal Consulting (Fn. 1), 229–253, hier 230.

82 Vgl. *Ascheri*, Le fonti (Fn. 6), 47.

und bedarfsgesteuert ausgewertet wurden. Erst moderne Autoren stellten dieses typisch spätmittelalterliche Genre grundsätzlich in Frage, indem sie die Wertigkeit der Argumentation auf die moralische Integrität des Verfassers zurückführten. Das zum kommerziellen Opportunismus verführende Genre der Consilia verlor seinen überragenden Platz in der juristischen Literaturgeschichte, noch bevor staatliche Kodifikationen das *Ius commune* verdrängten.

Hanafitische Jurisprudenz in imperialem Rahmen

Die staatliche Indienststellung nicht-staatlichen Rechts und seiner Experten im Osmanischen Reich

Christoph K. Neumann

I. Jurisprudenz und das islamische religiöse Leben in der Frühphase osmanischer Herrschaft 216
II. Juristen in imperialer Ordnung 219
III. Juristenrecht als Teil einer frühneuzeitlichen staatlichen Rechtsordnung 223
IV. Zum Schluss 228

Das hanafitische Recht und die es praktizierenden *ulema* spielten im Osmanischen Reich eine große Rolle, eine, die so groß war, dass sie als charakteristisch und entscheidend für Legitimation und Administration des Staates gelten muss. Das heißt, juristisches Wissen, Praxis der Jurisprudenz und die Experten des hanafitischen *fiqh* waren ein integraler Bestandteil der Ordnung eines anderen frühneuzeitlichen Imperien (Habsburg, Zarenreich, Safaviden, Moguln) vergleichbaren Reiches, das sich durch die Kombination eines relativ hohen Grades politischer Kontrolle durch die Reichszentrale einerseits und starker religiöser, ethnischer und sprachlicher Diversität andererseits auszeichnete.

Diese Bedeutung von Juristen und Jurisprudenz wirkt zunächst funktional einleuchtend. Wer, wenn nicht Juristen und Jurisprudenz, sollte in einem sich notwendig bürokratisierenden Reich für Verwaltung sorgen, wer, wenn nicht Theologen und Theologie für Legitimation? Betrachtet man aber diese doppelte Frage nicht als eine rhetorische, sondern stellt sie ernsthaft, dann wird deutlich, dass ihre Beantwortung nicht ganz so selbstverständlich ist, wie es zunächst erscheint. Das Folgende möchte als Skizze davon gelesen werden, wie die autonome islamische Jurisprudenz auf osmanischem Territorium seit dem 15. Jahrhundert durch institutionelle Rahmungen in den Dienst der politischen Herrschaft gestellt wurde und sich dadurch auch in ihrem intellektuellem Bestand veränderte, ohne allerdings zu staatlichem Recht zu werden. Dieser Schritt folgte im Osmanischen Reich erst im 19. Jahrhundert und insbesondere in dessen zweiter Hälfte, als Teile des hanafitischen Rechts durch Kodifikation der Entwicklung durch die juristische Debatte entzogen und insgesamt der Gültigkeitsbereich schariatsrechtlicher Bestimmungen neu definiert wurde[1].

---

[1] Zur Kodifikation hanafitischer Lehre als Bürgerlichem Gesetzbuch, der osmanischen *Mecelle* (nach 1869), zuletzt *S. Ayoub*, The Mecelle, Sharia, and the Ottoman State: Fashioning and Refashioning of Islamic Law in the Nineteenth and Twentieth Centuries, in: K. F. Schull *et al.* (Hg.), Law and Legality in the Ottoman Empire and Republic of Turkey (2016), 129–155. Zur Modifikation der Gel-

Damit unterscheidet sich dieser Beitrag von den vorhergehenden des Bandes in dreierlei Hinsicht: Er ist weit essayistischer, er betrifft eine spätere Zeit, und er befasst sich stärker als alle anderen mit den gesellschaftlichen Umständen, in denen sich Rechtswissenschaft entwickelte. Ziel dabei ist, die im einleitenden Text des Bandes idealtypische Gegenüberstellung mittelalterlichen und modernen Rechtes von *Wolfgang Müller*, die sich in zahlreichen Bandbeiträgen auch für den islamischen Bereich als fruchtbar erwiesen hat, in einen historischen Zusammenhang zu stellen, der sich der Dichotomie von „mittelalterlich" und „modern" verweigert. In seiner frühneuzeitlichen Phase, um die es hier geht (also etwa von der Eroberung Istanbuls 1453 bis zu den ersten systematischen Militär- und Verwaltungsreformen an der Wende zum 19. Jahrhundert), war das Osmanische Reich sicherlich weder mittelalterlich, noch modern; doch ebenso zweifellos war es ein Staat. Das wiederum heißt, dass Rechtswissenschaftler es nicht nur mit einem herrscherlichen Anspruch auf ein Machtmonopol zu tun hatten, sondern auch mit Machtmitteln, wie sie nichtstaatlichen Herrschaften nicht zur Verfügung stehen: Bürokratischer Verwaltung, die bis auf die lokale Ebene greift; weitgehenden Eingriffsmöglichkeiten in das Wirtschaftsleben über Zölle und Steuern; sowie der Überlegenheit des Staates über alle seine Angehörigen, was Gewaltanwendung angeht.

I. Jurisprudenz und das islamische religiöse Leben in der Frühphase osmanischer Herrschaft

Die osmanische Dynastie etablierte seit etwa der Wende vom 13. zum 14. Jahrhundert ihre Herrschaft in Kleinasien. Anatolien prägten nicht nur die Folgen der Eroberung durch turkophone Muslime im Zuge der seldschukischen Expansion des 11. Jahrhunderts, die Auseinandersetzung zwischen Kreuzfahrern, Byzantinern und Rum-Seldschuken, die andauernde Auseinandersetzung zwischen tribal organisierten „Türken", die Transhumanz betrieben, und eine Mehrheit von Bauern verschiedener christlicher Denominationen, sondern auch die Konsequenzen mongolischer, genauer ilkhanidischer, (Ober-)Herrschaft. Die frühen Osmanen bewohnten eine post-mongolische politische Welt. Herrschaft, zumal am kleinasiatischen Rande des mongolischen Herrschaftsbereiches, war zersplittert und dynastisch sowie territorial relativ instabil[2]. Schon die Rum-Seldschuken hatten die urbanen Zentren ihres Territoriums nicht in Hochburgen islamischer Gelehrsamkeit verwandelt (oder verwandeln können); und trotz zahlreicher monumentaler *madrasas* aus der Zeit mongolischer Dominanz und Herrschaft[3] konnte auch nach 1243 in Anatolien diesbezüglich keine Stadt mit den irakischen, syrischen und ägyptischen Metropolen islamischer

tungsbereiche vgl. *T. Heinzelmann*, The Ruler's Monologue. The Rhetoric of the Ottoman Penal Code of 1858, Die Welt des Islams 54, 2 (2014), 292–321.

[2] *C. Melville*, Anatolia under the Mongols, in: K. Fleet (Hg.), Cambridge History of Turkey 1: Byzantium to Turkey, 1071–1453 (2009), 93–97.

[3] *P. Blessing*, Rebuilding Anatolia after the Mongol Conquest. Islamic Architecture in the Lands of Rūm, 1240–1330 (2014).

Gelehrsamkeit konkurrieren. Der Übergang zwischen einer *madrasa* und einem Derwischkonvent scheint überhaupt immer wieder recht fließend gewesen zu sein[4]. Gemeinschaften von Derwischen entwickelten sich zu fester institutionalisierten Orden, und der Islam Anatoliens blieb mystisch geprägt.

Eine entscheidende Rolle spielten dabei Fromme Stiftungen (*waqf/vakıf*, Pl. *awqāf/evkaf*), die nicht nur Derwischkonvente zu stabilen Institutionen machten, sondern ganz offensichtlich auch den *ulema* nützten, schon weil *madrasa*-Stiftungen ihre Ausbildung garantierten. Stiftungen zugunsten von *ulema* und Derwischen machten diese so relativ unabhängig von Herrschern und boten ihnen gerade in Zeiten großer politischer Instabilität eine gewisse Sicherheit (sowie eventuell Patronage). Unterschiedliche Herrschaften in Anatolien gingen mit *ulema* sehr unterschiedlich um, und entsprechend spielten auch Derwische eine jeweils sehr unterschiedliche Rolle. In Mittelostanatolien, mit Sivas als Zentrum, machte sich der von dem mongolischen Statthalter Eretna eingesetzte Kadi Burhan ed-Din sogar unabhängig und gründete ein eigenes Fürstentum *(beglik)*. Tendenziell kann von einer Affinität tribal organisierter (und von einem als aristokratisch anzusprechenden Clan geführter) Herrschaften zum sufisch geprägten Islam geredet werden; doch auch in Städten wie dem zwischenzeitlich von Handwerkerbünden *(ahi)* verwalteten Ankara gewannen Derwische großen Einfluss[5].

Die frühen Osmanen verfolgten insofern eine Politik des mittleren Weges. Die Rolle, die Derwische bei Eroberungen christlich beherrschter Territorien spielten, ist wohlbekannt[6]. Sufis waren ein wesentlicher Teil der osmanischen Politik des *istimalet* gegenüber neu unterworfenen Bevölkerungen, die den Wechsel der Herrschaft durch rücksichtsvolle Behandlung attraktiv zu machen versuchte; der sufische Islam bot Muslimen und Nichtmuslimen eine Ebene spiritueller Verständigung[7]. Andererseits sind schon aus der Zeit des zweiten osmanischen *beg* Orhan zahlreiche *madrasa*-Gründungen belegt[8]. Genaueres Hinschauen offenbart, dass die Osmanen bis etwa zur Schlacht am Amselfeld (Kosovo Polje) 1389 in Anatolien und auf der Balkanhalbinsel unterschiedlich vorgingen. Während sie in Anatolien zügig ein Netz von Hochschulen ausbauten und sich um die Ansiedlung und Indienststellung von *ulema* bemühten, blieben entsprechende Stiftungen auf dem Balkan bis 1400 und dann (nach dem Interregnum von 1402 bis 1413) bis zur Regierungszeit Murads II. (1421–1451) sehr

[4] *E. S. Wolper*, Cities and Saints. Sufism and the Transformation of Urban Space in Medieval Anatolia (2003), 32, 47, 60–63, 67–69.

[5] *A. Gölpınarlı*, İslâm ve Türk İllerinde Fütüvvet Teşkilâtı ve Kaynakları, İktisat Fakültesi Mecmuası 11 (1949–1950), 3–354; *F. Taeschner*, Die bürgerliche Futuwwa. Das Achitum im seldschukischen und nachseldschukischen Anatolien, in: *Ders.*, Zünfte und Bruderschaften im Islam (1979), 277–402.

[6] *Ö. L. Barkan*, Osmanlı İmparatorluğu'nda bir İskân ve Kolonizasyon Metodu Olarak Vakıflar ve Temlikler, Vakıflar Dergisi 2 (1942), 279–300; *A. Y. Ocak*, Sarı Saltık. Popüler İslâm'ın Balkanlar'daki Destanî Öncüsü, XIII. Yüzyıl (2002).

[7] *H. İnalcik*, Ottoman Methods of Conquest, Studia Islamica 2 (1954); *ders.*, The Status of the Greek Orthodox Patriarch under the Ottomans, Turcica 21–23 (1991), 401; *H. Lowry*, On Beşinci Yüzyıl Osmanlı Gerçekleri. Limos (Limni) Adasında Yaşam (2013), 26–28, 141–142.

[8] *M. Bilge*, İlk Osmanlı Medreseleri (1984), 67–79, 83–94, *E. İhsanoğlu*, Osmanlı Medrese Geleneğinin Doğuşu, Belleten LXVI, 247 (2003 [2002]), 884–885.

selten. Das hat wahrscheinlich damit zu tun, dass die Erweiterung des osmanischen Territoriums in Südosteuropa während des 14. Jahrhunderts nicht so sehr durch zentral gesteuerte Eroberung (Murad I. war auf dem Feldzug von 1389 überhaupt zum ersten Mal auf dem Balkan), als durch Infiltration und langsame Kontrollübernahme geschah[9].

Islamische Jurisprudenz und ihre Experten, die *ulema*, waren also ein wichtiges Element des osmanischen *state building*, insofern (aber auch wesentlich nur da, wo) es sich um die Etablierung imperialer Strukturen handelte[10] – relativ früh in Anatolien, weitaus langsamer auf dem Balkan. Damit ist die Rolle der *ulema* in einen komplexen gesellschaftlichen und politischen Zusammenhang gestellt. Das Verhältnis zwischen verschiedenen Ausprägungen des Islams sollte durch die gesamte osmanische Geschichte immer neu ausgehandelt werden. Die osmanische Dynastie, die sich durch unterschiedliche Strategien legitimierte[11], hat dabei zum Beispiel den Glaubenskampf sehr bald in der Weise interpretiert, wie sie die *ulema* vertraten, und nicht nach Art der Grenzkämpfer[12]. Seit spätestens dem Beginn des 15. Jahrhunderts bauten die osmanischen Herrscher auf hanafitische Juristen als wesentliche Agenten ihrer Herrschaft. Ihr Verhältnis zu einzelnen Derwischorden oder dem Sufitum überhaupt wurde immer wieder neu angepasst.

Die Anlehnung an die *ulema* entfremdete die osmanische Dynastie gerade von den Schichten, die die Expansion des Territoriums militärisch vorangetrieben hatten: Den Grenzkämpfern, der „türkischen" Aristokratie der anatolischen *begliks* und den Derwischen. Offene Konflikte zwischen diesen Kräften und den *ulema* vor dem berühmten Aufstand Şeyh Bedr ed-Dins[13] sind kaum bekannt; dennoch finden sich noch Ende des 15. Jahrhunderts etwa im Geschichtswerk Âşıkpaşazades deutliche Einwände gegen die imperiale Orientierung der Dynastie, die der islamischen Jurisprudenz und ihren Gelehrten einen besonderen Rang einräumte[14].

Es gibt wenig direkte Evidenz zu den Motiven dieser Politik. Wie oben angemerkt, leuchtet es auf der einen Seite ein, dass Juristen bei der Verwaltung eines Staates von Nutzen sind. Nachvollziehbar ist auch der implizite Konflikt von *ulema* mit den Kräften, die einen Anteil an der Macht haben wollten und in der Lage waren, Gewalt auszuüben. Im Falle der Osmanen aber gab es zwei Momente, die den Nutzen der *ulema* für die Dynastie begrenzten, sich möglicherweise aber auch in ihren

[9] *A. Gheorghe*, Monopolizing Violence in the Early Ottoman Empire. The Military Institutions of *Akıncıs* and State-Building, 1330–1450 (Diss.; LMU München, 2014), 193–251; *H. Lowry*, The Nature of the Early Ottoman State (2003), 115–136.

[10] *H. İnalcık*, The Ottoman Empire. The Classical Age, 1300–1600 (1973), 165–167.

[11] *C. Imber*, The Ottoman Dynastic Myth, Turcica 19 (1987), 7–27; zuletzt dazu *H. Ogasawara*, The Quest for Biblical Ancestors. The Legitimacy and Identity of the Ottoman Dynasty in the Fifteenth-Sixteenth Centuries, Turcica 48 (2017), 37–63.

[12] *Imber*, Dynastic Myth (Fn. 11), 7–13; *C. Kafadar*, Between Two Worlds. The Construction of the Ottoman State (1995), 135–155.

[13] Wesentliche neuere Beiträge zur reichen Literatur sind *M. Balivet*, Islam mystique et révolution armée dans les Balkans ottomans. Vie du Cheikh Bedreddîn le „Hallâj des Turcs", 1358/59–1416 (1995); *A. Y. Ocak*, Osmanlı Toplumunda Zındıklar ve Mülhidler, 15.-17. Yüyıllar (1998), 136–202.

[14] *Kafadar*, Between Two Worlds (Fn. 12), 96–114.

negativen Aspekten etwas ausbalancierten. Auf der einen Seite war es die relative Unabhängigkeit der *ulema* von den Herrschern, die darauf basierte, dass das Recht ein Diskurs war, in den der Herrscher direkt nicht eingreifen konnte, und der den Juristen eine von ihm unabhängige Legitimität verschaffte. Im Gegenteil benötigte der Herrscher zunächst die *ulema* zu seiner Rechtfertigung. Andererseits aber war es augenscheinlich gar nicht so einfach, Gelehrte für den Dienst auf osmanischem Territorium zu gewinnen, eine Situation, die möglicherweise verhinderte, dass die Juristen tatsächlich eine politische Übermacht bildeten. Es versteht sich unter diesen Umständen, dass unter *ulema* mystische Interessen weitverbreitet waren. Trotzdem ist es bezeichnend, dass Taşköprizade Ahmed, der im 16. Jahrhundert eine Prosopographie osmanischer Gelehrter vorlegte, eine klare Trennungslinie zwischen Sufi-Scheichs und *ulema* zog[15].

II. Juristen in imperialer Ordnung

Molla Fenarî, der 1425 von Murad II. zum Mufti (Rechtsgutachter) von Bursa, der damaligen Hauptstadt (soweit der Begriff zutrifft) der Osmanen ernannt wurde, und retrospektiv gerne als erster oberster Mufti *(şeyh ül-islam)* betrachtet wird[16], ist ein Beispiel für die Neigung frühosmanischer Juristen, einen Anschluss an mystische Strömungen zu suchen und gemäßigt (also nicht schiitische, nicht militant anti-schariatische)[17] mystisch-pantheistische Theologie mit sunnitischer Rechtslehre auszusöhnen. Die Verbindung von sunnitischer Orthodoxie und Sufismus zeichnete den osmanischen Islam aus, und vereinzelt gab es sogar unter den höchsten Rechtsgelehrten radikale Sufis[18]. Dennoch wurde die Linie zwischen Erlaubtem und nicht Erlaubtem zunehmend deutlicher gezogen, auch wenn es immer wieder zu Auseinandersetzungen und Modifikationen hinsichtlich des Verlaufs dieser Grenze kam[19]. So waren diejenigen, die diese Kartierung vornahmen, am Ende die *ulema.*

Dass die Juristen in die Lage kamen, diese Linie zu bestimmen, war Teil der imperialen Ordnung, in die sie eingefügt wurden (und sich auch selbst einfügten). In dieser Ordnung blieb der juristische Diskurs selbst dem Zugriff des Herrschers zunächst ent-

---

[15] *Taşköprîzade Ahmed,* Eš-šaqā'iq en-no'mānijje, enthaltend die Biographien der türkischen und im osmanischen Reiche wirkenden Gelehrten, Derwisch-Scheih's und Ärzte von der Regierung Sultân 'Oṭmān's bis zu der Sülaimān's des Grossen, hg. v. Oskar Rescher (1927).

[16] Diese Einordnung schon zu osmanischer Zeit, vgl. *Müstakimzade Sa'd ül-Din Süleyman* et al., Devhatü l-Meşayih, hg. v. B. Kellner-Heinkele (2005), Bd. 2, 13–15; *İ. H. Uzunçarşılı,* Osmanlı Devleti'nin İlmiye Teşkilâtı (2014 [1965]), 228–229. Zu Molla Fenarî *R. C. Repp,* The Müfti of Istanbul. A Study in the Development of the Ottoman Learned Hierarchy (1986), 73–98.

[17] Dazu *Christian Müller* in diesem Band, oben S. 57–83.

[18] Etwa den spirituellen Führer *(kutb)* der Bayramî-Melamî Paşmakcızade Ali Efendi, der sogar dreimal (1703, 1704–1707, 1710–1712) das Amt des obersten Muftis innehatte. Die Melamî-Derwische waren allerdings ein klandestiner Orden, dessen Mitglieder deswegen nur in Ausnahmefällen der Häresie *(ilhad)* zu überführen waren; vgl. *A. Y. Ocak,* XVI.-XVII. Yüzyıllarda Bayrâmî (Hamzavî) Melâmîleri ve Osmanlı Yönetimi, Belleten LXI, 230 (1997), 93–110.

[19] *M. C. Zilfi,* The Kadizadelis Discordant Revivalism in Seventeenth-Century Istanbul, Journal of Near Eastern Studies 45, 4 (1986), 251–269.

zogen. Staatliche Kontrolle wurde nicht direkt über das Recht ausgeübt, sondern über Juristen und ihre Stellung in der Gesellschaft. Dabei wurde in dieser Beziehung die imperiale Ordnung als ohne Bruch mit vorosmanischen Institutionen oder Verhältnissen inszeniert und etabliert. Die Osmanen annullierten keine älteren *awqāf*. Neue Stiftungen zugunsten der *ulema* wurden weiter unbehindert auch von „jedermann" eingerichtet, und Gelehrte hatten weiter das Recht, Schülern ein Zeugnis *(icazet)* zu Texten und Wissensgebieten auszustellen, die sie beherrschten. Schließlich wuchs die Produktion von juristischer Literatur eher an, als dass sie eingeschränkt wurde.

Wendepunkt ist in mehrfacher Hinsicht die große Stiftung der Fatih-Moschee, die Mehmed II. bald nach der Eroberung Istanbuls einrichtete. Sie umfasste neben der sultanischen Moschee am Platze der Apostelkirche (des nach der Hagia Sophia zweitwichtigsten Gotteshauses der griechisch-orthodoxen Kirche und zunächst nach 1453 Sitz des Patriarchats) vor allem acht *madrasas*, die als Spitze einer Hierarchie von Hochschulen im Osmanischen Reich institutionalisiert wurden[20]. Süleyman der Prächtige sollte noch die vier *madrasas* seiner Stiftung in Istanbul über diese *sahn-ı seman* genannten Schulen stellen. Entscheidend ist, dass Mehmed II. eine Hierarchie imperialer *madrasas* etablierte, deren Absolvierung Voraussetzung einer Karriere war, die zu höheren Ämtern als *müderris* (Lehrer an einer *madrasa*) oder Kadi führte. Damit schuf das Osmanische Reich eine Gruppe von Juristen und Theologen, die sich abhob und privilegiert war.

Die Etablierung einer Hierarchie von Lehranstalten ging mit der Kontrolle der Ernennung der Lehrpersonen und Kadis einher. Eine Schlüsselrolle erhielten dabei die *kadı-asker (kazasker)*, die in der Forschung gerne (nicht ganz zutreffend) als „Militärrichter" bezeichnet werden. Sie wurden an die Spitze einer Hierarchie religiöser Würdenträger gestellt, die Posten an imperial kontrollierten *madrasas* und alle Kadi-Ämter einschloss[21]. Die Autorität des *kadı-asker* umfasste nicht nur die Zuständigkeit für Prozesse, in die Angehörige der steuerbefreiten Klasse der Staatsbediensteten *(askerî)* verwickelt waren, und nach der Scharia zu behandelnde Fälle, die vor den großherrlichen Diwan kamen, sondern vor allem die Ernennung, Versetzung und Absetzung der an imperialen *madrasas* lehrenden Juristen und Theologen, darüber hinaus aber auch aller Kadis. Das Amt des *kadı-asker* wurde in der Regierungszeit Mehmeds II. (1451–1481) in zwei geteilt, wobei der *kadı-asker* des balkanischen Rumelien höher eingestuft war als der Anatoliens, der später zumeist auch für die arabischsprachigen Provinzen zuständig war[22]. Die Hierarchie von Kadi- und *müderris*-Ämtern führte dazu, dass es einen geregelten *cursus honorum* der einflussreichen *ulema*-Ämter im Osmanischen Reich gab.

Das bedeutet, dass die islamischen Juristen im Reich in drei Gruppen geschieden werden sollten: Einerseits nicht-hanafitische Juristen, die am Rande des osmanischen

---

[20] *H. Atay*, Fâtih-Süleymâniye Medreseleri Ders Programları ve İcâzetnâmeler, Vakıflar Dergisi 13 (1981), 171–206; *F. Unan*, Kuruluşundan Günümüze Fâtih Külliyesi (2003), 61–65, 337–356.

[21] Tatsächlich hat sich das Amt des *kadı-asker* aus dem eines Militärrichters entwickelt, aber mit diesem nach einer formativen Phase nicht mehr viel zu tun. Rechtsprechung im Heer war im Wesentlichen Aufgabe eines „Heeresrichters" (*ordu kadısı*); siehe *Uzunçarşılı*, İlmiye Teşkilâtı (Fn. 16), 131–132.

[22] *M. İpşirli*, Osmanlı Devletinde Kazaskerlik, TTK Belleten LXI, 232 (1998), 602–699.

Rechtssystems existierten[23], andererseits diejenigen Hanafiten, die als Absolventen der imperialen *madrasas* einen Zugang zu Posten in diesem System sowie Kadiämtern hatten, und schließlich diejenigen hanafitischen *ulema*, die außerhalb dieses Systems und meistens in provinziellem Umfeld agierten, wobei dieses „provinzielle Umfeld" auch Metropolen wie Aleppo, Damaskus oder Kairo umfasste. Diesen Juristen blieben in der Regel nur lokale Funktionen. Die eigentlichen Kadis zum Beispiel ernannten Vertreter (*naib*, Pl. *nüeba*), die an ihrer Stelle oder an dem Kadiamt untergeordneten, sekundären Gerichtshöfen amtierten und aus diesen nicht-imperialen *ulema* rekrutiert wurden. Die Unterschiede, ja Gegensätze zwischen diesen imperialen *ulema* einerseits und provinziellen Gelehrten andererseits sind in der Forschung recht scharf herausgearbeitet worden[24].

In der Mitte des 16. Jahrhunderts wurde die Ernennung der höchsten Richterämter den *kadı-asker* entzogen und dem obersten Mufti des Reiches, dem *şeyh ül-islâm*, zugeordnet. Dieses Amt hatte schon unter dem universal gelehrten Kemalpaşazade an Gewicht gewonnen[25]; jedoch wurde es erst unter Ebu's-Suʿud, seinem Inhaber von 1545 bis zu seinem Tode 1574, zum Spitzenamt der *ulema*[26]. Die Ernennung von Muftis durch den Sultan war eine spezifisch osmanische Praxis und – jedenfalls soweit bekannt – vor der Einrichtung ihrer Herrschaft nicht üblich gewesen. Die Osmanen gingen soweit, eine reichsweite Organisation von Muftis aufzubauen und in jedem Provinzzentrum einen Mufti zu ernennen. Die Rechtsgutachten (*fatwā/fetva*, Pl. *fatāwā/fetava*) des *şeyh ül-islâm* aber galten als autoritativ; und sie kamen, anders als die eines jeden anderen Muftis, ohne Belege aus. Der *şeyh ül-islâm* hatte keine Karriere als provinzieller Mufti hinter sich, sondern hatte den *cursus honorum* der *müderris*- und Kadiämter durchlaufen und war auch *kadıasker* gewesen[27].

Die staatliche Laufbahnkontrolle der „imperialen *ulema*" und die Ernennung von Muftis, vor allem aber eines obersten Rechtsgutachters, des *şeyh ül-islam*, dessen Fatwas an Gerichten eine besondere Rolle spielten[28], wurden durch eine Zugangskontrolle ergänzt. Die Annahme von Studenten und die Ausstellung von Zeugnissen, die ihre erworbenen Kenntnisse recht genau umschrieben *(icazet)*[29], blieb weiter das Recht der Lehrer an den *madrasas*. Ein Kandidat allerdings, der eine Laufbahn als Kadi oder *müderris* an einer imperialen *madrasa* einschlagen wollte, musste zunächst

---

[23] *R. Peters*, What Does It Mean to Be an Official Madhhab? Hanafism and the Ottoman Empire, in: P. J. Bearman *et al.* (Hg.), The Islamic School of Law: Evolution. Devolution and Progress (2005), 154–157; *J. E. Baldwin*, Islamic Law and Empire in Ottoman Cairo (2017), 77–85.

[24] *H. Gerber*, State, Society, and Law in Islam. Ottoman Law in Comparative Perspective (1994), 92–107; *G. Burak*, The Second Formation of Islamic Law. The Ḥanafī School in the Early Modern Ottoman Empire (2015), 17–20, 38–64, 163–206; *Baldwin*, Islamic Law and Empire (Fn. 23), 77–92.

[25] *Ş. Özen*, Kemalpaşazâde (ö. 940/1534): 2. Fıkhî Görüşler, Türkiye Diyanet Vakfı İslâm Ansiklopedisi 25 (2002), 240–242.

[26] Dazu die bahnbrechende Studie von *C. Imber*, Ebu's-suʿud: The Islamic Legal Tradition (1997).

[27] *Gerber*, State, Society and Law (Fn. 24), 79–112; *ders.*, Rigidity versus Openness in Late Classical Islamic Law. The Case of the Seventeenth-Century Palestinian Muftī Khayr al-Dīn al-Ramlī, Islamic Law and Society 5, 2 (1998), 165–195.

[28] *Gerber*, State, Society, and Law (Fn. 24), 81–86.

[29] *H. Atay*, Fâtih-Süleymâniye Medreseleri Ders Programları ve İcâzetnâmeler, Vakıflar Dergisi 13 (1981), 171–236.

ein *mülazemet* erwerben, ein nach Prüfung oder auf sultanische Gnade hin verabreichtes Zertifikat, das dem Betreffenden einen Anwärterstatus verschaffte. Nur ein enger Kreis an *ulema* hatte ein Vorschlagsrecht. Der Erwerb des *mülazemet* war der engste Flaschenhals in der Laufbahn der Juristen und Theologen und funktionierte als ein Auswahlsystem, das nicht vorwiegend meritokratisch war, sondern Angehörigen von *ulema*-Familien Zugang zu Posten sicherte[30].

Das *mülazemet* führte zu einer „organischen Bindung" der hanafitischen *ulema* von Rang an das Osmanische Reich[31]. Der Begriff *Gramscis* mag hier angebracht sein, weil er sowohl Abhängigkeit als auch begrenzte Autonomie gut abbildet. Wesentlich ist, dass die osmanischen Juristen nicht außerhalb des Staates standen, sondern als ein besonderes Segment seiner Elite einen privilegierten, aber keineswegs unabhängigen Platz einnahmen. Seit dem 17. Jahrhundert entwickelte sich ein Teil der imperialen *ulema* in eine Aristokratie, die die höchsten Ränge der Karriere im Wesentlichen den eigenen Angehörigen vorbehielt[32]. Diese Aristokratie, aber auch die anderen Angehörigen der imperialen Elite der *ulema* waren durch die Regelung ihrer Ausbildung und Karrieren in eine staatliche Ordnung eingegliedert, sogar ihr unterworfen. Diese Unterwerfung zeigt sich an den Regelungen, die zur Zeit Süleymans des Prächtigen (regierte 1520–1566; die betreffenden Texte sind undatiert) durch einen Befehl *(nişan)* und sogar ein formelles *kanun-name* (am besten als Kompilation sultanischer Befehle zu verstehen) den *ehl-i ilm*, also den *ulema*, bei der Ausbildung von Juristen und Theologen auferlegt wurden[33]. Gegen Ende der Herrschaft Süleymans ist wohl auch ein Befehl ergangen, der sogar die in der Ausbildung als Mindestanforderung zu lernenden Texte festlegte[34]. Es handelte sich bei diesen Texten um den gesicherten Bestand der „geachteten Bücher" *(kütüb-i mu'tebere)*, den osmanische *ulema* als Grundlage ihres Tuns und Kanon anerkannten[35]; und es ist hochwahrscheinlich, dass der Befehl in Abstimmung mit dem Şeyh ül-İslam Ebu's-su'ud erlassen wurde[36]. Es ging hier nicht um eine Anordnung, juristische Inhalte zu ändern, sondern nur um die festere institutionelle Rahmung ihrer Vermittlung.

30 *A. Atçıl*, The Route to the Top in the Ottoman Ilmiye Hierarchy of the Sixteenth Century, Bulletin of the School of Oriental and African Studies 72, 3 (2009), 489–512; *M. C. Zilfi*, The Politics of Piety. The Ottoman Ulema in the Postclassical Age, 1600–1800 (1988), 57–65; *İpşirli*, Kazaskerlik (Fn. 22), 641–660.

31 Ein Vorbild für diese Verwendung des Begriffs bietet *J. L. Nelson*, Organic Intellectuals in the Dark Ages?, History Workshop Journal 66 (2008), 1–17.

32 *Zilfi*, Politics of Piety (Fn. 30), 66–74; eine prosopographische Untersuchung zeigt, dass die soziale Zusammensetzung der Inhaber geringerer *ulema*-Ämter auch im imperialen System gemischt war; siehe *D. Klein*, Die osmanischen Ulema des 17. Jahrhunderts. Eine geschlossene Gesellschaft? (2007), 86–191.

33 Transkription und Faksimile bei *A. Akgündüz*, Osmanlı Kanunnâmeleri ve Hukukî Tahlilleri, Bd. 4 (1992), 661–672.

34 Analyse des Textes, der nur als Buchliste (also ohne Befehlsteil) erhalten ist, bei *S. Ahmed* und *N. Filipovic*, The Sultan's Syllabus. A Curriculum for the Ottoman Imperial Medreses Prescribed in a *fermān* of Qanūnī I Süleymān, Dated 973 (1565), Studia Islamica 98/99 (2004), 183–206.

35 *Burak*, Second Formation of Islamic Law (Fn. 24), 130–135.

36 Zum Verhältnis Süleymans zu Ebu's-Su'ud siehe *Imber*, Ebu's-Su'ud (Fn. 26), 15.

So waren die imperialen *ulema* einerseits kontrolliert, andererseits als herausgehobene Gruppe dauerhaft privilegiert, dabei aber zunächst nicht in ihrem exklusiven Zugriff auf den Diskurs, was die Scharia bestimme, eingeschränkt. Als soziale Gruppe waren die Juristen der imperialen Ordnung handverlesen, aber in ihrer Expertise autonom. Insofern erscheint das Juristenrecht der Scharia in den frühneuzeitlichen staatlichen Rahmen eingepasst, aber noch nicht so instrumentalisiert, wie das der Begriff Gramscis nahelegt. Ein genauerer Blick zeigt, dass dessen Verwendung möglicherweise doch gerechtfertigt ist.

III. Juristenrecht als Teil einer frühneuzeitlichen staatlichen Rechtsordnung

Dass tatsächlich die Wirkung dieser Einordnung der Scharia in die imperiale institutionelle Ordnung stärker war als die oben gemachten Beobachtungen nahelegen, ergibt sich aus der in den letzten Jahren in der Forschung deutlich herausgearbeiteten Erkenntnis, dass die Rechtsmeinungen provinzieller osmanischer *ulema* zum Teil sehr deutlich von denjenigen der imperialen Zentrale differierten. Dabei sind die Fatwas Ḫayr ad-Dīn ar-Ramlīs (1585–1671), eines bedeutenden hanafitischen Juristen aus Palästina, besonders intensiv studiert worden[37]. Spannungen im Verhältnis zwischen lokalen und imperialen Juristen waren doktrinär und sozial-strukturell unausweichlich[38].

Denn letztlich betrieb die osmanische Reichszentrale ja eine doppelte Hanafitisierung: einmal durch das Zurückdrängen der anderen Rechtsschulen zugunsten der „offiziellen"[39] oder „Staats-"[40] *maḏhab* der Hanafiten, dann durch die Durchsetzung der Rechtsauffassungen, wie sie in Istanbul vertreten wurden. Beides geschah, wie gesagt, ohne offenen Bruch mit vorosmanischen Verhältnissen. Die anderen Rechtsschulen blieben offiziell anerkannt, und die Erstellung von Fatwas wurde nie durch zentral ernannte Muftis monopolisiert. Das ermöglichte auf Dauer Arrangements in dem prinzipiell auf Unterschied und Konflikt angelegten Verhältnis[41].

---

[37] *Gerber*, State, Society and Law (Fn. 24), 83–86; *ders.*, Rigidity vs. Openness (Fn. 27); *ders.*, Islamic Law and Culture, 1600–1840 (1999), 60–64 *et passim; Burak*, Second Formation of Islamic Law (Fn. 24), 146–165, 191–201, 238–244; *B. Doumani*, Family Life in the Ottoman Mediterranean. A Social History (2017), 180–182, 228–231.

[38] Für Syrien z. B. *A.-K. Rafeq*, The Syrian 'Ulamā', Ottoman Law, and Islamic Sharī'a, Turcica 26 (1994), 9–32; zu Ägypten *R. Meshal*, Antagonistic Sharī'as and the Construction of Orthodoxy in Sixteenth-Century Ottoman Cairo, Journal of Islamic Studies 21 (2010), 183–212.

[39] „Official madhhab", *Burak*, Second Formation of Islamic Law (Fn. 24), 10–19; *Peters*, What Does It Mean to Be an Official Madhab? (Fn. 23), *passim*.

[40] „State madhhab", *Baldwin*, Islamic Law and Empire (Fn. 23), 139. Der Autor setzt den Begriff in Anführungszeichen.

[41] *Burak* (Fn. 24), 163–206; *A.-K. Rafeq*, Relations between the Syrian 'Ulamā' and the Ottoman State in the Eighteenth Century, Oriente Moderno n. s. 18 (1999), 67–95; siehe auch *Baldwin*, Islamic Law (Fn. 23), 141–142.

Die inner-hanafitischen juristischen Differenzen erscheinen meist als Folge der einseitigen Weiterentwicklung des *fiqh* im imperialen Zentrum. Als Angehörige der osmanischen Administration hatten sich die Juristen dort mit einem Recht auseinanderzusetzen, das Elemente vorosmanischen Rechts, lokaler und regionaler Rechtsbräuche und Gewohnheitsrecht[42] mit sultanischen Setzungen kombinierte[43]. Dieses Recht, wechselweise und gelegentlich auch einmal mit bewusster Betonung bestimmter Elemente von den Osmanen *örf* („Brauch"), *kanun* („herrscherliches Recht") oder auch *örf u kanun* genannt, war keine osmanische Neuerung. Es stand in Kontinuität zu der von islamischen Herrschern an ihrem eigenen Diwan praktizierten Rechtsprechung, die einerseits Bereiche ihrer Prärogative wie etwa Besteuerung betraf, andererseits aber der Verfolgung von Beschwerden gegen Unterdrückung (*maẓālim*, türkisch: *mezalim*) diente und ihrer strafenden Intervention *(siyaset)* eine Grundlage bot.

Die Situation war im osmanischen Zusammenhang allerdings insofern radikal neu, als die osmanischen Herrscher beziehungsweise der großherrliche Diwan *(divan-ı hümayun)* zwar stets Petitionen offenstand, aber ansonsten von einer *mezalim*-Rechtsprechung kaum die Rede sein konnte[44]. Stattdessen wurden die Kadis nicht nur mit der Pflege des Schariarechts betraut, sondern auch mit der des *kanun* und sogar regelmäßig als Amtswalter des Sultans für ein weites Feld von Aufgaben eingesetzt, zu denen unter anderem Steuerfestsetzung und -eintreibung, Rekrutierung von Kriegern für Feldzüge und Mitarbeit bei der Versorgung von Hof, Hauptstadt und Heer gehörten. Damit nahmen die Kadis eine Schlüsselstellung in der osmanischen Verwaltung ein. Sie wurden zu regelmäßigen Befehlsempfängern und Agenten des osmanischen Sultans. In der Amtspraxis, die als *ma'rifet-i şer' u kanun* bezeichnet wurde, dürfte nur Kundigen klar gewesen sein, wo die Grenze zwischen den beiden Elementen der Scharia und des herrscherlichen Rechts verlief. Das gilt gerade für Bereiche, wo der Kadi aktiv tätig wurde, etwa der Untersuchung ungeklärter Todesfälle, auch wenn es keinen Kläger gab. Die Verschmelzung der beiden Aspekte macht aber die Besonderheit der imperialen Rechtspraxis im Osmanischen Reich aus. Dass sultanisches Recht

---

42 Diese im Beitrag von *Rüdiger Lohlker* (oben, S. 183–198) betonte Unterscheidung ist vor allem im frühosmanischen Zusammenhang wichtig, weil sie die Überführung älterer, etwa byzantinischer Rechtsnormen in osmanisches Recht von lokalen Gewohnheiten begrifflich klarer zu unterscheiden hilft.

43 Letzteres Element wird in der osmanistischen Forschung besonders betont. Ein wichtiges Beispiel ist *H. İnalcık,* Osmanlı Hukukuna Giriş. Örfî-Sultanî Hukuk ve Fâtih'in Kanunları, A. Ü. Siyasal Bilgiler Fakültesi Dergisi 13, 2 (1958), 102–126. Über juristische Beschränkungen des Herrschers dagegen *Imber,* Ebu's-Su'ud (Fn. 26), 95.

44 Bis ins 16. Jahrhundert existierten allerdings gemischte Kommissionen aus *ulema* und Militärpersonen, die Inspektionsreisen zur Untersuchung von *mezalim* durchführten, die sogenannten *teftiş-i mahayıf*; siehe *C. K. Neumann* und *F. Yılmaz,* Die „Inspektion der Ungerechtigkeiten" und die Kontrolle der Lokalverwaltung im Osmanischen Reich, 16. Jh., Periplus 3 (1993), 15–30. Seit dem späteren 16. Jahrhundert dienten pauschale Runderlasse, die sogenannten *adalet-nameler* („Gerechtigkeits-Schreiben") der Darstellung sultanischer Fürsorge gegen illegale Übergriffe, *H. İnalcık,* Adâletnâmeler, Belgeler 2, 3–4 (1965), 49–245. *E. Toprakyaran* vertritt die Ansicht, die *mezalim*-Rechtsprechung sei weitestgehend konform zur Scharia, aber in seiner Wirksamkeit vollgültig durch den großherrlichen Diwan fortgeführt worden, *E. Toprakyaran,* Das osmanische Petitionswesen *(mezalim)* seit dem 18. Jahrhundert am Beispiel von Stadt und Provinz Trabzon (2007), 23–35.

und die Scharia in einer Hand verwaltet wurden, erhöhte die Legitimation jeglicher Rechtsprechung, aber auch aller Verwaltungshandlungen.

Die formale Ausbildung eines Kadi dagegen blieb strikt auf die an *madrasas* vermittelten Wissensgebiete beschränkt. Für die allgemeine Verwaltungstätigkeit (oder auch die Verständigung mit Einheimischen, deren Sprache er nicht beherrschte) blieb er deswegen oft auf letztere angewiesen, ob dies nun lokale *ulema* waren, die ihm als *naib* dienten, das Gerichtspersonal oder Notable[45].

Insofern entspringt die Diskussion in der Forschung, ob und inwieweit das *kanun* mit dem islamischen Recht in Übereinstimmung stand, oder welches der beiden Rechte das andere dominierte, eher einem doktrinären (oder auch politischen, je nachdem als wie „islamisch" oder „modern" der Osmanische Staat begriffen wird) Interesse als einem historischen[46]. Für einen Kadi stellte sich die Frage nicht, weil er beide Rechte uneingeschränkt anzuwenden hatte. Das ging nur, weil der den Staat personifizierende Sultan[47] des Osmanischen Reiches in der schariatischen Jurisprudenz einen Platz zugewiesen bekam, der wenig mit den Aufgaben zu tun hatte, die er als Führer der Gemeinde wahrnehmen sollte[48]. Denn der Sultan in seiner Rolle als *imām* ist immer noch ein Individuum, das den Regelungen des *fiqh* unterworfen ist. Und dieses diente bekanntlich der Regelung von Rechten des Individuums und Gottes.

Im 16. Jahrhundert, und da nun wiederum besonders gegen Ende der langen Regierungszeit Süleymans des Prächtigen (regierte 1520–1566) und der Amtszeit seiner Berater Celâlzade Mustafa (*nişancı* 1534–1557) sowie Ebu's-Su'ud Efendi (*şeyh ül-islâm* 1545–1574), wurde diese Sicht entscheidend weiterentwickelt[49]. Unter Einbeziehung älterer Konzepte von Gerechtigkeit[50] wurde der Sultan nun nicht mehr als mit der Erfüllung bestimmter Aufgaben betraut betrachtet, sondern als Garant einer Ordnung,

---

45 Ein Porträt eines osmanischen Kadiamtes bei *L. P. Peirce,* Morality Tales. Law and Gender in the Ottoman Court of Aintab (2003), 86–100, 336; außerdem *R. C. Jennings,* Kadi, Court, and Legal Procedure in 17th c. Ottoman Kayseri, Studia Islamica 48 (1978), 133–172; *R. Gradera,* A Kadi Court in the Balkans. Sofia in the Seventeenth and Early Eighteenth Centuries, in: C. Woodhead (Hg.), The Ottoman World (2012), 57–71.

46 Die umfangreiche Literatur ist analysiert bei *B. Ergene,* Qanun and Sharia, in: R. Peters und P. Bearman (Hg.), The Ashgate Research Companion to Islamic Law (2014), 109–119.

47 Es ist bemerkenswert, dass das Osmanische Reich sich erst seit dem 17. Jahrhundert allmählich mit dem Wort *devlet* in der Bedeutung „Staat" zu bezeichnen begann, davor aber nur als *saltanat* („Sultanat", was eine persönlich aufgefasste Herrschaft denotiert), „Dynastie Osmans" *(Âl-i Osman),* „römische Länder" *(memalik-i Rum)* oder „wohlbehütete Länder" *(memalik-i mahruse)*; vgl. *C. K. Neumann,* Devletin Adı Yok: Bir Amblemin Okunması, Cogito 19 (1999), 268–293. Eine Auffassung vom Staat als institutionellem Verband setzte sich nur langsam durch, eine Entwicklung, die vermutlich mit der hier beschriebenen Rechtsentwicklung in Zusammenhang steht.

48 Dabei geht es um die Durchsetzung des Freitagsgebetes und der *ḥadd*-Strafen, Almosen und die Erhebung des Fünften auf Kriegsbeute; vgl. *Imber,* Ebu's-Su'ud (Fn. 26), 66–67.

49 Die Veränderungen in den Legitimationsstrategien Süleymans sind gut untersucht, vgl. *C. H. Fleischer,* The Lawgiver as Messiah. The Making of the Imperial Image in the Reign of Süleyman, in: G. Veinstein (Hg.), Süleyman the Magnificent and His Time. Acts of the Parisian Conference, Galeries Nationales du Grand Palais, 7–10 March, 1990 (1992), 159–177; *H. İnalcık,* State and Ideology under Süleyman I, in: *Ders.,* The Middle East and the Balkans under the Ottoman Empire (1993), 70–94; *K. Şahin,* Empire and Power in the Reign of Süleyman. Narrating the Sixteenth-Century Ottoman World (2013), 187–193.

50 *L. T. Darling,* A History of Social Justice and Political Power in the Middle East. The Circle of

die zugleich als göttlich und imperial aufgefasst wurde. Damit besetzte der Herrscher einen Platz, der dem keines anderen Individuums vergleichbar war, denn er vertrat eine Ordnung, die nur überindividuell zu verstehen ist. Wenn vom Herrscher die Rede war, fand in seiner Person die staatliche, institutionelle Ordnung Eingang in das islamische Recht des Osmanischen Reiches[51].

Festzustellen ist dies in der osmanischen Fatwa-Literatur, spezifisch in den Sammlungen, die Gutachten enthalten, die ein *şeyh ül-islâm* ausgestellt hat[52]. Weil die obersten Muftis eine Laufbahn als Kadis und *kadı-asker* hinter sich hatten und nicht als Rechtsgutachter, und weil sie eben an der Spitze einer imperialen Hierarchie standen, bilden ihre Fatwas die ideologischen Vorstellungen und praktischen Bedürfnisse (nicht immer beide zugleich in jedem einzelnen Text) eben der Rechtsprechung an den Kadi-Höfen ab[53].

Die Terminologie osmanischer Fatwas ist ausgesprochen stabil. Der Rückbezug auf den als bindend und unverrücklich betrachteten, auf göttliche Setzung zurückzuführenden Bestand verbindlicher Rechtsquellen gehörte ja auch zu den Grundlagen des osmanischen imperialen Hanafismus[54]. Trotzdem fällt auf, dass der Herrscher in osmanischen Fatwas immer wieder mit Ehrentiteln genannt wird, die seine Funktion als Garant der Ordnung betreffen. Eine genaue Durchsicht der Fatwa-Literatur auf osmanische Herrscherbezeichnungen hin ist für dieses Essay nicht zu leisten, aber die häufige Bezeichnung als *veliyy ül-emr* fällt ohne weiteres auf. Der Ausdruck bedeutet soviel wie „er, der umfassende Befehlsgewalt hat“. In einer Sammlung aus dem 18. Jahrhundert, dem *Behcet ül-Fetava* des Şeyh ül-İslâm *Yenişehirli Abdullah* (im Amt 1718–1730), erscheint er als Garant der „Ordnung des Osmanischen Staates, die Grund der Wohlfahrt der Gläubigen ist“[55].

Diese Stellung bedeutete nicht, dass der osmanische Sultan materiell schariatische Rechtsansichten der *ulema* ändern konnte; uneingeschränkten Zugriff hatte er noch nicht einmal auf das *kanun*[56]. Was der durch den Sultan verkörperte Staat beanspruchte und in der offiziellen *maḏhab* auch durchsetzte, war einerseits ein Eingriffsrecht in den Prozess der Rechtsprechung, andererseits das Recht, aus staatlichem Interesse zu strafen *(siyaset)* und überhaupt zu intervenieren, ohne dass diese Maßnahmen damit außerhalb des Rechtes standen, also potentiell als Unterdrückung

---

Justice from Mesopotamia to Globalization (2013), 143–144; *B. A. Ergene*, On Ottoman Justice. Interpretations in Conflict, 1600–1800, Islamic Law & Society 8, 1 (2001), 58–62.

[51] Zum Begriff der Ordnung *(nizam)* im osmanischen politischen Diskurs vgl. *G. Hagen*, Legitimacy and „World Order“, in: H. T. Karateke und M. Reinkowski, (Hg.), Legitimizing the Order. The Ottoman Rhetoric of State Power (2005), 55–83; und meine Kritik in: Wiener Zeitschrift für die Kunde des Morgenlandes 101 (2011), 198–199.

[52] Einen ausführlichen Überblick gibt *Ş. Özen*, Osmanlı Döneminde Fetva Literatürü, Türkiye Araştırmaları Literatür Dergisi 3, 5 (2005), 249–378.

[53] *Gerber*, State, Society and Law (Fn. 24), 79–81.

[54] *Burak*, Second Formation of Islamic Law (Fn. 24), 65–100.

[55] *Yenişehirli Abdullah*, Behcetü 'l-Fetâvâ, hg. v. B. Algın *et al.* (2011), 167, Nr. 901: „sebeb-i rahat-i ibadullah olan nizam-i Devlet-i Aliyye“; siehe auch ebd., 174–175, 209, 211, 444–445, 659–662.

[56] „In practice therefore, the *shari'a*, and to some extent also the *qanun*, were factors limiting the authority of the monarch“; *Imber*, Ebu's-Su'ud (Fn. 26), 95.

(zulm) betrachtet werden konnten[57]. Diese Konstruktionen waren nur dadurch in das schariatische Denken einzufügen, dass der Sultan nun zum Vertreter einer überpersönlichen Ordnung geworden war.

Für beide Bereiche finden sich ungezählte Belege in der imperialen Fatwa-Literatur. Dabei besteht diese zunächst immer auf der ausdrücklichen Bindung des Kadis in seiner Rechtsprechung an die besten Rechtsmeinungen der hanafitischen Schule[58]. Diese Grenze wird immer wieder nachgezogen, so in einem Fatwa Şeyh ül-İslâm *Damadzade Ebu'l-Hayrs* (im Amt 1732–1733), das besagt, dass Münzfälscher nach der Scharia nicht zum Tode zu verurteilen seien, der Herrscher sie aber regelmäßig mit dem Tode bestrafe. Trotzdem dürfe keine schariatische Fatwa ergehen, die ihre Hinrichtung fordere[59]. Vier Fatwas des Şeyh ül-İslâm *Çatalcalı Ali* (im Amt 1674–1686 und 1692) zeigen, dass es hier ausschließlich um die diskursive Abgrenzung ging. Denn *Ali* sprach dem Kadi das Recht zu, einen Unterdrücker, der wiederholt Leute ihres Eigentums beraubte oder berauben ließ, mit einem *hüccet* zum Tode zu verurteilen – wie auch der Herrscher das befehlen oder sein Gouverneur, der mit der Ergreifung des Übeltäters beauftragt war, das tun konnte[60].

Ein Blick auf die sehr renommierte Sammlung der Fatwas von *Çatalcalı Ali* zeugt davon, wie sehr die Amtsführung von Kadis, die auf sultanische Anweisungen hin handelten, zum Bestandteil hanafitischer Rechtsgutachten geworden war. So waren Richter aufgefordert, *ta'zir*-Strafen gegen Leute zu verhängen, die einem sultanischen Befehl nicht folgten, solange der im Einklang mit der Scharia stand. Damit standen Befehle des Herrschers unter schariatischem Schutz[61]. Umgekehrt goss *Çatalcalı Ali* sultanisches Handeln in schariatische Begriffe. Wenn eine Person ermordet worden war, ohne dass Erben bekannt waren, trat der Sultan als Erbe nicht nur insofern auf, als die Besitztümer des Getöteten an den Staatsschatz fielen, sondern der Sultan auch zwischen der Zahlung von Blutgeld oder Tötung des Mörders entscheiden konnte[62]. Vor allem hatte aber der Herrscher die Kompetenz, Verfahren an sich zu ziehen oder nach Belieben einem anderen als dem Kadi des Ortes zu übertragen. Dieses Recht auf kleinteilige Intervention ging hinab bis auf die Ebene der stellvertretenden Richter *(naib)*, die ja regelmäßig nicht vom Sultan, sondern von den Kadis eingesetzt wurden[63]. Somit war der Herrscher Herr des Verfahrens, auch wenn er die materielle Rechtsprechung direkt nicht bestimmte.

Mit der Zeit erweiterte sich dieses Interventionsrecht des Staates. *De facto* verwandelte das Recht von jedermann, an den Sultan eine Petition zu richten, den großherr-

---

[57] Eine formalistische ältere Arbeit zum Bereich des *siyaset* ist das materialreiche *A. Mumcu*, Osmanlı Devletinde Siyaseten Katl (1985²; erstmals 1963).

[58] *Abdullah*, Behcetü'l-Fetâvâ (Fn. 55), 436, Nr. 2259.

[59] Wiedergegeben in: *'Ömer bin Ṣāliḥ el-Ḳırımī*, Tuḥfetü'l-Fetāvā. İnceleme, Tenkitli Metin, Tıpkıbasım, hg. v. E. Bilgin (unveröffentlichte Magister-Arbeit; Bozok Üniv., 2010), 120–121, einer Sammlung des späteren 18. Jahrhunderts.

[60] *Çatalcalı Ali*, Fetava-yı Ali Efendi ([İstanbul]: Matbaa-ı Amire, 1266), Bd. 1, 121–122.

[61] *Ali*, Fetava (Fn. 60), Bd. 1, 115.

[62] *Ali*, Fetava (Fn. 60), Bd. 2, 217.

[63] *Ali*, Fetava (Fn. 60), Bd. 1, 274.

lichen Diwan ohnehin in eine Art Kassationsgericht. Şeyh ül-islâm *Seyyid Feyzullah* (im Amt 1688 bis 1703) verfasste ein Fatwa, das die Neuverhandlung eines durch Urteil abgeschlossenen Scharia-Prozesses auf sultanischen Befehl hin ausdrücklich für rechtens erklärte, aber verlangte, gegebenenfalls auf einem korrekten Urteil zu beharren[64].

Das prozessuale Interventionsrecht des Staates wurde durch das erwähnte materielle ergänzt, das sich nicht nur auf *siyaset*-Strafen beschränkte, sondern zum Beispiel auch auf Stiftungsangelegenheiten bezog[65]. Fatwas bestätigten dem durch den Herrscher personalisierten Staat damit sowohl das Recht auf Eingriffe in Verfahrenszuständigkeiten, als auch das auf außerschariatische Maßnahmen als Teil der Scharia, eben weil der Staat die Ordnung darstellte, in der die *ulema* ihre Rechtsprechung betrieben und die sie durch ihre Aktivität zu schützen hatten.

IV. Zum Schluss

Es bleibt bei anderer Gelegenheit zu untersuchen, inwiefern die ideologische Überlebensgröße des Staates, die für das moderne osmanische politische Denken des 19. und 20. Jahrhunderts charakteristisch sein sollte, in dieser Konstellation eine ihrer Wurzeln hatte. Augenscheinlich erlaubte die Integration der islamischen Jurisprudenz in die osmanische imperiale Ordnung dem Reich eine weitgehende Kontrolle des Rechtswesens, ohne dass es auf die mit der Sakralität islamischen Rechts einhergehende Legitimation der eigenen Herrschaft verzichten musste. Damit entzieht sich das islamische Recht des frühmodernen Osmanischen Reichs der Dichotomie von mittelalterlich und modern, wie sie *Wolfgang Müller* in der Einleitung dieses Bandes idealtypisch vorgeschlagen hat[66]. Die von ihm unternommene Unterscheidung funktioniert allerdings gut als ein Kriterienkatalog, mit dem die relative Position eines Rechtswesens in Bezug auf Mittelalterlichkeit und Modernität begrifflich fassbar gemacht werden kann.

Die ersten vier Punkte der kontrastierenden Tabelle, die sich auf den Diskurs beziehen, treffen auf das Osmanische Reich voll zu. Eine normative Basis wurde als gegeben angenommen, auf deren Texte dann die konkrete juristische Argumentation aufbaute, wobei der Analogie größte Bedeutung zukam und neue Gesetzgebung nicht nötig war. Diese Diskursformation ist, was *Guy Burak* als „zweite Bildung des islamischen Rechts" bezeichnet hat. Auch *Wolfgang Müllers* fünfter Punkt, der den Einfluss von Juristen betrifft, den sie „im Austausch" für die Legitimation des Herrschers erhalten, trifft zu, kann aber möglicherweise dahingehend modifiziert werden, dass die besondere Stellung des durch den Herrscher legitimierten Staates im Gegenzug und Wechselspiel auf Dauer auch die imperialen *ulema* des Reiches legitimiert haben dürfte.

---

64 *Feyzullah,* Fetâvâ-yı Feyziye. Şeyhülislam Feyzullah Efendi, hg. v. S. Kaya (2009), 233, Nr. 1461.

65 *Abdullah,* Behcetü'l-Fetâvâ (Fn. 55), 267, Nr. 1374; ebd., 270–71, Nr. 1391; ebd., 273, Nr. 1403.

66 Siehe oben, Tabelle 1, S. 20.

Nicht mittelalterlich im Sinne der Liste sind die Punkte, die die Organisation von Lehre und Wissensproduktion angehen. Hier war im Osmanischen Reich eine imperiale Ordnung durchgesetzt. Auch der Wettbewerb zwischen Rechtsangeboten war im Osmanischen Reich zu einem nicht geringen Grade reguliert und stand der staatlichen Intervention offen[67]. Schließlich können auch die beiden letzten Punkte, die den Anwendungsbereich mittelalterlichen Rechtes betreffen, als im Osmanischen Reich nur eingeschränkt zutreffend bezeichnet werden; denn das System von Kadi-Ämtern mit stellvertretenden Richtern konnte unter bestimmten Umständen proaktiv handeln und war auch auf dem Lande zu einem hohen Grade präsent.

Es fällt auf, dass diejenigen Aspekte aus *Wolfgang Müllers* Kriterienkatalog, die den juristischen Diskurs betreffen, dem mittelalterlichen Typus besser entsprechen als die, die mit der sozialen Fassung von Jurisprudenz zu tun haben. Was in diesem Essay als Rahmung, Kontrolle und Integration islamischer Jurisprudenz in einen imperialen Zusammenhang beschrieben wurde, ging also nicht von einem zu Staatlichkeit drängenden rechtswissenschaftlichen Diskurs aus, sondern vom sich etablierenden frühmodernen Staat. Im Osmanischen Reich wurden die *ulema*, und insbesondere die hier „imperial" genannten, so zu privilegierten, geachteten, aber auch abhängigen Experten mit exklusivem Zugriff auf ein Rechtsgebiet, die Scharia, das in eine plurale Rechtskultur eingebettet war. Insofern mag es sinnvoll sein, sie als organische Intellektuelle zu verstehen.

---

[67] *Baldwin,* Islamic Law and Empire (Fn. 23), 136.

Glossar

ʿāda: Rechtsgewohnheit, normativer Brauch
ʿālim (Pl. *ʿulamāʾ*): Religionsgelehrter
ʿamal: lokale Rechtsgewohnheit

Dekretisten: Glossatoren des *Decretum* Gratians, seit etwa 1140
Dekretalisten: Glossatoren und Kommentatoren der kanonistischen Dekretalensammlungen, seit 1191

fatwā (Pl. *fatāwā*): Fatwa, juristisches, in der Regel unverbindliches Einzelfallgutachten
fiqh: wörtlich (Regel-)Verständnis, im engeren, juristischen Sinn Jurisprudenz, im Gegensatz zur Lehre von den *uṣūl al-fiqh* vor allem praktisch orientiert
faqīh (Pl. *fuqahāʾ*): Jurist

ḥadīṯ: Hadith, wörtlich Erzählung, im engeren, juristischen Sinn normative Äußerung oder Bericht über eine normative Handlung des Propheten Mohammed
hanafitische Rechtsschule: eine der vier großen Rechtschulen im sunnitischen Islam, wird zurückgeführt auf den irakischen Juristen Abū Ḥanīfa (gestorben 767)
hanbalitische Rechtsschule: eine der vier großen Rechtsschulen im sunnitischen Islam, wird zurückgeführt auf den Bagdader Traditionarier Aḥmad Ibn Ḥanbal (gestorben 855)
ḥukm (Pl. *aḥkām*): rechtliche Beurteilung, Bestimmung

iǧtihād: eigenständige Rechtsformulierung
iḫtilāf: juristischer Dissens
iǧmāʿ: Konsensus der Gelehrten (*Communis opinio*)
ʿilla: wörtlich Ursache, das heisst Ursache oder Umstandsfaktor einer Rechtsnorm, häufig auch mit *ratio legis* übersetzt, wichtiger Bestandteil des *qiyās*-Verfahrens
Ius civile: Zivilrecht, das heisst das Römische Recht des *Ius commune*
Ius commune: Die ab dem 12. Jahrhundert durch Rechtsschulen verbreitete lateinische Jurisprudenz des westlichen Mittelalters, hauptsächlich bestehend aus Römischem und kanonischem Recht

Kadi: s. unter *qāḍī*
Kanonist: Vertreter der kirchenrechtlichen Schulen des *Ius commune*

Legist: Vertreter des mittelalterlichen Römischen Rechts mit seinen Textbuchnormen (*leges*)

madrasa: „Ort des Lernens“, islamische Hochschule, v. a. für rechtswissenschaftliche Disziplinen

malikitische Rechtsschule: eine der vier großen Rechtsschulen im sunnitischen Islam, wird zurückgeführt auf den Medinenser Traditionarier Mālik Ibn Anas (gestorben 795)

maqāṣid aš-šarīʿa: übergeordnete Ziele des Rechts; die Beschäftigung mit diesen entwickelt sich etwa ab dem 11. Jahrhundert zu einem separaten Genre des *fiqh*/*uṣūl al-fiqh*

maṣlaḥa: Allgemeinwohl, ab etwa dem 11. Jahrhundert wichtiger Gesichtspunkt im *iǧtihād* der Rechtsgelehrten

muḥtasib: Inhaber des *ḥisba*-Amtes, Marktvogt

nasḫ: Abrogation

naṣṣ: wörtlich Text, im engeren, juristischen Sinn Offenbarungstext (das heisst Koranvers oder *ḥadīṯ* des Propheten)

qāḍī (Pl. *quḍāt*): Kadi, muslimischer Richter

qānūn: das durch weltliche Macht (vor allem die Osmanen) gesetzte Recht in Abgrenzung zu Scharia und *ʿurf*/*ʿāda*/*ʿamal*

qawāʿid (Sg. *qāʿida*): juristische Maximen, Grundsätze oder wichtige Punkte des islamischen Rechts

qiyās: Analogieschlussverfahren, analogisierende Deduktion, in der Regel auf die Ableitung von einem *naṣṣ* eingeschränkt; umfasst auch Formen des *a fortiori* und anderes mehr, daher auch schariatische Deduktion/Übertragung

schafiitische Rechtsschule: eine der vier großen Rechtsschulen im sunnitischen Islam, wird zurückgeführt auf den ägyptischen Juristen Šāfiʿī (gestorben 820)

Scharia: wörtlich (geebnete) Bahn, ab dem frühen islamischen Mittelalter technischer Begriff für das auf den vier *uṣūl al-fiqh* gründende islamische Normensystem, göttlich inspirierte islamische Normativität

siyāsa: wörtlich Leitung, dann (etwa ab dem 11. Jahrhundert) enger gefasst im Sinne von obrigkeitlicher (Straf-)Gewalt

siyāsa šarʿiyya: Regieren im Einklang mit der Scharia

Sufi: muslimischer Asket und/oder Mystiker

sunna: wörtlich Gewohnheit, umfassend „orthodoxe“, auf Koran und prophetischem *ḥadīṯ* gründende Überlieferung im Islam

taqlīd: Übernahme einer bestehenden Rechtsmeinung, häufig dem *iǧtihād* gegenübergestellt

taʿzīr: dem Kadi überlassene Ermessensstrafe

ulema: s. o. unter *ʿālim* (Pl. *ʿulamāʾ*)

ʿurf: Gewohnheitsrecht, Rechtsgewohnheit im Sinne einer juristischen Präsumption

uṣul al-fiqh: wörtlich Quellen der Jurisprudenz, als Genrebezeichnung islamische Rechtshermeneutik, Grundlagenhermeneutik

Autorenverzeichnis

Jokisch, Benjamin, Dr. phil., ist Privatdozent für Islamwissenschaft an der Universität Hamburg.

Lange, Christian R., Ph.D. (Harvard University), ist Professor für Arabische und Islamische Studien an der Universität Utrecht.

Lohlker, Rüdiger, Dr. phil., ist Professor für Islamwissenschaften an der Universität Wien.

Meyer, Andreas, Dr. phil., war bis zu seinem Tod am 6. Februar 2017 Professor für Mittelalterliche Geschichte und Historische Hilfswissenschaften an der Philipps-Universität Marburg.

Müller, Christian, Dr. phil., ist Directeur de Recherche am Centre National des Recherches Scientifiques (CNRS) in Paris.

Müller, Wolfgang P., Ph.D. (Syracuse University), ist Professor für Geschichte an der Fordham University in New York City.

Neumann, Christoph K., Dr. phil., ist Professor am Institut für den Nahen und Mittleren Osten der Ludwig-Maximilians-Universität München.

Oberauer, Norbert, Dr. phil., ist Professor für Islamisches Recht an der Westfälischen Wilhelms-Universität Münster.

Oestmann, Peter, Dr. jur., ist Professor am Institut für Rechtsgeschichte der Westfälischen Wilhelms-Universität Münster.

Rolker, Christof, Ph.D. (University of Cambridge), ist Professor für Historische Grundwissenschaften am Zentrum für Mittelalterstudien der Otto-Friedrich-Universität Bamberg.

Wetzstein, Thomas, Dr. phil., ist Professor für Mittelalterliche Geschichte an der Katholischen Universität Eichstätt-Ingolstadt.

Woelki, Thomas, Dr. phil., ist wissenschaftlicher Bearbeiter der *Acta Cusana* am Lehrstuhl für Mittelalterliche Geschichte der Humboldt-Universität Berlin.

Autorenverzeichnis

Register

Einträge, die mit einem Bindestrich beginnen (z. B. -Āmidī), lassen (wie bei: al-Āmidī) ein im Arabischen vorangestelltes „al" oder dessen Ableitung aus

Abbasiden 2, 23
ʿAbd al-Qādir al-Ǧīlī 120
ʿAbd ar-Raḥmān 119
ʿAbd ar-Razzāq aṣ-Ṣanʿānī 6
Ablässe 170
Abort 154 (Fn. 26)
Abū Ḥanīfa 4, 156, 233
Abū l-Muẓaffar 116 (Fn. 47)
Abū Naṣr 116 (Fn. 47)
Abū Yūsuf 156
Accursius 8, 26, 31
ʿāda 159, 183–185, 188, 191, 194–195, 233
Adam Rot 176
additiones 32–33, 172
Aegidius de Bellemara 172
Ägypten 4, 60, 82, 106, 193, 224 (Fn. 38)
Aghinolfo de' Bardi 199
Ahmed, Shahab 187–188
Albertus de Pavia 208 (Fn. 54)
Aleppo 221
Alessandro Tartagno 212
Alexander III., Papst 91 (Fn. 26), 93, 99
Alexander IV., Papst 179
Alexander V., Papst 175
Alexander de Nevo 177
Alexandria 197
Alfons V., König 205
Alger von Lüttich 42, 55
Allegationen 41, 137, 143, 200, 207
Almohaden 23
Almoraviden 23
Alp Arslān, Sultan 116 (Fn. 47)
Altmark 134
ʿamal 185, 191, 193, 233
-Āmidī 59, 76, 78, 82 (Fn. 113), 83 (Fn. 115)
Amselfeld 217
Analogie 9, 20, 28–30, 57, 66 (Fn. 33), 67, 111, 121, 162 (Fn. 58), 163–167, 181, 228, 234
Anatolien 216–218, 220
Andrea Alciato 212–213
Andrea Barbazza 212
Angelo degli Ubaldi 210
Ankara 217
Anselm von Mailand 49
Antonio Cermisone 203
Appellation 48 (Fn. 40), 89 (Fn. 18), 129 (Fn. 28), 204
Aragon 205
Aristoteles 29–30, 35, 100 (Fn. 69)
Arnaldus de Via 171
Ašʿarī 64 (Fn. 28)
Âşıkpaşazade 218
Augustinus 40, 54
Authentiken 10, 11 (Fn. 29)
Averroismus 36
Avignon 96, 171–173, 175
Ayyubiden 24
Azo 26, 31

Bagdad 5, 30–31, 82, 105–115, 117–120, 233
-Bāǧī 31, 66 (Fn. 32)
Baihaqī 65 (Fn. 28)
Baldus de Ubaldis 32, 135 (Fn. 62), 202, 211–212
Balkan 217–218, 220
Baptista de Tortis 172
-Bāqillānī 67, 74
Bartholomaeus von Brescia 8
Bartolomeo Montagnana 203
Bartolomeo Sozzini 212
Bartolus de Saxoferrato 135, 200, 206, 208 (Fn. 54), 212
Basel 178
Bauer, Thomas 39–40, 42, 52, 55
Benedikt XI., Papst 172
Benedikt XII., Papst 172–174, 177
Benedikt XIII., Papst 175
Benefizialrecht 169–170, 173, 180
Berber 188 (Fn. 29), 193 (Fn. 62)
Bergen 180
Berman, Harold J. 85
Bernardus Compostellanus 100 (Fn. 67)
Bernhard von Parma 8
Bernold von Konstanz 42

Berque, Jacques 189, 191 (Fn. 42), 192–193
Bertram, Martin 9 (Fn. 25), 94 (Fn. 35), 95, 97 (Fn. 53), 178 (Fn. 45)
Beseler, Georg 126
Beweis 6, 12, 15, 19, 65, 77, 80 (Fn. 112), 114, 143, 192
Bibel XII 43, 53
Bischöfe 42–46, 48–49, 51, 90, 91 (Fn. 27), 95, 101, 105, 172, 175 (Fn. 29), 180
Bismarck, Otto Fürst v. 99
Blumenthal, Uta-Renate 51, 85 (Fn. 1), 93
Blutgeld 227
Bologna 8, 10, 24, 27, 34, 37, 38 (Fn. 55), 88, 90, 92, 94–95, 100–101, 112 (Fn. 24), 127, 134, 171, 199 (Fn. 1), 200, 203
Bonifaz VIII., Papst 8–9, 95–95, 171–173, 177
Bonifaz IX., Papst 176 (Fn. 33)
Bourdieu, Pierre 195
Brandenburg 134
Brocarda 33–34
Brown, Jonathan 13
Brundage, James 101, 208
Brunner, Heinrich 126
Buchara 116
-Buḫārī 4, 13, 74
Bullarium 179
Burak, Guy 228
Burchard von Worms 45–46, 49, 51–52, 54–55
Burhan ed-Din 217
Bursa 219
-Burzulī 189–190, 192
Bußbücher 52–53
Buyiden 24
Byzanz 5, 21, 23, 27, 100 (Fn. 67), 112 (Fn. 24), 116 (Fn. 47), 124 (Fn. 2), 216, 224 (Fn. 42)

Calder, Norman 6, 13
Cambridge 93, 95, 98, 101, 235
Çatalcalı Ali 227
Celâlzade Mustafa 225
Chappuis, Jean 172, 177–178
Cicero 46, 52
Clemens IV., Papst 169
Clemens V., Papst 96, 103, 172–173, 177–178
Clemens VI., Papst 10
Clemens VII., Papst 172, 175
Collectio Anselmo dedicata 45–46, 48–50
Colonna 97
Common law 1
Communis opinio 9, 34, 213, 233
Compilatio tertia 92–93, 99–100
Conrad Heyden 138–140
Conring, Hermann 125–126
Consilia 18, 34, 199–214
Constantinus Africanus 37
Corpus iuris canonici 124, 171, 177–178
Corpus iuris civilis 5, 8, 10, 13, 124
Correctores Romani 178
Cresconius 44

-Dabbās 34
Dabūsī 68 (Fn. 46), 150, 155–157, 166
Damadzade Ebu'l-Hayr 227
Damaskus 60 (Fn. 9), 221
Decisiones Rotae 179
Decretum Gratiani 8, 10, 35, 40, 42, 171, 177–178, 233
Dekretalen 8–10, 90–100, 103, 171, 202, 207, 233
Dekretalisten 8, 10, 27, 233
Dekretisten 8, 27, 100, 233
Derwische 217–219
Deusdedit 50–51
Deutscher Orden 205
Deutschland 12 (Fn. 35), 46, 86 (Fn. 7), 98–99, 125–126, 128, 130–131, 134, 140–141, 143, 174, 183
Dietrich von Nieheim 174
Digesten 27, 29, 37 (Fn. 54), 200
Dilcher, Gerhard 184, 186
Dino del Mugello 206 (Fn. 43)
Dionysio-Hadriana 87–88
Dirham 196–197
Disputation 32, 34
Dissens 147, 155–157, 233
dissensiones 34
distinctiones 33
Diwan 220, 224, 228
Doffo dei Bardi 199
Donahue Jr., Charles 16
Duve, Thomas 130

Ebendorfer, Thomas 204 (Fn. 31)
Eberhard I., Bischof 90
Ebu's-Su'du 221–222, 225
Eherecht 54, 79 (Fn. 108), 90 (Fn. 21), 99, 103, 148, 153, 157 (Fn. 33)
Eike von Repgow 134, 140
Elger, Ralf 186
Ely 101
England 1, 8, 16, 95, 100 (Fn. 65), 101
epistemische Autorität 3, 6, 11, 15, 19, 145

Erasmus von Rotterdam 40
Erbrecht 139–141, 149 (Fn. 7), 154–155, 191, 227
Erdö, Peter Kardinal 95 (Fn. 43)
Eretna 217
Erfurt 138
Eugen IV., Papst 177, 180 (Fn. 51)
Exkommunikation 105, 169, 209
Extravaganten 10, 98, 171–172, 175–179, 207

-Farāhīdī 63 (Fn. 17)
Fargana 116 (Fn. 47)
Fasten 26, 63–64, 67, 69–70, 73, 79 (Fn. 103, 106–107), 157
Fatih-Moschee 220
Fatimiden 23, 106, 112 (Fn. 25)
Fatwa(s), 7, 18, 34, 57, 72, 75, 81–82, 193–194, 196–197, 203, 221, 223, 226–228, 233
Ferrara 210
Filippo Decio 212
Florenz 199, 204, 210
Folter 18
Fondi 175
formativ 1–3, 9, 13, 20, 58, 113, 220 (Fn. 21)
Francesco da Entica 119
Frankfurt am Main 141, 179, 205
Frankreich 51 (Fn. 51), 88, 96–97, 212
Frauenfeld 141
Federico Petrucci 207
Francesco Zabarella 207 (Fn. 47)
Friedrich I. Barbarossa 127
Friedrich II., Kaiser 105
Friedrich III., Kaiser 142
Fuhrmann, Horst 86 (Fn. 3)
furuq 33, 166–167

-Ǧaṣṣāṣ 64 (Fn. 27), 66–68, 70 (Fn. 58), 73 (Fn. 72), 78
-Ġazālī 107, 114–116, 119–120
Geniza 16
Gentile da Foligno 203
Gesetzgebung 1–2, 5, 8–11, 19–20, 23–25, 53–54, 57, 61, 64–67, 78, 80–82, 85, 91, 102, 106, 113–114, 124, 129, 134, 151–152, 157, 162, 173, 178–179, 207, 215 (Fn. 1), 228, 234
Gewohnheitsrecht 5, 7, 15, 23, 37, 183–186, 192 (Fn. 49), 224, 234
Giasone del Maino 212
Giesecke, Manfred 186 (Fn. 38)
Giovanni Vitelleschi 205
Glossa ordinaria 8, 31, 97
Glossatoren 25, 29–33, 135, 233
Gräf, Erwin 184
Gramsci, Antonio 222–223
Granada 16, 188, 192
Gratian 40–41, 45 (Fn. 29), 88, 98, 171, 233
Gregor I. der Grosse, Papst 54
Gregor VII., Papst 85–86
Gregor IX., Papst 8, 10, 94–95, 105, 171, 178
Gregor XI., Papst 174, 176
Gregor XIII., Papst 178
Gudian, Gunter 125
Günther von Mühlingen 142
Guido de Baysio 173
Guillaume Durand 202–203, 209–210
-Ǧuwainī 59 (Fn. 6), 66 (Fn. 31)
Guy Coquille 212

Habsburg 215
ḥadd-Strafen 64 (Fn. 23), 70 (Fn. 59), 121, 225 (Fn. 48)
Hadith(e), 3–6, 13, 63, 77, 149 (Fn. 6), 160–161, 164 (Fn. 62), 167, 233
Hadrian IV., Papst 90
Haenel, Gustav 34
Hagia Sophia 220
Hakim, Besim 186
Hallaq, Wael 3 (Fn. 6), 5–7, 11, 67 (Fn. 39)
Hanafiten 3–4, 32, 34, 58 (Fn. 3), 68 (Fn. 46), 69, 71, 73, 77, 107, 115–117, 121, 149 (Fn. 6), 150, 155, 186 (Fn. 15), 198, 215, 218, 220–224, 227, 233
-Ḥanbal 4, 233
Hanbaliten 3–4, 32, 67, 119, 152, 233
Hannemann, Tilman 185
Hārūn ar-Rašīd 2, 5
Ḫayr ad-Dīn ar-Ramlī 223
Heidelberg 127
Heiliges Römisches Reich 27, 127, 132 (Fn. 45)
Heinrich II., Kaiser 46
Herde, Peter 89
-Ḫiraqī 115
Hoyer von Falkenstein 140
Ḫuǧandī 116
Hugo de Porta Ravennate 33
-Ḥusain 159

Ibn ʿAbbās 62 (Fn. 14)
Ibn ʿAbd al-Barr 149 (Fn. 7)
Ibn ʿAbd as-Salām 160
Ibn al-Farrāʾ 59, 66 (Fn. 32), 67–68
Ibn al-Ǧauzī 107–110, 114–115, 117–120

Ibn al-Laḥḥām 148 (Fn. 3)
Ibn al-Qaṣṣār 73
Ibn ʿAqīl 25, 59
Ibn as-Saʿātī 83 (Fn. 115)
Ibn Fūrak 67–68
Ibn Ḫaldūn 83 (Fn. 115)
Ibn Ḥazm 70–71
Ibn Jurayj 6
Ibn Masʿūd 115
Ibn Māza 115–116
Ibn Nuǧaim 150 (Fn. 9), 158–159, 167–168
Ibn Qayyim al-Ǧauziyya 60 (Fn. 9)
Ibn Qudāma 31
Ibn Raǧab 152
Ibn Rušd 164 (Fn. 61–62)
Ibn Rušd al-ǧadd 190
Ibn Suraiǧ 63, 67
Ibn Taymiyya 25, 32, 34, 112
Ibn ʿUbaydān 32
Ibn Wakīl 153–154
Ibn Yūnus 119
Ibn Zuraʿ 37
iǧmāʿ 9, 34, 63 (Fn. 20), 68, 77 (Fn. 84), 105, 233
iǧtihād 25–26, 75, 81, 187, 194, 233–234
iḫtilāf 34, 147, 155, 233
Ilkhaniden 216
imām 11, 63, 109, 225
Impotenz 157
Infortiatum 200
Inkunabeln 175, 211
Innozenz III., Papst 9, 91–92, 94, 96, 99 (Fn. 60), 100, 103, 202
Innozenz IV., Papst 9, 95
Innozenz VIII., Papst 177
Inquisition, Inquisitoren 119, 206
Interdikt 169, 205
Investiturstreit 36, 38 (Fn. 55), 99, 169
Irak 106, 108–109, 121, 216, 233
Irnerius 24, 38, 41, 200
ʿĪsā b. Dīnār 191
Isfahan 106 (Fn. 2), 109, 116, 118
Island 92 (Fn. 28)
isnād 6
Istanbul 216, 220, 223
Italien 12, 16, 27, 36, 45, 97 (Fn. 53), 129, 135, 173, 201, 210
Ivo von Chartres 42, 52 (Fn. 54), 53–55

Jerusalem 16
Jesselinus de Cassanis 171–172
Jodocus von Hogenstein 205
Johann von Buch 134–135, 137–138, 145
Johannes XXII., Papst 10, 98, 172–175, 177–178
Johannes Andreae 203, 210
Johannes Bulle 172
Johannes Siber 172
Johannes Teutonicus 8, 203
Johansen, Baber 184, 198
Jokisch, Benjamin 5
Juden 62
Ius proprium 12
ius utrumque 27
Justinian 5, 8, 13, 29, 31, 41

Kadi(s), 7, 14, 37, 81–82, 217, 220–221, 224–227, 229, 234
kaffāra 152
Kairo 16, 106, 221
Kaiserrecht 10, 24, 35, 43, 128, 132 (Fn 45), 136–137
Kaisertum 2, 7–8, 10, 13, 24, 28, 34–36, 38 (Fn. 45), 90, 93, 98–100, 105–106, 127, 142–144
Kalifen, Kalifat 2, 5, 24, 27, 29, 78, 82, 105–106, 108–112, 117–121
Kalteisen, Heinrich 204 (Fn. 32)
Kaminsky, Howard 87 (Fn. 8)
Kammergericht 141–143
Kanonessammlungen 13, 41, 41–43, 45–55
Kanonistik 3, 8–12, 15, 17–18, 24, 27, 30–31, 40, 42, 55, 89, 91, 95, 97 (Fn. 53, 55), 98–101, 103 (Fn. 80), 125 (Fn. 8), 131–135, 137, 171 (Fn. 12), 203, 233
Kanzlei, päpstliche 169, 172–176, 178–181, 192 (Fn. 27)
Kapitularien 43
Kardinäle 50–51, 171, 204 (Fn. 31)
-Karḫī 34, 75 (Fn. 80), 150
Karthago 44
Kāsānī 107
Kassation 162, 228
Katharinenkloster 16
-Kātib 114
Kemalpaşazade 221
Kirshner, Julius 206
Klagspiegel 132, 138–141
klassisch 2–3, 6, 9–10, 39–42, 55, 58, 68, 107–108, 111, 113, 119, 121, 147, 149, 161–162, 166, 171
Klementinen 10, 98, 171–172, 177–179

Kodifikation 2 (Fn. 2), 5, 18 (Fn. 56), 29, 37, 86, 117, 171, 184, 214–215
Kommentatoren 7–8, 11, 13, 24 (Fn. 10), 30–33, 82, 97, 133, 135, 171–172, 185, 196, 200 (Fn. 5), 206–207, 213, 233
Kommunen 12, 24, 34, 38, 201
Konkordate 175, 177 (Fn. 36), 178
Konstantinische Schenkung 98
Konstanz 42, 141, 178
Konstitutionen 94 (Fn. 35), 97–98, 169, 171–180
Koran 3, 6, 14 (Fn. 41), 26, 29, 57, 60, 62–63, 65–66, 68–74, 77–78, 80, 83, 110, 113, 119, 163, 165 (Fn. 65), 167, 187, 234
Kreuzzüge 36, 170
Kroeschell, Karl 184
Kuehn, Thomas 206
Kuttner, Stephan 41

-Laḫmī 193
Laienspiegel 132, 139
Lambertino degli Ramponi 208 (Fn. 54)
Landfrieden 141–142
Landrecht 128, 135
Lateran III, Konzil 93, 102
Lateran IV, Konzil 92 (Fn. 28), 93–94, 96
Lateran V, Konzil 178–179
lecturae 32, 211
Legaten 89, 95, 180, 205
leges 8, 41, 233
Legisten, Legistik 10, 24, 27, 30–31, 34, 135, 139–141, 202, 233
Leo IX., Papst 86, 88
León 100 (Fn. 67)
Lepra 157
Liber Cancellariae 173–176, 179–180
Liber Extra 8, 10, 90, 94–99, 103, 171, 178
Liber Septimus 179
Liber Sextus 8, 10, 95–98, 102, 171, 177–178
Libson, Gideon 186
Limassol 180
Lodovico Pontano 200, 202, 205, 207 (Fn. 45, 49), 209
Lohlker, Rüdiger 7 (Fn. 19), 224 (Fn. 42)
Lübeck 133 (Fn. 53)
-Luknawī 75 (Fn. 80)
Lüneburg 128–129
Luther, Martin, XII 53 (Fn. 56), 170–171
Lyon II, Konzil 94 (Fn. 35), 172, 177, 179

maḏhab 226
madrasa(s), 5, 28, 35, 107, 115–116, 118–120, 216–217, 220–221, 233
Magdeburg 142–144
Maghreb 7, 60, 189, 192–193
Mainzer Reichslandfrieden 124
Makdisi, Gregor 28
Mālik 4, 6, 73–74, 165 (Fn. 65), 234
Malikiten 3–4, 26, 37, 73, 149, 151, 156, 162, 164 (Fn. 63), 165 (Fn. 65), 183–186, 188–191, 193–194, 197–198, 234
Malikshāh, Sultan 116 (Fn. 47)
Mamluken 37 (Fn. 50), 60, 80 (Fn. 110), 82–83, 106, 111–112
Maqqarī 149 (Fn. 7), 156
Marokko 186, 192, 196
Martin V., Papst 87 (Fn. 8), 175, 177
Mathilde v. Canossa 38 (Fn. 55)
Matthieu, Pierre 179
Māwardī 113, 115
Maximen 9, 147–168, 194 (Fn. 66), 234
maẓālim 7, 12, 224
-Māzirī 37
Mecelle 161, 215 (Fn. 1)
Medina 4, 110, 234
Medizin 31, 36, 203–204
Mehmed II., Sultan 220
Mekka 6, 62
Metropoliten 44–46, 48–49, 96
Meyer, Andreas, V, VII 169 (Fn. 1)
Meyer, Christoph 40
Millard, Éric 57 (Fn. 1), 61, 80
Milliot, Louis 193
Mönchtum 50–51
Mohammed 5–6, 62, 64, 70, 108, 233
Molla Fenarî 219
Mongolen 106, 120, 216–217
Montpellier 171
Motzki, Harald 6
Müller, Christian 107, 184–187, 189 (Fn. 32), 219 (Fn. 37)
Müller, Wolfgang 115 (Fn. 45), 121, 216, 228–229
Mufti 7, 81, 190, 194, 219, 221, 223, 226
muḥtasib 7, 112 (Fn. 34), 114, 234
Muḥyī ad-Dīn 119
Mullā Ḫusrau 69 (Fn. 53), 82 (Fn. 113)
Muqāṭil 62 (Fn. 13, 15)
Muqtadir, Kalif 112
Murad I., Sultan 218
Murad II., Sultan 217, 219
Muslim 4, 13, 74

Muṣṭafā Aḥmad Zarqā' 186
Mustaršid, Kalif 118
Mustaẓhir, Kalif 118
-Muzanī 31

nachklassisch 2, 9, 58, 87 (Fn. 9), 107–108, 171
Nasafī 150
-Nāṣir, Kalif 111
Nasriden 188
Nawawī 151, 153 (Fn. 23), 154, 166
Neapel 171, 205
Nicolò Tudeschi 205
Nikolaus V., Papst 177
Nikolaus von Dinkelsbühl 204 (Fn. 31)
Nikolaus von Kues 204 (Fn. 31)
Nil 106
Nīsābūrī 167 (Fn. 71)
Niẓām al-Mulk 112, 114, 116
Novellen 27, 124 (Fn. 2), 199

Oberauer, Norbert 9 (Fn. 24), 34 (Fn. 39), 66 (Fn. 32), 67 (Fn. 42), 68 (Fn. 48), 194 (Fn. 66)
Oldrado da Ponte 206 (Fn. 40), 207 (Fn. 45)
Orhan 217
Osmanen 2 (Fn. 2), 24, 79, 83, 111–112, 117, 161, 215–226, 228–229, 234
Otto I., Kaiser 142
Otto Santi 199 (Fn. 1)
Oxford 171
Oxus 106

Padua 101, 177
Palästina 223
Pandektisten 183
Panormia 53
Paolo da Castro 207 (Fn. 47), 212
Papsttum 2, 8–10, 28–29, 34, 36, 42–43, 45–46, 50–51, 85–103, 105–106, 169–181, 202, 205, 207
Papstwahldekret 50–51
Paris 94, 96, 100 (Fn. 64), 171, 172, 178
Paşmakcızade Ali 219 (Fn. 18)
Passau 100–101
Paul II., Papst 177–178
Paulus, Apostel 51, 90
Pavini, Giovanni Francesco 171–172
Pazdawī 58, 69–70, 75 (Fn. 80), 77 (Fn. 87), 83 (Fn. 115), 107
Pazzi-Verschwörung 204
Pelagius II., Papst 44–45 (Fn. 29)
Persien 5, 105–106, 108, 112–113, 121
Perugia 171, 202, 210 (Fn. 62), 212
Petrus, Apostel 51, 85–86, 88, 91, 102
Petrus de Bellapertica 33
Petrus Lombardus 90
Pfründen 169–170, 173, 180, 206
Pietro Albignani 177
Pietro degli Ubaldi 202
Pilch, Martin 125
Pilger 63–64, 73
Pilius 34
Pisa 37, 175
Pönitentiarie 92 (Fn. 27), 94, 170
Polen 205
Policeyordnungen 130
princeps 11, 44–45
Prophet 3–7, 17, 25, 59, 61–62, 64, 66, 68, 70–74, 77–78, 108, 115, 149, 160, 164, 195 (Fn. 71), 233–234
Prozessrecht 14–15, 48, 103, 137, 144 (Fn. 87), 204
Pseudo-Isidor 44, 48–49

-Qaffāl 63–64, 151
-Qarāfī 26, 33, 78, 151–152, 162, 164–165, 194–195
Qatāda 62
qawā'id 33–34, 147–153, 158–162, 164–168, 234
Qayrawan 190
qiyas 57, 63 (Fn. 20), 66–71, 77–78, 111, 162 (Fn. 58), 163, 165, 167, 233–234
quaestiones 31–32, 210–211
quattuor doctores 127, 202 (Fn. 21)
Quraišiten 62 (Fn. 13)
Qurṭubī 63 (Fn. 16)

Rabī 73 (Fn. 69)
-Rāfiʿī 74 (Fn. 78)
Raimund von Peñafort 94, 99, 103
Ramadan 64 (Fn. 33), 67, 69–70, 79 (Fn. 106),
-Rāzī 59, 76
Rechtsbrauch 87, 183, 224
Rechtsgewohnheit 8, 124–125, 128, 133–134, 136–137, 141–143, 145, 183–198, 233–234
Rechtsschulen 2 (Fn. 2), 4–5, 8, 15 (Fn. 45), 20, 26–27, 29, 31, 34, 57, 60 (Fn. 9), 61–62, 64, 71–75, 77–78, 82–83, 87–88, 90–91, 93–94, 96, 98, 107, 116, 150 (Fn. 10), 154–155, 161 (Fn. 52), 166, 199 (Fn. 1), 223, 233–234
Reconquista 36
Regalien 170

Regino von Prüm 52 (Fn. 54)
Reichshofgericht 141–143
Reichskammergericht 129, 142, 144
Reuter, Timothy 49
Rezeption 12 (Fn. 35), 51, 90 (Fn. 21), 92 (Fn. 28), 93–100, 129, 131, 133, 134, 137, 140, 141, 144–145, 171, 211
Ridolfo da Camerino 199 (Fn. 1)
Riessinger, Sixtus 176
Riga 180
Roberto Benavides 211
Rodolfo Varano 199 (Fn. 1)
Roger II., König 37
römisch-kanonisches Recht 123–125, 128–131, 135, 137–138, 140–142, 144–145
Römisches Recht 8, 10, 12, 15, 17, 21, 23–27, 29, 32–33, 35–38, 43, 124–126, 131, 135, 137–139, 143, 176, 200–201, 213, 233
Roncaglia 127
Rota Romana 171–172, 179, 202, 207
Rückert, Joachim 130 (Fn. 37), 136 (Fn. 66)
Rumelien 220

Sacchetti, Franco 199, 205, 208
Sachsen 142
Sachsen-Anhalt 124, 134
Sachsenrecht 136–137, 141
Sachsenspiegel 124, 134–135, 137, 141
Safaviden 215
Šāfiʿ 4, 6, 30–31, 66–67, 72–73, 78, 234
-Šahīd al-Awwal 159, 164 (Fn. 60), 167 (Fn. 73)
Saḥnūn 149
Saladin 114
Salamanca 96
Salzburg 90, 101 (Fn. 72)
Samʿānī 68 (Fn. 46), 69 (Fn. 49)
Sammlung in 74 Titeln 50–51
San Gimignano 210 (Fn. 10)
Sanǧar, Sultan 114, 116
-Saraḫsī 31, 58 (Fn. 3), 70 (Fn. 58)
-Šāšī 75 (Fn. 80), 78
-Šaybānī 5, 29, 32
Schacht, Joseph 4 (Fn. 10), 5 (Fn. 14), 79, 107 (Fn. 6)
Schafiiten 3–4, 63–64, 68 (Fn. 46), 73, 76 (Fn. 84), 107, 113–116, 121, 149 (Fn. 6), 150–151, 153, 157, 160, 194, 234
Scharia, VII 1, 3, 7, 9–19, 21–23, 25–26, 30, 35, 57–83, 106–109, 111–113, 120, 186–187, 189, 191–192, 194, 196, 215, 219–220, 223–229, 234
Schiiten 1, 16, 119, 159, 164 (Fn. 60), 167 (Fn. 73), 219
Schimmelpfennig, Bernard 86 (Fn. 7)
Schisma 86–87, 175, 178, 204
Schmidt, Tilmann 96–97
Schöffen, -gerichte 127, 136–137, 141, 144
Schumann, Eva 127 (Fn. 18), 129 (Fn. 30), 132
Schwäbisch-Hall 138
Schweden 88 (Fn. 13), 94 (Fn. 35), 95, 97 (Fn. 53)
Schweiz 141
Sebastian Brant 177
Seldschuken 2, 23–24, 105–114, 116–121, 216
Sevilla 180
Şeyh Bedr ed-Din 218
Seyh ül-islâm 219, 221–222, 225–228
Seyyid Feyzullah 228
Siena 202
Sigismund, Kaiser 142
Sinai 16
-Šīrāzī 31, 59, 67–68, 74 (Fn. 76), 75 (Fn. 79), 76 (Fn. 86), 107, 157 (Fn. 32)
Sivas 217
Sixtus IV., Papst 175 (Fn. 39)
Sixtus V., Papst 179
siyāsa 7, 12, 24–25, 64 (Fn. 37), 109, 111–112, 117, 120–121, 234
Sizilien 36–37, 205
Skandinavien 130
Sklaven 90, 152, 154, 157, 159
Spanien 16, 36–37, 71, 106, 112 (Fn. 34)
Stadtrecht 128–129, 142–143
Statuten 8, 12, 24, 94, 98, 129, 201–202, 206, 208, 210–211
Stiftungen 5, 8, 28, 114, 118, 192, 217, 220, 228
Stintzing, Roderich 131–133
Strafrecht 24, 53, 63 (Fn. 16), 64 (Fn. 23), 70 (Fn. 59), 95, 103 (Fn. 81), 106, 113, 115, 119, 121, 138, 205–206, 209, 224–228, 234
Subkī 78 (Fn. 101), 83 (Fn. 116), 156, 159–162, 166
Süleyman I., Sultan 220, 222, 225
Sufis 197, 217–219, 234
-Sulamī 160
Sultan, Sultanat 82, 105–106, 110, 114, 116, 118, 121, 220, 222, 224–228
summa 31
Sunna, Sunniten 1, 3–5, 7, 9, 11, 13, 15, 26, 29, 57, 63, 65–68, 70–74, 77–78, 82, 168 (Fn. 73), 187, 191, 195–196, 219, 233–234
Sūs 192, 196–197

-Sūsī 186
Suyūṭī 150 (Fn. 9), 157, 159–160, 167 (Fn. 71)
Sven II., König 85
Syndikationsverfahren 201, 213
Synoden 43–44, 90, 93–96, 101
Syrien 26 (Fn. 19), 82, 108, 216, 223 (Fn. 38)

-Ṭabarī 34, 62 (Fn. 14), 63 (Fn. 15)
Taddeo Alderotti 203
-Ṭaḥāwī 34
Talion 156
Tarrant, Jacqueline 178
Taşköprizade Ahmed 219
-Ṭasūlī 196–197
ta'zīr 121, 227, 234
Theologie 4, 31–32, 40, 58–59, 62–69, 72–74, 76, 83 (Fn. 115), 90, 106, 114, 119–120, 168, 188–189, 203–204, 215, 219–220, 222
Thomasius, Christian 124, 134
Thurgau 141
Tiberio Deciano 212–213
Tigris 108, 110
Tommaso Diplovatazio 211
Toprakyaran, Erdal 224 (Fn. 44)
Totgeburt 154 (Fn. 26)
Toulouse 171
Transoxanien 63, 108, 117
Tribonian 5
Trient, Konzil v. 174, 179
Ṭūfī 26 (Fn. 19)
Ṭuġril, Sultan 105
Tunis 190
-Ṭūnisī 197

Ubaldi 212 (Fn. 78)
ulema 215, 217–226, 228–229, 234
Umaiyaden 106
'Umar, Kalif 110–111
Universitäten 24, 27–28, 32, 34–35, 37, 55, 91–92, 94–98, 101–103, 124, 127, 131, 135, 139, 144–145, 171, 173, 175, 179, 199, 203, 206, 211
Urban V., Papst 175
Urban VI., Papst 174
'urf 149, 183–188, 194–196, 198, 224
Usus 149, 159 (Fn. 44)

Vatikan 170, 173–174
Vertragsrecht 60, 69–70, 74, 76, 78 (Fn. 100), 79 (Fn. 108), 80, 138, 148–149, 151, 158, 164, 189–192, 196
Vienne, Konzil v. 171

Wallfahrt 152
Wansharīsī 7
waqf 5, 18, 217
Weber, Max 14–15, 17–18, 41 (Fn. 14–15), 43 (Fn. 24), 83, 148 (Fn. 5)
Weiss, Bernhard 57 (Fn. 5), 76 (Fn. 86)
Wergeld 161
Wieacker, Franz 126
Wien 127, 177 (Fn. 36), 203 (Fn. 31)
Wilsnack 204
Wolfger von Erla 101

Yenişehirli Abdullah 226

Ẓāhiriten 59
Zamaḫšarī 117
Zarkašī 150-151, 157 (Fn. 31), 167-168
zawā'id 32
Zins 149, 158, 164 (Fn. 62)
Zivilrecht 29, 35, 138, 233
Zölibat 169
Zucker 197-198